大学
讲义

汉语词汇史

HANYU
CIHUI SHI

汪维辉　著

中西書局

图书在版编目(CIP)数据

汉语词汇史 / 汪维辉著. —上海：中西书局，
2021 (2023.3 重印)
（大学讲义）
ISBN 978-7-5475-1823-6

Ⅰ. ①汉…　Ⅱ. ①汪…　Ⅲ. ①词汇—汉语史　Ⅳ.
①H13-09

中国版本图书馆 CIP 数据核字(2021)第 071888 号

HANYU CIHUI SHI
汉语词汇史

汪维辉　著

责任编辑	郎晶晶　马　沙
装帧设计	黄　骏
责任印制	朱人杰

出版发行　上海世纪出版集团
中西書局（www.zxpress.com.cn）

地　　址	上海市闵行区号景路 159 弄 B 座(邮政编码 201101)
印　　刷	上海肖华印务有限公司
开　　本	700×1000 毫米　1/16
印　　张	21.75
字　　数	324 000
版　　次	2021 年 6 月第 1 版　2023 年 3 月第 2 次印刷
书　　号	ISBN 978-7-5475-1823-6 / H·113
定　　价	68.00 元

本书如有质量问题，请与承印厂联系。电话：021-66012351

| 目 录 |

绪　论

汉语词汇史是研究汉语词汇发展历史及其演变规律的一门学科。汉语有文献的历史长达三千多年,自古以来方言就很复杂,历代累积下来的词汇以数十万计,而词汇的系统性又远不像语音和语法那样容易把握,一部《汉语词汇史》当如何写? 应该包括哪些内容? 运用什么样的材料和方法? 这是首先需要解决的问题。

一、汉语词汇史的内容和写法

1.1　研究史回顾

任何研究都必须在已有的基础上再往前走,所以在进入正题之前有必要简要回顾一下汉语词汇史研究的历史。

汉语词汇史是一门比较年轻的学科,从 1958 年王力《汉语史稿》出版算起,也就半个多世纪,但是已经取得了很多成果,出版的专著就有下面多种(以出版时间为序)。①

(1) 王力《汉语史稿》下册(科学出版社 1958 年/中华书局 1980 年)及《汉语词汇史》(《王力文集》第十一卷,山东教育出版社 1990 年/商务印书馆 1993 年)

《汉语史稿》是汉语史学科的开山之作,标志着这一学科的建立。相比上册(语音史)和中册(语法史),下册(词汇史)内容最单薄,但筚路蓝缕,功不可没,第四章"词汇的发展"搭建起了词汇史的基本框架,影响深远,内容包括:汉语基本词汇的形成及其发展,鸦片战争以前汉语的借词和译词,鸦片战争以后的新词,同类词和同源词,古今词义的异同,词是怎样变了意义的,概念是怎样变了名称的,成语和典故。

《汉语词汇史》的分章情况如下:

第一章　社会的发展与词汇的发展

_____

① 　极个别的抄袭剽窃之作排除在外。参看杨荣祥(1998)。

最后三章其实是对整个汉语史的总结，是《汉语史稿》原第五章"结论"第六十二节"汉语悠久光荣的历史"的改写。

（2）史存直《汉语词汇史纲要》（华东师范大学出版社 1989 年；又作为"下编"收入《汉语史纲要》，中华书局 2008 年）

此书分五章：基本词汇的形成和发展，社会发展和词汇的新陈代谢，词义的演变，构词法的发展，汉语中的借词和译词。内容比较简要，其中"社会发展和词汇的新陈代谢"一章为《汉语史稿》所无，但是在后来的《汉语词汇史》中已经加上了。"构词法的发展"王力则是放在《汉语语法史》中论述的。

（3）潘允中《汉语词汇史概要》（上海古籍出版社 1989 年）

全书分八章：汉语词汇史概说，汉语构词法的发展，汉语基本词汇的发展，同义词的发展变化，词义的历史发展规律，汉语古今借词和译词的来源（上、下），汉语成语、典故的形成和发展。内容也很简要，其中"同义词的发展变化"一章为前两家所无。

史著和潘著各有专擅，但均属"概要"性质，主要是提纲挈领地勾勒汉语词汇发展历史的轮廓。

以上三种汉语词汇史著作有明显的继承和发展关系，基本格局是由《汉语史稿》奠定的，后两种在此基础上又有一些新的拓展。

（4）向熹《简明汉语史》（高等教育出版社 1998 年第一版；商务印书馆 2010 年修订本）

此书是继《汉语史稿》之后又一部重要的汉语史著作，分上、中、下三编,其中中编为"汉语词汇史"。向著将汉语发展史分成上古、中古、近代三个时期分别叙述,内容比王著更丰富,论述也更详细深入,其中的词汇史部分提供了各期大量的语言事实,并归纳了各个阶段的词汇特点,但由于词汇史只是此书的一个部分,所以跟理想中完整、详尽的汉语词汇史仍有不小的距离。下面是修订本词汇史部分的章节目录:

此书在写法上采用分段叙述的方法,基本内容为单音词、复音词、词义、同义词、成语和谚语的发展,加上各时期的一些特点。由于篇幅大,材料来源杂,校对又不细,书中存在不少问题。(详下)

(5) 徐朝华《上古汉语词汇史》(商务印书馆 2003 年)

此书分六章:绪论,殷商到春秋中期汉语词汇的发展,春秋后期到战国末期汉语词汇的发展,秦汉时期汉语词汇的发展,上古汉语词义的发展变化,上古汉语构词法的发展。其中第二、第三、第四章分段叙述了上古汉语三个阶段的词汇发展(作者把上古汉语内部分为三期),最后两章讨论词义和构词法的发展。

(6)王云路《中古汉语词汇史》(商务印书馆 2010 年)

全书共十四章,第一章"中古汉语研究综述"对中古汉语的历史地位做了阐述,比较全面地回顾了中古汉语词汇研究的历史与现状,并从三个方面论证了中古汉语的语料特征。第十四章"中古汉语的研究方法",分五节总结了研究方法。其余十二章讨论了中古汉语词汇史的方方面面,诸凡中古时期的复音词、单音词、虚词,中古词汇的意义系统,中古成语的发展,中古词汇与外族文化,中古常用词演变等均有专章论述。其中复音词论述尤详,一共有五章,包括"中古复音词概述""中古并列式复音词""中古附加式复音词""中古其他类型复音词""中古单纯式复音词";虚词也占两章的篇幅。这是目前所见最为详尽的中古汉语词汇史著作。①

以上两书是分期的汉语词汇史著作,是进入新世纪以来汉语词汇史学科所取得的重要成果,标志着汉语词汇史的研究已经由通史式的概论性叙述向分期深入描述的方向发展,为日后撰写一部详密、科学的汉语词汇史打下了基础。目前尚未见到《近代汉语词汇史》。

(7)张世禄《汉语史讲义》(申小龙整理,中国出版集团、东方出版中心 2020 年)

据整理者"前言","与北京大学王力的汉语史课程几乎同时,复旦大学张世禄教授也开讲'汉语史'课"。此书系根据作者 20 世纪 60 年代在复旦大学的四种油印讲义整理而成,分上下两册,下册"词汇篇"分"上古汉语词汇""中古汉语词汇""近代汉语词汇""汉语词汇发展简史"四编,共 961 页,占了全书一半多的篇幅。内容包括:各个时期词汇的时代特征,基本词汇及其继承和发展,口语词汇的发展,北方话词汇的发展,词义变化和词的结构,熟语、方言词、外来词、同行语等。第四编"汉语词汇发展简史"是对前三编的归纳,内容多有重复。不同于王力的《汉语史稿》,

---

① 可参看:蒋宗许(2011)《半生心血铸辉煌——〈中古汉语词汇史〉评介》,阚绪良(2011)《中古汉语词汇研究的里程碑——评王云路〈中古汉语词汇史〉》。

此书采用分段叙述的方式。① 书中引用的材料比较丰富但显得驳杂,存在一些错误。(详下)

此外还有一些属于编著性质的书或教材,如舒化龙编著《汉语发展史略》,高建平等主编《汉语发展史》,李光杰等《汉语发展史研究》,②殷国光、龙国富、赵彤编著《汉语史纲要》,张赪主编《汉语简史》等,就不一一介绍了。

除了以上这些专著外,涉及词汇史研究的相关论著还有很多,一时难以穷尽,有待全面收集和总结。

1.2　汉语词汇史的内容

从上面的简单回顾可以看出,汉语词汇史所包含的内容是十分丰富的。梳理一下,可以大致归纳为以下十个方面:

(1) 基本词汇

(2) 同源词和滋生词

(3) 同义词和反义词

(4) 成语、谚语和典故

(5) 借词和译词

(6) 概念变了名称(词的历时替换)

(7) 词变了意义(词义的演变)

(8) 构词法

(9) 社会发展和词汇发展的关系

(10) 汉语词汇对周边语言的影响

是否还有其他内容需要补充? 值得研究。

1.3　汉语词汇史的写法

今天我们若要重写《汉语词汇史》,应该有哪些新进展或者说不同于前人的特色? 采用什么样的写法? 我觉得总体要求应该是:全面、详尽、

---

① 此书的汉语史分期与王力基本相同,不同的只是"近代期"从十三世纪一直到二十世纪五十年代(上册,13 页),把现代汉语也归在近代汉语中,这与吕叔湘的看法一致。

② 上面两书的词汇史部分内容几乎全同。

科学;事实准确,叙述简明;能揭示汉语词汇历史发展的基本面貌和主要规律。要写出新意,一是需要有新的、更加科学的理论做指导,二是在语言事实的发掘方面要有超越前人的地方。写法上,应该处理好以下几个关系。

一是描写与解释的关系。一部好的词汇史应该是在扎实描写事实的基础上有较多的提炼,而不是例子的堆砌。这是不容易做到的。相比较而言,寻求现象背后的规律比描写语言事实难度更大。

二是重点与一般的关系。虽然如上所述,词汇史的内容是丰富而广泛的,但是撰写《汉语词汇史》还是应该突出重点,而不是平均用力,面面俱到却缺乏深度。基本词汇的发展演变应该是词汇史的一条主线,要作为重点来论述,而像同义词、反义词、成语、典故、谚语和构词法等内容则做一般的叙述即可。

三是点和面的关系。撰写一部《汉语词汇史》和写词汇史论文是不同的,写论文主要是做个案研究,尽可以深耕细作,详备周到,而写词汇史则不仅要有恰当的例子,更要有面上的系统描写,以求反映词汇发展的整体面貌。

四是博采与独创的关系。写一部《汉语词汇史》与做研究有所不同,不可能都是个人的独创,而是必须博采众长,同时融入自己的研究心得,这样才能充分体现新时期汉语词汇史研究的总体水平,富有时代特色。

在章节安排上是采取分段叙述还是按专题叙述? 两者各有利弊,值得认真考虑。

二、材料和方法

2.1 研究材料

汉语史主要是研究汉语口语发展史,[①]同样,汉语词汇史主要也是研究口语词汇的发展和演变。当然,书面词汇的变化也不应忽略,但不是主

---

① 这是汉语史学界的一般共识,不过也存在不同看法。关于这个问题的讨论请参看刁晏斌(2016,2018)、汪维辉(2017c)和蒋绍愚(2019a)等。

流。口语词汇的演变极其复杂,有通俗词源、语流音变(包括合音)、例外音变、折合形式等,这只要观察一下活语言就不难发现。但是历史文献对实际口语的反映是不充分的,所以要写出一部真实可靠的《汉语词汇史》并不容易。

研究口语词汇的演变历史,选择材料的第一个条件就是能够如实反映口语。吕叔湘(1985)曾说:"汉语是用汉字记录的,汉字不是拼音文字,难于如实地反映口语。秦以前的书面语和口语的距离估计不至于太大,但汉魏以后逐渐形成一种相当固定的书面语,即后来所说的'文言'。"(《近代汉语指代词·序》)他又说:"追溯汉语发展的历史,大概自古以来书面语和口语就不一致。秦汉以前的情况,文献不足,难以详究,魏晋以后言文分歧的痕迹才逐渐明显起来。"(吕叔湘 1988)如此说来,先秦的传世文献和出土资料大体上都可以用作词汇史研究的材料(当然也需要分析),而汉代以后就需要选择了。

汪维辉(2000a)曾经有过这样的论述:"判定一种语料的价值高低,不外乎这么几条标准:一是反映口语的程度;二是文本的可靠性,包括时代和作者是否明确,所依据的版本是否最接近原貌;三是反映社会生活的深广度;四是文本是否具有一定的篇幅。一般来说,上述四方面的正面值越高,语料的价值也就越大。"这个判断标准今天看来仍然大体适用。其实此前朱庆之等学者也有过类似的论述,只不过大同小异而已,可见在这个问题上大家还是有基本共识的。

原则的确定相对容易,而实际操作起来却困难重重。汉语有悠久、丰富而且从未间断过的历史文献,这在世界语言中是独一无二的,为我们研究汉语词汇史提供了丰厚的资源。但是历史文献又是异常复杂的,从大处说,有时代不确定的问题,有真伪难别的问题,有文白夹杂的问题,有方言成分的问题,等等。如何科学地选择和运用语料,是汉语史研究中一个绕不开而又不易处理好的问题。归结起来就是一句话:语料需要鉴别和分析。汪维辉、胡波(2013)对此做过比较详细的论述,这里摘引该文的一些主要观点以供参考:

> 正确使用语料是进行科学的汉语史研究的前提。语料使用主要涉及两个问题:一是语料的选择,基本要求是口语性和可靠性;二是语料的分析,包含确认有效例证、剥离口语

成分、分析统计数据和重视典型语料四个方面。文章就这些问题发表了看法,并提出了"以典型赅非典型"和"以前期赅后期"两条原则。(摘要)

关于语料的可靠性问题,太田辰夫先生(2003:373)曾经有过经典性的论述:"在语言的历史研究中,最主要的是资料的选择。资料选择得怎样,对研究的结果起着决定性的作用。"太田先生所说的"资料选择",主要就是材料的可靠性问题。我们所要研究的汉语史就是口语发展史,所以据以得出结论的材料理应是口语性语料。

所谓"确认有效例证",实际上主要是一个正确理解文意(包括断句和认字等)以避免"假例"的问题。

正如蒋绍愚先生(1998)所说,跟语音研究一样,"在语法和词汇研究方面,不少语料也是需要'剥离'的"。语料分析最重要的一点其实就是"剥离",即把文言性成分和口语性成分"剥离"开来,因为在浩如烟海的历史文献中,纯口语资料是不多的,文献语言的基本形态是文白混杂,只有把其中的口语性成分"剥离"出来,才能据此探明历代口语的真相。(文中结合实例作了详细分析。)

定量研究是一种科学方法,在汉语史研究中正被越来越广泛地使用。但是科学的方法必须科学地运用才会有效。目前比较常见的做法是:选取若干种语料,统计其中研究对象的出现次数,然后依据出现频率得出相应的结论,而不管所统计的语料是否具有"同质性"和研究对象所出现的具体语境如何。这种方法可以称之为"'一锅煮'统计法"。这样的实例随处可见。我们认为这种方法是缺乏科学性的,因为它往往难以导出合乎实际的结论,反而会掩盖事实真相。

所谓"典型语料",就是能够真实反映口语面貌的语言材料,包括成篇的文本和"剥离"出来的口语性语例。我们认为,在反映口语真相方面,典型语料的价值有时远远大于一堆未作分析的统计数据。

仅仅根据少数几种(有时甚至就一种)典型语料就得出结论,这样的方法是否太大胆太武断?请允许我们打个比方:在长白山上看天池,绝大多数情况下都是云雾迷茫,看不真切的;只有偶尔云消雾散,才能一睹真容。能看到真容的时间往往非常短暂,甚至就是瞬间,但是我们相信,这才是天池的真面目,而大多数情况下人们所看到的仅仅是它的假象。由于历史语料的复杂性,我们常常只能通过典型语料一窥古代口语的"真容",就像看到真正的天池一样。

由此我们提出,汉语史研究中是否可以确立这样两条原则:

(1)以典型赅非典型。即:在典型语料能够证明某一事实的情况下,其他非典型语料所提供的反面证据一般可以不予采信。

(2)以前期赅后期。即:某一事实在前期已经得到证明,则后期的反面证据可以不予采信,因为按照一般逻辑,某一种语言现象只会按着既定的方向向前发展,除非有特殊的原因,不会逆转。

这两条原则主要是针对汉语词汇史和语法史研究而言的,不过我们相信其基本原理同样适用于语音史的研究。需要指出的是,这两条原则只适用于同一个语言(或方言)系统的共时状态及其连续性演变,而不能用来解释不同方言之间的共时差异或不同语言(或方言)系统各自独立发展的历时演变,这是不言而喻的。

语料如何选择、如何分析,如何避免"假例",典型语料和统计数据的关系如何处理,判断标准如何设定和掌握,这些都是汉语史研究中最基本的一些原则性问题。在当前的研究实践中,由于对这些基本问题认识不清从而导致研究方法不科学、结论不可靠的现象还相当普遍地存在,这是值得我们认真反思的。冯友兰先生说:"研究历史必需从收集史料开始,继之以审查史料,分析史料,然后把所得结论写出来。"①这话对汉语史研究同样具有指导意义。

为了撰写一部科学的《汉语词汇史》,我们必须对历代的文献资料做一个彻底的梳理,列出一个详细的语料清单,辅以简明扼要的解题,可以分为"核心语料"和"辅助语料"两大部分,同时建设一个配套的语料库。这也是整个汉语史学科的一项基础工程,值得投入力量去做。

2.2 研究方法

词汇史的研究有两大基本目标:一是描述事实真相,二是总结演变规律。研究方法是根据研究目标而确定的,描写语言事实和揭示演变规律各有各的方法,具体的研究方法后面结合实例再谈,这里先说三点总的思路。

一是应该把纵向的历时演变和横向的共时分布结合起来。以往的词汇史研究在这方面是做得不够的,或者说基本上没有涉及后者,仅仅局限于通语的词汇史,而很少关注方言词汇史。从纵横结合的角度去观照词汇的发展演变,关注历史上通语和方言的互动关系,可以拓宽我们的视野和思路,有助于更深广地揭示语言事实。

二是要加强对词汇系统的研究。词汇究竟有没有系统性? 词汇的系统性表现在哪些方面? 这是需要继续探索的问题。如果抓不住系统性这个关键,那么写出来的词汇史很可能是一盘散沙。蒋绍愚(1999)指出:"词汇的核心是词义,考虑词汇系统的问题主要还应从词义着眼。"这为我

---

① 冯友兰,《中国哲学史新编》绪论,《三松堂全集》第八卷,河南人民出版社,2000: 13。

们研究词汇的系统性指明了方向。

三是要树立正确的研究观念,秉承严谨务实的学风,筑牢基础,重视细节。比如认真核对例证,仔细分析材料,分类要有明确的标准,等等。下面试举两例。

(1)向熹《简明汉语史》(修订本下册第85页)

其 第三人称代词"其"有以下一些用法:

(1)做定语,表领属关系。如:

① 臣弑其君,子弑其父。(《易·肆·文言》)

② 爱其母,施及庄公。(《左传·隐公元年》)

③ 虏其人民,系其牛马。(《庄子·则阳》)

(2)做句子形式的主语,相当于"名词+之"。如:

① 其为人也,发愤忘食,乐以忘忧,不知老之将至云尔。(《论语·述而》)

② 孟子,吾见师之出而不见其入也。(《左传·僖公三十二年》)

③ 彼众我寡,及其未既济也,请击之。(《左传·僖公二十二年》)

例①"其为人也"为句子的主语;例②"其入"①动词宾语。例③"其未既济"做介词"及"的宾语。

(3)做分句的主语。如:

① 其未醉止,威仪抑抑。(《诗·小雅·宾之初筵》)

② 役人曰:"从其有皮,丹漆若何?"(《左传·宣公二年》)

③ 其未得之也,患得之。(《论语·阳货》)

(4)做兼语。如:

① 蔡人不知其是陈君也……何以知其是陈君也。(《左传·桓公六年》)

② 夫吹万不同,而使其自已也。(《庄子·齐物论》)

③ 吾闻之于叔向曰:"君子不乘人于危,不厄人于险。"使修其城然后攻之。(《韩诗外传》卷六)刘向《新序·離事》作"使之城然后攻"。

上面这一例有以下几个问题:

第一,(4)之例①作者认为是"做兼语",实际上看作小句主语更合适:"知其是陈君"可分析为"其是陈君"这个小句充当"知"的宾语,而不是"其"充当"兼语"(即同时充当"知"的宾语和"是陈君"的主语)。

第二,引文或出处有错误:(1)之①"《易·肆·文言》","肆"当作

---

① 引者按:此处宜添一"为"或"做"字。

12

"坤";(4)之①"《左传·桓公六年》","左传"当作"穀梁传",此例《汉语史稿》已引(中册 269 页),作"穀梁传"不误;(4)之③"使修其城然后攻之","修"字误衍,又"《新序·離事》","離事"当作"雜事"。

第三,有些观点尚可讨论。比如"其"在上古汉语里是否已经是"第三人称代词",学界有不同意见,我们认为上古时期用于指称人的"其"还是指示代词,尚未发展为人称代词,"其"独立成第三人称代词是中古时期的事。① 又如(2)、(3)两类,作者认为"其"都做主语,其实学界也有不同观点,传统的看法是"其=名词+之",在上古不能独立充当主语(更不能做宾语),比如(1)和(2)两类中的"其",其实都是做定语,只不过(1)中"其"后面的中心语是体词性成分,而(2)中则是谓词性成分而已,"其"的性质并无不同,像"其为人也"应该是"他的为人",而不是"他为人",(2)之例②尤其典型,王力主编的《古代汉语》教材就说过:"在上古汉语里,'其'字不能用作主语。在许多地方'其'字很像主语,其实不是;这是因为'其'字所代替的不是简单的一个名词,而是名词加'之'字。"举了三个例子,第一例即这里的例②,分析说:"'不见其入'等于说不见师之入。"(1999 年版,第一册,355-356 页)这个分析是中肯的。(3)中的"其"也一样,比如"其未醉止",相当于"他的还没有醉(的时候)",而不是等同于今天的"他没有醉"。近年来,有些学者认为"其"在上古汉语里已经可以充当主语,相当于"他/他们",我们认为这样的观点是难以成立的。② 当然,第三点与前两点不同,是学术观点的分歧,而不是正误的问题。

(2)张世禄《汉语史讲义》(第 510 页)

薨,薨古代是众多的意思,《诗经·螽斯》:"薨薨兮。"另一意思是疾也,《诗经·绵》:"度之薨薨。"《释文》引王注:"亟,疾也。"后来就转义为阶级同行语,专指诸侯死曰薨。

按:《诗经》的"薨薨"是叠音联绵词,与"诸侯死曰薨"的单音词"薨"显然不是一回事。单独一个"薨"字也没有"众多"和"疾"的意思。至于叠音词"薨薨"究竟是什么意思,古今有不同看法。《尔雅·释训》:"薨薨、增增,众也。"《诗经·周南·螽斯》毛传也说:"薨薨,众多也。"《诗·大雅·绵》"度之薨薨"《经典释文》引王注则释作"亟疾"("亟疾"中间不可

---

① 参看汪维辉、秋谷裕幸(2017)。
② 参看汪维辉、秋谷裕幸(2017)。

逗开）。今人通常统一看作象声词,如《汉语大词典》"薨薨"条:"象声词。(1)众虫齐飞声。《诗·周南·螽斯》:'螽斯羽,薨薨兮。'又《齐风·鸡鸣》:'虫飞薨薨,甘与子同梦。'……(2)亦用来摹拟其他各种声音,如填土声、雷声、鼓声、水声等。《诗·大雅·绵》:'捄之陾陾,度之薨薨。'……"《诗经》"薨薨"一共三见,无疑都是象声词,只是用来摹拟不同的声音而已。《汉语大词典》的释义正确可从。

可见,要写出一部高质量的《汉语词汇史》,应该从细节完美做起。

思考题:

1. 阅读王力《汉语词汇史》,写一篇读后感。

2. 请谈谈你理想的《汉语词汇史》应该是什么样子。

3. 今天研究汉语词汇史有哪些新的理论和方法可以借鉴?

4. 举例说明鉴别和分析语料的重要性。

第二章

意义和词的关系

词是音义结合体,词与意义的关系错综复杂,在研究词汇史之前,有必要先对相关问题做一些基础性的讨论。

一、概念化和词化[①]

词义从何而来?词义是概念化的结果。就大部分实词而言,词义主要是概念义(或称理性义)。

人类是通过"范畴化/概念化"的方式来认知客观世界的:对世界上的事物、动作、性状等进行分类,归纳成一个个范畴,形成概念。概念进入语言层面,如果一个概念是用一个词的形式来表达,那么这就是"词化"。概念也可以不用词而用短语来表达,比如"木本植物的表皮"这个概念,英语用 bark 来表达,是词化,汉语用词组"木皮/树皮"来表达,就没有词化。

如何把客观对象概念化和概念是否词化,不同的语言是不同的,一种语言的不同历史阶段或不同地域也会存在差异。蒋绍愚(1999)《两次分类——再谈词汇系统及其变化》一文讲的第一次分类,其实就是概念化的不同,比如《论语·雍也》:"智者乐水,仁者乐山。"这个"水"是江河湖海的统称或者任指,"水"的这个义位(概念)现代汉语中还保留着,如"水上居民",但是要翻译成英语就很困难,因为英语中没有这样一个上位概念,也就是说,说英语的人不把这些对象范畴化为一个概念。同样的例子像"笔"和"桌子"都是。还有像"羊年快乐"这句话,没法翻译成英语,因为英语没有一个表示上位概念"羊"的词,sheep、goat 等跟汉语的"羊"都不对等。[②] 反过来,英语的 wear 在现代汉语里也没有一个对当的词,在上古汉语里它相当于"冠""衣""履"(均用作动词)三个词,现代汉语则要用"穿""戴"两个词来对应它,但是中古汉语里却有一个大致相当于 wear 的

---

① 关于"概念化"(conceptualization)和"词化"(lexicalization),请参看蒋绍愚(2007,2015:117-146)等。请注意,学界对"词化"这个概念有不同的定义,本节所说的"词化"是笔者的理解。史文磊(2014:6-10)对"词化"与"词汇化"有过详细的辨析,可参考。

② 参看张志毅、张庆云(2005:67)。

词——"着"。① 斯瓦迪士（Morris Swadesh）的 100 核心词（head word/core word），有不少在汉语中找不到严格对应的词，如 hair 跟"（头）发"就不对等，mountain、feather 等在汉语里也没有严格意义上的对等词。② 像"小马""打水""下雨"这样的概念，在古汉语里是词化的——"驹""汲""雨（去声）"，现代汉语却没有词化，而要用短语来表示。虚词也有同样的现象，比如文言虚词"或"和"莫"是一对特殊的无定代词，在现代汉语里都没有对应词，肯定性无定代词"或"要翻译成"有人／有什么"，否定性无定代词"莫"要翻译成"没有谁／没有什么"。也就是说，无定代词这一范畴在古汉语里是词化的，在现代汉语里则没有词化。由此可见，由于概念化和词化的不同而导致的词义不对等现象，无论是在不同的语言之间，还是在一种语言的不同历史阶段或不同地域之间，都是普遍存在的。弄清楚这些关系，在研究汉语词汇史的时候对一些词汇现象就可以有比较正确的理解和科学的认识。

二、同 义 异 词

同一个义位（或概念），在不同的时段或不同的地域用不同的词来表达，这就是"同义异词"。

从词汇史的角度来说，也就是"概念变了名称"，现在则多称为"词汇替换"。有替换关系的一组词，我们称之为"古今词"，或叫做"古今同义词"，比如：木／树，涕、泣／泪，肤／皮；视、相／看，寝、寐／卧、眠／睡、瞑（困），呼／唤、叫，歌／唱；愚／痴／笨、呆、傻、蠢，瘠（腈）、癯（臞）／瘦（膄），误、谬、讹、舛／错，寒／冷，贫／穷；即／便／就，何／哪，自／从，于（於）／在；等等。"古今词"是由"古今字"类推而来的一个概念，"古今字"是同一个词在不同的历史时期有不同的书写形式，"古今词"则是同一个义位在不同时期有不

---

① 参看汪维辉（2000/2017：110-118）"衣、冠、服／着（著、箸）、戴"组。
② 参看汪维辉（2018a：3-4）。

同的词汇形式。王力(1958/1980)在《汉语史稿》中首先提出"概念是怎样变了名称的"①这一问题,举了"腿、走、跑、错、怕、偷、硬、吃、喝"九个例子,在《汉语词汇史》(王力 1990/1993)中又增加了"输、赢"两个例子。这样的词我们还可以举出一大批。② 这是汉语词汇历时演变的一个重要方面。

在共时平面上,各个方言之间这样的词汇差异也普遍存在,有许多就是历时演变的结果,比如:目/眼,面/脸,足/脚,腹/肚,着/穿,寻/觅/找,食/吃,话/讲、说,阔/宽,狭/窄,等等。这些词在历史上都发生过新旧更替,今天普通话及其基础方言北方话用新词(斜杠后面的),而旧词(斜杠前面的)还保留在一些方言中(大都是南方方言)。汉语词汇史理应把这样的语言史实描写清楚,还应该回答"为什么会发生这样的词汇替换"的问题。

三、同 词 异 义

同一个词,在不同的时段或不同的地域有不同的意义,这就是"同词异义"。从词汇史的角度来说,也就是"词变了意义"。"同义异词"是立足于"所指"看"能指"的不同,"同词异义"则是立足于"能指"看"所指"的不同。比如下面几个例子。

璞:《尹文子·大道下》:"郑人谓玉未理者为璞,周人谓鼠未腊者为璞。周人怀璞③,谓郑贾曰:'欲买璞乎?'郑贾曰:'欲之。'出其璞,视之,乃鼠也。因谢不取。"这是上古方言中的同词异义现象。④

寺⑤:本指官署,《说文解字·寸部》:"寺,廷也。"朱骏声《说文通训定

---

① 《汉语史稿》有"概念是怎样变了名称的"和"词是怎样变了意义的"两节,节名是直接借自作者的老师房德里耶斯(Joseph Vendryes)的《语言》。
② 参看汪维辉(2000/2017:14-16)及下章。
③ 《战国策·秦策三》鲍彪本作"朴",应是。
④ 不过加下划线的"璞"在《战国策·秦策三》中都写作"朴",如此则为同音词而非同词异义。
⑤ 参看王力(1990/1993:17-18)。

声》:"朝中官曹所止理事之处。"自佛教传入中国以后,"寺"转指佛教的庙宇。《广韵·志韵》:"寺,汉西域白马驮经来,初止于鸿胪寺,遂取寺名,创置白马寺。"顾炎武《日知录》卷二十八"寺":"寺字自古至今凡三变。三代以上,凡言寺者皆奄竖之名。……自秦以宦者任外廷之职,而官舍通谓之寺。……又变而浮屠之居亦谓之寺矣。"这是历时同词异义现象。

爽快①:这个词在《红楼梦》前 80 回和后 40 回里意思不同:前 80 回共见七例,均指身体或精神舒适、畅快,"身上不爽快"就是身体不舒服;后 40 回只见两例,指痛快、直截了当:我们都不会,倒不如搳拳罢。谁输了喝一杯,岂不爽快!(93 回)你原是个爽快人,何苦白冤在里头。你有话索性说了,大家明白,岂不完了事了呢?(103 回)这是清代方言中的同词异义现象。

王力在《汉语史稿》(1958/1980)中首先提出"词是怎样变了意义的"这一问题,分为词义的扩大、缩小、转移三类,分别举了"江、河、脸,瓦、谷、生、舅姑,玄、穷"等例子,在《汉语词汇史》(1990/1993)中又补充了"房、屋、卧、睡"四个例子,删去了"脸"。这是汉语词汇历时演变的另一个重要方面。

同词异义现象在汉语发展史上是很常见的,比如"涕"古指眼泪,后指鼻涕(古代叫"泗"),"走"古指跑,后指行走(古代叫"行"),"青"古可指黑色,今天则指春季植物叶子的绿色(古代叫"绿"),等等。我们需要对此类现象进行系统的研究,而不限于举几个例子。

需要注意的是,同词异义的前提是"同词",只有在确认词的"同一性"(详下)的情况下谈论"异义"才有意义。同音词不是"同词",比如上面举到的"璞",有可能就是同音词;同形字更不是"同词",比如"抓"这个字,历史上曾经先后记录过五个词:(1)读 zhāo、zhǎo、zhào,义为"搔";(2)读 zhǎo,={爪}②;(3)读 zhǎo,义为"扎";(4)读 zhǎo,={找};(5)读 zhuā,={抓}。③ 除了(1)和(2)可能有同源关系外,其余都应该看作是不同的词。

---

① 参看汪维辉(2010b)。

② {　}表示概念。

③ 参看汪维辉(2020a)。

四、词义的引申①

一个词在产生之初应该是单义词,但是在使用过程中往往会衍生出新的意思,因此大部分常用词都是多义词。也就是说,新义是在语用过程中产生的。新义产生的途径,中国传统语文学称为"引申",引申的心理基础是联想。新生的词义称为"引申义",最初的那个词义则叫做"本义"。本义(只有一个)和引申义(可以不止一个)构成一个多义词的内部词义系统。

从本义和引申义的关系看,词义的引申可以归纳为两种方式,一种叫辐射式(或称为"环绕着一个中心"),一种叫连锁式(或称为"一环套一环")。

辐射式(radiation)就是从本义直接引申出引申义,所以又叫"直接引申"。直接引申往往不止一个引申义,可以是多个,这反映了引申的多向性,就像辐射一样。比如蒋绍愚(2005:73)举的"节"这个例子:

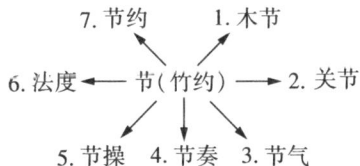

```
        7. 节约    1. 木节

6. 法度 ←—— 节(竹约) ——→ 2. 关节

        5. 节操   4. 节奏   3. 节气
```

连锁式(concatenation)是指多重引申,即由本义延伸出一个引申义,再由这个引申义引申出第二个引申义,如此类推,可以一直引申下去。除第一引申义外,其余引申义跟本义都没有直接的关系,所以又叫"间接引申"。比如蒋绍愚(2005:72)举的"要"这个例子:

要:① 腰(人体的中间部分)——② 中间(中间)——③ 拦截(迫使他人中途停止行进)——④ 要挟(迫使他人改变意向,满足自己的欲望)——⑤ 求得(请求他人满足自己的欲望)——⑥ 需要(期待某种欲望得到满足)

实际语言中的引申序列大都没有上述这么简单,辐射式和连锁式往往

---

① 参看:王力主编(1962/1999:93-99),陆宗达、王宁(1981),蒋绍愚(2005:71-74)等。

杂糅在一起,初看令人眼花缭乱,但只要细心地理清引申脉络,本义及各个引申义之间的意义联系还是可以看得清楚的。比如王力(1962/1999:94)举的"朝"的例子,可以图示如下:

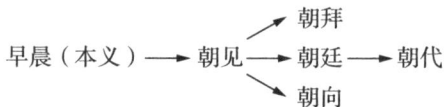

$$\text{早晨（本义）} \longrightarrow \text{朝见} \longrightarrow \begin{array}{l} \text{朝拜} \\ \text{朝廷} \longrightarrow \text{朝代} \\ \text{朝向} \end{array}$$

《说文·倝部》:"朝,旦也。"甲骨文作𩁹,裘锡圭(1988:129)说:"表示下弦月时日方出月尚可见的清晨景象。"引申为朝见。《左传·成公十二年》:"朝而不夕。"孔颖达疏:"旦见君曰朝。"由朝见再引申为朝廷(朝见之处),由朝廷再引申为朝代(朝廷是政权的象征)。乍一看,"朝代"与"朝"的本义毫无关系,但把引申线索清理出来,两者之间的关系就可以得到合理的解释了。一个词不管有多少引申义,理论上说都可以用这样的方式画出它的引申序列图。

如上所述,连锁式引申中各个引申义就像链条一样,是一环套一环的。在语言发展过程中,有时会发生中间环节中断的现象。比如"管弦乐"的"管"和"管理"的"管",今天看来好像是两个词,意思上没有联系。但是考察一下"管"字的来历和演变过程,就会发现这两个意义原来是有联系的。"管"的本义是一种圆筒状的吹奏乐器,类似今天的笛子。《说文·竹部》:"管,如篪,六孔。"后来词义范围扩大,凡中空的圆筒都可叫"管",如《诗经·邶风·静女》:"贻我彤管。""管"就是盛针的圆筒(此据本师杨潜斋先生说)。而管钥的形状也相似,因此也叫做"管",如《左传·僖公三十二年》:"郑人使我掌其北门之管,若潜师以来,国可得也。"杜注:"管,钥也。"《礼记·檀弓》正义也说:"管谓夹取键,今谓之钥匙。"后来管客馆的人叫"管人",因为他是"掌管钥之人"(据《礼记·丧大记》陆德明《释文》)。由此再引申为主管、掌管、管理的意思。但由于唐代以后"管"改称"钥匙",这个过渡环节中断了,于是"乐器"和"管理"之间的意义关系也就看不出来了。有些词中断的过渡环节还可以通过考证让它复原,如上举"管"字,《现代汉语词典》①可能就是基于这样的原因,把"管"看作多义词而不是处理成两个词项;但也有一些词由于缺乏资料,已经无法复原,它们

---

① 本书引《现代汉语词典》,除特别注明者外,均据第7版,商务印书馆,2016年。

的引申序列也就无法理清了。

　　词义引申是一种复杂的语言现象，但还是有规律可循的。一般来说，引申总是由具体到抽象，由个别到一般，这是词义引申的基本规律。判断词义之间是否具有引申关系以及各义项之间引申关系的远近，目前还难以避免主观性，需要进一步科学化，这是汉语词汇史研究的一个重要课题。比如"發"是个多义词，《汉语大词典》所收的义项多达六十八个（古今兼收），笔者曾经在本科生的《古代汉语》课上让学生画出"發"的引申序列图，结果班上几十位甚至上百位同学，没有画得完全一样的（抄袭的不算）。可见目前我们谈论词义引申，还存在着很强的主观随意性，缺乏一套可操作的客观标准。要使词义引申的研究科学化，可供借鉴的一条思路是：跳出汉语看汉语，也就是从语言类型学的角度来观察哪些意义与哪些意义具有引申关系的可能性较高，可以查阅"世界语言同词化在线数据库"（https://clics.clld.org/），它由德国马普人类历史科学研究所的约翰-马提斯·李斯特（Johann-Mattis List，亦译称游函）等学者建成，涵盖了3 156 种语言的关联词汇，目前已更新到第三版（Rzymski *et al.* 2020）。比如"足"的"脚"义和"足够"义到底是否存在引申关系，从清代以来就争议不断，[1]在公说公有理、婆说婆有理的情况下，就可以借助这一办法来帮助判断。在这个数据库里，"脚（foot）"义和"足够（enough）"义没有一种语言是发生关联的，可见说汉语这两个义项存在引申关系得不到类型学的支持。当然，词义的引申既有共性，也有很强的个性，比如"肉"这个词，在汉语里是个多义词，古今加在一起，义项多达十几个：① 人和动物体内接近皮的部分的柔韧的物质。某些动物的肉可以吃。② 专供食用而饲养的。③ 某些瓜果里可以吃的部分。④ 使其长肉。⑤ 吃肉。⑥ 吞噬，欺凌。⑦ 从口中发出的歌声，对乐器之声而言。⑧ 形容声音丰满洪美。⑨ 指泥土。⑩ 当中有孔的圆形物之边体。⑪ 表示疼爱的称呼，多用于对孩子。⑫ 不脆；不酥。⑬ 性子慢，动作迟缓。英语里词义大致相当的是 flesh，也是个多义词，词义跟汉语有同也有异，同的是：① 指人或脊椎动物身体的肌肉组织；②（供食用的）畜肉，兽肉；③ 肥胖，脂肪；[2]④ 某些瓜果里可以

---

① 参看陈卫恒（2010）。

② 按，用法不全同。

吃的部分。异的是英语的这些义项汉语没有：① 肉体（与精神、灵魂相对而言）[1]；② 人性，情欲，肉欲；③ 众生（指一切生物）；④ 肉色；⑤ 皮肤，人体的表皮[2]；⑥（皮革的）肉面，皮里；⑦ 用猎物的肉喂（猎鹰或猎犬）；⑧（用血腥味）激起……的杀戮情绪，使投入血战，激发……的热情；⑨ 把刀、剑等刺入肉体；⑩（制革时）从（兽皮）上把肉刮掉；⑪ 使变得狠心，使习惯；⑫ 长肉，发胖。同中有异的是：使长肉，使肥胖。汉语此义只能用于骨——使白骨（枯骨）再长肉。英语的 flesh 没有引申出形容词用法，动词用法几乎都跟汉语不同，名词义项也存在很大的差异。[3] 由此可见类型学的方法也不能绝对化。

五、词的误解误用义[4]

除了本义和引申义之外，词是否还有其他的意义呢？[5] 我们发现，在汉语里，有些词的有些意义并非来自正常的引申，而是由于误解误用而产生的，比如下面三个例子。

契阔[6]："契阔"一词见于《诗经·邶风·击鼓》："死生契阔，与子成说。执子之手，与子偕老。"由于先秦文献中仅此一见，后代的训诂学家们难明其义，于是就有了种种不同的解释，据张海媚（2010a）调查，共有五说：① "勤苦"说，以汉毛亨、郑玄，唐孔颖达，清陈奂、胡承珙、仇兆鳌为代表。② "约束、约结"说，以汉韩婴，唐陆德明，清王先谦、胡承珙，今人杨合鸣为代表。③ "远隔、隔绝"说，以宋朱熹、严粲，清方玉润，今人袁梅为代表。④ "离合聚散"说，以宋欧阳修、范处义、杨简、孙奕，清黄生、马瑞辰、张文虎，近人朱起凤，今人钱锺书、程俊英、余冠英、林庚、周

---

① 汉语只有在"灵与肉"这样的特定语境中有此用法，但是尚未成为独立的义项。
② 方言中偶有这样的用法。
③ 参看汪维辉（2008，2018a：67-73）。
④ 参看汪维辉、顾军（2012）。另可参看顾军（2012）。
⑤ 假借义属于文字层面的问题，与词义的演变无关，另当别论。
⑥ 参看钱锺书（1979：80-83）、张海媚（2010a）。

振甫、扬之水、向熹为代表。⑤"苦乐"说，以今人吴少达为代表。其中尤以毛传的"勤苦"说影响最大。虽然后人的解释众说纷纭，但是诗人的原意只能有一个。从此诗的背景和上下文来看，解释成"离合聚散"是正确的，黄生《义府》卷上说得好："'契'，合也，'阔'，离也，与'死生'对言。'偕老'即偕死，此初时之'成说'；今日从军，有'阔'而已，'契'无日也，有'死'而已，'生'无日也。……今人通以'契阔'为隔远之意，皆承《诗》注而误。""契"就是"合"，"阔"就是"离"，是一对反义词，跟"死生"的结构是一样的。"契阔"在当时应该还是一个反义词组，尚未成词，下文"于嗟阔兮，不我活兮"的"阔"，就是"契阔"的"阔"。但是由于毛传、郑笺的权威性，后世的人多沿用他们的错误解释，于是"契阔"就有了一个误解义"勤苦"；又由于《诗经》的巨大影响和历代文人喜用《诗》《书》等先秦经典中的成词，于是"契阔"的这个误解义就被汉魏以后的文人们广泛地使用开来。这就是"契阔"一词的误解误用义"勤苦"产生的过程。"勤苦"和"契阔"的原义"离合"之间并不存在自然的引申关系，这个词义是人们外加给它的。除此之外，"契阔"一词在汉魏六朝还产生出多种误解误用义，正如钱锺书所说，"'契阔'承'误'，歧中有歧"。如：隔远；亲密、投分。①《汉语大词典》"契阔"条所列的"① 勤苦，劳苦。② 久别。③ 怀念。④ 相交；相约"四个义项均属误解误用义。但是也有理解不误、用如《诗经》原意的，如《宋书·刘穆之传》高祖表："臣契阔屯泰，旋观始终。"《梁书·侯景传》齐文襄书："先王与司徒契阔夷险，……义贯终始，情存岁寒。"《全北齐文》卷四魏收《为侯景叛移梁朝文》："外曰臣主，内深骨肉，安危契阔，约以死生。"②在这几个例子里，契阔与屯泰、夷险、安危一样，两字之间都是反义关系。

予取予求③：《左传·僖公七年》："初，申侯申出也，有宠于楚文王。文王将死，与之璧，使行，曰：'唯我知女。女专利而不厌，予取予求，不女疵瑕也。后之人将求多于女，女必不免。我死，女必速行，无适小国，将不女容焉。'"杜预注："从我取，从我求，我不以女为罪衅。"杜说一千七百多

---

① 参看钱锺书(1979：80-83)《管锥编》第一册。
② 同上。
③ 参看裘锡圭(1993)。

年来一直为人们所信从,"予取予求"成为表示任意索取、贪得无厌一类意思的常用成语。第5版以前的《现代汉语词典》"予取予求"条说:"原指从我这里取,从我这里求(财物)(语出《左传·僖公七年》),后用来指任意索取。"①其实,杜注是一种误解,"予取予求"解释成"从我取,从我求"跟古汉语一般语法不合,也与下文"后之人将求多于女"之语文气不接。"予取予求"的原意是"我只取我所要求的",即"予取予所求"。可见"予取予求"的任意索取、贪得无厌义是一种误解误用义,也属于词义的非正常衍生现象。

麓:朱庆之(2012)证明了"麓"的"山脚"义是由于误读古注而产生的,也是一个很好的例子:

> 事实上,"麓"在先秦的文献语言中只有两个意义,一是"山脚一带的林地",这是它的本义;二是"专门管理麓的官员"。到了汉代以后,"麓"才有了"山脚"义。已往辞书对"麓"的训释,主要基于旧注,而非文献用例本身。而旧注之分歧,主要的原因是对秦汉古注的误读。这个误读,也成为"麓"产生出"山脚"义的重要原因。……旧注中所谓的"山足曰麓"或"麓,山足也"是一种省略的说法,完整的或初始的说法是"竹木生(于)山足(者)曰麓"。

在这个例子中,最关键的一步是由于对所谓"骈字分笺"的古注体例不了解,把省略式训释误读成了独立完整的训释,②从而导致"麓"有了"山足"的义项。

类似的例子可以举出不少③,成语中尤其多见。词的误解误用义一般发生于书面语中④,误解误用的主体是知识分子,这与古代读书人熟读上

---

① 第6版起已改为:"原指我只取我所要的(语出《左传·僖公七年》),后用来指任意索取。"这显然是吸收了裘锡圭先生的研究成果,十分正确。

② 郑玄注释《周礼》《礼记》中的"林麓",有四种方式:(1)竹木生平地曰林,山足曰麓;(2)林,人所养者;山足曰麓;(3)麓,山足也;(4)山足曰麓。(3)、(4)显然是(1)、(2)的省略式。详参朱庆之(2012)。

③ 吴柱(2019)指出:"坐"训"治罪",乃是古代法律术语"坐"的常用义和通行义,"然学者多未综观'坐'的词义引申与'坐字句'的语法变化,故见到'某人坐罪/坐法'则释为'犯(罪)/犯(法)',见到'某人坐免/坐诛'则释为'被罪、获罪、承担罪责',见到'某人坐某人某事'则释为'连坐',这不免有望文生义之嫌。当然,以发展的眼光来看,某些'误解'在后世被普遍接受和沿用,从语言约定俗成的性质而言,我们应该承认法律术语'坐'又衍生出'犯罪'义,姑且将其衍生方式称为'讹变'。所谓'讹变',其实就是"误解误用"。

④ 口语中也有个别例子,如朝鲜时代汉语教科书中的"哀而不伤(哀二不伤、二不上)"。例如:一个卖买是差不多点里外一理啊,要二不上([哀]而不伤)罢了(韩国顺天大学图书馆藏本《中华正音(骑着一匹)》)。韩国学中央研究院藏本《骑着一匹》原写作谚文,旁写"哀二不伤"。"二不上"当是"哀而不伤"的省略说法,意为"差不多"。

古典籍并以此为创作诗文的词语来源（以及语法规范）有密切的关系。从词的误解误用义我们可以清楚地看到语用在语言演变中所起的重要作用，语言的本质属性是交际工具，语言中的各种要素——语音、词汇、语法——都是在使用中发生变化的，词的意义也是使用它的人们在使用过程中各有各的理解从而导致变化的，其中的机制是"重新理解"，即：词义 A

$\xrightarrow{\text{重新理解（语用）}}$ 词义 B。这一现象值得深入研究，我们至少需要回答这样一些问题：(1) 汉语中一个词的新义的产生，除了引申之外，是否还有其他途径？或者说，是否存在这样一些词义，它们的来源非一般的"引申"所能解释，而应该归因于"误解—误用"？"词的误解误用义"这一命题是否能成立？(2) 如果存在"误解误用义"（指已经进入辞书的、约定俗成的词义），那么它有哪些具体表现？是否具有一定的普遍性？历史上是否一直在发生？能举出多少实例？（可以查阅《汉语大词典》中的多义词条，把那些缺乏引申关系的义项找出来。）(3)"误解误用义"与引申义的区别在什么地方？为什么不能把它看作引申义？(4) 词的"误解误用义"是如何产生的？有哪些语用因素与认知心理？它是一种书面语现象还是自然口语中也存在？(5) 词的"误解误用义"是如何从"言语"层面进入"语言"层面的？这一点非常重要：我们研究的不是一般意义的言语层面的临时性"词义误用"（那样的研究已经做得不少，但总难脱浅层次、低水平的窠臼），而是进入语言层面的一种深层次的词义产生方式。(6) 汉语中存在的这种独特的词义产生方式，是人类语言的共性还是汉语独有的现象？如果是汉语所独有，那么原因何在？有什么深层次的社会文化因素？其中(3)—(6)诸点都是理论问题。弄清楚这些问题有助于加深我们对语言本质的认识。

李运富(2013)《佛缘复合词语的俗解异构》一文的"提要"说："本文用'念念不忘''打成一片''一尘不染''醍醐灌顶''心眼''现身说法'等词语的演变实例论述佛缘复合词语的俗解异构现象。佛缘复合词语是指以佛教为外在条件或机缘而利用汉语语素组合产生的词语。这种词语在演变过程中，出于无意或有意的某种原因，可能出现不同于佛界创词原意的世俗理解，这就是俗解。俗解通常发生在构词语素层面或语素关系层面，结果往往构成另一个不同于佛缘原词的同形新词，表现出新的构词理据和新的词义，这就是异构。这种通过对已有词语的俗解而产生新词新义的方式,不同于一般的词义引申和原创新词,值得汉语词汇史研究者注意。"文章的分析很有道理,不过在我看来,李文所讨论的现象其实也可以纳入词语误解误用的范畴。

六、词的"同一性"问题①

当我们研究一个个具体的词的时候,会遇到词的"同一性"问题;只有先确定了词的同一性,才能进行后续研究。所谓词的"同一性",就是指同一个形式(包括语音形式和书写形式,下同)或几个不同的形式是不是同一个词。张永言先生(1982/2015:34)在《词汇学简论》中举过一个有趣的例子:

Of all the saws I ever saw saw I never saw a saw saw as that saw saws.
认为其中的三个 saw 是不同的词(分别用三种不同的下划线表示)。

在我锯过的锯里头,我还没锯过像那把锯那么好锯的。

张先生认为上例中的锯"是现代汉语词汇里的两个不同的词,或者说,它们是语法同音词"。这是从严格意义上来认定词的同一性。如果从词汇研究的角度看,我认为这两个"锯"可以认定为具有同一性,是一个词,因为它们的语音相同,词义有密切的联系,是动、名同词现象。《现代汉语词典》也将之处理为一个词项。在现代汉语里存在一批像"锯"这样的"语法同音词",如"锁,铐,凿,刨,锛,钩,锤"等。

词汇史研究中经常会遇到词的同一性问题,主要是如何区分多义词和同音词。比如:

足:指"腿;脚"的"足"和表示"充足;足够"的"足"是不是同一个词?有人认为这两个义项之间具有引申关系,是同一个词,②但是论证缺乏说服力。《现代汉语词典》处理为两个词项,我认为是正确的(参看上文第四节的讨论)。不过,也有些词的词项分合还可以继续研究,比如:

---

① 参看张永言(1982/2015)《词汇学简论》"§2.5 词的同一性问题"。
② 参看陈卫恒(2010)。

章:"乐章;章程"的"章"和"图章"的"章",《现代汉语词典》处理为两个词项,是否正确?

坐:"坐下来"的"坐"和"坐罪"的"坐",《现代汉语词典》处理为一个词项,是否正确?

有的时候词的语音会发生变化,一种情况是所谓的"四声别义",比如名词"雨(yǔ)"和动词"雨(yù)",名词"钻(zuàn)"和动词"钻(zuān)",音随义转,是看作一个词还是两个词?另一种情况是音不同但义无别,比如"嗅"有两个读音,《广韵》"许救切",对应今音 xiù,《集韵》又"香仲切",对应今天吴语及一些南方方言中的 xiòng,[①]两个音存在阴阳对转的关系,而意义完全一样,恐怕应该认作同一个词。这样的例子我们在词汇史研究中经常会碰到,可见多音字如何确定词的同一性也是值得注意的问题。

张永言(1982/2015:37)指出:"词的同一性和非同一性不是一成不变的,而是可以互相转化的。比如,在多义词和同音词的关系上,'一词多义'固然可以转化为'同音词','同音词'也未尝不可以转化为'一词多义'。……后者例如:'站立'的'站'是汉语固有的词,'驿站'、'车站'的'站'是元代汉语从蒙古语借来的词,二者本是来源不同的同音词,可是现在它们在语义上已经挂上了钩,逐渐转化为一词多义了;又如英语的 ear(耳朵)和 ear(谷物的穗)的关系也是如此。"《现代汉语词典》对"站"的处理是分为两个词项:"站[1]"是"站立"的"站","站[2]"有三个义项:"① 在行进中停下来;停留:不怕慢,只怕~|车还没~稳,请别着急下车。② 为乘客上下或货物装卸而设的停车的地方。③ 为某种业务而设立的机构。"这样划分词项是否妥当?其实是值得商讨的。[②]

这种古代的同音词到了现代汉语变成多义词的现象并不多见,而古代是一词多义发展到现代汉语变成了同音词的现象则相当普遍,比如上文所举的"管"就是,这是像《现代汉语词典》这样的规范词典面临的一个难题。

在汉语词汇史研究中,还有一个跟词的同一性有关的问题需要特别注意,那就是字和词的关系问题,具体说就是同字异词(同形字)和同词异字(异体字)两种情况。下面试举两例来说明。

---

① 参看汪维辉、秋谷裕幸(2014)。
② 可参看汪维辉(2018a:545-546)。

例 1 倚

在早期文献中，"倚"有两个读音，意思不同，比如《易·说卦》"参天两地而倚数"的"倚"字，《经典释文》云："於绮反。马云：依也。王肃其绮反，云：立也。①虞同。蜀才作'奇'，通。""於绮反"折合成今音是 yǐ，意思是"倚靠"；"其绮反"折合成今音是 jì，意思是"站立"，这与《广韵·纸韵》"徛，立也。渠绮切"的"徛"字音义完全相同，又可写作"奇"，三个字所记的是同一个词。《汉语大词典》、《汉语大字典》第二版和张万起（1993）编《世说新语词典》均把"站立"义的"倚"置于 yǐ 音下，不当；王云路、方一新（1992）注作 jì，正确。②

如果我们只看字形，不仔细辨别读音和意义，很可能就会把站立义的"倚"误认作倚靠的"倚"，在追溯"徛"的源头时就会大大滞后，当然也就不可能进行科学的词汇史研究。

例 2 踩

杨荣贤（2006/2017：215，2017）指出：

现代汉语普通话中表"脚底接触地面或物体"义的"踩"（cǎi）字形体的最终确定也是相当晚近的。历代字书、韵书对表此义的"踩"基本未见著录。最早著录"踩"字的是金人韩孝彦、韩道昭父子编写的《改并五音集韵四声篇海》（公元 1212 年），但其仅记载了"踩"表"跳"义的 kuí 音一读。之后由清人张玉书等编纂的《康熙字典》（公元 1716 年）仅沿袭了《四声篇海》的说法，清人吴任臣撰的《字汇补》亦如此。但这个"踩"字与我们要讨论的对象显然属同形字关系。表踩踏义的"踩"字来源与表"跳"义的音 kuí 的"踩"并不存在直接联系。到了民国编撰的《中华大字典》仍未见著录表踩踏义的"踩"。据目前掌握的材料来看，记载"踩"字 cǎi 音一读的，见于 19 世纪 40 年代的韵书《音韵逢源》，但未见释义。那么，未见字形"踩"是否就表明"踩"这个词也未出现？当然不是。其实，"踩"这个词的出现时间是较早的，只是其所选用的字形历史上曾有过跐、采、躧、蹝、蹁、踹、跴、踩等多种形体。

如果我们不知道"踩"有这么多写法，就不可能把这组词的演变历史描述清楚。此外，像"嘴"又写作觜、紫、嶲、㭰、崒、咀，"脖"又写作白、字、

---

① 此即《集韵·纸韵》"倚，巨绮切。立也"音义之所本。
② 参看汪维辉、秋谷裕幸（2010）。

钹、肶、頢、膞、鹁,“蛋”又写作弹、鴠、旦,“站”又写作踸、佔、趈、跕,“找”又写作爪、抓、扸、我,“躺”又写作倘、儻、傥、捎、攩、淌、黱、躺、躹、䠀,等等,都是如此。① 凡是地道的口语词,刚进入书面语的阶段往往写法纷繁,因为人们不知道怎么写。问题是：我们怎么找到一个词的所有异体字形？这是研究词汇史很关键的一环。可以利用工具书来初步解决这一问题。一是台湾“教育部”的《异体字字典》(网络版 https://dict. variants. moe. edu. tw/variants/rbt/home. do),这是目前收异体字最全的一部字典,而且都是用贴图提供的原始资料,准确可靠;但是有的异体字字形还是查不到,这牵涉到历代的字际关系这一复杂的问题。二是通过《汉语大字典》第二版的音序索引,在相应的读音下面穷尽性地查找有可能的字形。至于《汉语大字典》未收的字形,就只能靠平时阅读原始语料时逐步积累了。

确认词的同一性有时是相当困难的,比如“住”在中古汉语中有“站立”义,下面这些字是否跟它有同一性,就不易确定：驻、侸、逗、伫(佇)/竚、竌、跓、躅。这些字形,相互之间的关系颇为复杂,前人的看法也不尽一致,有些有文献用例,有些则仅见于字书、韵书著录,全面梳理它们的音、形、义及相互关系尚需下功夫。②

真大成(2017)对“趁”的字词关系做了深入的考辨,指出：

《集韵》“蹨,蹈也,逐也;或作跈、趁”乃是受到同形字的影响误将本来分属两个不同的词的含义混杂起来,表追逐、驱赶义的“趁”和“撚/蹨/捻/撵”是不同时期来源于方言的新词,二者之间只是历史同义词,没有词源意义上的联系。

按：真说辨明“趁”为同形字,《集韵》误将趁$_{乙}$和趁$_{丙}$合为一词,导致当代著名学者徐复、蒋礼鸿误解,并以讹传讹,③其说至确;指出“我们利用前代音义材料应尽可能地辨其成因,探其来源”,具有方法论意义,对于如何在纷繁复杂的材料中科学地确认词的同一性有示范作用。这样的辨析工作是词汇史研究的基础和前提;同时,对汉语史上各个时期的同形字进行系统科学的梳理本身也是汉语汉字史研究的一项重要课题。

上面举的例子都是单音词,复音词也有同样的问题。例如朱起凤《辞

① 可参看：刘君敬(2011/2020：36,98,147,163),汪维辉(2006a,2015,2016,2018a),汪维辉、秋谷裕幸(2010)。

② 参看汪维辉(2012a)。

③ 详见真大成(2017)原文。

通》认为"丹书"和"幡薄"是同一个词:"《淮南子·俶真》:'洛出丹书,河出绿图,故许由、方回善卷披衣,得达其道。'《吕览·观表》:'圣人上知千岁,下知千岁,非意之也,盖有自云也。绿图幡薄,从此生矣。'高注:'幡亦薄也。'按:幡、丹音相近,薄本作簿,簿书两字每连用,因以为书字之叚。"(上册,卷三,56页)这恐怕是难以信从的。联绵词确认同一性比一般词更加复杂,因为联绵词常常发生音转字变,意义也容易变化。比如《辞通》认为下面这些形式都是同一个联绵词的不同写法:扶疏、婆娑、枎疏、扶疎、铺于、铺鲜、扶於、获蔬、附疏、菱获(上册,卷三,56-57页)。是否确凿,也可讨论。《辞通》中此类问题很普遍,值得进行全面的梳理。

思考题:

1. 请介绍学界关于概念化和词化研究的新进展。
2. 词义引申理论如何进一步科学化?请谈谈你的见解。
3. 词的误解误用义是否存在?它具有普遍性吗?你能否举出更多的实例?
4. 举例说明确认词的同一性的基本原则。

基本词汇的演变

基本词汇是词汇系统的核心,因此词汇史的研究应该以基本词汇的演变为主线,这样才能提纲挈领,纲举目张。

一、基本词汇的稳固性和延续性

一种语言的词汇可以分为基本词汇和一般词汇两大部分,这是语言学界的一般共识。①

"基本词汇"的概念虽然早在 1947 年孙伏园《基本词汇研究述要》一文中就已经提出②,但是跟今天所说的意思并不完全相同。关于"基本词汇",在中国影响最大的是斯大林的学说。斯大林(1957:21)在《马克思主义与语言学问题》中对基本词汇的经典论述是:"语言中所有的词构成为所谓语言的词汇。语言的词汇中的主要东西就是基本词汇,其中包括所有的根词,成为基本词汇的核心。基本词汇是比语言的词汇窄小得多的,可是它的生命却长久得多,它在千百年的长时期中生存着并给语言构成新词的基础。"

基本词汇有哪些特征呢? 张永言(1982/2015:85)指出:"一般都承认,属于基本词汇的词的特征是:全民性、稳定性和构词的活动性(能产性)。但是仅仅指出它们具有这些特征是不够的,还需要进一步考察究竟是哪些性质造成了它们的稳定性,使它们在全民语言里巩固下来并且比其他的词具有更大的构词能力。""除了上述三个特征以外,有的语言学家还指出了别的一些特征,如:所表示的概念的必要性和重要性;常用性;多义性;风格色彩和感情色彩的中性;单音节性。其中有的其实也就是造成词的稳定性的原因。"关于基本词汇的三个基本特征,语言学界是存在争议的,有过许多讨论,这里不详说。

相对而言,指出基本词汇的特征或者给它下一个大致的定义,还是比

---

① 据我所看到的资料,只有个别学者近些年来曾提出异议,认为两者无法区分,应该取消"基本词汇"的提法。

② 参看张能甫(1998/1999)。

较容易的,而要确定哪些是属于基本词汇的词就困难多了,比如虚词属不属于基本词汇,就有不同意见。我看到过几位学者列出的现代汉语基本词表,彼此差异很大。看来对这个问题要达成共识为时尚早,也就是说,在短时间内我们还无法给出一个大家基本认同的现代汉语基本词表。在这样的情况下,我们不妨暂时以斯瓦迪士的 100 核心词①作为考察对象,因为这个词表中的词归入基本词汇一般是不会有太大争议的。下面是斯瓦迪士 100 核心词的汉语对应词表:②

(一) 名词

1. 人—人(person)

2. 男(人/子)—男/夫(man)

3. 女(人/子)—女/妇(woman)

4. 皮(动物,人)/皮肤—肤(人)/皮(动物)(skin)

5. 肉—肉/肌(flesh)

6. 血—血(blood)

7. 骨头—骨(bone)

8. 脂肪/油—膏/脂(grease)

9. 头发—发(hair)

10. 头—首(head)

11. 耳朵—耳(ear)

12. 眼睛/眼—目(eye)

13. 鼻子—鼻(nose)

14. 嘴/嘴巴—口(mouth)

15. 牙/牙齿—牙/齿(tooth)

16. 舌头—舌(tongue)

17. 手—手(hand)

18. 脚—足/趾(止)(foot)

---

① 核心词的英文名称是 head word 或 core word。所谓"核心词",实际上是"核心概念"。"核心词"理论有一个基本假设,就是这些核心概念是全人类共同的,只不过是在不同的语言里用不同的词来表达而已。

② 参考了徐通锵(1991:416-417)。原表按英文字母顺序排列,我们按词性做了重新排序。"—"前为现代汉语词项,后为古代汉语词项。

19. 膝盖—膝（knee）

20. 脖子—颈/领/项（neck）

21. 肚子—腹（belly）

22. 乳房/奶—乳（breast）

23. 心—心（heart）

24. 肝—肝（liver）

25. 鱼—鱼（fish）

26. 鸟—鸟/禽（bird）

27. 狗—犬/狗（dog）

28. 虱子—虱（louse）

29. 蛋—卵（egg）

30. 角儿—角（horn）

31. 尾巴—尾（tail）

32. 羽毛/毛儿—羽/毛（feather）

33. 爪子—爪（claw）

34. 树—木（tree）

35. 种子（zhǒng·zi）/种/子—种/子/种子（zhǒngzǐ）（seed）

36. 叶子—叶（leaf）

37. 根儿—本/根（root）

38. 树皮—木皮/木肤（bark）

39. 太阳—日（sun）

40. 月亮—月（moon）

41. 星星—星（star）

42. 水—水（water）

43. 雨—雨（rain）

44. 石头—石（stone）

45. 沙/沙子—沙（砂）（sand）

46. 地—地（earth）

47. 路/道—道/路（path）

48. 山—山（mountain）

49. 云—云（cloud）

50. 烟—烟（smoke）

51. 火—火（fire）

52. 灰—灰（ash）

53. 夜/晚上—夜/夕（night）

54. 名字/名儿—名（name）

（二）动词

55. 吃（喫）—食（eat）

56. 喝—饮（drink）

57. 咬（齩、齾）—啮（齧、嚙）/龁/噬（bite）

58. 看见—见（see）

59. 听见—闻（hear）

60. 知道—知/晓（know）

61. 睡—寝/寐/卧/眠（瞑）（sleep）

62. 死—死/卒（die）

63. 杀—杀/弑/戮（kill）

64. 游泳—游/泳/泅（swim）

65. 走—行/步（walk）

66. 来—来（come）

67. 躺—卧（lie）

68. 坐—坐（sit）

69. 站—立（stand）

70. 给—与/予（give）

71. 说/讲—言/语/云/曰/谓/道（say）

72. 飞—飞（fly）

73. 烧—燃（然）/焚/燔（burn）

（三）形容词

74. 多/许多—多/众（many）

75. 大—大（big）

76. 长—长（long）

77. 小—小（small）

78. 红—赤/朱（red）

79. 绿—绿/青（green）

80. 黄—黄(yellow)

81. 白—白(white)

82. 黑—黑/青(black)

83. 热—热(hot)

84. 冷—寒(cold)

85. 满—盈/满(full)

86. 新—新(new)

87. 好—良/善/吉/佳(good)

88. 圆—圆/圜(round)

89. 干—干/燥(dry)

（四）数词

90. 一—一(one)

91. 二—二(two)

（五）代词

92. 我—我/吾/余/予(I)

93. 你—尔/汝(女)/若/乃(you)

94. 我们—我(we)

95. 这—此/是/斯/兹(this)

96. 那—彼/夫(that)

97. 谁—谁/孰(who)

98. 什么—何/胡/奚/曷(what)

（六）副词

99. 不—不/弗(not)

100. 都/全—皆/咸/悉/金/胥/尽/俱(具)(all)

王力(1958/1980：514)说："汉语的基本词汇是富于稳固性的；多数的基本词有了几千年（或者是几百年）的寿命。"①从词汇史的角度

---

① 至于究竟有多长的寿命才具备基本词汇的资格,学者们的意见并不一致。周荐(1987)在谈到基本词汇历史悠久问题时认为,"时限当是不少于半个世纪"。我觉得半个世纪恐怕太短。

看,基本词汇确实具有很大的稳固性和延续性,比如斯瓦迪士的100
词表中,汉语古今基本没有变化①的约有67个:人、男、女、皮、肉、血、
骨、髮、耳、鼻、牙(齿)、舌、手、膝、乳、心、肝、鱼、鸟、虱、角、尾、羽、爪、
种(zhǒng)、叶、月、星、水、雨、石、沙、地、路、山、云、烟、火、灰、夜、名、
见、知、死、杀、游(游泳)、来、坐、飞、多、大、长、小、绿、黄、白、黑、热、
新、圆、干(干燥)、一、二、我、你(尔)、谁、不。正如斯大林(1957:6-
7)所说:"如果在每次革命之后,都把现存的语言结构及其文法构造和
基本词汇像对待上层建筑一样消灭掉,并创造新的来代替,的确又有
什么必要呢?譬如:把'水'、'地'、'山'、'森林'、'鱼'、'人'、'走
路'、'作事'、'生产'、'做生意'等等不叫做水、地、山等等,而叫做旁
的名称,又有什么必要呢?"

罗曼·雅柯布森(Roman Jakobson)(2001:121)曾经指出:"如果说共
时是动态的,那么历时(即把语言在一个漫长时期的不同阶段放在一起进
行分析)就不能而且决不能仅仅局限为变化的动态性。我们也必须考虑
静态的成分。法语在数千年的发展过程中,甚么东西变化了,甚么东西恒
定未变;原始印欧语分裂成印欧语之后,印欧部落在数千年的迁徙过程中,
他们语言中甚么东西没有变化;这些问题都值得深入细致的研究。"这确
实是个值得研究的问题,以前关注不够。

我认为基本词汇之所以稳定少变,至少有四个方面的原因:(1)重要
性;(2)常用性;②(3)易知性;(4)封闭性。下面简单谈谈后两点。③

1. 易知性

有的学者提出汉语的基本词具有"单音节性",这是颇有道理的。在
上古汉语时期,汉语的基本词几乎都是单音节的;即使在现代汉语里,大量
的基本词仍然是单音节的,或者单音形式和双音形式并存(如:眼—眼

---

① 这里所谓"古今基本没有变化"是指:词形和主要意思没有变;有的古代是单音词,到
　　了现代汉语变成了复音词,但是词根没有变。
② 常用性既是基本词汇的特点之一(有的学者称为"全民常用性"),也是基本词汇稳固
　　性的一个原因。
③ 参看汪维辉(2015b)。

睛①，嘴—嘴巴，盐—盐巴/咸盐）。

汉语中单音节的基本词一般都是一组同音词中"音义结合度/语义感知度"最高的一个词，在汉语社团中，人们一听到这个音节首先就会联系到那个语义。因此它在人们的语感中是最熟悉、最容易感知的音义结合体。这就是"易知性"。房德里耶斯（1992：223-224）曾指出："词里有一种语义层级，其中包含有强的意义，也包含有弱的意义。前者不一定是最古的，可是人们一听到词就必然会想起这些意义；它们之所以有这种力量是由于它们的使用的重要性。"在汉语的音节系统中，一批核心词就占据了这样的地位，人们一听到一个音节，首先想到的往往就是对应的那个核心词。不管是现代汉语还是古代汉语，方言还是通语，在每一个共时平面系统中都是如此。

跟"易知性"相关的一系列概念有：音节的语义感知度，音节的第一对应词，最佳音义结合体（音节→词/字），等等。这些都可以由实验来验证，如用测试法：在自然状态下，单念一个音节，让被试者写下最先想到的一个汉字。② 下面是一张"普通话100词最佳音义对应测试表"：③

音节	词项	音节	词项	音节	词项	音节	词项	音节	词项
rén	人	dù	肚（子）	xīng	星（星）	shuì	睡	bái	白
nán	男（人）	rǔ	乳（房）	shuǐ	水	sǐ	死	hēi	黑
nǚ	女（人）	xīn	心	yǔ	雨	shā	杀	rè	热
pí	皮	gān	肝	shí	石（头）	yóu	游（泳）	lěng	冷
ròu	肉	yú	鱼	shā	沙（子）	zǒu	走	mǎn	满
xiě	血	niǎo	鸟	dì	地	lái	来	xīn	新

---

① 《现代汉语词典》"眼"条："图①人和动物的视觉器官。通称眼睛。"
② 也许最好的办法是让文盲来做测试，念一个音节，让他说出对应的"词"。
③ 据斯瓦迪士100核心词表和《现代汉语词典》。这个表未经实际使用，只是一个理论上的设想。表中填的都是斯瓦迪士100核心词表中的词。有可能会被选上的同音词在表后说明。

音节	词项	音节	词项	音节	词项	音节	词项	音节	词项
gǔ	骨（头）	gǒu	狗	lù	路	tǎng	躺	hǎo	好
zhī fáng	脂肪	shī	虱（子）	shān	山	zuò	坐	yuán	圆
fà	（头）发	dàn	蛋	yún	云	zhàn	站	gān	干
tóu	头	jiǎo	角	yān	烟	gěi	给	yī	一
ěr	耳（朵）	wěi	尾（巴）	huǒ	火	shuō	说	èr	二
yǎn	眼（睛）	yǔ	羽（毛）	huī	灰	fēi	飞	wǒ	我
bí	鼻（子）	zhuǎ	爪（子）	yè	夜	shāo	烧	nǐ	你
zuǐ	嘴	shù	树	míng	名儿	duō	多	wǒ·men	我们
yá	牙	zhǒng	种（子）	chī	吃	dà	大	zhè	这
shé	舌（头）	yè	叶（子）	hē	喝	cháng	长	nà	那
shǒu	手	gēn	根儿	yǎo	咬	xiǎo	小	shuí	谁
jiǎo	脚	shù pí	树皮	kàn jiàn	看见	hóng	红	shén·me	甚么
xī	膝（盖）	tài yáng	太阳	tīng jiàn	听见	lǜ	绿	bù	不
bó	脖（子）	yuè	月（亮）	zhī dào	知道	huáng	黄	dōu	都

表中的基本词有些是双音形式，需要另加讨论。①

在有同音词的基本词中，有可能会被选上的候选词项有：男—南、难，血—写，头—投，眼—演、掩，牙—芽，手—守、首，脚—角、搅，膝—西、锡、吸，肝—干②，鱼—余、愚，蛋—但、淡、担、弹，尾—伟、委、伪，羽—雨，树—数、竖，石—十，地—弟、第、递，路—露、鹿，烟—淹，躺—淌，坐—做，站—占，飞—非，烧—稍、捎、梢，长—常、肠、尝，红—虹、鸿、洪，一—衣、依，不—布、部、步，全—权、拳、泉。

---

① 其中"树皮"和"我们"两个词在汉语中并不很基本，"树皮"古今汉语均无对应的单音词，"我们"古汉语中无对应词。这两个词在讨论汉语的核心词时应予剔除。参看汪维辉（2018a：5）。

② "干燥"的"干"。

特别值得注意的是,有些基本词独占一个音节,如:肉、嘴、爪①、水、死②、走、给③、说、白、热、冷、这④、谁⑤。有些虽然有同音字,但都比较冷僻,要么是书面语词或方言词,⑥要么是动植物名或专有名词(如地名、姓氏等),要么是只能构成单纯双音词(包括音译词和联绵词)的表音字,要么是语气词,口语里一般不单说,这些词实际上跟独占一个音节没有本质的区别,如:女⑦、发(fà)⑧、鼻⑨、鸟⑩、来⑪、多⑫、大⑬、黑⑭、满⑮、好⑯、二⑰、我⑱、那⑲。以上两类合计为 25 个词,占 100 个核心词的四分之一。还有一些词虽然有不算冷僻的同音字,但是这些同音字在现代汉语里都是非自由语素,不能单说,如:人⑳、皮㉑、狗㉒、鱼㉓、火㉔、小㉕等。因此这些音节其实也可以看作是由核心词独占的。现代汉语里能单说的单音词本

---

① 指口语音 zhuǎ。
② "死"单占一个音节跟避讳有关,参看李荣(1965)。
③ 指口语音 gěi。
④ 口语音 zhèi,单占一个音节。
⑤ shéi 和 shuí 两个音节都只有一个"谁"字。
⑥ 《现代汉语词典》用〈书〉和〈方〉标示。
⑦ 另有两个冷僻字:钕、籹(粔籹)。
⑧ 另有一个双音词"珐琅"。
⑨ 另有一个双音词"荸荠"。
⑩ 有三个同音字:茑、褭(裊)、嬲。
⑪ 有七个同音字:莱、崃、徕、涞、梾、鹐、铼。
⑫ 有六个同音字:咄、哆、剟、缀、掇、裰。
⑬ 有一个同音字:汏(〈方〉洗;涮)。
⑭ 有两个同音字:嘿(嗨)、镴。
⑮ 有一个同音字:螨。
⑯ 有一个同音字:郝。
⑰ 有六个同音字:弐、贰、刵、佴、咡、樲。
⑱ 有一个同音字:鬌(鬌髽)。
⑲ 口语音 nè 有一个同音字:讷(呐)。
⑳ 有壬、仁、任(用作地名和姓)三个同音字。
㉑ 有芘、陂、枇、狓、毗、铍、郫、疲、啤、舭、琵、椑、脾、鲏、禆、蜱、罴、膍、貔、鼙等二十三个同音字,但是没有一个能单用。
㉒ 有苟、岣、耇、枸、笱五个同音字。
㉓ 鱼有四十多个同音字,也是没有一个能单用的。
㉔ 火有伙、钬、漷、夥四个同音字。
㉕ 有晓、謏、筱三个同音字。

来就有限,①而这些能单说的单音节大部分都是基本词。② 上述现象充分反映了基本词/核心词在现代汉语音节系统中所占的位置,这就好比尊贵的客人都坐在了飞机的头等舱。两个核心词共享一个音节的现象(如"心"和"新"、"肝"和"干")比较少。有些虽然是两个基本词同音,但在口语中名词往往会儿化或带上"子"尾、"头"尾,比如:沙子—杀,根儿—跟,舌头—蛇,骨头—古、股、鼓、谷,脖子—驳,虱子—湿、诗、师、尸、失、施,叶子—夜,石头—实、食,等等;有些则是在口语中通常采用双音形式,如眼睛、膝盖、羽毛、尾巴③、月亮、游泳等。所以在活的口语中一般不会造成混淆。只有"虱子"跟"狮子"同音,会引起歧义。其实"虱子"是否应该列入 100 核心词是可以讨论的,特别是现代社会这种东西越来越少,人们的日常生活中要提到它的几率迅速降低,它已经逐渐失去了作为核心词的资格。

在方言接触中,通语或强势方言中的某个基本词,折合成方言音,有时正好是该方言中的另一个基本词,它已经占据了"最佳音义结合体"的位置,或者是这个方言社团不熟悉的音节,很难被该方言社团直接、容易地感知,这时就不容易替换方言中的固有词,也就是说,"可借入度"很低甚至没有"可借入性"。以笔者母语宁波话为例,像"拿—驮""藏—园""按—揿""睡—困"……这样一些词,在说本地话的宁波人看起来,要用前者来取代后者是很难想象的。

因此,易知性是基本词汇稳固难变的一个重要原因。当然,易知的深层次原因还是基本词汇所表达的概念的重要性和常用性——正是由于它们如此重要和常用,这些音义结合关系从小就牢牢地根植于社团成员的头脑中,可以"不假思索"地感知到。

2. 封闭性

基本词具有一定的封闭性,每个义位(概念)成员有限,相当稳定。

---

① 吕叔湘(1963)曾指出:"在现代汉语里,单音节多半不能单说。"
② 吕叔湘(1963)在给名、动、形三类实词中单、双音节所占比例的统计资料所作的说明中指出:"这是就词表统计。如果照出现次数计算,单音词的百分比会大大增加,因为单音词大多数是最常用的。"
③ "尾"口语音 yǐ,通常不单说。

通常认为实词都是开放的词类,但是实词中属于基本词的各个小类实际上具有相对的封闭性:在一个共时共域的语言系统中,一个基本概念通常只用一个词来表达,有两个词的不多,三个以上的则几乎没有。[1] 我们可以称之为基本词的"单一性/准单一性"。仍以上举斯瓦迪士的 100 核心词为例,绝大多数是"唯一"的,少数有两个,如:皮—皮肤,骨头—骨骼,头—脑袋,牙—牙齿,肚子—腹部,乳房—奶(儿/子)……但这些词通常都有口语和书面语之别,要么就是单、双音形式的关系。

凡是成系统的语言要素就不容易变,语音系统和语法体系都是如此,语言接触一般不易导致音系和语法系统的改变,也很难造成基本词的替换。基本词汇的系统性主要就表现在易知性和封闭性上:在汉语的单音词词库中,那一批语义感知度最高而数量有限的词自成一个系统,具有高度的稳定性和排他性,这就是汉语的基本词汇。

二、基本词汇的可变性和时地差异

从上面所列的汉语 100 核心词表可知,基本词汇虽然具有很强的稳固性,但也不是一成不变的,在汉语有文献可考的历史中约有三分之 就发生过历时替换。从共时平面来看,基本词汇在各地方言中也是同中有异。即使是表面看起来没有发生变化的那些基本词,实际上它们的词义往往是有变化的,义位有增减("分子结构"不同),聚合关系和组合关系也有变化。[2]

把基本词汇历时演变的事实描写清楚,是汉语词汇史的一项基本任

---

① 史皓元等(2006:94-95)有一个很能说明问题的例子:"汉语'擦'义,这一带最常用的是'揩',同时有'挶'、'缴'、'抹'、'擦'等多种说法。……有的点只用其中某一个说法,有的点同时采用两三种,不过搭配的宾语有限制,这些都从各个侧面反映出不同的历史层次。"按理说一个共时平面中表示"擦"义只要一个词就够了,而处于江淮官话和吴语结合部的这些方言点有的同时使用两个甚至三个,但这二/三者并非"等值"的,而是用于不同的对象。说到底,其中只有一个是属于本方言点底层的,另外一个或两个则是外来的,所以就给它们派上不同的用场。

② 参看蒋绍愚(1989)。

务。近二三十年来,有关基本词历时更替的研究已经有不少,笔者所做的工作主要见于《东汉—隋常用词演变研究》和《汉语核心词的历史与现状研究》两部著作中,此外还有一些单篇论文,分别收在《著名中年语言学家自选集·汪维辉卷》《汉语词汇史新探》《汉语词汇史新探续集》这几本论文集里。下面试举两个例子来说明基本词汇的可变性及其时地差异。

例1 "脖子"义词

表示⦃脖子⦄①(neck)的词是人类语言的核心词,被斯瓦迪士列入100核心词表。汪维辉(2016a)在已有研究的基础上全面梳理了"脖子"义词的历时演变和共时分布,并讨论了两者的关系。下面撮述该文大意,原文的注释大都略去了。

汉语相当于neck的词数量众多,变化复杂,历史上经历了两次词汇更替,代表了基本词中多变的一种类型。

上古早期用"领"。"颈"始见于《左传》和《国语》,大约到战国后期,取代"领"变成主导词。从语源上看,"颈"的本义应该是"脖子",不过它还常常特指"脖子的前部",跟"项"形成互补关系。"颈"从战国后期到魏晋南北朝一直是⦃脖子⦄义的主导词。"项"和"脰"都始见于《左传》。"项"本指脖子后部,在先秦已可泛指脖子,但文献用例很少。"脰"在上古用例多于"项",但可能是一个齐地方言词,到西汉文献中大概已经成为一

---

① 孙凯,杜小钰(2022)指出:"《现代汉语词典》:'脖子,头和躯干相连接的部分。'又'脖颈儿(gěngr),〈口〉脖子的后部。也作脖梗儿。也叫脖颈子。'根据《现代汉语词典》,存在区分整个脖子和脖子后部的不同词汇。在不少方言里也存在类似的区分脖子后部与整个脖子(甚至脖子前部)的现象,如济南:脖子:脖儿颈脖子后部(《汉语方言词汇》第二版);临夏:脖子:脖子骨脖子前部:板颈脖子后部(《临夏方言》)等。"这里讨论的是指"整个脖子"这一概念的词,用⦃ ⦄表示概念,必要时用〈 〉表示词。概念、词、字三者的关系如下:

$$\left\lceil 脖子 \right\rceil \begin{cases} \langle 领 \rangle & \begin{cases} 肶 \\ 铍 \end{cases} \\ \langle 颈 \rangle \\ \langle 项 \rangle & 字 \\ \langle 脖 \rangle & \begin{cases} 膊 \\ 颔 \end{cases} \\ \langle 脰 \rangle \\ \cdots\cdots & \begin{cases} 鸰 \\ 脖 \end{cases} \end{cases}$$

个古语词。西汉出现〈亢〉,可指脖子前部,也可泛指脖子,用例不多,至迟魏晋已经从文献中退出。

隋唐时期,"项"的用例大量增加,有的文献只用"项",没有"颈",但也有相反的情形,两者的分布看不出明显的规律。晚唐五代宋时期,"颈"和"项"则表现出明显的地域差异:北方用"项",南方用"颈"。这一分布规律也可以得到元代文献和现代方言的印证。

〈脖〉在元代突然大量见诸文献,关于它的来源人们有种种推测。我们认为,〈脖〉始见于文献的年代有可能比一般所认为的元代更早,也许在宋辽金时代它就已经通行于淮河以北广大北方地区的口语中了。〈脖〉应该是一个汉语北方方言词,而不大可能是外来的借词。至晚到明末,在江淮官话(含部分)以北的大官话区,〈脖〉大概已经取代"颈/项"成为主导词了。这种局面一直延续到今天。

以上是"脖子"义词历时演变的大概情况。

{脖子}的方言说法相当纷繁复杂,大致可以归纳成五系:脖系,颈系,项系,胿系,颔系。详见下表:

词项	方 言 分 布
脖系	官话(其中江淮官话和西南官话只有少数点)、晋语
颈系	江淮官话、西南官话、中原官话(少数)、晋语(个别)、吴语、赣语、徽语、湘语、粤语、客家话、闽语(少数)、畲话、土话、平话、乡话、儋州话
项系	西南官话(部分)、江淮官话(部分)、中原官话(部分)、兰银官话(少数)、晋语(个别)、吴语(部分)、土话(个别)
胿系	闽语(闽东、闽中、闽北、闽南、琼文、莆仙、邵将[个别])、吴语
颔系	闽语(闽南)

最主要的是"脖"系和"颈"系的对立,大致以长江为界,北"脖"南"颈",江淮官话是过渡地带,其中洪巢片有些地方已经说"脖"系,或者"脖"系和"颈"系并存(如南京),泰如片和黄孝片则还是"颈"系。也就是说,在大官话区(含晋语),除了大部分江淮官话和西南官话(云南除外)之外,基本上都是"脖"系。"颈"系的分布区域最广:在南方,除了闽语之

外,它覆盖了所有各大方言区;在官话区,大部分江淮官话和除云南省以外的西南官话也是它的地盘。

"项"系分布范围有限,并且主要是跟"颈""脖"结合,作为语素保留在复合词中,但是分布情况最为复杂,详见下表:

方言区	词项	方 言 点
晋语	项	山西阳城
	脖项	陕西志丹
中原官话	脖项(子)	甘肃定西、环县,陕西黄龙、大荔、永寿、西安、户县、商洛,新疆吐鲁番
	项脖	山西襄汾
	项颈	甘肃西峰
兰银官话	脖项(子)	甘肃兰州、嘉峪关、高台、张掖
西南官话	颈项	四川青川、旺苍、北川、盐亭、平仓、华蓥、成都、遂宁、宝兴、泸定、汉源、乐山、米易,贵州德江,重庆忠县,陕西镇巴,湖北恩施、潜江、钟祥
江淮官话	颈项	江苏宝应、东台、如东、南通、靖江(官)、扬中、丹徒、句容
吴语	颈项	江苏通州、靖江(吴)
	项颈	浙江萧山、绍兴县、上虞、诸暨、浦江、义乌、金华、武义、衢江、缙云、宣平(旧)、丽水、松阳、云和、景宁(吴),安徽南陵,江西广丰、上饶县
土话	颈项	广西兴安

主要有四片:(1)新疆、甘肃、陕西、山西一带的兰银官话、中原官话和晋语,除山西阳城(单说)和甘肃西峰("项颈")外,都是跟"脖"组合;(2)四川、贵州、重庆、陕西、湖北一带的西南官话,都是"颈项";(3)江苏境内的江淮官话和个别吴语,也都是"颈项";(4)浙江中北部及安徽、江西个别点的吴语,都是"项颈"。其中(1)和(2)呈毗邻分布,也可以合并成一片;(2)和(3)都是"颈项",很可能有同源关系,本来江淮官话和西南官话关系就密切;只有(4)跟其他三片呈远隔分布,外围都是"颈"系,它的来

源还是一个谜。

闽语除少数点受到客赣方言的影响用"颈"系外，集中使用"脰"系和"颔"系。"脰"是上古汉语的遗存，分布在闽东、闽中、闽北、闽南、琼文、莆仙、邵将各区。值得注意的是，吴语和徽语的大多数方言说"头颈"，我们推测前字的原始形式应该是"脰"而不是"头"，这很可能是受了"俗语源"的影响：因为"脰"是个古老的语素，人们早就不知道它的理据了，所以就把它想当然地理解成了位置相邻、读音相近的"头"，于是"脰颈"就变成了"头颈"，而恰好在多数吴语中"阳平+阴上"和"阳去+阴上"的连读调相同，人们把它写成"头颈"也就很顺理成章了。如果上述推测成立，那么"脰"的分布地域就要比《汉语方言地图集》（曹志耘 2008）所标的扩大许多，它就不是闽语的特征词，而是闽语和吴语的共有词了。"颔"则是闽语的独立创新，仅见于闽南话，是闽南话的特征词。

共时分布是历时演变的结果。把两者结合起来观察，可以得到以下几点认识。

第一，⎨脖子⎬义词在历史上的两次更替形成了现代方言分布的基本格局——北"脖"南"颈"。共时分布与历时演变可以相互印证。"颈"自战国后期到宋代一直是强势主导词，这样的地位跟它在今天分布区域最广正相吻合。"脖"兴起和取代"颈/项"的历史并不长，所以它的分布地域尚未扩展到南方。最古老的"领"只在"颈领"（江西石城客家话）和"脰领"（浙江泰顺、福建寿宁闽语）中还有个别残存，可见它退出词汇系统的时间的确很早。

第二，闽语用词最特殊，在基本词上既有存古的一面，又有创新的一面。存古的是"脰"，"脰"在战国秦汉时期是"齐语"（齐、青、徐一带的方言），《公羊传》何休注和《释名》都有明确记载，今天则保存于闽语，如果吴语区的"头颈"确如上文所推测原来是"脰颈"，那么它也保存在吴语中。这为闽语的来源及闽语和吴语的关系又提供了一条线索。来自北方的"脰"在闽语区的最早落脚地很可能是闽北地区。"脰"系在闽语中的远隔分布是移民造成的，雷州半岛和海南岛的"脰"大概是从莆仙片传过去的。创新的是"颔"，从指称下巴转而指称脖子，仅见于闽南话。"颔"系和"脰"系基本上呈现闽南话与非闽南话的对立分布，说明在闽语中闽南话是变化比较快的。

第三，"项"系的情况最为复杂，有些现象暂时无法解释。比如"项"在浙江吴语中的远隔分布,似乎表明在吴语的腹地古代曾经说"项"(宋人话本所见杭州地名"鹅项头"的材料或可印证这一点),跟江苏境内的江淮官话可能同源,那么两者中间的"颈"就应该是后起的,但是这一推断目前找不到更多的证据;也有另一种可能性,就是这一片"项"是后来从北方引进的,相对于外围的"颈"而言,它是新的成分。又如文献所见的隋唐时期"项"的异常表现,眼下也理不出头绪。总之,关于"项"的历史还有待深入研究。

第四,总体而言,⎨脖子⎬义词的复音化(主要是双音化)倾向比较明显:新兴的"脖"除了山西襄垣、平定等个别点单说外,[①]都是复音形式,其中"脖子"是主流;"项"基本上不能单说;连闽语区的"胫"和"颔"在很多地方也是复音形式,这种情况在闽语的基本词中并不多见。比较特殊的是"颈",单说的地方非常多,包括大部分赣语、客家话、粤语、平话和少部分江淮官话、西南官话、吴语、徽语、畲话、土话、闽语、儋州话。这说明"颈"这个古老的词受到复音化的影响比其他词要小。

第五,还有不少问题目前解释不了。这是几乎在研究每一个核心词时都会遇到的共同问题。最主要的原因是材料不足。虽说方言材料已经相当丰富,但是当我们想要做出一个准确的判断的时候,还是常常会遗憾于材料的欠缺和粗略,真是应了一句古语:"食不厌精,脍不厌细。"我们对充足、精细的方言材料的需求可以说是永无止境的。古代材料的缺乏就更不用说了,而且是无法弥补的。[②] 汪锋、王士元(2005)指出:"语言演进只有一个真实的过去。由于汉语方言的复杂性和我们所能见到的汉语历史语料和现代方言语料的限制,以及其他种种制约,我们只能窥测其中的些许部分。"诚哉斯言!

例2 "闻/嗅"义词

表示"用鼻子闻"义的词属于人类语言的基本词,被斯瓦迪士列入200核心词表(序号187,to smell)。汪维辉、秋谷裕幸(2014)探讨了汉语"闻/嗅"义词在现代方言中的分布和历史上的演变,并尝试对两者的关系做出

---

① 友生张航指出:⎨脖子⎬开封话老派说"bao"阳平(子变韵:不加"子"尾,而加[au]韵),应该也算单音形式,正在消亡;新派说"脖儿";也有说"脖子"的(城市里说普通话的人),比较少。

② 参看汪维辉(2003a)。

解释。文章所揭示的基本语言事实和提出的初步解释如下：

现代方言中的"闻/嗅"义词有闻、嗅1-a、嗅1-b、嗅2-a、嗅2-b、鼻、喷、听、嗍、□tʰ-阴上等，主流演变是 嗅2许救切→嗅1香仲切→闻→听兼指"听"。历史上的主流演变是 嗅→闻，其间"闻"的词义从最初兼表"听到声音"和"闻到气味"专化为只表"闻到气味"，然后又转化为表示"嗅"。"闻"大约在东晋产生"嗅"义，到元代的北方口语里大致已经完成对"嗅"的替换。"闻"取代"嗅"的起因可能是避讳。（转引自原文"摘要"）

从共时分布来看，现代各地方言表示"闻"义的词存在较大差异，参考《汉语方言地图集·词汇卷》（曹志耘 2008）"122 闻用鼻子~"地图等资料，分布概况可以归纳成下表：

词项	方　言　区
闻	官话、晋语、吴语太湖片（部分）、婺州片（金华）、处衢片（龙游、丽水）、赣语（少数）、湘语（少数）、东部粤语、湖南土话、平话桂北片
嗅1-a	吴语太湖片（部分）、台州片、瓯江片、徽语、北部赣语、湘语、粤语（茂名、电白）、平话桂北片（资源、临桂、永福）、官话（桐城、枞阳）
嗅1-b	西部粤语（部分）、平话桂南片（部分）
嗅2-a	闽语闽东区福宁片、邵将区（邵武、光泽）、北部赣语（少数）、南部赣语、湘语（少数）、江西南部的客家话、吴语太湖片（吴江黎里）、徽语（婺源①）、平话桂南片（宾阳）
嗅2-b	西部粤语（部分）、平话桂南片（部分）
鼻	闽语、广东东部和台湾的客家话
喷	吴语处衢片、婺州片、徽语（少数）、赣语（浏阳）
听/听~闻/听~嗅1-a	官话（部分）、吴语（温州）、徽语（休宁）、赣语（太湖）、湘语（部分）、粤语（广宁、云安）、粤语勾漏片、乡话（芦溪）
嗍	平话桂南片（龙州）
□tʰ-阴上	闽语闽东区（苍南）、吴语处衢片（青田）、瓯江片（苍南）

---

① 此据《汉语方言地图集》。平田昌司（1998：296）记录的是[çiɔm⁵]，为"嗅1-a"。

第三章　基本词汇的演变

51

"嗅1"来自"香仲切"($*hɪɐ̌uŋ$ 去声[1]),"嗅2"来自"许救切"($*hɪɐ̌u$ 去声);"a"表示声母为[h ç]等擦音,"b"则表示声母为[ȵ ȵ̩]等鼻音。

其中北方方言(指官话和晋语的统称)比较简单,基本上都是"闻",还有少数"听"。东南部的吴语、徽语、赣语、客家话、湘语、粤语、平话、闽语则相当复杂,分布着"嗅"(有四种变体)"闻""鼻""喷""听""□tʰ-阴上""嘲"等词形,其中"嗅"和"闻"属于承古,其他词形则是方言区的创新。

从历时演变来看,主要是"闻"对"嗅"的替换。"嗅(臭、齅)"是汉语中最古老的"闻"义词,从上古一直沿用至今(保留在方言中且语音形式有分化),只是到了元代,才大致在北方口语里被"闻"所替换。"闻"取代"嗅"的过程颇为曲折复杂,其间"闻"的词义经历了两次变化:先从兼表"感知(声音、气味)"转到专表"嗅到",再从"嗅到"变成"嗅"(只表动作,不含结果)。虽然"闻"表"嗅"义(不是"嗅到")的例子早在东晋译经中就已经出现,但是元代以前用例罕见,到元代才逐渐多见起来,考察文献可以推断:在元代的北方口语里,大概已经只说"闻"而不说"嗅"了。比如许衡《直说大学要略》:"眼中只要见好颜色,耳中只要听好音乐,口上只要吃好茶饭,鼻中只要闻好香气。"

说得好好的"嗅",为什么会被"闻"取代呢?我们发现,宋元以后"闻/嗅"义词的演变表现出一种共同的趋势:各地似乎都在尽力回避"许救切"这个音——北方方言(也扩散到部分南方方言)是采用词汇替换的方式,用"闻"替换了"嗅",替换得很彻底,还有替换成"听"的(北方和南方都有,各自独立发生);南方则主要是采用改音的方式,即"嗅2→嗅1"(加上鼻韵尾)[2],还有一些地方用"鼻""喷""嘲""□tʰ-阴上"等替换了"嗅2"。到今天,保留"许救切"一读(即"嗅2")的方言已经很有限了(参看上表)。也就是说,虽然各地表现不一——嗅→闻,嗅→鼻,嗅→听,嗅→喷,嗅→嘲,嗅→□tʰ-阴上,嗅2→嗅1,但是起因似乎是共同的:都要避开"许救切"这个音。这背后一定有一个强有力的动因,不然无法解释这种大面积的词汇替换和改音现象。根据已往的经验,这个动因很可能是避讳,我们初步推测"嗅"(许救切)本身就是需要避讳的对象,但详情尚待进一步探究。

---

① 中古音的拟音根据平山久雄(1967)。

② 虽然《集韵》记录了"嗅"的"香仲切"一读,但目前所见的宋元韵文中,"嗅"均押阴声韵,未见押阳声韵者,说明"香仲切"大概自古就是方音。

以上是汉语"闻/嗅"义词大致的时地差异及其形成原因。

基本词的新旧更替历史上一直在发生,根据我的观察和学界的研究,各个时期有过替换的词大致如下。

1. 上古时期(西汉以前)

上古前期到后期已经发生过新旧替换的基本词有:

首/头① 　疾/病② 　氏/家③ 　犬/狗④ 　豕/彘、豨⑤ 　木/树⑥ 　本、柢(氐)/根⑦ 　屦/履⑧ 　舟/船⑨ 　梁/桥⑩ 　宵/夜⑪ 　访/问⑫ 　逆/迎⑬ 　获/虏(卤)⑭ 　田/猎⑮ 　假/借⑯ 　勤/劳⑰ 　丧/亡、失⑱ 　缢/经、绞⑲ 　贼/杀、弑、攻⑳ 　迩/近 　遐/远(？)㉑ 　盈/满㉒ 　寡、鲜(尟、尠)/少㉓

① 参看吴宝安(2006)、汪维辉(2007b,2017b,2018a：94-107)、李慧贤(2007)、黄树先(2009,2012：75-82)、李佐丰(2013)、祝昊冉(2018,2020)等。
② 参看李人鉴(1982),黄金贵(1995/2016：393-396,1996,2009,2011,2019),徐时仪(1999),王彤伟(2005a),丁喜霞(2006),黄金贵、姚柏舟(2009),黄金贵、唐莉莉(2011),夏业梅(2012a),黄树先(2012：82-92),郜同麟(2013)等。
③ 参看郜同麟(2013)。
④ 参看王彤伟(2004,2013)、汪维辉(2007b,2018a：243-249)、徐志林(2007)、夏业梅(2012b)、胡波(2015)等。
⑤ 参看郜同麟(2013)。
⑥ 参看汪维辉(2000/2017：84-91,2007b,2018a：282-288),吴宝安(2004),黄树先(2010：188-221),陈明富、张鹏丽(2011),王荣(2019)等。
⑦ 参看汪维辉(2007b,2018a：299-306)、黄树先(2010：221-239)、陈明富(2013a)等。
⑧ 参看张标(1989)、董玉芝(2009)、王彤伟(2009a)、刘景(2010)、夏业梅(2018)等。
⑨ 参看汪维辉(2000/2017：80-83,2007b)、李素琴(2002)等。
⑩ 参看丁喜霞(2005)、李醇(2009)、李玲(2013)、霍生玉(2016,2019：42-56)、赵岩(2017)等。
⑪ 参看郜同麟(2013)等。
⑫ 参看郜同麟(2013)等。
⑬ 参看郜同麟(2013)等。
⑭ 参看郜同麟(2013)。
⑮ 参看郜同麟(2013)。
⑯ 参看黄英(2011)、胡波(2013)、姜黎黎(2013)、张定(2013)等。
⑰ 参看郜同麟(2013)等。
⑱ 参看郜同麟(2013)。
⑲ 参看郜同麟(2013)。
⑳ 参看郜同麟(2013)。
㉑ 以上两组参看汪维辉(2009)。"遐"和"远"可能并未发生过历时替换。
㉒ 参看王盛婷(2007)、刘晓静(2013)、赵美英(2017)、汪维辉(2018a：702-708)等。
㉓ 参看汪维辉(2000/2017：394-400,2003b,2018a：625-632)、王燕(2007)等。

2. 中古时期(东汉—隋)

(1) 名词、方位词、代词、量词

目/眼[1]　涕、泣/泪[2]　肤/皮[3]　肌/肉[4]　他人/旁(傍)人[5]　冠/帽(务、冃)[6]　袂/袖[7]　裳/裈/裤(绔、袴)[8]　栉/梳[9]　衾/被[10]　矢/箭[11]　囊/袋[12]　隅/角[13]　涂/泥[14]　豕、彘/猪[15]　鹜/鸭[16]　翼/翅(翄、翍)[17]　菽/豆[18]　所/处(chù)　侧、畔/旁(傍)/边[19]　内、中/里(裏、裡)[20]　余、予、吾、言、卬、朕/我[21]　孰/谁[22]　何、焉/那(nǎ)　重/层[23]

(2) 动词、助动词

视、相(xiàng)/看[24]　求、索/寻、觅、搜[25]　禀、告/关、白　詈/骂[26]

---

① 参看方一新(1987)、汪维辉(2000/2017：23-31，2007b，2018a：112-123)、李慧贤(2008)、黄树先(2012：174-184)、王晓珺(2013)、秦桦林(2017)等。

② 参看汪维辉(2000/2017：31-39)等。

③ 参看吴宝安、黄树先(2006)，于飞(2008)，贾燕子(2017b)，汪维辉(2018a：59-66)等。

④ 参看杨凤仙(2006)、汪维辉(2008，2018a：67-73)、黎李红(2010)、黄树先(2012：82-91)等。

⑤ 参看汪维辉(2000/2017：58-67)。

⑥ 参看杨明泽(2010a)。

⑦ 参看徐望驾(2007)。

⑧ 参看冯雪冬(2012)。

⑨ 参看郭晓妮(2009)，杨明泽、叶桂郴(2010)。

⑩ 参看张歌(2009)。

⑪ 参看天锁(1957)、史光辉(2004a)、魏德胜(2011)。

⑫ 参看汪维辉(2000/2017：76-80)、王瑞琪(2011)、杨振华(2017a)等。

⑬ 参看牛太清(2003)、王东(2005)、汪维辉(2015a)等。

⑭ 参看贾燕子(2018d)。

⑮ 参看骆晓平(1996)，游修龄(2000)，王彤伟(2010)，刘周全(2012)，胡琳、张显成(2015)等。

⑯ 参看闻宥(1980)、张永言(1992/1999/2015：255)、贾燕子(2013a)等。

⑰ 参看汪维辉(2000/2017：67-76)等。

⑱ 参看王伟静、叶桂郴(2012)。

⑲ 参看汪维辉(2000/2017：91-97)。

⑳ 参看汪维辉(1999，2000/2017：98-108)、施建平(2018)等。

㉑ 参看李昊(2003)、朱红(2010)、汪维辉(2018a：751-758)等。

㉒ 参看汪维辉(2018a：791-801)等。

㉓ 参看牛太清(2001)。

㉔ 参看吕东兰(1998)，汪维辉(2000/2017：122-133)，白云(2008)，尹戴忠(2008，2010)，尹戴忠、赵孜(2012)，刘丽红(2015)，段洁琼(2016)，赵雪伶(2018)，贾燕子(2020b)，马菁屿(2020)等。

㉕ 参看汪维辉(2000/2017：133-144)等。

㉖ 参看姜明秀(2007)、王浩垒(2008)、牛慧芳(2012)、胡波(2016)等。

呼(謼)/唤① 　使、令、遣/教(交)② 　击/打③ 　置、释/放④ 　树、艺、植(殖)/种⑤ 　采/摘⑥ 　濯、浣、沐、浴、洒、沫(湏、颒、醴)/澡、洗⑦ 　启/开⑧ 　闭/关⑨ 　购/买⑩ 　鬻、售/卖⑪ 　荷(何)/担(儋)⑫ 　覆/盖⑬ 　建、筑、立/起、盖、架、戴⑭ 　立/树、竖 　曝(暴)/晒⑮ 　涉/豫(预) 　踊、跃/透(投)⑯ 　逐/追⑰ 　当、遭、遇/逢⑱ 　冠、服/着(著)/戴⑲ 　衣、服/着(著)⑳ 　宅、居、处(chǔ)、止/住㉑ 　寝、寐/卧、眠(瞑)㉒ 　识、知/解、晓㉓

---

① 参看汪维辉(2000/2017：177-192)、王秀玲(2002)、王倩楠(2019)等。
② 参看汪维辉(2000/2017：192-201,2007d：18-19)。
③ 参看汪维辉(2000/2017：201-213)、蒋绍愚(2007)、刘畅(2017)等。
④ 参看汪维辉(2000/2017：238-241)，谢智香(2012)，王文香(2014)，贾燕子、陈练军(2016)等。
⑤ 参看双丹丹(2009)、焦毓梅(2011)等。
⑥ 参看赵川兵(2014)。
⑦ 参看张生汉(2000)，金颖(2004)，闫春慧(2006,2010,2011a,2011b,2013)，卢巧琴(2007)，凌瑜、秦桦林(2010)，雷颖(2012)，刘晓兴(2016a,2016b)，贾燕子(2017a)，韩丞(2017)，雷黎明(2019)，董为光(2020)等。
⑧ 参看王盛婷(2007)，周俊勋、侯茜蓉、王琳(2017)，蒋绍愚(2019b)等。
⑨ 参看汪维辉(2000/2017：225-228)，王盛婷(2007)，李强、周俊勋(2018)，张程(2019)，蒋绍愚(2019b)等。
⑩ 参看吕文平(2007)、叶桂郴(2011)、张荆萍(2011)、陈明富(2013b)、张静(2017)、席维(2019)、武歌(2019)等。
⑪ 参看吕文平(2007)、张荆萍(2011)、陈明富(2013b)、张静(2017)等。
⑫ 参看杨荣贤(2006/2017：63-96)，任连明、李彬(2012)等。
⑬ 参看汪维辉(2000/2017：229-238)。
⑭ 参看汪维辉(2000/2017：262-271)、常荣(2011)、陈明富(2013c)、于为(2018)等。
⑮ 参看汪维辉(2000/2017：252-255)。
⑯ 参看章红梅(2005)、万茜茜(2013)、孙颖颖(2014)。
⑰ 参看杨明泽、曾利斌(2011)、张美薇(2012)等。
⑱ 参看汪维辉(2000d)，任连明、孙祥愉(2013)，王美璎(2018)。
⑲ 参看金石(1995)，汪维辉(2000/2017：110-122)，宋新华(2003)，金颖(2008a)，余桃桃(2009)，张莎、马丽(2012)等。
⑳ 参看金石(1995)，汪维辉(1999,2000/2017：110-122,2012)，宋新华(2003)，金颖(2008a)，李倩(2009)，余桃桃(2009)，黎会玲(2009)，王文红(2011)，张莎、马丽(2012)等。
㉑ 参看汪维辉(2000/2017：291-304)。
㉒ 参看汪维辉(2000/2017：144-161,2007b,2018a：474-487)、白利利(2005)、方金华(2012)、李慧(2014)、王长滕(2015)等。
㉓ 参看汪维辉(2008,2018a：462-474)等。

愠、怒/恼① 更(gēng)、易/改、换② 焚、燔/烧③ 宜、当/合、应④

(3) 形容词

善、美/佳、好⑤ 甘、甜(甛)⑥ 寒/冷⑦ 疾、速、迅、急/驶、快(駃)⑧

痛/疼⑨ 瘠(膌)、癯(臞)/瘦(膄)⑩ 广/阔⑪ 迫、隘/狭⑫ 坚、刚/硬

(鞕、鞭、靫)⑬ ?/急⑭ 爽、差、忒、误、谬(缪)、讹、舛、过/错⑮ 诈、伪/

假⑯ 愚、蠢/痴(癡)⑰

(4) 副词、介词

即/便、仍⑱ 尝(常)/经、曾⑲ 徒/空、唐 唯(惟)、徒、但、仅/劣、正

(政)、止、只⑳ 须臾、俄而(俄然)/寻 自/从㉑

---

① 参看翟希钰(2015)。

② 参看汪维辉(2000/2017:255-262)、张欣(2019)等。

③ 参看史光辉(2004b)、王彤伟(2005b)、张黎(2010)、汪维辉(2018a:610-614)等。

④ 参看汪维辉(2000/2017:317-325)、张海媚(2015)、陈依琳(2017)等。

⑤ 参看徐丹丹(2014)、汪维辉(2018a:713-726)等。

⑥ 参看汪维辉(2000/2017:389-393),殷晓杰、何意超(2013),颜玉君(2015),颜玉君、朴敏浚(2017)等。

⑦ 参看汪维辉(2000/2017:352-361,2018a:692-702)、吴芳(2006)、王盛婷(2007,2010)、张立红(2013)等。

⑧ 参看曹广顺(1987)、汪维辉(2000/2017:362-375)、刘雯(2009)、赵永超(2010)、徐时仪(2017a)等。

⑨ 参看汪维辉(2000/2017:339-342)、颜玉君(2014)。

⑩ 参看汪维辉(2000/2017:333-389)、王盛婷(2007)等。

⑪ 参看汪维辉(2000/2017:375-381)、王盛婷(2007)等。

⑫ 参看王娟(2006)、王盛婷(2007)等。

⑬ 参看汪维辉(2000/2017:381-389),徐时仪(2016a),李晓婷(2018),王虎、李晓婷(2018),贾燕子(2019a)等。

⑭ 《三国志·魏书·吕布传》:"遂生缚布,布曰:'缚太急,小缓之。'太祖曰:'缚虎不得不急也。'"这个"急"在今天的吴语里仍有保留,普通话叫"紧"。

⑮ 参看汪维辉(2000/2017:342-352)、王盛婷(2007)、金颖(2008b)等。

⑯ 参看杨明泽(2010b),邢素素、刘红妮(2017)。

⑰ 参看汪维辉(2000/2017:326-333,2011a)、王云路、方一新(2002),吴建(2010),汪维辉、胡波(2013),杨振华(2017b),秦雪霞(2017)等。

⑱ 参看李宗江(1997b)等。

⑲ 参看汪维辉(2007e)等。

⑳ 参看马贝加(1990)、李宗江(1998d)、乔玉雪(2004)。

㉑ 参看王鸿滨(2007)、汪维辉(2007b)、钟兆华(2011:259-267)等。

3. 近代时期（唐—清）

近代时期发生过新旧替换的基本词很多，下面所列难免有遗漏。

（1）名词、代词

面/脸① 口/嘴② 领、颈、项/脖、脖子③ 腹/肚、肚子④ 足/脚⑤
乳/奶⑥ 膏、脂、肪/脂肪、油⑦ 父/爷（耶）/爹/爸⑧ 母/娘（孃）/妈⑨
兄/哥⑩ 姊/姐⑪ 盗、劫/贼、偷儿/小偷 旁（傍）人/别人⑫ 言、语、言
语/话⑬ 书/信⑭ 履、鞋（鞵）⑮ 鼎、釜、镬/锅⑯ 箸（筯）/筷、筷子⑰
户/门⑱ 牖、向（嚮、曏）/窗、窗户⑲ 壁/墙⑳ 肆/店、铺、行㉑ 巢/窠/

---

① 参看汪维辉（2005）、殷晓杰（2009）、周玫慧（2017）、杜升强（2019）等。

② 参看张薇（2005）、吕传峰（2006a，2006b）、刘君敬（2011/2020：163-174）、黄树先（2012：185-199）、龙丹（2012）、侯雪娟（2012）、贾燕子（2015a）、汪维辉（2018a：131-145）等。

③ 参看孙克东（1982），崔山佳（1989），方云云（2007，2010），龙丹（2007a，2007b），王毅力、徐曼曼（2009），盛益民（2010），黄树先（2012：234-249），孙凯（2014），汪维辉（2016a，2018a：183-198）等。

④ 参看汪维辉（1999，2016b，2018a：198-210）、邱丽佳（2010）、黄树先（2012：215-234）、林彦乔（2014）、张亚静（2014）等。

⑤ 参看汪维辉（1999，2000/2017：39-58，2018a：166-175），黄树先（2010：128-152），解海江、章黎平（2011）等。

⑥ 参看徐时仪（2007b）、汪维辉（2018a：210-220）等。

⑦ 参看张子才（2002）、龙丹（2007c）、吴宝安（2011：150-153）、黄树先（2012：105-113）、张芳（2013）、汪维辉（2018a：81-88）、墙斯（2020）等。

⑧ 参看陈顺成（2013）等。

⑨ 参看黄志婷（2013）、陈顺成（2013）等。

⑩ 参看胡双宝（1980），黄树先（1999），张婷（2008），廖光蓉、尹铂淳（2015）等。

⑪ 参看汪维辉（2020b）等。

⑫ 参看汪维辉（1999，2019）、谭代龙（2006a）等。

⑬ 参看汪维辉（1999，2003a，2005）等。

⑭ 参看张永言（1962，1985）、郭在贻（1984）、尹思（2015）等。

⑮ 参看汪维辉（1999）、董玉芝（2009）、刘景（2010）等。

⑯ 参看梁冬青（2000）、徐时仪（2002）、李福唐（2009）等。

⑰ 参看张成材（1988），王琪（2008），赵枫（2013），陈宇宇（2014），殷晓杰、陈春雪、陈佳（2017），项梦冰（2017），杨琳（2017）等。

⑱ 参看贾燕子（2015b，2018b：70-82）。

⑲ 参看杨寰（1985），肖九根（2006），郑艳华（2007），陈怡君、汪维辉（2020）等。

⑳ 参看陈练军（2010b）、贾燕子（2015c）。

㉑ 参看汪维辉（1999）、刘红妮（2007，2008）。

窝① 卵/蛋② 薪/柴③ 日/日头、太阳④ 日/天⑤ 宵/夜、晚、晚上⑥ 少年/青年 他、异、余/别⑦ 尔、汝(女)、若、乃、而/你⑧ 斯、兹、是、此/这⑨ 彼/那⑩ 何、奚、曷、胡、何物/甚、什么(甚么)⑪ 种(众)/般、样⑫

(2)动词、助动词

食、啖、吃(喫、嚍、嗷⑬)⑭ 饮/吃(喫)、喝⑮ 啮、龁、噬/咬(齩、齧)⑯ 诵、读/念(唸)⑰ 讽、诵/背(倍) 言、云、曰/话、说、道(噵)⑱ 应(yìng)、对/答⑲ 唤/叫(呌、噭)⑳ 歌/唱㉑ 闻/听见㉒ 使、令/教(交、

<hr />

① 参看周国祥(2015)、汤传扬(2018)。
② 参看范常喜(2006)、黄树先(2012：113-116)、汪维辉(2015a，2018a：254-262)等。
③ 参看邓瑷敏(2008)、黄树先(2010：14-46)等。
④ 参看松江崇(2007)、叶雪萍(2010，2011)、汪维辉(2014，2018a：394-408)等。
⑤ 参看蒋绍愚(2012b)。
⑥ 参看黄树先(2015)、何亮(2017)、汪维辉(2018a：394-408)等。
⑦ 参看胡波(2018)、汪维辉(2019)等。
⑧ 参看汪维辉(2018a：758-770)等。
⑨ 参看王力(1958/1980：283-284)、太田辰夫(1958/2003：115-118)、陈治文(1964)、吕叔湘(1985)、志村良治(1995：103-143)、徐曼曼(2012)、汪维辉(2018a：770-781)、朱冠明(2019)等。
⑩ 参看王力(1958/1980：284-286)、太田辰夫(1958/2003：118-119)、吕叔湘(1985)、志村良治(1995：103-143)、汪维辉(2018a：781-791)等。
⑪ 参看王力(1958/1980：288-293)、太田辰夫(1958/2003：121-122，1991：88-104)，吕叔湘(1985)，志村良治(1995：159-211)，贝罗贝、吴福祥(2000)，汪维辉(2018a：801-815)等。
⑫ 参看汪维辉、徐多懿(2020)。
⑬ 《集韵·锡韵》："喫，《说文》'食也'。或作嚍、嗷。"
⑭ 参看香坂顺一(1997：347-348)，崔宰荣(1997，2001)，汪维辉(1999，2011c，2018a：415-433)，解海江、李如龙(2004)，王青、薛遴(2005)，李玉娇(2006)，谢晓明、左双菊(2007)，贡珂(2009)，王任赵(2009)，霍生玉(2009a)，霍生玉、陈建初(2009)，王国珍(2010)，张蔚虹(2010)，尹戴忠(2011)，张莎、马丽(2012)，陈瑶(2013)，贾燕子(2013b)，贾燕子、吴福祥(2017)，钱强文、张天怡(2018)，王晓莹(2019)等。
⑮ 参看崔宰荣(1997，2001)，汪维辉(1999，2018a：433-442)，郭世(1999)，吕传峰(2005a，2005b，2006c)，梁冬青(2007，2009)，霍生玉(2009a，2009b)，霍生玉、陈建初(2009)，钟向前(2009)，尹戴忠(2011)，张莎、马丽(2012)，陈瑶(2013)，贾燕子、吴福祥(2017)等。
⑯ 参看吕传峰(2006a)、汪维辉(2018a：442-450)等。
⑰ 参看曾文斌(2020)。
⑱ 参看汪维辉(1999，2000/2017：161-177，2003a，2018a：588-604)、包智明(2008)等。
⑲ 参看王枫(2007)、徐望驾、刘丽群(2019)。
⑳ 参看汪维辉(1999)、王秀玲(2002)、贾燕子(2014a，2018a)、陈练军(2015)等。
㉑ 参看罗青(2009)、贾燕子(2014b)。
㉒ 参看汪维辉(2018a：456-462)等。

叫)、让① 遣、使/差、派② 嘱(属)/托(託) 勖、劝、勉、励/鼓励 让、数/责、怪③ 欺、诈/诳、骗④ 探/摸 攘、窃、盗/偷⑤ 执、持、握、秉/捉、将、拿⑥ 擒(禽)、捕/捉、拿⑦ 束、缚/捆(綑)、绑⑧ 书/写⑨ 誊/抄(钞)⑩ 燃(灯)/点(灯) 置、安、着(著)、放、摆⑪ 安/装 刈、获/割⑫ 割/切⑬ 春/捣⑭ 食(sì)、饲/喂⑮ 支/拄、撑 拭/揩、擦、抹⑯ 紾、戾/拗、扭 排/推 与、予/给(gěi)⑰ 赠/送⑱ 寻、觅、搜/找(爪、抓、找)⑲ 捐、遗、弃/扔、丢(丟)⑳ 触/撞、碰 遏(閼)、邀(徼、要)、掩/遮/拦(闌)、截、挡(当)㉑ 携/带㉒ 叩(门)/敲(门) 攀/扳 连/接 担

① 参看香坂顺一(1997：7-8)、张海媚(2012)等。

② 参看敖玉琴(2020)。

③ 参看杨琴(2010a,2010b)、李倩(2019)。

④ 参看孙秀青(2008)、杨奉联(2012)、雷丝雨(2019)等。

⑤ 参看安沙沙(2009)、王毅力(2009)。

⑥ 参看汪维辉(1999,2018a：555-572)、盛艳玲(2005)、杜翔(2010)、黄晓雪(2010)、钟明立(2013)、石睿(2013)等。

⑦ 参看萧红(2007)、姜黎黎(2014)等。

⑧ 参看叶桂郴、王玥雯、李鸣镝(2007)、杨荣贤(2017)等。

⑨ 参看汪维辉(1999,2000/2017：241-252),舒文琪(2016),闫斯文(2016),闫斯文、武振玉(2018)等。

⑩ 参看汪维辉(1999,2000/2017：241-252)等。

⑪ 参看谢智香(2012)、王文香(2014),贾燕子、陈练军(2016)等。

⑫ 参看汪维辉(2001b)、孙淑娟(2019)等。

⑬ 参看高龙(2008)。

⑭ 参看谢智香(2013)、战浩(2017)。

⑮ 参看贾燕子(2018c)等。

⑯ 参看汪维辉(2007d：67-69)、王娟(2013)、韩丞(2015)、赵川兵(2016)等。

⑰ 参看太田辰夫(1957,1958/2003：219-220,238-240)、祝顺有(1983)、任学良(1987b)、张惠英(1989)、海柳文(1991)、王凤阳(1993/2011：602-603)、志村良治(1995：316-386)、周国光(1995)、李宗江(1996)、香坂顺一(1997：263-265)、傅惠钧(2001)、张美兰(2002)、赵世举(2003)、陈莉(2004)、刘永华(2004)、曹小云(2006)、韩永利(2006)、路广(2006)、平山久雄(2010b)、邝高娃(2013)、李元善(2015)、汪维辉(2018a：572-575)等。

⑱ 参看许陆君(2017)。

⑲ 参看香坂顺一(1997：263-265),汪维辉(1999,2006d,2020a),张庆庆(2007),殷晓杰、张家合(2011a),霍帆(2018a)等。

⑳ 参看徐时仪(2007b),刘宝霞、张美兰(2013)、杨振华(2016)等。

㉑ 参看颜洽茂、王浩垒(2012)。

㉒ 参看谢玥、刘红妮(2015),崔蓝月(2020)。

（儋，dān）/挑① 负/背（揹，bēi）② 运/搬（般）③ 举/掇、端、搬（般）④ 为（wèi）、佑、佐、助/帮⑤ 伐/斫/砍⑥ 悬（县）/挂（絓）、吊（弔）⑦ 简（拣）、择/选、挑 豫（预）/关、干（gān） 迎/接⑧ 立、住/站（竖、佔、赵、跕）⑨ 作、立/起（身）、站⑩ 踞/蹲⑪ 卧/躺（倘、儻、傥、搪、攩、淌、艡、躺、躺、赐）⑫ 憩、休、息/歇、休息 卧、眠/睡⑬ 寤（悟）、觉/醒⑭ 引、领/带 践/踏、踩（跐、采、躐、蹀、踊、踹、跐）⑮ 行/走⑯ 奔、走/跑⑰ 踊、跃/透（投）/跳⑱ 追/趁、撵、赶⑲ 之、适、如、往/去、上⑳ 格、至/到㉑ 莅、临、幸、降/来到 止/停㉒ 入/进㉓ 反（返）、还、归/回

---

① 参看杨荣贤（2006/2017：63-96），任连明、李彬（2012）。
② 参看杨荣贤（2006,2006/2017：33-62）、张玉代（2008）。
③ 参看汪维辉（1999）。
④ 参看殷晓杰、张家合（2011b）等。
⑤ 参看陈练军（2017）。
⑥ 参看伍皓洁（2013）、何小院（2017）、霍帆（2018b）等。
⑦ 参看汪维辉（2000/2017：214-225）等。
⑧ 参看刘宝霞、张美兰（2014）。
⑨ 参看汪维辉、秋谷裕幸（2010）、汪维辉（2015a,2018a：544-555）等。
⑩ 参看谭代龙（2008：94-103）、林克勤（2011）、贾燕子（2015d）等。
⑪ 参看汪维辉（2006b）、谭代龙（2008：84-93）等。
⑫ 参看杨建军（2011），刘君敬（2011/2020：98-103），汪维辉（2018a：531-535），吴瑞东（2018,2020），殷晓杰、张家合、张文锦（2019）等。
⑬ 参看汪维辉（1999,2017d,2017e,2017f,2017g,2018a：474-487）、刘新春（2003）、白利利（2005）、谭代龙（2007b,2008：52-71）、李慧（2014）、王长滕（2015）、张婷（2015）、葛荣（2016）、蒋倩倩（2016）、翟莉莉（2016）等。
⑭ 参看李慧（2014）、庄卉洁（2016）、贾燕子（2019b）、张海媚（2020b）等。
⑮ 参看杨荣贤（2006/2017：214-259;2017）、许晓玲（2012）等。
⑯ 参看杨克定（1994），香坂顺一（1997：347-348），杜翔（2004），杨荣贤（2006/2017：260-301,2010），白云（2007），邱冰（2008），谭代龙（2008：190-211），解伦锋（2011），蒋绍愚（2012c），王莹、杨帆（2013），周敬旻（2016），汪维辉（2018a：508-523）等。
⑰ 参看杜翔（2004），杨荣贤（2006/2017：260-301,2010），邱冰（2008），蒋绍愚（2012c），叶锦明（2019），曾良（2019），王健、汪银峰（2020）等。
⑱ 参看章红梅（2005）、万茜茜（2013）、孙颖颖（2014）等。
⑲ 参看谭代龙（2008：217-425），真大成（2015,2017），张定（2016），殷晓杰（2017），真大成、向学春（2019）等。
⑳ 参看任学良（1987a）、胡敕瑞（2006）、谭代龙（2007a,2008：151-169）、吕海霞（2008）、王彤伟（2009b）、马梅玉（2019a）、韦奇林（2020）等。
㉑ 参看谭代龙（2006b,2008：131-151）、陈练军（2008,2009）、王彤伟（2009b）等。
㉒ 参看张晓丽（2015）、陈佳佳（2017）。
㉓ 参看李宗江（1997a,1998e）、董志翘（1998）、汪维辉（2000/2017：279-291,2001a）、马云霞（2009）等。

(迥、廻)① 陟、乘、升、登/上② 涉、济/渡③ 徯、须、俟（竢）、待/候、等④ 当、遭、遇、逢/碰⑤ 避（辟）/躲（弹、朵、颖） 倾/倒 崩/塌、坍 着（著）/穿、挂⑥ 佩/带 解、晓/懂、懂得、知道⑦ 思、忖/想 揣、度、意、测/猜 欲/拟/想要、打算 畏、惧、恐/怖、怕⑧ 憾、怨/恨⑨ 恨、憾/遗憾⑩ 喜、悦（说）、乐/高兴⑪ 患、忧、虑/愁⑫ 行、为、营/干、做、搞 赖、恃、依、凭/靠 戏/玩（顽）、耍⑬ 譬、犹（由）、如、若、似、类/像⑭ 胜/赢（嬴）⑮ 负、败/输⑯ 余/剩（賸）⑰ 益、增、加/添 亡、丧/失/丢（丢）⑱ 无（無）/没、没有⑱ 欲、须/要 生/活⑲ 度（日）/过（日子） 当、合、应/该⑳ 能、解/会㉑

（3）形容词

明/亮㉒ 暗/黑 晏/夜、晚㉓ 缓、迟/慢㉔ 利/快㉕ 曲/弯㉖ 怠、

---

① 参看王力（1958/1980：558）、张永言（1992/1999/2015：204-205）、王凤阳（1993/2011：739-740）、谭代龙（2008：170-184）、汪维辉（2000/2017：271-279）等。

② 参看熊雪娇（2011）。

③ 参看贾燕子（2013c）等。

④ 参看汪维辉（1999），谭代龙（2008：243-248），蔡晓（2010），贝罗贝、刘华丽（2013）等。

⑤ 参看汪维辉（2000d），任连明、孙祥愉（2013）等。

⑥ 参看金石（1995），汪维辉（1999，2000/2017：110-122；2012b），宋新华（2003），金颖（2008a），李倩（2009），余桃桃（2009），黎会玲（2009），王文红（2011），张莎、马丽（2012）等。

⑦ 参看汪维辉（2008，2018a：462-474）、植田均（2012）、张凯潞（2019）等。

⑧ 参看徐时仪（2004）、李长云（2005，2011）、朱艳丽（2009）、刘志芳（2015）、韩冬阳（2019）等。

⑨ 参看董玉芝（2010）。

⑩ 参看董玉芝（2010）。

⑪ 参看张庆庆（2009）。

⑫ 参看颜洽茂、孙淑娟（2012）等。

⑬ 参看张美兰、周滢照（2014），殷晓杰、唐雁凌、赵菁（2015），郝丽丽（2018）等。

⑭ 参看李兵霞（2017）。

⑮ 参看钟明立（2011）。

⑯ 参看钟明立（2011）、石俊华（2016）。

⑰ 参看鲍金华（2018）。

⑱ 参看香坂顺一（1997：244-245），王绍玉、魏小红（2017）等。

⑲ 参看汪维辉（2000/2017：304-317）、袁嘉（2011）等。

⑳ 参看香坂顺一（1997：194-195）、汪维辉（1999）、陈依琳（2017）、张海媚（2017）等。

㉑ 参看汪维辉（1999）。

㉒ 参看汪维辉（2005，2014）。

㉓ 参看何慧君（2019）等。

㉔ 参看刘雯（2009）、徐时仪（2017a，2017b）等。

㉕ 参看汪维辉（2007d：17-18）、张海媚（2020a）等。

㉖ 参看天锁（1957）。

惰/懒　肥/胖①　长短/高矮②　恶、寝/丑③　（年）少/（年）轻（青）　馁、饥（飢）/饿④　贫/穷⑤　赤、朱/红⑥　阔/宽⑦　狭/窄（笮、笾）⑧　急/紧　燥/干（乾）⑨　柔/软（㜰、顿、㠥）⑩　痴（癡）/傻、呆、笨⑪　吝、啬、爱、惜/小气　下/低（高下/高低）

（4）副词

便、仍/就⑫　尝（常）、经/曾　未尝/未曾、不曾⑬　犹（由、猷）、尚/仍、还⑭　亦/也⑮　复、更、却、还/又、再⑯　既/业、已、已经⑰　略、微/差、稍、稍微、稍为、略为⑱　仅/才（财、裁、纔）⑲　必/定　赤手、徒手/空手　皆、悉、咸、佥/均、全、总、都⑳　滋、弥、愈、益、加、越、更㉑　甚/很（狠）㉒　甚/极、大、过、雅、酷、特、太、顶㉓　尤、尤其/特别　毋（无、無）、勿/莫、休、别、别要、不要㉔

---

① 参看栗学英（2006）、牛太清（2006）、李春燕（2010）等。
② 参看孙菊芬（2008）、汪维辉（2010a）。
③ 参看魏萍（2013）。
④ 参看魏达纯（2002），汪维辉（2005），殷晓杰、吴瑞东、赵娟等（2018）等。
⑤ 参看汪维辉（1999）、陈练军（2010a）、鲁瑾芳（2015）、白展畅（2020）等。
⑥ 参看贾燕子（2014c）、汪维辉（2018a：668-675）等。
⑦ 参看常天宇（2020）、熊润竹（2020）等。
⑧ 参看王娟（2006）、常天宇（2015，2020）等。
⑨ 参看王盛婷（2007）、杨振华（2015）、汪维辉（2018a：731-738）等。
⑩ 参看徐时仪（2016a，2016b）、郑莉娟（2019）、贾燕子（2020a）等。
⑪ 参看秦雪霞（2017）、潘晓晶（2018）等。
⑫ 参看曹广顺（1987）、李思明（1990）、李宗江（1997b，1999/2016：123-133）、储一鸣（2018）等。
⑬ 参看金颖（2008c）。
⑭ 参看李宗江（1998c）等。
⑮ 参看常青（1989）、李宗江（1997c）、萧红（1999）、杨荣祥（2000）等。
⑯ 参看任学良（1987a），李宗江（2002），殷晓杰、张家合（2011c）等。
⑰ 参看杨永龙（2002）、山口大辅（2018）等。
⑱ 参看张谊生、潘晓军（2007）。
⑲ 参看马贝加（1990），李宗江（1998b），刘莉芳、钟冬冰（2012）等。
⑳ 参看李宗江（1998a）、杨荣祥（2005：315-329）、汪维辉（2018a：825-837）等。
㉑ 参看杨荣祥（2005：345）等。
㉒ 参看太田辰夫（1958/2003：250）、刘晓梅（2004）、何翎格（2019）、汤传扬（2019）等。
㉓ 参看杨荣祥（2005：345-348）等。
㉔ 参看太田辰夫（1958/2003：279-280），江蓝生（1991），刘坚等（1992：260-275），香坂顺一（1997：218-220，324-326），卜师霞（2002），杨荣祥（2005：389-392），冯春田、王群（2006），李焱、孟繁杰（2007），钟兆华（2011：42-61），王进（2014），向贤文（2014），蒋冀骋（2016），杨永龙（2017）等。

（5）介词

自/从、自从、打、打从①　问/向②　向（鄊、嚮）/往、望、对、朝③　遵、率、循、缘、扶/沿、顺④　迨、及/乘、闻、趁⑤　见、为（wéi）/被、吃（乞）、叫（教、交）、让⑥

（6）连词

暨、及、与、逮/共、和、同、跟⑦　以、用、由、缘、为（wèi）/坐、因、因为⑧　故、是故、是以/所以、因此⑨　如、若、藉、弟、令/如果、假如⑩

还有一些词的替换时段目前还不太清楚（其中有些可能古今都是地域同义词），需要继续研究，如：

（1）名词、数词

体/身　屎（矢）/粪/大便　叟/翁　子、息/儿⑪　笄/簪　笏/手板　棁/杖　室/房⑫　庠、序、学/校⑬　庖/厨⑭　舆/车　曲（qǔ）/歌　道/路⑮　疆/境（竟）　祀、载、岁/年⑯　夕、暮（莫）、日暮、薄暮/傍晚⑰　？/急、假（暇）⑱　二/两

———————————

① 参看太田辰夫（1958/2003：234-235）、刘坚等（1992：224-233）、马贝加（2002：22-31，107-112）等。
② 参看马贝加（2002：179-189，242-248）、晁瑞（2005）、钟兆华（2011：275-282）等。
③ 参看太田辰夫（1958/2003：235-236）、香坂顺一（1997：231-232，359-360）、马贝加（2002：173-178）等。
④ 参看马贝加（1992，2002：92-106）、杨叶（2017）、马梅玉（2019b）等。
⑤ 参看马贝加（2002：150-164）等。
⑥ 参看香坂顺一（1997：214-215，378-381）、刘坚等（1992：211-224）等。
⑦ 参看太田辰夫（1958/2003：246-248），周生亚（1989），刘坚（1989），刘坚等（1992：198-210），于江（1996），香坂顺一（1997：86-87），刘爱菊（2005），侯伟玲、李素英（2007），赵川兵（2007，2010，2017），邓小琴（2007），钟兆华（2011：42-61），侯精一（2012），江蓝生（2012），张惠英（2012），唐钰明、徐志林（2015），王卉（2017），赵日新（2018）等。
⑧ 参看马贝加（2002：292-308）等。
⑨ 参看汪维辉（2002）等。
⑩ 参看高婉瑜（2011）、周广干（2013）等。
⑪ 参看王娟、赵蓓（2018）。
⑫ 参看尹思（2016），荆亚玲、汪化云（2018）等。
⑬ 参看张忠堂、秦敏（2016）等。
⑭ 参看靳羽西（2017）。
⑮ 参看蒋绍愚（1989）、汪维辉（2018a：361-371）等。
⑯ 参看李小平（2009）等。
⑰ 参看梅晶（2007）。
⑱ 指请假。

（2）动词

呕(欧)/吐(tù)　诲/教　锲(契)/刻　遏/止　积堆　置/立　距/离
徙/迁　访/候　觉/悟　思/忆　化/变　充、任/当　庾、匿/藏　允、许/听、
准　治/理①　窥(镜)、鉴(镜)/照(镜)　落/下②　败/坏　败、穿/破　产/生

（3）形容词

耻/辱　赡/足　温/暖(煖、煗)　夙/早　故/旧　危/险　厌(餍)、
饫/饱　异、奇/怪　诚/真　博/广　固/牢　？/恶(è)　？/劣　纵(从)/
竖　厚薄/浓淡

（4）副词、介词、连词

恒/常　乍/暂　至/最③　惟(唯)/独　信、诚、实/真　原(元)/本
始/方　向(来)/适(来)/刚才　亟(qì)、屡/数(shù)　且/将　姑/且
及/待　以/使、用　当/值　于(於)/在④　信、诚、实、苟/真

以上是意义不变而词变了的，大部分都已经有人研究过，有的还很
"热门"，也有一些尚无人论及。⑤ 词未变而词义有变的例子除第二章第三
节提到的一些外，蒋绍愚(1999)举了100核心词中的如下两类例子：

（1）一个词的主要义位的义域发生了变化：长、大、小、木、皮、肉、毛、
路、山、二；

（2）一个词的义位有了增加或减少：男、口、心、死、日、火、黑、白、
热、烟。⑥

蒋先生说："在这一百词以外，这种词的主要意义不变而义域或义位
发生变化的情形就更多了，需要我们用'两次分类'的观点一一加以考察，
并且根据历史资料确定其变化的时代。"这是汉语词汇史领域的一个大课
题，也是编写一部详尽准确的《汉语历史大词典》所不可缺少的基础工作。

除了义域大小和义位增减的变化外，还有一类变化也值得注意，就是

---

① 参看梁念(2014)。
② 参看张春梅(2011)、张雁(2015/2016)等。
③ 参看杨荣祥(2005：345)等。
④ 参看马贝加(2002：31-53)、王鸿滨(2003)、钟兆华(2011：253-259)等。
⑤ 以上附注的研究信息只是为读者提供一个初步的线索，挂一漏万，在所难免。
⑥ 引者按："角"也是"义位有增加"的一个例子。上古的"角"只指"动物的角"，不包括
　"角落"，"角落"叫"隅"；而今天的"角"则指"动物的角+角落"，也就是说，现代汉语的
　"角"相当于古代的"角+隅"。参看牛太清(2003)、汪维辉(2015a)。

"主导义位"的变化。

　　所谓"主导义位"，是指一个词在一定时期或一定地域内使用得较多的义位，"主导义位"是跟"次要义位"相对而言的。一个多义词可能有一到两个"主导义位"，其余都是"次要义位"。比如"对"，古代的主导义位是"回答，对答"，现代则是"正确"。又如"住"在东晋以前的主导义位是"停留；停止；止住"，东晋以后的口语里则变成了"居住"，在东晋的《法显传》中，表达"居住"这一概念，"住"50 见，"居"8 见①，"止"3 见②；"住"作"停留"义讲的仅 4 见。就是说，"居住"义基本上已由"住"来表示，"居""止"被淘汰；"住"已基本不作"停留"讲，它的词义已完成从"站立；停留"向"居住"的转移。③又如"勾当"一词，是近代汉语的一个常用词，始见于唐代，它的主导义位经历了从动词"料理，处理，办理；做（事情）"义向名词"事情"义的转变。其动词用法主要通行于唐宋时期，元代以后，名词用法占据上风，动词用法就明显少见了。④ 又如"目"，上古时期的主导义位是"眼睛"（名词）和"用目光注视"（动词），如《诗经·卫风·硕人》："巧笑倩兮，美目盼兮。"《史记·项羽本纪》："范增数目项王，举所佩玉玦以示之者三。"到了中古，"品评"义的使用频率逐渐增高，在《后汉书·许劭传》里已初露端倪："曹操微时，常卑辞厚礼，求为己目。"唐李贤注："令品藻为题目。"在《世说新语》里，"目"当"品题；品评（人物）"讲出现 45 次，是所有七个义项中使用频次最高的，居于第二位的"眼睛"义只出现了 12 次。因此，我们可以说，在《世说新语》里，"目"的主导义位是"品题；品评（人物）"。但是到了唐五代以后，这种"品评"义位又很少使用了。⑤ 这与时代风气有关。可见词的"主导义位"也是有时代性和地域性的。有些旧词被新词替换之后，原来的主导义位降格为语素义，但又会产生出新的主导义位，比如"木"，"树木"义在现代汉语中已经降格为语素义，但有两个后起的词义"形反应迟钝"和"形麻木"变成了主导义位（见《现代汉语词典》）。

---

① 　其中"居民""星居""别居"各 1 见，"安居"3 见，都是明显的书面语用法。
② 　其中 2 次是"住止"连文。
③ 　参看汪维辉（2010/2017）"居、止/住"条。
④ 　参见汪维辉（2006a）。
⑤ 　参看张海媚（2008）。

三、基本词汇演变的类型[①]

如果着眼于汉语史全过程,自上古汉语一直到现代汉语始终未变的基本词只是少数(我们称之为"稳定少变型"),大部分都发生过变化。有的是"归一型",就是在上古汉语中表达某个概念有两个以上的词,到现代汉语只剩下其中的一个(就通语而言)。比如代词:我、吾、余、予、卬、朕→我,尔、汝(女)、若、乃、而→尔(你),谁、孰→谁;副词:不、弗→不。有的是"双音化但词根未变型",绝大部分是名词,如:男→男人/男子,骨→骨头,发→头发,耳→耳朵,鼻→鼻子,膝→膝盖,乳→乳房,尾→尾巴,羽/毛→羽毛,月→月亮,星→星星,名→名字/名儿;动词如:见→看见;知→知道。还有"避讳改音型"(如"鸟")等。除此之外,如上文所述,最主要的变化表现在两个方面:第一,词还是原来的词,但意义发生了变化,包括通常所说的词义扩大、词义缩小、词义转移和义位增减及主导义位的变化等;第二,同一个指称对象(或说义位)在不同时期用不同的词汇形式来表示,换言之,同一个所指,在不同的历史阶段能指不同,而这些能指之间存在着历时替换关系。前一种变化的基本类型前人已有较多的研究,下面着重讨论后一类变化的一些主要类型。由于词汇现象至为纷繁复杂,划分类型并不容易,有时是几种类型交织在一起,所以这里提出的分类方案还是很初步的,有待于日后逐步完善。

1. 单一的线性替换

这是基本词历时演变中相对来说比较单纯的一种类型。参与这种替换的通常是两个(有时是三个,三个以上的罕见)产生时间有先后的同义词。如果从古到今只经历一次更替过程,可以把更替前后的两个时期分别称为"阶段 A"和"阶段 B",阶段 A 用 a 词(一般称为"旧词"),阶段 B 用 b

---

① 本节内容依据汪维辉《东汉—隋常用词演变研究》(2000/2017)第五章第一节和《汉语核心词的历史与现状研究》(2018a)上编 2.2 及 2.3 节。

词(通称"新词")。在更替过程中,新旧两词并存,相互竞争,此消彼长,最终新词取代旧词,如"足—脚、舟—船、木—树、入—进、曝—晒"等。如果经历过两次更替,就有阶段 A、阶段 B、阶段 C 和相应的 a 词、b 词跟 c 词。更替过程因之也有两个,第一个更替过程是 a、b 两词的共存和替换,第二个则发生在 b、c 两词之间。如"他人—旁(傍)人—别人、侧—旁(傍)—边、广—阔—宽"等。余可类推。

这一类型的特点是词的单一性,即各个阶段代表此义位的都只有一个词而不是多个,[1]把前后阶段连接起来就是一个单一的线性替换链。事实上词汇现象难以如此单纯,因此真正属于这种类型的例子并不太多。

2. 各阶段代表词之间的更替

大部分基本词的新旧更替虽然也能像上面第一种类型那样分出几个阶段,但各个阶段中词的个数却并不那样单纯,不是只有一个,而是有多个,有时甚至是个数不小的一组。但在这一组词中,通常有一个是义域最大、出现频率最高的主导词,我们不妨称之为"代表词"。比如表示"用目光接触事物"这一概念的词,古代汉语有二十多个,现代汉语有十多个,前者的代表词是"视",后者的代表词是"看"。[2] 我们可以集中考察从"视"到"看"的替换过程。又如表示"兴建建筑物"这一概念,上古汉语有"建、筑、作、立"等,中古汉语除此之外还有"起",现代汉语有"建、造、盖"等,[3]三个时期的代表词分别是"筑""起"和"盖"。不过实际情形往往很复杂,阶段有时候不易划清。

3. 同义义场的古今演变

除了上述两种比较简单的类型外,更复杂也更常见的情形是:同一个最小子语义场,内部成员古今发生了变化,就"古今词"而言,它们不是单纯的一对一关系。有多对多的关系,如"言、云、曰—说、道""宜、当—应、合、须、

---

① 新旧成分组成的同义并列复合词(如"进入""树木""宽阔"等)和新词取代旧词以后旧词仍在某些场合使用的情况暂不考虑在内。
② 参看蒋绍愚(1989/2005:278-279)、吕东兰(1998)。
③ 现代汉语的代表词主要是就普通话口语而言。

该"等;有多对一的关系,如"还、返(反)、归—回""居、止、处—住""憩、休、息—歇""畏、惧、恐、怖—怕""误、谬、讹、舛……—错"等;也有一对多的关系,如"父—爷(耶)、爹、爸""肆—店、铺、行""拭—揩、擦、抹"等。

4. 一组同义词内部的此消彼长

一组同义词,最初在意义和用法上有一定的差别,但产生时间没有明显的先后差异,在以后的发展中,其中一个逐渐占据优势,而其他几个则基本被淘汰出口语,这就是同义词的此消彼长。此消彼长的过程又各有不同。比如"生、活、穀①"这组词,在"生命存在"这一义位上是同义词,都见于先秦早期典籍《诗经》,从现有文献资料难以看出它们产生时间的先后。在后来的竞争中,"穀"始终处于次要地位,可能很早就被挤出口语了,"活"和"生"的竞争则经历了漫长的阶段。又如"卧、眠、睡"这组表"睡眠"义的同义词,都始见于战国,此后大体上经历了从"卧"到"眠"再到"睡"这样一个轮流坐庄式的过程。

5. 由于概念一般化而引起的同义词简化

跟"洗"有关的词,上古汉语有"沐、浴、盥、濯、浣(澣)、澡、洒、洗、沫(颒)、洮、涤、荡(盪)、漱"等,各自所洗的对象不同,后来"洗"的词义范围扩大,可泛指洗一切东西,成了这个语义场中的上位词,其他词就逐渐被淘汰了。② 这就是由概念一般化而引起的同义词简化。又如王力(1958/1980)谈到过的有关"叫"的一组词,古代有"鸣、雏、吠、虓(哮)、喤、嘶、吼"等,分别代表各种不同动物的叫,后来由于概念的一般化而统一叫做"叫"。③

6. 同源词的内部更替

有些旧词和新词有同源关系,最初可能只是一个词在不同方言中的语音变体,用文字记录下来就写得不一样。从文献资料看,一组同源词内的

① 《尔雅·释言》:"穀、鞠,生也。"《诗经·王风·大车》:"穀则异室,死则同穴。"毛传:"穀,生。""穀"字此义在先秦和后代都用得很少。
② 友生戴佳子指出:对此有不同看法,可参看董为光(2020)。
③ 参看贾燕子(2018b)《上位化:概念域的历时演变与强势上位词的产生》第五章第一节"'叫'的上位化"。

各个成分产生时间往往有先后,如"监—鉴—镜""痛—疼",因此也可以看作是一种历时更替,但跟其他类型相比,参与更替的成分之间因为有同源关系,性质是不一样的,所以把它独立作为一类。不过对同源词的确定是一个比较复杂的问题,具体操作时以谨慎为好。

7. 特殊原因造成的词汇更替

如在许多情况下"国"代替了"邦","代"代替了"世","野鸡"代替了"雉","卵"被"蛋"替换,这是由于避讳;"帽"替换了"冠",则跟古代服饰礼俗有关。王力(1958/1980:584)说过:"避讳和禁忌,是概念变更名称的原因之一。"不过此类的例子看来不会太多。这一类型的划分是从更替原因着眼的,跟上面各种类型似乎不是一个层次上的东西,但不好归入哪一类,暂且让它独立为一类。

上述七种类型未必能将汉语基本词历时更替的所有情况都包括在内,这个分类肯定是不完备的。事实上词汇的演变极其复杂,尤其是像汉语这样有着悠久历史的语言。有的新词只是昙花一现,过了不久就退出竞争了;有的新词和旧词长期"和平共处",谁也没能取代谁,可能成了一种"地域同义词",如"路"和"道"、"痛"和"疼"、"干"和"燥",这些情况就暂时没有考虑在内。

四、基本词汇演变的原因

既然基本词汇如此具有稳固性,那么它为什么还会发生变化呢? 这是一个目前还很难回答清楚的问题。汪维辉(2018a)《汉语核心词的历史与现状研究》"2.3.3 演变的动因"提出了五条主要的动因:一是同音竞争,二是避讳,三是通语基础方言的变动,四是文化因素,五是语言的"经济原则"。其中第一、第五两条是语言内部的原因,其余三条则是语言外部的原因。下面从外部原因和内部原因两个方面分别举些例子加以讨论。

如上所述,基本词在词库中自成系统,相当稳定,所以通常没有外来的力量是难以使它动摇的。这就提示我们,探求基本词发生新旧更替的动因应该更多地从外部因素着眼。所谓外部因素，主要有两个：一是通语和强势方言对弱势方言的影响，二是汉语与其他语言的接触。此外就汉语而言，还有避讳等人为因素。

凡是"突变性"的基本词新旧替换一定是外部因素导致的，通常就是通语的基础方言发生了变化。比如下面两个例子。

例1　立—站

据汪维辉、秋谷裕幸（2010）研究，在明代以后不太长的时间里，"立"在大部分北方地区被"站"替换，原因是"站"很可能是所谓的"长江型"词，即兴起于江淮流域而后往北往西扩散。"站"这个词虽然至迟唐代已经产生（见于韵书记录），但是明代以前在文献中很少见到，①明代以后，通语的基础方言从北系官话（以北京话为代表）转变成南系官话（以南京话为代表），"站"借助江淮官话的优势地位向北向西扩散，很快就在很多官话地区取代了"立"。

例2　担—挑

据杨荣贤（2006/2017：91-92）研究，"挑"表肩挑义的用法萌芽于晚唐五代，到南宋用例较为普遍，而且集中见于具有南方方言背景的作家作品中，而同时期其他方言区的作家作品中则极为少见。可到了元代，"挑"字用例反而罕见，大量肩挑义均用"担"表示。"挑"为何到元代在北方地区反而停止了发展？这种现象按词汇内部发展规律很难解释。到元末明初具有江淮方言背景的《水浒全传》中，"挑"的用例却又迅速增加，一举替换了"担"，而且替换得较为彻底。"挑"字发展呈现出的特点正与历史上官话基础方言的几次变更存在紧密联系。南宋朝廷偏安江左，官话基础方言自然由北变易为南，到了元代，随着蒙元统治者定都大都，"在金元两代，一种来自东北的官话在这两个朝代控制区逐渐扩大影响，成为新的标准语的方言"（罗杰瑞 2004）。而随着明代再次南下定都江淮官话的中心，这

---

① 杨琳（2011：136）引北宋梅尧臣《宛陵集》卷四十二《新安潘侯将行约游山门寺予以泞淖遂止因为诗以见怀》："遥遥桥上去，望望马犹站。畏滑不肯行，非关惜鞿鞅。"认为是"站立"的"站"字目前所见最早的书证。

时官话基础方言"南系重新出现,一直到清初、中叶还是占上风"(同上)。因此,"挑"字的发展就呈现出上述特点。到了明代中后期,随着官话基础方言的往北转移,"挑"又在北方获得了较快发展。"挑"字的历史发展轨迹至今仍清晰地反映在现代汉语方言中。

类似的例子还有"进"替换"入"①、"喝"替换"吃""饮"②,等等。这些例子说明,"站"取代"立"、"挑"取代"担"、"进"取代"入"、"喝"替换"吃""饮",直接的动因都是通语基础方言的变动。据我们初步考察,明代从江淮地区兴起并在较短时间内迅速取代旧词的所谓"长江型"词是成批的,值得深入研究。③ 近代汉语阶段,首都在不同的城市间变动,通语的基础方言也会随之发生改变:西安(唐)④—开封(北宋)—杭州(南宋)⑤—北京(元)—南京(明初)—北京(明中后期至清⑥)。这些剧变给汉语基本词汇的新旧更替究竟造成了怎样的影响? 这个问题现在还不能确切回答,有待全面细致的研究。

汪维辉(2000/2017:406-407)在论及"新词的来源"时曾指出,新词的来源大概有三个途径,其中最主要的一个就是"来自方言",比如"眼、泪、翅、船、看、觅、眠(瞑)、唤、打、抄(钞)、晒、换、痴、瘦、疼、冷、站、脖"等。虽然由于资料的匮乏,有些词究竟是否来自方言或来自哪一种方言常常难以

① 参看李宗江(1997a)。
② 参看吕传峰(2006c)。
③ 参看王文香(2019)。
④ 语音史的研究已经证实,唐代前期的通语其实是以洛阳话为基础的,只是到了中唐以后才全面转向长安(今西安)话。所以这里所列的朝代与首都的对应关系实际上是粗线条的,每个朝代内部都需要做精细的研究。
⑤ 南宋虽然建都杭州,但是官话的基础方言仍然是开封话而非杭州话,是个例外。
⑥ 威妥玛(Thomas Wade)在《语言自迩集》的第一版序言中说:"埃德金斯(Joseph Edkins,即艾约瑟)先生,谁也不如他那么勤奋地去探究过这些不同方言的规则与界限,他把官话分为三个主要系统:南方官话(the southern)、北方官话(the northern)和西部官话(the western),他以南京、北京和成都——四川省省会,分别代表各个官话系统的标准。他认为南京官话(Nanking mandarin)在更大的范围被理解,尽管后者更为时髦;可是他又承认'那些想说帝国宫廷语言的人一定要学习北京话,而净化了它的土音的北京话,就是公认的"帝国官话"(kuan hua of the Empire)'。""选择并确定一种话(a dialect),这大约是20年前的事,其次就是建立表音法。那时没有人把北京话作为写作对象,而各种表音法都声称描写的是南方官话(the southern)。"(14 页)张卫东(2002)《语言自迩集·译序》据此指出:"这意味着,大约是1850年前后,北京音才获得官话正音的地位。"(5 页)另请参看该"译序"第四部分(5-6 页)及第一部分(1-2 页)的有关论述。

证明,但我们可以推测它们最初大概都是方言词,因为这些词与第二类(新词是由其他词引申而来的一个新义)明显不同,它们跟旧词往往在某一义位上一开始就是等义关系,①是旧词的方言同义词,而不是由其他词引申而来的。从某种意义上说,汉语常用词在历史上的新旧更替,就是方言词跟方言或方言词跟通语词之间此消彼长的结果。

避讳也会导致基本词的突变,包括词汇替换和改变读音。避讳有两类,一类是自然语言中避亵词等,属于人类语言共有的现象,比如:卵→蛋②,入→进③,鸟→雀儿/虫蚁④,日→太阳⑤,舌→脷/脷钱/赚头/口条(未取代),等等。⑥"嗅→闻"可能也是(详见上文)。另一类是中国封建时代避皇帝的名讳,比如:邦→国,盈→满,恒→常,启→开,世→代,等等。避尊长名讳大概是汉语所特有的一种避讳现象。⑦

我们可以设想一下,在基本词发生新旧更替的初始阶段,新词由一点向四周扩展,要找到突破口是很难的,原因已如上述。一旦找到突破口后,就会不断向周边扩展。这牵涉到替换的机制问题。这个突破口是如何找到的?扩散的过程又是怎样的?这都是饶有兴味的问题。我们可以拿活方言来做调查研究。史皓元等(2006)《江淮官话与吴语边界的方言地理学研究》一书中的图37、38、39展示的丹阳、丹徒"找—寻""站—立""脸—面"三组词的分布情况,充分反映了基本词替换的困难性:来自江淮官话的新词"找、站、脸"跟吴语的固有词"寻、立、面"展开了拉锯战,新旧词在这一带的分布错综复杂,犬牙交错。

---

① 当然,这并不排斥新词在同旧词的竞争中词义又有所丰富和发展。
② 参看范常喜(2006)、汪维辉(2015b)。
③ 参看李宗江(1997a)。
④ 在词汇替换的同时也采用改音的办法,即把端母改成泥母:diǎo→niǎo。不同的方言采用不同的办法。参看汪维辉(2013)。
⑤ 参看汪维辉(2014)。
⑥ 避讳有时可以很隐蔽,参看平山久雄(2005)。
⑦ 也影响到古代"汉字文化圈"国家,比如朝鲜正祖名李祘,《重刊老乞大》为了避讳不用同音字"筭(算)",《老乞大新释》的"筭(算)"绝大部分被改成"数(shǔ)",有的改成"计/计量"或"问"。参看汪维辉(2015c)。

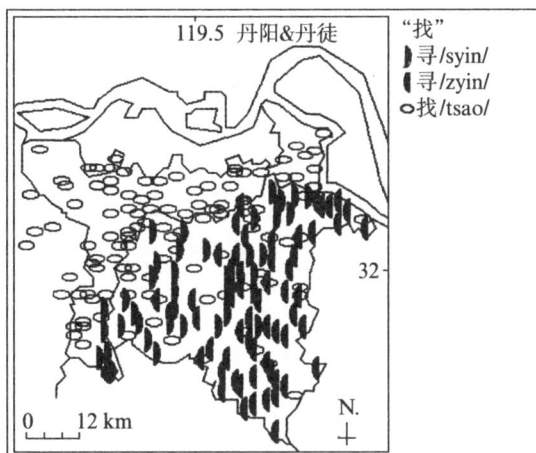

图 37　丹阳、丹徒"找"的各种形式

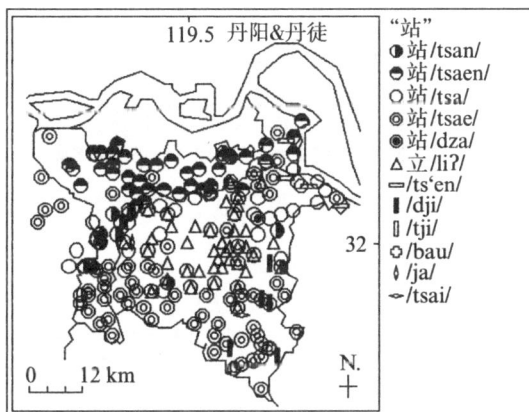

图 38　丹阳、丹徒"站"的各种形式

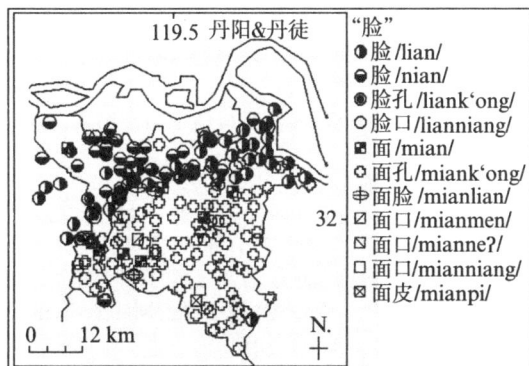

图 39　丹阳、丹徒"脸"的各种形式

上面三张图值得仔细观察,江淮官话和吴语结合部的这些语言现象十分耐人寻味。方言中的基本词受到通语或强势方言的影响而发生替换究竟是怎么进行的,很值得研究。

虽说基本词发生新旧更替的动因我们应该更多地从外部因素去寻找,但是有没有内部的动因呢?肯定是有的,李宗江(1999/2016:90)就提出过很有意思的常用词的"寿命"问题:"如果常用词存在平均寿命,那么一个词'年纪'大,就是它消亡的根本原因。"当然,这个假设是需要论证的。下面是几种可能的内部原因:

(1)两个常用词同音,而且词性相同,分布相似,就容易导致表义不明晰,如首—头①、迩(迡)—近②,这实际上就是语言地理学所说的"同音冲突"。

(2)一个基本词的义项过多,导致语义负担过重,容易引起歧义,如服—着(著)③、口—嘴④,食⑤—吃,这可以称为"多义冲突"。

(3)平山久雄(2010a)认为:"一个常用词被另一个形象更鲜明的词来替代,是词汇演变的一个重要类型,例如'目'被'眼','口'被'嘴','行'被'走'取代,参看王力(1958:574-587)第六十节〈概念是怎样变了名称的〉。'吃'的'饮'义后来被'喝(欱)'取代了(参看蒋绍愚1994:283-284),也是同类的例子,因为'欱'原来是'啜'、'吸取'之义,比'吃'形象应该更鲜明。"⑥也就是说,当一个词用久了之后,它的形象鲜明性会

---

① 首和手同音。

② 迩(迡)和尔同音。

③ "服"在上古的常用义项有十几个(参看《汉语大词典》和《汉语大字典》"服"字条),所以后来就把"穿戴"的意思转给了"着(著)"。蒋绍愚(2015:110)说:"中古汉语中的表穿着的'著/着'和附着义的'著/着'结合成一个多音词,说明当时人们意识中把这个穿着动作和'附着'义联系在一起,认为穿着就是把衣帽等附着于身体。"

④ "口"在上古的常用义项也有六七个。

⑤ "食"的动词"吃"义和名词"食物;饭"义都是口语中的常用义,可以说两者同为"主导义位",所以会引起"多义冲突"。

⑥ 平山久雄(2010b)还说:"我觉得当时用'过与'表现'交'、'送'的动作应该是比单用'与'更具体、更富于形象的。"房德里耶斯(2012:255)在《语言》一书中对此类现象也多有论述,如:"如果词因使用而变弱磨损,不足以表达它们原有的意义,说话者通常就会把它们废弃。词的磨损本身可能是由于语音方面的原因,也可能是由于语义方面的原因。""语义的磨损也同样严重。经常使用既会磨去词的形式,也会磨去词的意义;特别是表情的词,它的表情价值将会随着使用而迅速降低,这个词将会变得黯然失色、棱角尽消。例如试就表达情感来说,我们可以看到,那些最强烈的词将会逐渐失去信用,终于因为丧失表达力而不再被人使用。"(同上:257)

受到磨损,这个时候就有可能被"形象更鲜明的词"所替换。他(2009/2012:20)又说:"通俗的说法逐渐取代文雅的,这不仅限于语音方面的现象,汉语史上词汇和语法上的新旧交替多数也都是这样变化的。"

上述各种动因有时可能会共同起作用,即是说,一组词的新旧更替,有时可能不一定是单一动因,而是两种及以上交织在一起。

我们在基本词/常用词历时演变的研究中,最感困惑的问题之一是:为什么同样性质的基本词有的历经几千年而不变,有的却变了?比如:同属人体头部的器官和部位,耳朵、鼻子、舌头、眉毛可以说从古到今都没有根本的变化,耳、鼻、舌、眉这些词根沿用了几千年,只不过是现代汉语通过不同的方式把它们双音化了;而"目—眼/眼睛、口—嘴/嘴巴、颔—下巴、面—脸"则都发生了历时替换,"概念变了名称"。变和不变的原因究竟是什么?上面所论只是对这个问题的一些初步思考,还有很多谜底有待揭开。

五、基本词历时更替研究的工作程序

汪维辉(2007a)指出:"迄今为止已经做了不少常用词演变的个案研究,积累了一些经验,也暴露出不少问题,有必要对常用词演变的基本描写模式作出总结,以便建立一个大家都能遵行的规范。从词目的选定、语料的选择、例句的确认、统计数据的使用到演变过程的描写、演变规律的总结等等,都有一些原则需要确定下来,也有不少技术性问题需要探讨。"文中提到了一些常见的问题,并举了一个实例,但未做全面论述。这里在该文的基础上试对整个工作程序做一详细的阐述,[1]把平日所见所闻所思和自己在工作实践中的经验教训写出来,或可供有志于从事常用词/基本词历时更替研究的年轻朋友们参考,通过大家的共同努力,逐步提高这项工作的水平和质量。

---

[1] 以下所述均就通史性研究而言,断代研究道理相同,可以类推。举例多取自本人的论著,读者谅之。

5.1　选词构组

工作程序的第一步是"选词"。词选得怎么样,直接决定着一篇文章的成败和高下,所以这是非常关键的一步。选词应注意三点。

一是要选取有过历时更替关系的常用词/基本词,这是不言而喻的。可以通过查阅有关工具书和方言资料来确定词目,也可以参考相关的论著,比如汪维辉(2000/2017:14-16)列举了二百多组词(限于中古时期有过程度不等的变化或更替的),上文第二节也列举了一批词,均可供选择。当然,也可以通过自己平时的阅读和思考来积累,比如碰到一个词,就可以想想这个词在古代(上古、中古、近代)是怎么说的? 自己熟悉的方言里怎么说? 胸中要装着一部词汇史,随时留心古今对应词和地域对应词,觉得可能有研究价值的就把它记下来。这样日积月累,可选的词就多了。

二是要普查一下这组词是否已经有人研究过(包括著作、期刊论文和学位论文),以避免重复劳动。有些词虽然已经有人写过文章,但是如果觉得还可以补充或重新讨论,也可以选择。① 事实上近些年来很多词都已经有人研究过了,但是质量高的并不多,值得重新探讨的为数不少。

三是要难度适中,有研究价值。太容易了没多少东西可以挖掘,研究价值不大;太难了则不易把握,像"嗅→闻"的历时替换就相当复杂,②这样的词可能不太适合初学者尝试。

选定词条后,就要进行构组,也就是把古今表达这个概念(义位)的词穷尽性地找出来,构成一个尽可能没有缺漏的古今同义词组。纳入考察的词必须是在所研究的这个义位上等值的,即在相同的语境里可以相互替换而概念义没有差别,非等值的词不应阑入。可以利用《古辞辨》(王凤阳 1993/2011)、《古代文化词义集类辨考》(黄金贵 1995/2016)、《同义词词林》(梅家驹 1996)、《简明汉语义类词典》(林杏光,菲白 1987)、《汉语方言地图集》(曹志耘 2008)等工具书来查找这样的词。构组通常不是一次

---

① 汪维辉(2016a)就是在已有研究的基础上重新进行全面讨论的,得出了一些新的结论,可以参看。
② 参看汪维辉、秋谷裕幸(2014)。

就可以完成的,在搜集语料和研读相关文献的过程中,往往会有新的发现,就需要对构组做出补充或调整。

在构组时要把每个词的异体写法穷尽性地找出来,避免遗漏。前面已经说过,可以利用台湾"教育部"《异体字字典》①和"国学大师"网站来检索,还可以通过《汉语大字典》第二版和《中华字海》的音序索引来排查,尽可能全面地搜集每一个词的不同写法。② 这一点也很重要,因为一旦有重要的字形遗漏,史实的呈现就会有所缺失。下面略举三例以见一斑。

汪维辉《东汉—隋常用词演变研究》初版(2000)"坚/硬(鞭)"条,修订本增加了一个重要的字形"靭"(有时讹变成"聊"),还有"鞭"的俗写"鞕"。"靭"主要见于佛经,这跟"鞭(鞕)"主要见于本土的医籍刚好形成互补,对梳理{硬}这个词的早期历史起到了重要的作用。修订本(2017)同时还新增了一个上古的词项"刚",构组调整为"坚、刚/硬(鞭、鞕、靭)"。

汪维辉(2010a)说:"'矮'作为现代汉语表示人个子不高的通用词,大约产生于唐代。"这个说法实际上是错误的,原因就是当时不知道"矮"在早期写作"痏",《广雅·释诂二》:"痏,短也。"王念孙疏证:"'痏'即今'矮'字也。《玉篇》音於绮、於解二切。《释言》篇云:'痏,痤也。'"《广雅·释言》:"痏,痤也。"王念孙疏证:"'矬'与'痤'通。"《集韵·蟹韵》倚蟹切:"矮,矬也。或作痏、瘘。"可见{矮}这个词至晚三国时即已出现,只是书写形式不作"矮"。③

范常喜(2006)由于不了解"蛋"有"鴠"的异体写法,导致结论不够准确。朝鲜时代汉语教科书多写作"鴠",如《朴通事》《训世评话》《华音启蒙》等。崔世珍所作《单字解》"弹"字注:"俗呼鸡子曰鸡弹,通作鴠。"范文主要依据《三遂平妖传》《型世言》《金瓶梅》等明代后期的小说,认为"'蛋'全面取代'卵'的'禽卵'义不会晚于明代",实际上从《训世评话》和《朴通事谚解》中的使用情况来看,早在明代前期替换就已经完成了。④

---

① 网址:https://dict. variants. moe. edu. tw/variants/rbt/home. do。
② 杨荣贤(2006/2017)和刘君敬(2011/2020)在这方面都做得比较成功,对所研究的每个词的异体写法搜罗得很齐全,可以参看。另可参考汪维辉(2016a)对"脖"的异体写法的说明。
③ 参看真大成(2018)。
④ 参看汪维辉(2015a)。

5.2 搜集语料

　　充分掌握材料是保证研究结论可靠的必要前提,所以广泛地搜集语料也是十分重要的一个程序。如果是做纵横结合的研究,那么除了历史文献语料以外,还应该包括方言资料。

　　搜集语料的基本要求是面广,要把网撒得大一点,尽可能覆盖各类材料。比如上古时期,要注意出土文献(甲金、简帛等)与传世文献兼顾;中古时期,除兼顾出土文献外,还要注意中土文献与佛经文献相结合;近代时期,要充分利用出土文献(敦煌、吐鲁番、黑水城等)与域外汉籍(朝鲜、日本的汉语口语教科书和西方传教士资料等),把它们与传世文献和本土文献相结合。现在有了各种大型语料库(这里不便具体介绍),虽然不敢说已经可以穷尽一切语料,但是基本的覆盖面还是有的,只要肯下功夫去检索,而且方法得当。需要注意的是,有些口语性语料一般的语料库里还没有,比如《朝鲜时代汉语教科书丛刊》和《朝鲜时代汉语教科书丛刊续编》等,有些冷僻的字也无法检索语料库,这些都得靠纯手工方法去获取。语料除了集中搜集之外,也要靠平时的积累,李荣(1981)说得好:"研究语言文字,看的书不能限于语言文字。有些材料,可遇而不可求。无论是听人说的,或者是从书上看到的,都要随时把他记下来。这叫'勤笔免思'。否则,时过境迁,想也想不起来,找也找不到。"

　　由于语料不足而造成结论不确的例子很多,有的是为当时条件所限。下面就历史文献语料和方言资料各举一例。

　　牛太清(2003)曾讨论"角"对"隅"的历时替换,选题很好,也得出了不少有意义的结论,但是对"角"的溯源嫌粗,未能充分揭示事实真相,原因就是调查语料不够全面。作者调查的语料是"从先秦到南北朝的有代表性的典籍",其中东汉选了《汉书》和《论衡》,南北朝选了《拾遗记》《搜神记》《搜神后记》《世说新语》《异苑》《水经注》《齐民要术》《洛阳伽蓝记》。《汉书》和《论衡》都是东汉前期的著作,下限不会晚于公元2世纪初。所选南北朝八书中,当以《搜神记》时代最早,作者干宝(283-351)是两晋之交人,东晋元帝时以佐著作郎领修国史,著《晋纪》二十卷。从《汉书》《论衡》到《搜神记》，中间有二百多年的空白段，而这一段恰恰是"角"兴起的重要时期：《汉书》《论衡》均未见当"角落"讲的"角"，《搜神记》中已经出现了四例。如果作者能运用其他中土文献和佛经材料来填补这一空白，对"角"的产生和兴起的考察就会深入清楚得多。据笔者初步调查，至迟到公元 2 世纪中叶，当"角落"讲的"角"已经出现，①因为在出土的东汉买地券中"四角"一词屡见，如延熹四年(161)《钟仲游妻镇墓券》："四角立封，中央明堂皆有尺六桃券、钱布、铅人。"[见罗振玉(2003)《贞松堂集古遗文》]光和二年(179)《王当买地券》："故立四角封界，界至九天上、九地下。"(见《文物》1980 年第 6 期)光和五年(182)《刘公则买地券》："中有丈尺，券书明白，故立四角封界。"(见《望都二号汉墓》)年份不明《甄谦买地券》："券书明白，故立四角封界。"(见《文物》1959 年第 1 期)这些"四角"显然都是指四个角落。三国译经中也出现了"四角"，如旧题吴支谦译《佛说阿弥陀三耶三佛萨楼佛檀过度人道经》卷上："西方北方南方四角诸佛，其数各如恒水边流沙，各遣诸菩萨无央数，飞到阿弥陀佛所，作礼听经，亦复如是。"西晋竺法护译经中见到五六例。三国魏张揖《广雅·释言》："隅、陬，角也。"②这是张揖用当时通用习知的词来解释古词。其他南北朝以前的佛经笔者未及一一调查，如果把它们和中土文献③结合起来考察，一定会使研究结论更加近真可靠。可见调查的语料应该是越广泛越好。④

汪维辉(2003a)《汉语"说类词"的历史演变与共时分布》一文主要依据《现代汉语方言大词典》(共四十一个分卷)(李荣 1993—1999)和《汉语方言词汇》第二版(北京大学中国语言文学系语言学教研室 1995)，由于取材有局限，对方言分布的描写很不完备和准确，有一些严重失实之处，比

---

① 实际上还可以提前，王东(2005)举了《战国策》和《史记》各一例，这两个例子都是可靠的。其实《史记》中还有一例：高帝使使厚遗阏氏，冒顿开围一角。高帝出欲驰，婴固徐行，弩皆持满外向，卒得脱。(《樊郦滕灌列传》)这些都说明至晚在西汉"角"已经可以当"角落"讲了。不过王东所引《周易·晋》"晋其角"一例，牛太清(2003)已详辨其非指"角落"而仍是指"兽角"，其说可信，惜王东未参考牛文。对这个例子后文还会再做分析。

② 钱大昭《广雅疏义》云："物之有四隅者谓之四角，《后汉书·蛮夷传》'四角胡王'是也。……《玉篇》：'隅，牛俱切。角也。'皇侃《论语义疏》云：'隅，角也。床有四角，屋有四角，皆曰隅也。……'"钱氏所引的这些资料都是证明南北朝口语中"角"已取代"隅"的绝好例证。

③ 顺便说一句，牛文所调查的中土文献也还嫌过少，未能充分反映语言事实。

④ 参看汪维辉(2007a)。

如下面这个表有六处错误：

"说类词"的方言区分布

	官话								晋语	吴语		徽语	湘语	赣语	客家话	粤语	闽语	平话
	东北	北京	冀鲁	胶辽	中原	兰银	西南	江淮		北部	南部							
说	+	+	+	+	+	+	+	+	+	⊕	-	⊕	⊕	⊖	-	-	⊖	-
讲					○		+	+		+	+	+	+	+	=	+	+	+
话	-	-	-	-	-	-	-	-	-		+	-	+	+	+	+	+	

说明："+"表示说，"-"表示不说，"="表示较少说或用法有局限，空格表示不清楚。

结合《汉语方言地图集》(曹志耘 2008)，这个表中各方言区"说类词"的分布情况应该修正如下：

	官话								晋语	吴语		徽语	湘语	赣语	客家话	粤语	闽语	平话
	东北	北京	冀鲁	胶辽	中原	兰银	西南	江淮		北部	南部							
说	+	+	+	+	+	+	+	+	+	=	-	-	-	+	-	-	=	-
讲					=		+	+		+	+	+	+	+	=	+	+	+
话	-	-	-	-	-	-	-	-	-	=		-	=	+	+	+①	+	

下面做一具体说明：

说：吴语(北部)的+应改为=，因为只有 3(2+1) 个点；徽语、湘语的+均应改成-，因为都不说"说"；赣语的-应改为+或=，因为有 9(8+1) 个点；闽语的-应改成=，因为有 5 个点；

讲：中原官话的空格应改成=，有 5(1+4) 个点；

现在有了《汉语方言地图集》(曹志耘 2008)、《汉语方言解释地图》(岩田礼 2009)、《汉语方言解释地图(续集)》(岩田礼 2012)等工具书以及一大批方言资料，条件就好多了。

---

① 《汉语方言地图集》粤语各点均未标出"话"，不确。

搜集语料的工作通常也不是一次就可以完成的,随着研究的推进,常常会发现有些问题还需要进一步调查更多的语料。

5.3　分析论证

前面的准备工作就绪后,接下来就是分析论证,主要是描写和解释。

5.3.1　描写

描写的目的是把语言事实准确清晰地呈现给读者,这是常用词/基本词历时更替研究的主要工作,也是下一步解释的前提。"成功的描写就是解释的一半。"(吴福祥语)因此一定要充分认识描写的重要性和艰巨性。准确地揭示常用词/基本词演变的事实并不是一件轻而易举的事,在描写上下再多的功夫也不为过。一篇文章,哪怕在解释方面弱一点,只要描写扎实,事实可信,对学术研究也是有价值的。我一向主张多一点扎实细致的事实描写,少一点不着边际的规律推测。

1. 处理语料

描写要做得好,关键是科学地处理语料。

上面谈到搜集语料的面要广,这是为了保证重要的语料不遗漏;但是语料还需要提纯,就是要下一番别择的功夫,不能拿来就用。用于研究的语料并不是越多越好,研究中据以得出可靠结论的往往是一部分关键性的语料;一堆杂乱无章、真假混杂、语体不一的材料,是无法导出科学的结论的。处理语料有几点比较重要:一是要用第一手材料,不可转引二手材料;二是关键的材料一定要核对纸质原书,而且必须是好的版本,因为现在的语料库大都校勘不精,有的错得很离谱,被误导的现象比比皆是,比如《汉籍全文检索系统》第四版中所收的明瞿佑《剪灯新话》居然是现代汉语的翻译本,原书实际上是文言短篇小说;三是要对语料进行鉴别和分析。

关于语料的鉴别和分析,蒋绍愚(1998)早就发表过指导性的意见:

不但要做好语料的整理工作,而且要做好语料的分析工作。语料有文字讹误、后人擅改,以及时代、真伪等问题,需要通过校勘学、文献学的方法加以鉴别和改正,这是语料的整理。语料本身没有问题,但语料中反映的语言特点有的是时代特色,有的是地域特色,有的是语体特色(如有的很口语化,有的文白夹杂),需要加以区分,这是语料的分析。不注意语料的整理,把有问题的语料作为研究的依据,当然会造成大错;对语料不加分析,把地域或语体的特点当作时代的特点,在作语言史的研究的时候同样会发生错误。语料整理的问题,现在一般比较注意了,语料分析的问题,还需要特别强调。语音研究方面,已有学者提出"剥离法",在语法和词汇研究方面,不少语料也是需要"剥离"的。只有在正确分析语料的基础上,才能作可靠的语言史的研究。

汪维辉、胡波(2013)指出语料使用主要涉及两个问题:一是语料的选择,基本要求是口语性和可靠性;二是语料的分析,包含确认有效例证、剥离口语成分、分析统计数据和重视典型语料四个方面。并提出了"以典型赅非典型"和"以前期赅后期"两条原则。文章以如何判断系词"是"是否已经发展成熟为例,对语料使用中需要注意的各种问题做了具体分析和说明,兹不赘述。这里再补充一个运用典型语料的例子。太田辰夫(1954/1991:197)说:

"你"这个代名词在唐代以前只是"汉儿言语"。……到唐代似乎已经普遍使用,作为皇帝的话而被记录下来的例子也不是两三处。譬如《唐历》中:

玄宗尝昼寝,问春草曰:"汝本何人? 何以得至柳家?"春草曰:"本杨慎矜婢,卖与柳家。"玄宗曰:"慎矜岂少钱而卖你?"春草曰:"不是要钱,本将杀某,敬思救得不杀,所以卖之。"

玄宗实际上是否使用了"你"这个词,如今没有再作进一步调查的手段,但据此可知,即使玄宗使用了也使人感到没有什么不自然的,足以证明这个词已成为普通的词语。

太田先生的分析鞭辟入里,判断准确可信,堪称"四两拨千斤"。这是利用典型语料得出科学结论的佳例。

就单音常用词的替换而言(绝大部分是此类),处理语料(特别是统计出现频次)时还有一点十分重要,就是正确区分"词"和"语素"。一个单音节成分单独入句充当句法成分和组成复合词(通常是双音词)后入句是不一样的:前者是"词",后者是"构词语素"。举个例子来说,"草木""乔木"中的"木"是构词语素,跟单用的"木"性质是不同的,如果在判断"树"何时取代了"木"的时候要统计两者的出现频次,那么"草木""乔木"一类的复合词均应排除在外。

2. 几个关键环节

描写中有一些环节比较重要,是全文的"文眼",需要重点研究,比如新词新义溯源和判断新旧替换何时完成等。

（1）新词新义溯源

探讨常用词/基本词的历时更替,追溯新词或新义的来源是重要的一环。下面举三个例子来说明。

表示 moon 这个概念,汉语史上有一个"月→月亮/月明/月光"的复音化过程,其中最重要的"月亮"这个词是什么时候产生的？又是如何产生的？这是研究中需要弄清楚的一个关键问题。谭代龙(2004)认为明末温璜《温氏母训》所见一例是最早的用例:"人言日月相望,所以为望,还是月亮望日,所以圆满不久也。……待到月亮尽情乌有,那时日影再来光顾些须,此天上榜样也。"蒋绍愚(2012a)则认为:"'月亮'表示'日月星辰'的'月',是从清代开始的,明代还没有这个词。"汪维辉(2014)认同谭代龙的看法,认为至迟到明代晚期,口语作品中的一些"月亮"已经是指{月亮}了,除了谭文所引的一例外,还补充了八个例子,其中的"月亮"可以有三解:1)月儿明亮;2)月光;3){月亮}。时贤多取前两解,而我则认为应该是指{月亮}。为了彻底弄清这些"月亮"的所指,文章不惜笔墨,对这八个例子一一予以辨析,最终得出结论:"上引 8 例的'月亮'是指称{月亮},应该是可以成立的。"这一结论也得到了蒋先生的认可(私人交流)。① 确认这一点具有全局性的意义,因为这些早期用例集中出现在冯梦龙、温璜、凌濛初、汤显祖的作品和《金瓶梅词话》中,《西游记》也有疑似的例子,虽然由于例子太少,还不易对其源生地遽下判断,不过冯梦龙是苏州人,温璜和凌濛初都是乌程(今属浙江湖州市)人,《西游记》所反映的是江淮官话,这些都是今天"月亮"密集分布的地区。因此,虽然汤显祖作品和《金瓶梅词话》中用到"月亮"的原因尚待进一步探究,②但是这些有限的早期用例与

---

① 蒋绍愚(2017:399-400)在谈及"月亮"的考源问题时,也说"汪维辉的意见是对的"。
② 汤显祖是临川(今江西抚州)人,今属赣语区,{月亮}称"月光",不过汤显祖曾较长时间在南京和浙江遂昌做官,他对这一带的方言应该是熟悉的。明清时期的山东方言作品,用词往往与江淮官话及吴语背景的作品一致,其中原因尚待研究。

今天方言的分布无疑存在着明显的对应关系,这应该不是出于偶然。这就为"月亮"属于"长江型词"的定性提供了较好的证据,从而给下一步解释"月亮"何以在明末以后不长的时间里迅速扩散到广大的官话区和北部吴语提供了线索。至于"月亮"一词的来源和内部结构,学界也存在不同看法,文章认同董秀芳(2002)和蒋绍愚(2012a)的意见,认为它是从表"月光明亮"的主谓短语词汇化为表"月球"的名词的,这里就不多说了。

可见在追溯新词新义的来源时,对于早期的疑似用例往往需要经过深入考辨才能定其是非。下面这个例子同样可以说明这种考辨工作的重要性。

牛太清(2003)对《周易》"晋其角"的"角"到底是指"兽角"还是"角落"进行了详细考证,结论可信。《汉语大字典》《汉语大词典》《辞源》"角"条"角落"义下所引的始见书证都是《周易·晋》:"晋其角,维用伐邑,厉吉无咎。"牛太清指出:"这主要是沿用孔颖达的观点,孔颖达疏:'晋其角者,西南隅也。'"牛文从两个方面论证了此例的"角"是指"兽角"而不是"角落":"整个先秦两汉的有代表性的书籍中凡表'角落'义,主要用'隅'而不见用'角',①假若《易·晋》中的'角'指角落,也就表明在先秦'角'已有了'角落'义,那么何以在近千年的如林的书籍中,表'角落'义主要用'隅'而不见用'角'? 这是不符合语言的普遍性原则的;再者,角用于表'角落'义的标志是'角'直接位于数词、方位词或具有多维(二维以上)空间的名词之后,而《易经》中出现的'角'不具备这些条件。"他举出了《易经》中除"晋"卦以外的另两处"角":羝羊触藩,羸其角(《易·大壮》)。上九:姤其角,吝,无咎。象曰:姤其角,上穷吝也(《易·姤》)。认为:"以上几例'角'前的'其'既不指代方位词、数词,也不指代具有多维空间的名词,所以'其'后的'角'也不可能用于'角落'义。"这个看法是正确的。《周易》"晋其角"这个例子关系到"角"当"角落"讲始见于何时这样一个关键问题,所以辨明其准确含义对全文具有重要意义。

追溯新词或新义的来源有时相当困难,比如表"睡觉"义的"困(睏)"。现代方言表示"睡"义,主要有"睡"和"睏"两系,大致呈北南对

---

① 按:此说不确,详上文。

立,"睏"系集中在东南部方言,吴语、徽语、湘语、赣语和闽语主要用"睏",江淮官话、西南官话和粤语中也有较多分布,客家话较少,此外在山东境内的冀鲁官话和胶辽官话中也有一些地方说"睏",跟东南部大片的"睏"形成"远隔分布"。"睏"分布地域如此之广,肯定不是短时间内所形成,而是历史上长期传承下来的,因此追溯它的来源就很重要。汪维辉(2017a)花费了很多精力,希望能弄清楚它的产生时间,但是未能得出明确的结论。"睏"字本作"困",一般都认为是由"困倦欲睡"义转指"睡"的,"睏"是方言区的人给这个意思造的"后出专字",明代才开始见诸文献。我们当然不能简单地认为这个词就是明代才产生的。由于早期"困倦欲睡"和"睡觉"两个意思都写作"困",这就给辨析词义带来了困难。"困"大约在西汉后期产生了一个口语新义"疲惫,困倦",入唐以后又进一步引申出"困倦欲睡"义,就是今天口语"犯困"的"困",禅宗语录中常见"困来即卧/眠、困来打睡/打眠、困来合眼、困则睡、困时伸脚眠、困即歇(去)"之类的话,"困"都是"疲乏想睡"的意思。"疲乏想睡"与"睡"还有一步之差。那么"困"是什么时候有了"睡"义的呢?在唐宋文献中可以见到一些"困+睡眠义动词"的例子,如困卧、困眠、困睡、困寐等。这种"困V睡"可以做三种分析:Ⅰ.因困倦而睡。这是最初的语义。Ⅱ.困倦地睡。犹今言"沉睡"或"睡得很沉/死"。Ⅲ.同义连文,就是"睡",如《朱子语类》卷一一五:"如做事须用人,才放下或<u>困睡</u>,这事便无人做主,都由别人,不出自家。"《朱子语类》中还有一例"睡困",可以作为旁证:"无事时须要知得此心;不知此心,却似<u>睡困</u>,都不济事。"(卷一二一)但是仔细分析《朱子语类》中"困"的全部用例(包括单用和连用),词义仍在"困倦(欲睡)"和"睡觉"两可之间,确定无疑只能作"睡"解的例子实际上是找不出来的。《朱子语类》中的"睡"义动词是用"睡",一共有六十四例("眠"只有两例)。因此在元代以前,Ⅲ和Ⅰ、Ⅱ很难截然分开,因为没有形式标志,只能根据语境来推断。因之对于上引例句的判断,难免会因人而异。拙文还逐一分析了五代—元代六个"困"单用的例子,其中五例都可以作"睡觉;睡眠"和"困倦"两可理解,只有一个例子似乎只能分析为"睡觉;睡眠"——仇远《薄幸》:"昨梦行云何处,应只在,春城迷酒。对溪桃羞语,海棠贪<u>困</u>,莺声唤醒愁仍旧。劝花休瘦。看钗盟再合,秋千小院同携手。""海棠贪困",可以理解成"海棠贪睡"，①"贪困"可比较"贪眠"。这是词人在梦中想把自己的愁绪对溪桃和海棠诉说，可是溪桃羞于说话，海棠又贪睡（不理会我）。莺声将我唤醒，我却愁绪依旧。作者仇远（1247—1326），钱塘（今浙江杭州）人，因居余杭溪上之仇山，自号山村、山村民，人称山村先生。根据上述事实，文章最后只能得出这样的结论："在目前所掌握的材料中，明代以前还难以举出具有排他性的'困=睡'的例证。"②

可见找到新词或新义的源头对理清演变脉络具有重要的意义，但是并不容易。

（2）判断新旧替换何时完成

判断新旧词替换何时完成也是需要重点解决的问题，结论准确与否直接关系到文章的质量。这涉及判断标准的问题，汪维辉（2000/2017：409-412）对此有过论述：

> 在什么样的情况下，我们可以说新词已经完成了替换旧词的过程呢？能不能找出一些行之有效的标准来帮助我们判断新旧替换过程已经完成了呢？一般而言，判断的标准主要有三个：1. 统计数据，2. 组合关系，3. 新旧词在典型语料中的使用情况。

> 要准确地推定新旧替换过程完成的时间不是一件容易的事情，问题的复杂性在于：很难拿出一个过硬的判断标准。既要避免仅据典型语料的使用情况以偏概全，又要注意不宜只看统计数据而把时间定得过晚。在实际操作过程中，上述三项标准往往是结合起来使用的。有时是以其中的一项标准为主，参考其他两项。要尽可能全面地、综合地考虑问题，以使得出的结论尽量接近实际。

书中对这三条标准有具体的举例讨论，这里从略。下面就如何利用《老乞大》这种典型语料以得出尽可能合乎事实的结论举两个例子。

《老乞大》是高丽朝后期至朝鲜朝最重要的汉语口语教科书，传世的版本很多，但是汉语部分不同的只有四种：《原本老乞大》（约1346前）→《老乞大谚解》（约1483）→《老乞大新释》（1761）→《重刊老乞大》（1795）。这四种版本的《老乞大》，内容基本相同（有少数地方略有出入），但是语言有差异，它们是随着时代的推移、语言的变化而不断修订的，所以对研究从14世纪中叶至18世纪末期这四百多年间汉语的发展演变和现

---

① 陶然教授告知：苏轼咏海棠诗云"只恐夜深花睡去，故烧高烛照红妆"，似可作参证。

② 邓盼（2019）对"困"的早期用例有不同的分析，可看。

代汉语普通话的形成过程具有独特的价值,这样的"典型语料"在汉语史研究中实属不可多得。

汪维辉(2005)即以"言语—话""道—说""面—脸""将—拿""饥—饿""(天)明—(天)亮""便—就"七组词为例,探讨了它们在《老乞大》四种版本中的历时更替过程及其与现代方言共时分布的关系。主要结论有:

到《新释》和《重刊》的时代,"言语"在口语里可能已经基本不用,被"话"完全取代了。

"说"最终取代"道"是在元末明初这一时期。

作为单音词,到《新释》时代"脸"已经取代了"面"。

"将"作为动词和介词到清代已基本上退出口语词汇系统。其中动词用法主要被"拿"所接替,还有一些其他动词;介词用法则主要被"把"所接替。

在北方话中,"饿"成为"饥"的等义词并开始取代"饥"是在元代以后发生的,至迟到18世纪中叶替换已经完成。

形容词"亮"正在逐步替换"明",两者的竞争正在进行中。

在18世纪中叶的北京口语里"就"取代"便"已接近尾声。

这是利用《老乞大》诸版本的对比材料来判断新旧词替换是否已经完成的例子。

如所周知,汉语判断句从上古的无系词句发展到现代的有系词句("是"字句),是汉语语法史上的大事件,系词"是"何时产生、何时发展成熟因之也成为一个研究热点,先后有多位学者参与讨论。董守志(2011)在前人的基础上,主要从"不是"对"非"的替换来讨论系词"是"的成熟问题,结论是:"系词'是'的成熟时代应该是在元末明初。"他赖以得出这一结论的唯一依据是:《老乞大》《朴通事》中表示否定判断百分之百都用"不是",没有"非""非是""未是"。应该说,董文的研究思路是一种进步,比以前仅仅依据"不是"的出现(如汪维辉1998)或"不是"取代了"非是"(如唐钰明1992)就判定系词"是"已经发展成熟要更加全面、深入,把研究推进了一步。但是他的结论并不可信,主要原因是在语料的选择上存在缺陷,又未对所选语料做具体分析,只相信统计数据。《老乞大》《朴通事》是典型语料没错,它们确实反映了真实口语,但是如果要求汉语史研究只能依据这样"纯粹"的语料,那么研究将无法进行,因为这样的语料太少了。实际上只要尽可能多地挖掘和利用口语性资料,并把口语成分和文言成分"剥离"开来,是可以最大程度地逼近事实真相的。判断某一语言现象新旧更替是否已经完成，标准也不能定得过死，要求不能过高、过纯，比如董文认为只有像《老乞大》《朴通事》那样否定判断百分之百都用"不是"才能证明系词"是"的成熟，其实这是不切实际也没有必要的。语言现象是极其复杂的，共时系统是历时演变的结果，旧质要素被新质要素替换后，一般不会就此销声匿迹，而是可能会由于各种语用因素的影响而不时地在这里那里露一下脸，因为语言库藏（linguistic inventory）①是极其丰富的，语言的运用具有很大的灵活性和弹性，且不说"口语"和"书面语"本来就很难截然区分，即使是地道的日常口语，也不能要求它完全排斥旧成分。所以判断新旧成分是否已经完成替换，一是要看大势和主流，二是要对语料做具体分析，而不能要求百分之百无例外，否则一碰到少数"不听话"的语料我们将一筹莫展。也就是不能把统计数据的作用绝对化。根据我们的考察，如果从"不是"替换"非"这一点来说，至迟在中唐时期的口语中系词"是"也已经发展成熟了。②

"首—头"也是一个很好的例子。大家都知道，表示 head 义在汉语史上曾经发生过"首→头"的替换，那么，这个替换是何时完成的呢？关于这个问题，汉语史学界已有不少讨论，但意见并不一致。王力（1958/1980：497-498）指出："战国以前，只有'首'没有'头'。金文里有很多'首'字，却没有一个'头'字。《诗》《书》《易》都没有'头'字。到了战国时代，'头'字出现了。它可能是方言进入普通话里的。作为'首'的同义词，它在口语里逐渐代替了'首'。"引了《墨子·鲁问》《庄子·在宥》和《荀子·议兵》用"头"的三个例子。又说："在口语里，同义词达到了意义完全相等的地步是不能持久的，所以'首'在口语里逐渐让位给'头'。"引了《史记·邹阳传》和《后汉书·刘圣公传》中的两条谚语。王力没有断言"头"究竟是何时替换了"首"的，不过从他的表述和所引的例子看，大概认为到汉代"首"在口语里已经让位给了"头"。魏德胜（1995：56）经研究后推断："战国时期口语中'头'已取代了'首'，但在一些固定形式中仍用'首'，如：稽首、顿首、斩首等。"管锡华（2000：200-201）对《史记》的分析结论是："西汉'头'已远远超过了'首'。"不过他不同意魏德胜的看法，认为："即使到西

---

① 参看刘丹青（2011）。
② 参看汪维辉、胡波（2013）。

汉,也不能说口语中'头'已取代了'首'。"同是考察《史记》,池昌海（2002：180）的看法却有所不同："通过考察,我们认为,到秦汉时,'头'的使用能力仍与'首'相当,至少在书面语言中是这样的。因为我们也注意到,在《史记》的语言中,'首'无 1 例用于直接陈述,皆为作者的记述、转述,而'头'则有多例见于书中人物的对话,……从这一考察看来,我们可以得出这样的结论：在口语中,'头'已基本上成为常用词,而'首'则一般不见于口语表达了。"从西汉刘向《说苑》中这组词的使用情况来看,我认为到西汉后期的口语里"头"应该已经基本上取代了"首"。① 由于《说苑》一书总体上是用文言写成,当然还不可能都用"头"而不用"首",两者的出现频率基本持平,选用哪一个具有一定的随意性,但用"首"的那些例子明显书面语色彩较重,刘向笔下更喜欢用"头"的倾向还是显而易见的,这足以说明在作者的实际口语里"首"大概已经很少说了。②《史记》中出现了"头发",而没有"首发",也透露出口语的消息。③ 这个例子也说明,判断新旧替换是否已经完成,不能只看统计数据,而是要分析新旧词的出现环境、组合关系和在典型语料中的使用情况。

需要注意的是,我们判断一组词的新旧更替已经基本完成,并不是说旧词就消失得无影无踪了。一种语言现象的变化往往是两头慢,中间快,呈现 S 曲线形。吕传峰（2006a）指出：

Chen, M. 曾指出语音的演变呈现出一根"S"形曲线。④ 后来有学者用这一理论解释某些语音演变现象,如爱切生（1997：110）认为,在语音变化的初期,新形式和旧形式往往摇摆不定,过程比较慢,但是,"等到新的形式扩散到一定数量的词上去的时候,变化就开始进入急骤递增阶段,在相对来说较短的时期里,这种变化迅速扩散。经过一个时期的冲刺,进度就慢了下来。如果最后的残余确实都会清除干净的话,这种清理工作也是极慢的。"从近代汉语喝类语义场主导词的更替过程来看,词汇的竞争替换和语音的演变有着惊人的相似。

旧词基本被新词取代以后,有时还会在一些特定的语境中出现,正如

---

① 祝昊冉（2018）也认为"西汉时期'头'高度活跃,在口语中已经替换了'首'",而论证更为详细,可参看。
② 参看汪维辉（2007b）。吴宝安（2006）也认为,"'头'在西汉比'首'更具生命力","西汉时,'头'取代'首'成为'头'语义场的代表词,'首'则在功能和使用上均出现萎缩"。
③ 以上请参看汪维辉（2017b）和汪维辉（2018a：94-107）。
④ 参见简·爱切生（1997：96-112）《语言的变化：进步还是退化》。

简·爱切生所说,"如果最后的残余确实都会清除干净的话,这种清理工作也是极慢的"。

5.3.2 解释

在扎实描写的基础上,还要对语言现象进行解释,总结规律。解释要恰如其分,既要努力寻找规律,也要避免牵强附会,为解释而解释。

1. 探寻更替的动因

解释最主要的工作是探寻常用词新旧更替的动因。迄今我们对此还知之不多,还有很大的研究空间。详见本章第四节,此不赘。

2. 避免过度阐释

解释要实事求是,合乎逻辑,避免任意拔高,过度阐释。词汇的个性比较强,借用一句西方语言学家的经典名言:"每个词都有它自己的历史。"所以试图通过一个个案的研究就得出带有普遍性的结论,常常会感到力不从心,这是很正常的,不必勉强。有些问题一时解释不了,与其强解,不如阙疑。这里举几个我在研究中遇到的例子供大家参考。

一是"讲"的兴起问题。汪维辉(2003a)指出:

"讲"的兴起看来相当晚,要到元代,但由于文献的局限性和研究的不够深入,我们现在还不清楚它何以在这么短的时间内扩散到如此广大的地域,在吴语、徽语、湘语、粤语、闽语、客家话、平话以及西南官话、江淮官话中它都是常用的"说类词",在有些地区它的地位超过"说"或"话"。

这个问题到现在也没有解决。

二是"遐"的性质问题。汪维辉(2009)探讨了"遐—迩"与"远—近"两组反义词在上古汉语中的演变情况,发现"迩—近"发生过历时替换,到战国后期"迩"应该早已被"近"取代了;而"遐—远"并没有这样的递嬗关系,这跟原先的认知很不相同。关于这个问题,文章认为:

由于缺乏足够的文献,"遐"有很多情况不明。"遐"究竟是个什么性质的词? 它是不是"远"的更早的对应词? "遐"与"远"是否曾经是一对"古今词"? 或者说,"遐"与"远"究竟是时代差异还是地域差异? 抑或是下位词与上位词的关系? "遐—迩"究竟是否形成过最佳反义词? 传世本《说文》为何没有"遐"字? 这些都是问题。

关于"遐"的性质,我想无非有两种可能性:

(1)它确实是比"远"更古老的一个词,但在殷周时代已经被"远"所取代,我们看到的只是一个历时替换的尾声,所以它的用法很有局限,没有见到作谓语的用例,不像一个典型的形容词。

(2)"遐"只是殷周时期的一个方言词或下位词,它和"远"根本就不是一对"古今词",和"迩"也没有形成过最佳反义词,只不过是因为汉代人可能觉得它比"远"更古雅,所以把它和同样比"近"更古雅的"迩"相提并论,组合成了"遐迩"这样一个反义连文。……

也许第二种可能性更大一些。但事实真相究竟如何,还有待进一步研究。

三是"闻"取代"嗅"的动因问题。汪维辉、秋谷裕幸(2014)在讨论"为什么元代以后在北方话里'闻'会取代了'嗅'"的问题时认为原因可能是避讳,"'嗅'本身就是避讳的对象"。不过这个看法到现在仍是一个假设,虽然文中也举了日语和晋语神木方言的例子,但是还需要更多的材料才能论定。详见本章第二节。

5.4　结撰成文

写文章,一是要把问题研究透,二是要把话说明白。问题研究清楚了,结撰成文就是水到渠成的事,但是也需要注意文章的写法。

初写论文的青年朋友常常不太注意文章的可读性,只顾自说自话,顺着自己的思路一路说下去,而不大考虑读者是否能读得下去。其实写作时心里要装着读者,设身处地替读者着想,不要以为自己懂了的读者就一定懂、自己具备的背景知识读者也都具备。要把读者设想成对这个问题一无所知的门外汉,你得让他看懂,并且觉得有意思,愿意看下去。这就需要讲究一些写作技巧。

一是要讲究谋篇布局。常用词/基本词的新旧替换,往往头绪纷繁,问题复杂,要使文章结构完整、脉络清楚、重点突出、详略得当、逻辑严密、环环紧扣,并不是一件容易的事。什么先说,什么后说,哪些详写,哪些略写,整篇文章的结构如何安排,都需要周密考虑。比如主导词是研究的重点,必须详写,而非主导词则只要略做交代即可。通常是先有一个大致的写作提纲,把文章内容分成几大块,每一块下面分列若干小节,然后在写作和修改的过程中不断进行调整。说得细一点，像文章如何开头才能吸引住读者，也是值得琢磨的问题。我写文章喜欢开门见山，直奔主题，但是也比较注意由浅入深、从已知到未知。如果一上来就是一堆艰涩难懂的概念和术语，或者很抽象的公式，读者很可能就被你吓跑了。当然更不能像古人说的那样，"博士买驴，书券三纸，未有驴字"（《颜氏家训·勉学》引邺下谚），绕了半天弯子还没有进入正题，那样的文章读者肯定没有耐心看下去。

二是行文要简洁平实。对演变过程进行细致的刻画描写，难免琐碎冗长，会影响文章的可读性，这就需要化繁为简，不枝不蔓，有些相关的问题可以放到脚注里去说，避免胡子眉毛一把抓，缠夹不清。例子要精选，避免堆砌，一般是新词的早期用例和关键性例子可以多举一些，非关键性的例子只要每类酌举一两个就可以了。语言要平易流畅，不可故作高深，以艰涩文浅陋，把简单问题复杂化。吕叔湘有感于有些人的文风，写过一首小诗："文章写就供人读，何事苦营八阵图？洗尽铅华呈本色，梳妆莫问入时无。"可作为我们写文章的座右铭。吕先生的文章本身就是我们效法的典范，不管多么深奥难懂的学术问题，他总能以平易简明出之，比如《汉语语法分析问题》(1979)、《近代汉语指代词》(1985)等。

三是要反复修改。文章是改出来的，大到谋篇布局，小到遣词造句，甚至标点符号的使用，都需要反复推敲，务求妥帖，同时还要精细校对，杜绝硬伤。鲁迅说过：文章写好后至少看两遍，竭力将可有可无的字、词、句、段删去，毫不可惜。（大意）这是经验之谈。

总之，一个不错的研究结果，假如因为没能很好地表达而影响了它的可接受性，未免可惜。

研究常用词/基本词历时更替是一项艰苦而繁复的工作，上文所说的四个步骤只是一般的常规程序，不可能把所有问题都包罗无遗。实际研究中经常会遇到各种预想不到的问题，思路也需要随时调整，甚至最初的想法后来被推翻而重起炉灶，或者写到中途写不下去了不得不放弃，都是常有的事。这些都需要根据实际情况灵活地予以处理。限于篇幅，有些问题上面提到了但是没有展开来细说，比如如何确认有效例证、剥离口语成分、分析统计数据等，读者如想进一步了解，可以参看相关文献。

思考题:

1. 你认为汉语"闻/嗅"义词的古今演变是否可能存在共同的原因? 这个原因应该如何去探寻?
2. 有人认为"日""月"被双音词"日头""月亮"所取代,可能跟"日""月"的义项众多、容易引起表义不明晰有关,你认为这个看法能否成立? 为什么?
3. "基本词具有一定的封闭性"的看法能否成立? 请谈谈你对这个问题的看法。
4. 尝试研究一组"古今词"的历时演变。

第四章

历代特色词汇描写

除了基本词汇的变化外,每个时期差不多都有一批富有时代特色的一般词汇,它们跟基本词汇一起构成一个时期词汇的基本面貌,以区别于前后时期。以前对这类特色词汇的研究主要是从训诂学的角度加以训释,或者作为新词新义予以揭示,今后需要从词汇史的角度对它们进行系统的描述。历代特色词汇可以通过断代词典加以汇聚和呈现。本章分三节对不同时期的特色词汇做些举例性的勾勒,希望能引起读者继续探索的兴趣。

一、上古汉语的特色词汇

上古汉语是汉语可追溯的历史的源头,对后世影响深远。上古文献所记载的词汇,有一批基本词一直沿用至今,构成汉语词汇系统的核心;有些词(包括基本词汇和一般词汇中的词)则时过境迁,后世没有继承下来,成为上古汉语的特色词汇。

王国维(1984)说:

不淑(不吊):其本意谓不善也。不善,或以性行言,或以遭际言,而"不淑"古多用为遭际不善之专名。《[礼记·]杂记》记诸侯相吊辞,相者请事,客口:"寡人(君)使某,如何不淑!"致命曰:"寡君闻君之丧,寡君使某,如何不淑!"《[礼记·]曲礼》注云:"相传有吊辞,云:'皇天降灾,子遭罹之,如何不淑!'"如何不淑者,谓遭此不幸,将如之何也。《左·庄十[一]年传》:宋大水,"公使吊焉,曰:'天作淫雨,害于粢盛,若之何不吊!'"又《襄十四年传》:"公使厚成叔吊于卫,曰:'寡君使瘠,闻君不抚社稷而越在他竟,若之何不吊!'"古吊、淑同字,若之何不吊,亦即如何不淑也。是如何不淑者,古之成语,于吊死唁生皆用之。《诗·墉风[·君子偕老]》:"子之不淑,云如之何?"正用此语,意谓宣姜本宜与君子偕老,而宣公卒,则子之不淑云如之何矣! 不斥宣姜之失德,而但言其遭际之不幸,诗人之厚也。《王风[·中谷有蓷]》"遇人之不淑",亦犹言遇人之艰难。不责其夫之见弃,而但言其遭际之不幸,亦诗人之厚也。诗人所用,皆当时成语,有相沿之意义,毛、郑胥以"不善"释之,失其旨矣。

王国维所说的"成语",与今天的含义不同,大致相当于结构凝固的复合词,其意义不是字面意思的简单加合。比如上古文献中的"不淑(不吊）"，不是简单的字面义"不善"，而是"多用为遭际不善之专名"。这样去理解《诗·鄘风·君子偕老》的"子之不淑，云如之何"和《王风·中谷有蓷》的"遇人之不淑"，才不至于误解："子之不淑""人之不淑"并不是斥责"子"和"人"本身不善，而是说她们"遭际之不幸"。当然这是王国维的理解。如果这一解释不误，那么这样的"不淑（不吊）"就是上古汉语所特有的词汇。后世虽然还用这个词，但是含义是不同的。

王国维在文中举到的这类"成语"还有很多，比如"陟降（陟各、陟恪、登假、登遐）"："古人言'陟降'，犹今人言'往来'，不必兼陟与降二义。"又如：臬司（＝臬事），作求（＝作匹、作配、作对；求，仇之假借字，仇，匹也），等等。

我们可以一部书一部书地把其中的特色词汇摘录出来，汇总成一个时期的特色词汇。比如见于《诗经》的特色词语有①：关关，薄言，蔽芾，终（＝既），洵（确实），契阔（离合聚散），好逑（好仇），顷筐，螽斯，阜螽，百两，厉（以衣涉水，由带以上），彤管，中菁[《安徽大学藏战国竹简（壹）·诗经》（2019）作"中煤"]，蝃蝀，硕人，周行，行迈，靡盬，眉寿，……

下面试举几例上古汉语的特色词语（包括词组）来略加讨论。

1. 死且不朽（死而不朽、死骨不朽、死不朽）②

"死且不朽"是上古汉语里常见的一个词语，有"死而不朽""死骨不朽""死不朽"几种变体，《左传》中"死且不朽"就出现了 4 次，但是历来不得其解，比如大家很熟悉的《秦晋崤之战》（僖公三十三年）："孟明稽首曰：'君之惠，不以累臣衅鼓，使归就戮于秦，寡君之以为戮，死且不朽。若从君惠而免之，三年将拜君赐。'"排比例句可以得知，它的意思就是后世的"死而无恨/死而无憾"。为什么"死且不朽"会有这样的含义呢？可能是因为当时的人们把"死且不朽"看作一种崇高的人生境界，因此人们常用这句话来自我安慰，表示死而无憾了。此语汉代尚有少量用例，汉以后就基本不用了。

---

① 有的也偶见于其他先秦载籍。
② 参看汪维辉（1990）。

2. 雨堕①

西汉王褒《僮约》："雨②堕无所为,当编蒋织簿。"现代汉语说"下雨"③,汉代口语则说"雨堕",并沿用至魏晋南北朝。这个说法传世的中土文献中并不多见,但先唐翻译佛经里却出现得很频繁,如东汉安世高译《佛说七处三观经》："已有横风,便天不时时雨堕;已天不时时雨堕,便若人种地便不时生熟得不如意。"姚秦佛陀耶舍共竺佛念等译《四分律》卷三十三："尔时四面有大黑云起,天大雨堕如象尿,潦水齐腰。"刘宋宝云译《佛本行经·魔劝舍寿品第二十六》："四方皆雨堕,霹雳大炬火。"后秦弗若多罗译《十诵律》卷五(初诵之五)："是中不相接树界者,若日中时影所阴处,若雨堕时水不及着枝叶处。"《资治通鉴·汉桓帝延熹三年》："新丰侯单超卒……其后四侯转横,天下为之语曰:'左回天,具独坐,徐卧虎,唐雨堕。'"胡三省注:"按雨堕者,谓其性急暴如雨之堕,无有常处也。"④

3. 夷蹲

西汉王褒《僮约》："入市不得夷蹲旁卧,恶言丑骂。"夷蹲就是蹲,同义连文。《汉语大词典》释作"犹夷踞",仅引此例;"夷踞"条释义为:"两腿伸直张开坐在地上。形容随便,不拘礼节。"引《后汉书·郭泰传》一例:"(茅容)耕于野,时与等辈避雨树下,众皆夷踞相对,容独危坐愈恭。"《汉语大词典》释义恐不确。夷、蹲、踞是同义词,就是今天的蹲,臀部不着地;"箕踞"才是"两腿伸直张开坐在地上",臀部着地。《后汉书》例讲"避雨树下",地上是湿的,"夷踞"只能是蹲在地上,而不可能是臀部着地"坐在地上"。茅容"危坐"也不是像今天那样用臀部坐在地上,而是双膝着地,臀部放在脚后跟上,相当于今天的跪而挺直上身,这是一种表示严肃恭敬

---

① 下面两条请参看汪维辉(2006b)。
② 《太平御览》卷五九八引"雨"作"两",系形误。古书中"雨""两"二字常互讹,如《战国策·燕策二》"今日不雨,明日不雨,蚌将为脯",或本"雨"误作"两"。参看王念孙《读书杂志·战国策第三》"即有死蚌"条。另可参看吴金华(1986)。
③ 方言也说"落雨"。可参看张雁(2015/2016)。
④ 《后汉书·宦者传·单超》作"两堕",李贤注:"两堕,谓随意所为不定也。今人谓持两端而任意为两堕。""两"亦为"雨"之形误。李贤注恐不可信,当从胡三省说。

的坐姿。在古人看来,蹲在地上和箕踞都是不恭敬不礼貌的,箕踞尤甚。农夫"耕于野","避雨树下,众皆夷踞相对",在这种特殊的场合不"坐"而"夷踞"(蹲)其实并不为过,而茅容却"独危坐愈恭",正是要显示出他的与众不同。"夷蹲"系同义连文,"夷"有"蹲踞"义,《论语·宪问》:"原壤夷俟。"何晏集解引马融注:"夷,踞;俟,待也。踞待孔子也。"伪古文《尚书·泰誓上》:"乃夷居弗事上帝神祇。"蔡沈集传:"夷,蹲踞。"字亦写作"跠",《广雅·释诂三》:"蹲、跠、屒、启、肆,踞也。"王念孙疏证:"跠与下屒字同,亦通作夷。"又《释言》:"跠,蹲也。"《玉篇·足部》:"跠,跠踞。"《字汇·足部》:"跠,蹲踞。《论语》单作夷。"《洪武正韵·支韵》:"跠,蹲踞。亦作夷。"《文选·王延寿〈鲁灵光殿赋〉》:"玄熊舑舕以断断,却负载而蹲跠。"李善注引张载曰:"跠,踞也。"①李周翰注:"言玄熊吐舌出齿,却负戴栋梁而蹲踞也。""夷蹲"用例罕见,大概是西汉口语;作"蹲夷(跠)"则较多见,如贾谊《新书·等齐》:"诸侯王所在之宫卫,织履蹲夷,以皇帝所在宫法论之。"《后汉书·鲁恭传》:"夫戎狄者,四方之异气也。蹲夷踞肆,与鸟兽无别。""蹲夷踞肆"四字同义,都是今天的蹲,上引《广雅·释诂三》"蹲、跠、屒、启、肆,踞也",所释即此义。"肆"有蹲踞义,王念孙疏证云:"《说文》:'肆,极陈也。'义与踞相近。《法言·五百篇》云:'夷俟倨肆。'《汉书·叙传》云:'何有踞肆于朝。'"葛洪《抱朴子外篇·刺骄》:"或乱项科头,或裸袒蹲夷,或濯脚于稠众,或溲便于人前。"

4. 卧出②

"卧出"表示"睡着;睡熟"之义,习见于汉译佛经,如:

(1)人卧出时,意离身在地因缘,何以故不死?四事合持未散故。(安世高译《阿含口解十二因缘经》)

(2)时菩萨卧出,天人于梦中语言:"汝常求索大法。"觉起即行求索。(旧题支娄迦谶译《阿阇世王经》)

中土文献有更早的用例,如:

(3)死时忽如卧出,犹果物谷实,久老则自堕落矣。(桓谭《新论·祛蔽》)

---

① 参看《汉语大字典》"夷""跠"两条。
② 参看何亚南(2001)"卧出"条。

（4）<u>卧出</u>而风吹之，血凝于肤者为痹，……（《素问·五脏生成论》）

（5）夫邪气之客人也，或令人目不瞑、不<u>卧出</u>者，何气使然？（《灵枢经·邪客》）

可见"卧出"大概是汉代口语中的固有词，而不是佛经翻译者所创造的新词。

5. 竖

汉代对人的蔑称、贱称。《史记·项羽本纪》："亚父受玉斗，置之地，拔剑撞而破之，曰：'唉！竖子不足与谋！夺项王天下者，必沛公也，吾属今为之虏矣！'"《史记·留侯世家》："竖儒，几败而公事！"又："臣闻其将屠者子，贾竖易动以利。"皆其例。至于"竖"何以会有此义，历来有不同解释，尚无定论，比如段玉裁《说文解字注》云："盖未冠者才能自立，故名之竖。"朱骏声《说文通训定声》则认为"童子"义之"竖"为"孺"之假借。可参看张鹏丽、陈明富（2010），杨琳（2011：53-54）。

二、中古汉语的特色词汇

中古时期出现了一批很有时代特色的口语词汇，曲守约《中古辞语考释》（1968）、《中古辞语考释续编》（1972）、《辞释》（1979）、《续辞释》（1982）①，徐震堮（1984）《世说新语词语简释》，周一良（1985）《魏晋南北朝史札记》，郭在贻的系列论文以及江蓝生（1988）《魏晋南北朝小说词语汇释》，蔡镜浩（1990）《魏晋南北朝词语例释》，王云路、方一新（1992）《中古汉语语词例释》，刘百顺（1993）《魏晋南北朝史书语词札记》，方一新（1997）《东汉魏晋南北朝史书词语笺释》，王云路（1999）《六朝诗歌语词研究》，李维琦（2004）《佛经词语汇释》，王彦坤（2006）《前四史生僻词语考释》等书收录甚夥。

以《世说新语》前五篇为例，就有如下一些六朝特色词汇：②时月（季

---

① 关于曲守约上述四书，方一新（2010：971-978）有评介，可参看。

② 有些词语后代偶或有沿用。

和月,泛指一段时间)①,弥日(终日;连日)②,鸡骨支床(形容人骨瘦如柴的样子。理据待考),併当(收拾;料理),目(品评),道(品题),五石散(丹药名。由五种药石为主,杂以人参、白术等配制而成。以宜冷服,亦名"寒食散",或简称"散"),行散(魏晋人喜服五石散,服后需缓步调适、宣导,谓之"行散",也称"行药"),录(收集,收藏;逮捕),未展(未及),重服(丧服)③,了了(聪明伶俐),定(原来),恶(身心不适,不快),白事(启禀上司的公文),将无(莫非,该不是),清言(清谈),馨(犹言"般""样":尔馨/宁馨/如馨),传教(传达教令的官吏),传诏(传达诏命的官员)……

下面举几个中古汉语的特色词语略做讨论。

1. 阿堵

"阿堵"一词屡见于《世说新语》,如:

(1) 殷中军见佛经,云:"理亦应阿堵上。"(文学 23)

(2) 王夷甫雅尚玄远,常疾其妇贪浊,口未尝言"钱"。妇欲试之,令婢以钱绕床,不得行。夷甫晨起,见钱阂行,呼婢曰:"举却阿堵物!"(规箴 9)

(3) 顾长康画人,或数年不点目精。人问其故,顾曰:"四体妍蚩,本无关于妙处,传神写照,正在阿堵中。"(巧艺 13)

明杨慎《丹铅续录》卷三"阿堵"条曰:

《晋书》云:"王衍口不言钱。晨起见钱堆床前,曰:'阿堵'。"近世不解此,遂谓钱曰"阿堵",可笑。晋人云"阿堵",犹唐人曰"若个"④,今曰"这个"也。故殷浩看佛经:"理亦应在阿堵中。"顾长康传神曰:"精神妙处正在阿堵中。"谢安谓桓公曰:"明公何用壁后置阿堵辈。"是也。凡观一代书,须晓一代之语;观一方书,须通一方之言。不尔不得也。(商务印书馆《丛书集成初编》第 336 册,1936 年版,61 页)

---

① 《汉语大词典》"时月"条失收此义。

② 参看汪维辉(2000b)。

③ 《世说新语》"着重服"两见(德行 46,任诞 15)。《汉语大词典》"重服"条:服丧过度;重丧服。《汉书·文帝纪》:"当今之世,咸嘉生而恶死,厚葬以破业,重服以伤生,吾甚不取。"南朝宋刘义庆《世说新语·德行》:"孔时为太常,形素羸瘦,着重服,竟日涕泗流涟。"宋王辟之《渑水燕谈录》卷四:"国朝有诸叔而嫡孙承重服者自辉始。"《世说新语词典》(张万起 1993)释作"最重的丧服",《世说新语辞典》(张永言 1992)释作"守重丧(父或母去世)的衣服"。可疑。"重服"盖即丧服。宁波话管送丧的被子(较实际盖的被子要薄而小)叫"重被"。

④ 按,此说误,"若个"是"哪个",而不是"这个"。

"阿堵"是六朝人语,相当于今天的"这个"。"凡观一代书,须晓一代之语;观一方书,须通一方之言。"这两句话也道出了汉语史研究的要旨。

2. 弥日①

《世说新语·德行3》:"郭林宗至汝南,造袁奉高,车不停轨,鸾不辍轭;诣黄叔度,乃弥日信宿。"

现有辞书均释"弥日"为"整天,终日",用以解释上例并不切合。《世说新语》一书"弥日"凡六见,其余五例是:

(1)真长延之上坐,清言弥日,因留宿至晓。(文学53)

(2)羊既去,郭送之弥日,一举数百里,遂以出境免官。(赏誉9)

(3)济先略无子侄之敬,既闻其言,不觉懔然,心形俱肃。遂留共语,弥日累夜。(赏誉17)

(4)[卫玠]从洛投敦,相见欣然,谈话弥日。(赏誉51)

(5)卫君长为温公长史,温公甚善之。每率尔提酒脯就卫,箕踞相对弥日。(任诞29)

上述例(1)、例(5)的"弥日"确为"整天"义,其余四例则应释作"连日,累日",方与上下文相吻合。例(3)下文云:"既还,浑问济:'何以暂行累日?'""累日"即上文"弥日累夜"的"弥日",《世说新语辞典》(张永言1992)释"弥日累夜"为"连日连夜",这是对的。例(4)的"谈话弥日",刘孝标注引《[卫]玠别传》作"敦与之谈论,弥日信宿"。从情理上推断,这个"弥日信宿"同《世说新语·德行3》例一样,都应该是指"连日",否则不足以表现王敦与卫玠、郭泰与黄宪的相得情深。"弥日信宿"实际上就是"弥日累夜"的同义语。例(2)从"一举数百里"来看,"弥日"也以解作"连日"比较妥当。以上例(2)、例(3)、例(4)的"弥日",马瑞志(Richard B. Mather 1976:213,215,226/2002)的英译本和目加田诚等(1978:524,532,564)的日译本都翻译作"几天,连日",是十分确当的。日译本并且在例(2)下注云:"弥日,有累日和整天两个意思,这里是前者。"许绍早等注《德行3》的"弥日"为"连日"②,也正确。

"弥日"是汉魏六朝常见的一个特色词。我们发现,当"连日,累日"讲

---

① 参看汪维辉(2000b)。

② 许绍早、王万庄注译(1989:24/1996:4)旧版注《德行3》的"弥日"为"连日"是对的,修订本改作"终日;整天",反而改错了。

的"弥日"在这一时期用例甚多,这里酌引一部分：

(6) 尝精思于小赋,立感发病,弥日瘳。(《文选·陆机〈文赋〉》李注引桓谭《新论》)

(7) 瞻百草之青青,羌朝荣而夕零;美郁金之纯伟,独弥日而久停。(《艺文类聚》卷81 引朱穆《郁金赋》)

(8) 夫何季秋之淫雨兮,既弥日而成霖。(《全后汉文》卷86 蔡邕《霖雨赋》[①])

(9) 刁氏素殷富,奴客纵横,固吝山泽,为京口之蠹。裕散其资蓄,令百姓称力而取之,弥日不尽。(《晋书·刁协传附刁逵传》)

(10) 司空索𬤊谏曰："……自顷内外嚣然,皆云去贼投诚者应即抚慰,而弥日不接。国老朝贤,当虚己引纳,询访政事,比多经旬积朔,不留意接之。又奏人内,历日不省。"(《晋书·张轨传附张重华传》)按:"弥日"与"历日"同义。

(11) 嗟我行之弥日,待征迈而言旋。(《宋书·谢灵运传》载其《撰征赋》)

(12) 闻雀梨大寺名德既多,又有得道之僧,即与王族贵女、德行诸尼弥日设供,请斋听法。(慧皎《高僧传》卷2"鸠摩罗什")

(13) 绍之见群鼠,大者如豚,鲜泽五色,或纯或驳,或着平上帻,或着笼头,大小百数,弥日累夜。(《太平广记》卷325引《述异记》)

这些"弥日"都应该是指"连日"而不是"整天"。有时候"弥日"究竟是指哪一个意思,不容易确定。例如《文选·杨修〈答临淄侯笺〉》："修之仰望,殆如此矣。是以对鹖而辞,作《暑赋》,弥日而不献。见西施之容,归增[②]其貌者也。"李善注："植又作《大暑赋》,而修亦作之,竟日不敢献。"以"竟日"释"弥日"。但理解成"连日"似乎也未尝不可。

当"整天"讲的"弥日","弥"是"满"的意思,这从"弥夜,弥旬,弥月,弥岁,弥年,弥祀"等同系列的词可以看出。但当"连日,累日"讲的"弥日",是"整天"义的引申,还是另有来源? 我认为是后者,此"弥"应是"经;历;连"的意思。这可以从同时代文献的用例中得到证明：

(14) 绍胤不继,荒而不嗣。历载弥年,莫之能纪。(蔡邕《王子乔碑》)

(15) 引领东望,日夜以冀;弥秋历冬,经迈二载。(黄忠《与申屠蟠书劝诣何进》)

以上"历""弥"互文同义。

(16) 美人何其旷,灼灼在云霄。隆想弥年月(《玉台新咏》作"时"),长啸入风标。(陆机《拟兰若生春阳》诗)

---

① 此赋见于《艺文类聚》卷2,以"又"字系于曹植《霖雨赋》后。严可均考定应为蔡邕所作。

② 当从《三国志·魏书·陈思王植传》裴注引作"憎"。

（17）不侍数日,若<u>弥</u>年载。（杨修《答临淄侯笺》）

（18）咄嗟改容鬓,俄顷<u>弥</u>年岁。（荀济《赠阴凉州》诗）

（19）别来<u>历</u>年岁,旧恩（一作思）何可期。（徐干《室思》诗）

（20）燕婉<u>历</u>年岁,和乐如瑟琴。（李充《嘲友人》诗）

以上"弥""历"字异义同。

（21）而<u>经弥</u>日月,未有所得。（《晋书·傅玄传附傅咸传》载咸上表）

（22）大汉延期,<u>弥历</u>亿万。（《全后汉文》卷101《史晨飨孔庙碑》）

以上"经弥""弥历"同义连文。

（23）留连<u>弥</u>信宿,此欢难可过。（张华《轻薄篇》）"弥信宿"犹言"连信宿"。

（24）自来<u>弥</u>世代,贤达不可纪。（谢灵运《会吟行》）

（25）幽愿平生积,野好岁月<u>弥</u>。（谢庄《游豫章西观洪崖井》诗）

　　"弥"字此义现有辞书尚未见收列。当"连日,累日"讲的"弥日"无疑是汉魏六朝的一个特色词。

3. 匆匆

郭在贻（1981）"匆匆"条：

钱锺书先生在《管锥编》中云："按六朝法帖,有煞费解处。此等太半为今日所谓'便条'、'字条',当时受者必到眼即了,后世读之,却常苦思而尚未通。"

《颜氏家训·勉学》："世中书翰,多称匆匆,相承如此,不知所由。或有妄言,此忽忽之残耳。案《说文》：'勿者,州里所建之旗也,象其柄及三㳍之形,所以趣民事。故匆遽者称为匆匆。'"

晋人杂帖中所谓"匆匆",乃疲顿、困乏、心绪恶劣之意,无一句解作匆遽者。颜氏之说,实属凿空。试看以下诸例：

羲之顿首,向又惨惨自举哀,乏气匆匆。（《全晋文》卷二二王羲之杂帖）

兄弟上下远至,此慰不可言。嫂不和,忧怀深,期等殊匆匆焦心。（又卷二三）

十一月五日羲之报：……吾悉不适。弟各佳不? 吾至匆匆。（又）比较：十二月一日羲之白：……人甚忧,耿耿,消息比佳耳。吾至乏劣。（又）

吾顷胸中恶,不欲食,积日匆匆,五六日来小差,尚甚虚劣。（又卷二四）

疾至笃,忧怀甚深。……自慰犹小差,然故匆匆,冀得凉渐利耳。（又卷二五）

得书知问,肿不差,乏气匆匆……（又卷二六）吾顷胸中恶,不欲食,积日匆匆,五日来小差。（又）足下何如? 吾劣劣。（又）

廿九日献之白：昨遂不奉,恨深。体中复何如? 弟甚顿,匆匆不具,献之再拜。（又卷二七王献之杂帖）

……薄热,汝比各可不? 吾并故诸恶劳,益勿勿,献之白疏。(又)

按:郭先生所释甚确,只是其得义之由尚需阐明。这个"勿勿"也是六朝人的特色词。

4. 寻手①

义为"随手,随即;随时",多见于《齐民要术》,如:

(1)春耕寻手劳,秋耕待白背劳。(春既多风,若不寻劳,地必虚燥。)(卷一"耕田")

(2)其碎者,割讫,即地中寻手纠之。待萎而纠者必烂。(卷三"种葵")

(3)割讫则寻手择治而辫之,勿待萎,萎而后辫则烂。(卷三"蔓菁")

(4)葱中亦种胡荽,寻手供食。乃至孟冬为菹,亦无妨。(卷三"种葱")

上引例(1)正文用"寻手",小注用"寻",二者同义。例(4)引申有"随时"义。《汉语大词典》仅引《齐民要术》二例。除《齐民要术》外,我们仅在佛经中检索到这样一例:若以刀杖欲杀人故,或杖打刀刺,不寻手死,十日应死。后更异人打,即寻杖死。打死比丘得波罗夷,先打比丘得重偷兰(失译附秦录《萨婆多毗尼毗婆沙》卷三"杀戒因缘第三",23/518c)。"寻手"与"寻杖"对言,"寻"都是"随;随着"的意思。此例也属北方文献。据此推测,"寻手"很可能是南北朝时期的一个北方方言词。

三、近代汉语的特色词汇

近代汉语时期的各个阶段都有非常丰富的特色词汇,《唐五代语言词典》(江蓝生,曹广顺 1997)、《宋语言词典》(袁宾,段晓华,徐时仪等1997)、《元语言词典》(李崇兴,黄树先,邵则遂 1998)及白维国主编《近代汉语词典》等辞书多有收录。比如:下官(自称,不论地位和男女皆可用),儿婿(丈夫),朝庭/朝廷(朋友),宅舍/舍宅/屋宅/屋舍/屋子(神魂所依止的躯体),丑差/差恶/差(丑陋,难看),鸟(diǎo,詈语)②,儿/儿家(女性自

---

① 参看汪维辉(2007d:96)。

② 用作詈语始见于敦煌本《燕子赋(一)》:"不曾触犯豹尾,缘没横罹鸟灾!"

称代词),心口思惟(心里想,思忖),谩语(说谎,说大话。又作"漫语""慢语"),夜久(夜深),只此(就这个;仅此),只今(如今。也作"祇今")①,与摩(这么),恁摩(这么),走作(飘忽不定),相将(相随;最终),睹当(看见、思考;抵挡、对付。也作"覩当""赌当""堵当")②,勾栏(艺人表演百戏、杂剧的固定场所,也作"勾阑""构栏"),瓦子(城市里娱乐场所集中的地方,有茶楼、妓院、酒馆、店铺、卦肆、剧场等,也称"瓦"),兀自(仍,还,尚;已自,已经),牙子(职业的买卖介绍人,也称"牙人"),帖落(从井里打水的罐子),生受(受到别人帮助或请求别人帮助时说的感谢话,犹言"麻烦""难为"),定害(打搅;烦扰),兀那(那),乔(晋语),气息(形容词,指气味难闻),爽快(指身体或精神舒适、畅快)③,越性(索性),等等。下面择举数例。

1. 夜久/夜永

"夜久"等于"夜深",是唐人语,《汉语大词典》未收此词。例子多见,如《北齐书·赵郡王琛附子叡传》:"励己勤学,常夜久方罢。"《游仙窟》:"于时夜久更深,沉吟不睡。"杜甫《石壕吏》:"夜久语声绝,如闻泣幽咽。"韩偓《雨后月中玉堂闲坐》:"夜久忽闻铃索动,玉堂西畔响丁东。"《庐山远公话》:"夜久更深,再拟残灯,见天河闲静,月朗长空。"八卷本《搜神记》:"何人夜久至此山院?"中间也可插入其他成分,如《纂异记·张生》:"夜已久,恐不得从容,即当瞑索。"否定形式为"夜未久",如《广异记·燕凤祥》:"夜未久,何为闭户?"又有"夜永"一词,义同,产生时间略早于"夜久",如戴暠《咏欲眠诗》:"傍边知夜永,不唤定应归。"(《先秦汉魏晋南北朝诗·梁诗》卷27)陆法言《切韵序》:"夜永酒阑,论及音韵。"④

2. 莫须有

有名的例子是《宋史·岳飞传》:"狱之将上也,韩世忠不平,诣桧诘其

---

① 参看江蓝生(1987)、汪维辉(2000c、2001b)。
② 参看许树妙(2017)。
③ 参看汪维辉(2010b)。
④ 《汉语大词典》"夜永"条引唐人戴叔伦和张乔诗,时代嫌晚。

实。桧曰：'飞子云与张宪书虽不明，其事体莫须有。'世忠曰：'莫须有三字何以服天下？'"吕叔湘（1945）《莫须有》说："'莫须'是宋人常语"，"'莫须'就是现在的'恐怕'或'别是'之意。"按：细玩吕文所引诸例，"须"字似仍有义，"莫须有"盖"恐怕应该有/别是应该有"之意。

3. 帖落—洒子

《原本老乞大》：

主人家且休去，俺又忘了一件勾当。俺这马每不曾饮水里。等一会控到时饮去，井在那里有？

兀那家后便是井。

有辘轳那无？

浅浅的井儿，则着绳子拔水。井边头更有饮马的石槽儿。

既这般呵，你收拾帖落、井绳出来。

井边头帖落、井绳都有。我更嘱咐恁些话：那帖落不吃水，恁不会摆时，帖落上絟着一块砖头者。

那的俺自会的，索甚么你教？

在之后的《老乞大》《朴通事》系列中，"帖落"均改称"洒子"。《老乞大集览》："洒子：汲水之器。以柳枝编成者呼曰柳罐，元语谓帖落。"可见"帖落"和"洒子"就是从井里打水的器具，"帖落"是元代的特色词，明清时期则称为"洒子"。这两个词《汉语大词典》均未收，可补。

4. 骜(傲)①

夸赞。《山歌·鞋子》："骜我松江尤墩衬里，外盖绸缎簇新。爱我口儿紧括，喜我浅面低跟。"《缀白裘·翡翠园·拜年》："所生一女小名唤做翠儿，不但面庞标致，更兼心性聪明，做出来个生活，十人九傲。"宁波方言今天犹保留此义，如经常被人夸赞就说"骜勒起"，称极力夸赞为"骜勒滴落介"，俗语有"自骜馒头白，咬开纯是麦"。《明清吴语词典》（石汝杰，宫田一郎 2005）"骜"条收有"〈动〉渴望(有)；很羡慕"义，但失收"夸赞"义，宜补。

---

① 参看周志锋（2004）。

5. 心相/心想①

心思(名词)。《拍案惊奇》卷二十九:"是日那里还有心相看春会,只个个撺哄赵娘子,看他眉头眼后罢了。"《二刻拍案惊奇》卷九:"次日清早起来,也无心想观看书史,忙忙梳洗了,即望园东墙边来。"《何典》第六回:"人说'叫化三年,做官无心相',想那叫化行业,也必有几桩妙处。"今宁波话仍常用,除当"心思"讲外,更多的是指"心肠",如"心相好""心相漆黑"。

思考题:

1. 在词汇史研究中,如何定义"特色词汇"?
2. 在一个时期的词汇系统中,特色词汇占有什么样的地位?
3. 历代的特色词汇数量众多,情况复杂,你认为采取什么样的方式加以整理和描写比较合适?
4. 试举述各时期特色词汇若干。

---

① 参看汪维辉(1993)"心想 心相"条、《明清吴语词典》(石汝杰,宫田一郎 2005)"心相""吭心相"条。

第五章

外来词汇的借入和吸收

《礼记·王制》云："五方之民,言语不通,嗜欲不同。达其志,通其欲:东方曰寄,南方曰象,西方曰狄鞮,北方曰译。"语言不通就需要翻译,有翻译就有"外来词"。汉语在历史上吸纳了不少外来词,它们丰富了汉语的词汇宝库,在某种程度上改变了汉语词汇的构成,是词汇史需要研究的重要课题。

对于外来词,古人已有不少研究,但是尚不成系统。1936 年,胡行之的《外来语词典》在上海出版(天马书店),这是中国第一本专门收集外来词的词典。在该书的序言中,作者把外来语分成 5 类: a) 全译音;b) 全译义;c) 全输入;d) 半音半义;e) 音义兼顾,①基本上把所有"loan"都归入"外来词"的范畴。② 1950 年罗常培的《语言与文化》一书由北京大学出版部出版,是 1949 年后第一部重要的涉及外来词研究的著作,"揭开了对外来语词进行分析的序幕"。③ 迄今这方面的研究成果已经颇为丰硕,比如:高名凯、刘正埮(1958)《现代汉语外来词研究》,王力《汉语史稿》(1958/1980)、《汉语词汇史》(1990/1993),张席珍、刘建仁等(1981)《国语日报外来语词典》,④刘正埮、高名凯、麦永乾等(1984)《汉语外来词词典》,岑麒祥(1990)《汉语外来语词典》,史有为《异文化的使者——外来词》(1991)、《外来词——异文化的使者》(2004)、《汉语外来词》(2000),马西尼(Federico Masini,意大利汉学家)(1991)《现代汉语词汇的形成——十九世纪汉语外来词研究》,香港中国语文学会(2001)《近现代汉语新词词源词典》,张永言(2007)《汉语外来词杂谈》(补订稿),徐文堪(2005)《外来语古今谈》,沈国威(2010)《近代中日词汇交流研究:汉字新词的创制、容受与共享》,钟吉娅(2003)《汉语外源词——基于语料的研究》,顾江萍(2007/2011)《汉语中的日语借词研究》,等等。

张永言(1982/2015:86-87)指出:"过去关于外来词的一些研究在方法上往往带有片面性和形式主义的倾向,即是说,只注意外来词的来源和传入的时间,顶多也不过再探讨一下借用的原因和条件而已。自然,这种

① 马西尼(1997:155)注:最后这种词可以看作是音译词,但是用来音译外语语音的那些汉字表示了这个词的总体意义。
② 参看马西尼(1997:155)。
③ 潘文国、叶步青、韩洋(2004:329)。
④ 这是我国第一本狭义的外来语词典,只收音译词,共 1820 条。

研究是完全必要的,但是我们不能以此为满足。我们不仅要研究一个外来
词是从哪里传来的,什么时候传来的,为什么传来的和怎样传来的,而且要
研究它是怎样被同化的,也就是说它是怎样服从或适应借方的语音系统
(包括音节构造)和语法结构(包括构词法)的,它的意义发生了什么变化,
这些变化是怎样发生的,它的出现引起了借方词汇里的哪些变化,等等。
只有这样,才能通过外来词的研究阐明语言词汇发展的规律性,说明词汇
中发生的现象及其原因,揭示个别词语的历史、语言的历史和人民的历史
三者之间的关系。"这是完全正确的。

汉语中究竟有多少外来词,至今谁也说不清楚,①这与外来词的概念
有关,什么叫"外来词"是个一直存在争议的问题。下面是几个相关的
概念:②

1. 借词③(loan-word/borrowed word/borrowing):王力(1958/1980)把
"受别的语言的影响而产生的新词"分为"借词(即音译)"和"译词(即意
译)"两类,认为只有借词才是外来语,而译词不应该算作外来语。胡以鲁
(1914)《论译名》云:"传四裔之语者曰译,故称译必从其义,若袭用其音,
则为借用语,'音译'二字不可通也。"这在逻辑上是对的。后来与胡氏相
同、不同意"音译"名称的有孙常叙(1956:309):"'音译'的名字并不十分
妥当。因为这种借词是用汉字的音节来对照记音的,基本上是原词的音节
(有省略或增加个别音节的);换句话说,是汉语语音化了的外国语词。并
没有把它翻转成和它相当的汉语词,本身并没有翻译的性质,不能叫做
'译'。汉字在这种借词里是当作记音符号来用的。"④颜洽茂(1997:113)
也说:"'音译'这个术语严格地说是不科学的。《说文》言部:'译,传四夷
之语者。''译'的性质在于'达其志,通其欲'(《礼记》王制),用汉字对照
外语词的音节记音,本身并无翻译的实质,改为'转写'似乎更为恰当。"颜
说不无道理,然"音译"一词通行既久,已约定俗成,恐不易改变,仍其旧而
明其理可也。"转写"这一术语并未通行开来。

---

① 据美国 *Reader's Digest*(June,1990:114)称:英语是当今世界上词汇最丰富的语言,词
　汇量已达二百万。在这二百万的单词中,几乎有一半是 loan word(借词)。
② 关于相关概念,另请参看马西尼(1997:153-154)。
③ 罗常培(1950)称为"借字"。
④ 参看潘文国、叶步青、韩洋(2004:312-319)。

2. 译词：见上。颜洽茂(1997：113)说："在外来词中,应排除完全意译词。因为它们已经抛弃了外来词原有的语音形式和结构,用本语造词材料和方法表达外来词的内容,构成了纯汉语的内容和形式的统一体。……所谓'完全意译'指的是反映本语所无概念的那部分词。"

3. 混合词(hybrid)/合璧词①/半音译半意译词：张永言(1982/2015：87)说："汉语里的借词有时在译音之外在后面加上一个'类名',这种由一部分外语成分和一部分本语言成分组成的词也叫'混合词'(hybrid)。例如：卡片(card)、卡车(car)、啤酒(beer)、雪茄烟(cigar)、芭蕾舞(ballet)、法兰绒(flannel)、逻辑学(logic)。"

4. 仿译词(calque)：即意译组合,如：黑板<blackboard,热狗<hot dog,足球<football,等等。张永言(1982/2015：87-88)说："当我们保留外语词的形态结构和内部形式不变、用自己语言的材料逐'字'(词、词素)翻译过来的时候,这种词就叫做'仿译词'。例如：马力(horse-power)、篮球(basket-ball)、汽船(steamboat)、蜜月(honeymoon)、超人(Übermensch)、闪电战(Blitzkrieg)。如果是使用自己语言的构词材料和构词方法创造新词来引进外语词所代表的概念,而这个新词跟相当的外语词的内部形式和形态结构又并不相同,那么这种词就只是一般的新造词而不能算作外来词。例如：火车(train)、轮船(steamer)、飞机(airplane)、自行车(bicycle)。"颜洽茂(1997：113)说："我们倾向于作为外来词来处理。虽然这类词各个单个组成部分是用本语的语音和语素来替代的,但'其中总的语法模式和语义是引进的'(《语言与语言学词典》第203页)。"

5. 日源词(形借词/外来词形词/日语来源的汉语外来词/日语来源的汉字词)：张永言(1982/2015：88)说："这是汉语借用日语时的一种特殊现象。这种外来词的出现是由于日语采用汉字来书写词语,并且经常利用

---

① 梁晓虹(1994)所谓的"合璧词"与一般所说的"半音译半意译词"(田惠刚称之为"外来音意词",详下)有所不同,梁书所说的前三类都应该看作是外来词的"语素化",即外来成分参与构词：一,音译加汉语类名(佛土、禅天、僧坊等);二,汉词加音译(念佛、参禅、高僧等);三,新造译字加汉语词(魔王、忏文、塔林等)。这就跟今天的"金卡、网卡、银行卡、借书卡""打的、的哥、的姐""酒吧、网吧、氧吧、吧女"等一样,其中的"卡""的""吧"都已是构词语素。只有第四类"梵汉同义、近义连用"可看作是混合词,如檀施/檀舍、僧侣、尼姑、刹土、禅定、忏悔等。

汉语词素来构造新词,而汉语在借用这些词的时候就连形带义搬过来了。例如:破产(hasan)、干部(kanbu)、现实(genjitsu)、客观(kakkan)、情报(jōhō)[以上用汉语词素构成],场合(baai)、手续(tetsuzuki)[以上用日语固有词素构成]。"刘正埮等(1984:序言)称为"日语来源的汉语外来词"(1-2页),他们指出:"日语来源的汉语外来词与印欧语来源的汉语外来词不同。我们所收的日语来源的汉语外来词大部分是汉字词,也即只借用其汉字书写形式而不借用其读音。其中有不少是日本借用古代汉语的词去意译印欧语系各种语言的词的,其词义与古代汉语原有的词义不尽相同,甚或完全不同(如'革命');有些则是日本利用汉字自行创造的新词来表示其本国出现的新事物(如'人力车')或意译印欧语系各种语言的新词(如'哲学')的。""丹麦语言学家叶斯柏森(Otto Jespersen)在他的《语言:它的性质、发展和起源》(*Language, Its Nature, Development and Origin*)一书中的第十一章第十一节'借词的类别'(Classes of Loanwords)的末尾谈到:'在许多语言混杂当中各种各样的成分仍然是很清楚的,并且可以分开,就好像把一副扑克牌洗好后还能挑出红桃、黑桃等一样;但在英语和斯堪的纳维亚语的情况下,我们却有一种更微妙的、更密切的混杂,就像把一块糖放在一杯水中,几分钟以后,就很难说哪是茶、哪是糖了。'如果我们在处理印欧语来源的汉语外来词时,就像见到红桃、黑桃、方块、梅花等纸牌杂陈桌上,我们在处理日语来源的汉语外来词时就有杯中糖茶交融之感了。"(2-3页)对日语来源的汉语外来词的这个比喻是很恰切的。史有为(1991:前言)则称为"日语来源的汉字词"(3页)。有人把这类借词简称为"日源词",我觉得这个名称简明可行。

6. 外来概念词①:全名是"外来事物概念词语"(《词库建设通讯》第1期第3页注⑥)。其定义是:汉语中表示本为外族语词概念的那种词。(同上,第5页)

7. 外来词/外来语(foreign word/foreignism/peregrinism/alien word/alienism):田惠刚(1993)认为"'外来词'应是一个总的概念",下面包含

---

① 详参香港《词库建设通讯》的相关文章,特别是刊载于第1期(1993年)的《发刊词》和《香港中国语文学会"外来概念词词库"总说明》(香港中国语文学会词库工作组,黄河清执笔)。

六类：

1）外来音译词：摩托（motor）、沙龙（salon）、法西斯（Fascismo）、模特儿（modèle）、歇斯底里（hysteria），等等；

2）外来意译词：民主（democracy）、灵感（inspiration）、知识分子（俄intelligentsya），等等；

3）外来音意词：卡片（card）、啤酒（beer）、芭蕾舞（ballet）、酒吧（bar）、高尔夫球（golf）、桑拿浴（sauna），等等；

4）外来混合词：B超、24K金、T.D.K杯、BP机、三S革命，等等；

5）外来概念词：世界、主义、劳动、内阁、理智、体育、太空、航天，等等；

6）外来词形词：新闻、道具、指导员、派出所，等等。

总之，"外来词"究竟如何界定，它的内部又可以分为哪几类，都还是有待继续研究的问题。最严格用法的"外来词"只承认音译词，①而最宽泛的用法则几乎无所不包。从汉语词汇发展史的观点来看，也许可以把最广义的外来词称作"外源词"，也就是词的形式或内容（语义）来源于其他语言而非汉语内部的那些词，以区别于由汉语自身所产生的词。完全意译词也应该包括在内，因为它们的内容（语义）是外来的。汉语中外来词的借入，往往先取音译，后来多改为意译，这是一条基本规律，假如把意译词排除在外来词之外，就难以说明它们的来源。下面的讨论都是基于最广义的外来词概念。

张永言（1982/2015：87）说，外来词可以作三种分类，其中第一种是按照借用的来源和时代分，汉语里的外来词可以分为：（1）先秦两汉时代来源于中亚诸语言的外来词；（2）魏晋南北朝时代来源于梵语的外来词；

---

① 张博（2019）认为："近几十年来，多有学者主张'意译词属外来词'，认为表达外来概念的词就是外来词、将意译词视为外来词有利于研究文化接触。本文在分析驳正这类错误观念的基础上提出，外来词界定应当坚持'译''借'两分的基本原则，并确立了区分'译''借'的分析标准；根据外来词界定的基本原则与分析标准，以英源外来词及汉英对译词为研究范围，全面分析10种译借方式的借用等级，构建出借用程度由高到低的等级序列：外语词>外来词>混合词>汉语词。认为广义的'外来词'只应包括外语词和狭义的外来词；混合词中既然有本源语言成分，就不是纯粹的外来词；'意译词'和'直译词'是外语对应词的译词，并非从外语借入的'词'，因而都属于汉语词。"这可以代表这一派的最新看法。

(3)唐宋元时代来源于突厥语、蒙古语的外来词;(4)戊戌变法(1898)至辛亥革命(1911)时期来源于日语的外来词;(5)五四运动(1919)以后来源于英语的外来词;(6)中华人民共和国成立以后来源于俄语的外来词;(7)其他来源于南海诸语言和国内少数民族语言的外来词;等等。

汉语在上古时期就有外来词的零星借入,但不成规模,比如:贝,匹(鸣)①,轻吕/径路(来自突厥语 kingrāk,指一种宽身两刃刀)②,琵琶,箜篌,葡萄,苜蓿,师子(狮子)③,吉量(马)④,橐驼(橐驼、橐它、橐佗、駝驼、骆驼),猩猩(生生、狌狌),师比(犀比),狻麑(狻猊)⑤,等等。历史上大规模的外来词借入主要有三次,下面分别叙述。

一、东汉以降的佛教词汇

《中国大百科全书·语言文字》"汉语词汇"条(张永言撰稿)说:

早在先秦时代汉语词汇里就有从邻近语言吸收的外来成分,但它们大都跟固有成分融为一体,难以辨别。西汉以后,由于民族关系的密切,汉语里陆续加入了一些明显可辨的外来词,主要是从西域南海传来的物名,如:蒲陶、苜蓿、涂林、仁频、槟榔、烟支、茉莉、琉璃、虎魄、氍毹、鞦韆、白叠、箜篌、觱篥、师比、郭洛。通过从东汉后期开始的佛典翻译,汉语又从古印度语言(梵语、巴利语)和古中亚语言(如吐火罗语,即焉耆—龟兹语)吸收了跟佛教有关的大批外来词,如:般若、菩提、南无、伽佗、涅槃、阎罗、菩萨、罗汉、比丘、阇黎、头陀、和尚、沙弥、夜叉、泥犁、伽蓝、兰若、招提、袈裟、摩诃、刹那。其中一部分应用较广,进入了汉语的一般词汇。有一些复音词因常用而省缩为单音,如:僧伽(saṃgha)/僧、魔罗(māra)/魔、塔婆(thūpa)/塔、劫波(kalpa)/劫、忏摩(kṣama)/忏、禅那(dhyāna)/禅、比丘尼(bhikṣuṇī)/尼、钵多罗(pātra)/钵,而这些单音形式又可以作为语素造出许多复合词,如:高僧、僧徒、恶魔、魔鬼、宝塔、浩劫、劫数、忏悔、参禅、禅师、尼姑、尼庵、钵盂、衣钵。此外,在佛典翻译中还出现了大量"义译词",如:法宝、世界、天堂、地狱、因果、信心、真理、变相、圆满、平等、慈悲、方便、烦恼、

---

① "贝"和"匹(鸣)"参看张永言(2007)。
② 参看张永言(1983)。
③ 以上参看王力(1990/1993)。
④ 参看黄树先(1993)。
⑤ 以上参看徐朝华(2003:182-183)。

金刚、庄严、报应。其中一部分产生引申义,也成了汉语里的通用词。

东汉以降,随着佛经翻译而来的外来词汇是第一次大规模的外来词借入和吸收,不仅数量颇大,而且在外来词吸收的方式上奠定了基本格局,对后世影响巨大而深远。经过近两千年的融合,许多外来词已经融入汉语词汇之中,一般人不再觉得它们是外来词了。例如:佛、业、导师、来世、过去、现在、未来(当来)、因缘、众生、果报、轮回、信仰、觉悟、方便、放生、吉祥、解脱、功德、世间、真实、无常、精进、自在、成就、思惟、自然、实际、悲观、自觉、境界、礼拜、阴司、阎王、火葬、火化、供养、还愿、烧香、问讯、施舍、转变,等等。①

颜洽茂(1997:115-128)把梵语借词的类型分为四种:(1)转写②。婆罗门、和尚、沙弥等。(2)转写+指类名词。优钵罗花、摩竭鱼、夜叉鬼等。(3)转写+意译。忏悔、檀越、摩尼珠、阿鼻地狱等。(4)意译组合③。戒律、施主等。这四种类型也成为后世吸收外来词的主要方式。

这方面的研究成果颇多,如朱庆之(1992)《佛典与中古汉语词汇研究》,梁晓虹《佛教词语的构造与汉语词汇的发展》(1994)、《佛教与汉语词汇》(2001),颜洽茂(1997)《佛教语言阐释——中古佛经词汇研究》等。

二、元代和清代的阿尔泰语系外来词

元代和清代都是北方异族入主中原,给汉语词库注入了一批阿尔泰语系的词汇,以元代为多,清代则较少。这方面的重要著作有方龄贵(2001)等。

元代有一批来自蒙古语的外来词曾经流行于汉语口语中,多见于元明戏曲、元代白话碑和《元典章》《通制条格》《至正条格》《蒙古秘史》《元史》

---

① 参看梁晓虹(1994)《佛教词语的构造与汉语词汇的发展》"扩充了汉语词汇的宝库"节、颜洽茂(1997)《佛教语言阐释——中古佛经词汇研究》"译经词汇在汉语史上的地位及其功用"节。
② 即一般所说的音译。详见上文。
③ 即仿译。

等元代和明初文献中,例如:虎剌孩、撒和、卜儿赤、抹邻、怯薛、打剌苏、牙不、火不思、大古里(大古来),等等。但是时过境迁,真正留存到今天的并不多,比如站(站赤)、赛(赛因)、胡同、把势(把式)①等。这里试举一例。

王学奇为李申(1992:4)《金瓶梅方言俗语汇释》所作序中说:

再看"媒人婆拾马粪,越发越晒"一条:

《金瓶梅》:"应伯爵道:'你若心疼,再拿两碟子来。我媒人婆拾马粪,越发越晒。'"(三十五回)

《金瓶梅词话注释》(台湾学生书局):"马粪晒了太阳,会膨胀起来,媒人婆不怕碰钉子,故以马粪晒太阳越发越晒喻媒人婆的脸皮厚。"

《金瓶梅鉴赏辞典》:"此语以马粪越晒越发来比喻媒婆说媒时的越说越夸张。"

《中国俗语大辞典》:"发:指马粪发酵。晒:双关语。原指晒马粪,实指'筛',含斟(酒)义。指更加频繁地斟酒。"

《汇释》:"这句歇后语字面上说马粪越发酵越要暴晒,才能成为粪干儿。实则另有寓意。'发'系发财、发家的'发'。'晒'与'赛'谐音,义为好。今徐州人说:'这个人的字真赛!''你看他画得赛不赛!''真赛'即真好,'赛不赛'即好不好。'赛'来自于蒙古语的'赛因'。《元史·睿宗传》云:'太祖大喜,语诸王大臣曰:"昔太祖常有志于此,今拖雷能言之,真赛因也。"赛因,犹华言大好云。''赛因'汉人常简言之'赛'。元曲中有些女孩子就取名'赛娘'(犹今语之'好闺女'、'好姑娘')。又,《东墙记》三:'俺小姐亲封一策,向你这东君叩拜。不知他有甚衷肠,道甚么言词,诉甚情怀。试取开,看内才,中间梗概,比那吓蛮书赛也不赛。'《石点头·侯官县烈女歼仇》:'六一官,你虽在风月场中走动,只怕眼睛从不曾见这样绝赛的少年妇人。'《聊斋俚曲集·学究自嘲》:'吃的是长斋,吃的是长斋,今年更比去年赛,南无佛从今受了戒。''赛'均为'好'。故'越发越晒'即'越发越赛',亦即多多益善,越多越好。"

如此两两相较,是非去从,不辨自明。

按:方龄贵(2001:228-234)"撒银"条谓此词又写作撒因、洒银、赛音、赛艮、塞因、赛银、煞寅、撒赢、洒瀴、洒缨、赛因等,是蒙古语 sain 的音译。元曲和小说中训作"好"的"赛"字,或亦是"赛因"之省辞。李申和方龄贵的解释可供参考。

清代有萨其马(萨琪玛)、福晋、章京、格格等少数满语借词留存下来。

---

① 方龄贵(2001:350)"把势"条云:汉语中的"把势"("把式"),没有疑问是蒙古语"八合失"(及其同音异译)的借词,为 baqši 的对音,而 baqši 则又源于汉语之"博士",乃往复借用之词。

三、明清以来的印欧语系外来词及日源词

明清以来印欧语系外来词的大批借入,极大地丰富了汉语词汇,对现代汉语词汇的形成产生了重大的影响,意大利马西尼教授(1997:出版说明)的著作《现代汉语词汇的形成——十九世纪汉语外来词研究》"内容丰富,资料翔实,考证精确,对汉语词汇史的研究作出了重要贡献,问世后受到各国学者的很高评价"。书后"附录2:十九世纪文献中的新词词表"收录了五百个左右的词目,是从他所研究过的约五十本书中找出来的一些新词的代表,分为7个来源:(1)本族词(19世纪以前见于汉语的词,但常被误认为是很晚才出现的新词);(2)本族新词(19世纪创造的真正的新词);(3)音译词;(4)意译词;(5)仿译词;(6)来自日语的原语汉字借词;(7)来自日语的回归汉字借词。其中后5类都属于外来词。每一个词都指出其在作者调查范围内的早期出处。试举"普通"条为例:

putong 普通,ordinary,*futsu*,双音节词,联合结构,来自日语的原语汉字借词,形容词。始见于1889年的 Fu Yunlong(*youli Riben*:236)。[1]HYDCD(V,777)说,此词在19世纪的小说《儿女英雄传》中以"普遍"的意义来使用。[2]从"ordinary"或"common"这个意义上来讲,"普通"应该看作是来自日语的原语借词。(233页)

按:马西尼的看法是正确的。孙锡信(2010:328-329)《开拓清末民初官话的研究》中"一、从'普通话'的名称说起"对"普通话"名称的来源做了有益的探讨,文中说:

"普通"这个词曾经是梁武帝(萧衍)的年号,时在公元520—527年。也曾作为禅寺

---

① 引者按:指傅云龙《游历日本图经余记》,1889年。现收于《走向世界丛书》第3册,岳麓书社1985:187-295。(见马西尼书"参考文献",307页)

② 按,《汉语大词典》所引例子为:《儿女英雄传》第十五回:"在府城里叫了一班戏子,把那些远来的客人合本地城里关外的绅衿铺户以至坊边左右这些相邻普通一请,一连儿热闹了三天。"第一义"平常的,一般的"下所引的例子有:萧红《回忆鲁迅先生》:"左手边的桌角上有一个带绿灯罩的台灯,那灯泡是横着装的,在上海那是极普通的台灯。"赵树理《实干家潘永福》:"若用'吃苦耐劳'等普通字样,不足以说明潘永福同志这种生活风度的。"

名,杨歧[1]寺在江西萍乡杨歧山寿桃峰下,建于唐开元(713—741)年间,初名"广利寺",宋庆历初(1041—1048)普惠禅师住持此寺,更名"普通禅寺"。此"普通"当为"普惠通济"之意。"普通"作为语词使用很晚,《红楼梦》中有一例:你如今且把诗社别提起,只管普通一请,等他们散了,咱们有多少诗作不得的?(37回)《儿女英雄传》也有一例:……这两例的"普通"都是"普遍"的意思,跟现今所理解的"一般,平常"的意思并不一致。我们在日本人编撰的汉语会话书中发现已使用"普通"一词,如:大概是先学普通学,学好了以后,可以入大学什么的。(《官话篇》)《官话篇》是日本人宫岛十八编著,善邻书院明治36年(1903)发行的。日语中有"普通"一词,表示"一般,平常"义,1903年的汉语会话书里将它编入官话篇,说明该词已由日语借入汉语中,也就是说汉语中现在意义上的"普通"应是来自日语借词,时间当在晚清。

孙先生所说不误,可惜未参考马西尼的著作,所举现在意义上的"普通"的始见例比马西尼的晚了十四年。

黄河清(2010)编著的《近现代辞源》更是把汉语中"普通"表示"平常的,一般的"这个义项的首见例证时代又推前许多(其中第二个例子即马西尼著作中提到的始见书证):

1878年郭嵩焘《伦敦与巴黎日记》:"见示《东京开成学校一览》,凡分例三十九目,其中亦各有子目。略记其学科:曰普通科,曰法学科,曰化学科,曰工学科,曰物理学,曰制造学,曰史学、理学,曰数学,曰动物学、植物学,曰金石学科,曰地质学科,曰采矿学科,曰画学科,曰冶金学,曰机械工学,曰土木工学。"1889年傅云龙《游历日本图经余记》:"普通学科百七十八,缝纫科百三十八,缀锦科二,毛丝科十八,洋服科百七,凡四百四十三。"[2]

从19世纪50年代开始,清政府就不断派出使臣去考察日本及西方诸国。郭嵩焘和傅云龙都是晚清主张开眼看世界的洋务派的重要人物,二人都曾出使日本及西方诸国,他们把自己游历各国的所见所闻所感记录下来,大大打开了中国人认识世界的眼界,也带回了发达国家的先进技艺和理念,影响深远。他们首先将"普通"这类具有新义项的词从日本引进中国,对中日词汇的交流也做出了重要的贡献。[3]

---

[1] 引者按:当作"岐",下同。

[2] 承友生戴佳文检示,黄河清(2019)编著《近现代汉语辞源》"普通"条在此基础上又增加了一例:1901年叶瀚译《泰西教育史》篇下第一章:"普通之人虽亦能见真理,其不能视之甚明。"

[3] 参看李雪敏(2011)"普通"条。

上文已经提及,"日源词"指来源于日语的形借词。① 马西尼(1997:154)分为原语借词(original loan)和回归借词(return loan)两种。② 虽然经过不少学者的努力,已经揭举出了一大批日源词,但是可能仍有隐而未明者,值得继续挖掘,比如"当然"③"可能"④等。"时间"也是一例。董秀芳(2011:224脚注①)在谈到后置词"间"参与形成的一些结构的词汇化时说:

"时间"这个词的来历目前还不十分清楚。中古汉语中的"时间"有两个不同的意思,一是"一时之间",形容短暂,在这一意义之下,"间"是一个普通名词,义为"间隙",而不是一个后置词。如:

窋既洗沐归,时间,自从其所谏参。(《汉书·萧何传》)唐·颜师古注曰:间谓空隙也。

何须苦计,时间利禄,身后功名。(宋·晁端礼《朝中措》词)

当"间"是后置词时,"时间"义为"目下,现时",如:

时间尚在白衣,目下风云未遂。(金·董解元《西厢记诸宫调》卷一)

久已后虽然成佳配,奈时间怎不悲啼!(元·王实甫《西厢记》)

由于"间"是后置词,上述"时间"的语义主要是由"时"来表示的。"时"单用就可以指"当时,那时",如:

时举于秦,知穆公之可与有行也而相之。(《孟子·万章上》)

时先主屯新野。(《三国志·蜀志·诸葛亮传》)

李深源、元克己时同游,皆大喜。(唐·柳宗元《钻鉧潭西小丘记》)

现代汉语中的名词"时间"是否来自包含后置词"间"的结构还不能完全确定,因为二者之间的语义联系不够紧密。

事实上"时间"就是一个日源词,刘正埮、高名凯等(1984)编《汉语外来词词典》"时间"条:"物质存在的一种客观形式,物质运动过程的顺序性和持续性。【源】日 时间 jikan[意译英语 time]"。

---

① 马西尼称为"词形借词"(graphic loan)。

② 相当于张永言(1982/2015)所说的"用日语固有词素构成"和"用汉语词素构成"两类。

③ 董秀芳(2011:239,249)把副词"当然"看作是"谓词性代词'然'参与形成的结构的词汇化"的例子。张海媚(2010b)《副词"当然"始于宋代吗?》中"四、'当然'的虚化机制"分析了"当然"虚化为副词的两个机制,恐未必然。此词的来源有待重新探讨。参看李雪敏(2011)"当然"条。

④ 参看胡静书(2009)《汉语揣测认识情态副词历时研究》第一章第四节"可能"条及李雪敏(2011)"可能"条。

吴玉芝（2016）用大量的材料考明了介词"关于"来自日语，给我们以启发：有这样一批常用的书面语双音词，它们产生于清末，以前我们一直以为是汉语的固有词，实际上可能来自日语。目前已知的这类词还有一些，比如"基于"①、"由于"②、"对于"③、"意味着"④等。

明清以来印欧语系外来词及日源词的借入，一直延续至今而方兴未艾，而且在当代汉语里有愈演愈烈之势，有人称之为外来词语引进历史上的"第三次浪潮"（张德鑫 1993）。这是很值得关注和研究的。

思考题：

1. "外来词"究竟应该如何界定？它的内部又可以分为哪几类？请谈谈你的看法。

2. 以"西瓜"一词为例，谈谈如何科学地确定外来词。［可参考刘正埮、高名凯等（1984）《汉语外来词词典》和劳费尔（2001）《中国伊朗编》。］

3. 试举述各时期外来词若干并作考证。

4. 试做外来词被汉语同化的个案研究。

---

① 参看王翠（2017）。
② 参看谷雨（2017，2018）。
③ 参看谷雨（2018）。
④ 参看朱冠明（2020）。

第六章

构词法的发展

构词法既是语法研究的对象,也是词汇研究的题中应有之义。谈构词法还会牵涉构词法与造词法的关系问题。本章我们主要介绍学界在构词法和造词法方面的已有研究,并讨论一些相关的问题。

关于构词法和造词法,比较重要的参考书有两种,一是潘文国、叶步青、韩洋(2004:415-432)《汉语的构词法研究》"12 构词法与造词法",二是蒋绍愚(2015:55-102)《汉语历史词汇学概要》第二章"构词法、造词法和词汇化"。下面的叙述多依据这两种著作。

潘文国等(2004:420-421)说:

陆志韦等的《汉语的构词法》可说是"构词法"的代表,该书反复强调:"词是从句子里摘出来的,不是先有了'先天的'词,超脱了句子的现成的词,然后用来造句的,这是本组工作者的基本想法。"(陆志韦等1957,序言)"……我们不是先'构'词,然后拿它来造句的;词是从成片的语言资料里分析出来的,这是这次研究的基本精神"(同上,3页)。……这种方法,与其说是"构词法"不如说是"词的结构分析"。

孙常叙的《汉语词汇》则可看作是"造词法"的代表,该书以造词法为中心,建立了汉语词汇学的体系。同时特别强调造词方法和造词结构(即陆氏等的"构词法")的不同,指出:

造词方法和造词结构是不同的,结构是就造词的素材以及它们之间的关系来说的。……所有这些分析都是已经成词的解剖,是对已成的对象作分析研究的结果,并没有涉及词是如何在已有的语言基础上创造出来的。造词方法是使用具体词素组织成词的方式和方法……造词的素材和方法可以决定词的结构,可是词的结构却不能完全反映造词方法。因为不同的造词方法是可以产生相同的结构关系和形式的。例如"白菜"和"木马"在结构上都是依主从关系构成的,但是单从这种关系不能理解为什么"白菜"是"菜"而"木马"并不是"马"。……说造词方法和造词结构并不相同,并不意味着它们各不相关。造词结构是造词活动的结果,造词素材和方法是形成造词结构的语言原因。在研究造词方法时不能用结构来代替,可也不能只看到它们的差别而认为结构和造词方法完全无关。(孙1956,77-78)

这是对造词法和构词法关系最早、最详尽的分析。在此认识基础上,孙氏建立了一个完整的汉语造词法体系。

蒋绍愚(2015:78-83)对"构词法和造词法的关系"有如下论述:

构词法(word structure)是从共时平面来分析词的结构,造词法(word formation)是从历时的角度来考察词的形成。两者结合起来,可以把问题看得更全面。

构词法和造词法有相当一部分重叠,如"鸭蛋",不论从造词法还是从构词法分析,都是"定+中"的组合。但是构词法和造词法也有不少交叉。

蒋先生把构词法和造词法的交叉分为三种情况：

1. 同一种构词法的词由不同的造词法形成。比如："天子"、"泰水"①、"恒沙"、"尼姑"、"渭阳"②等，从构词法看同是"定+中"式的复合词，但从造词法看，分别属于"组合""换素""缩略""半音译法""修辞的'藏头'"等。又如"课"（"有五门课"的"课"）、"好"（喜欢）、"叵"（不可）、"干"（干群关系）、"卡"（卡片），从构词法看同是单项式，但从造词法看，来源各不相同：引申、音变、合音、缩略、音译。

2. 同一种造词法可以造出不同构词方式的词。如"而立""不惑""知命""耳顺"都是用"藏头"的方式造出来的，但构词方式各不相同——而立：跨层结构凝固为词，其结构无法分析；不惑：状中式；知命：述宾式；耳顺：主谓式。

3. 有的词究竟是什么构词方式，必须联系其造词法才能说清。这时，仅看现代汉语的共时平面往往无法解决，而需要追溯词的历史。如"冬至""肮脏"。"冬至"是主谓式（冬天到了）还是定中式（冬之至）？通过考察这个词在古代的情况以及古人对它的解释，可以知道"冬至"的构词方式不是主谓，而是定中。现代汉语中既有"脏（髒）"，又有"肮髒"。"脏（髒）"和"肮髒"是什么关系？"肮髒"的结构该怎么分析？从历史发展来看，"肮髒"是个联绵词，词义有个变化过程，"髒"是"肮髒"的单说。③

区分造词法和构词法对汉语词汇史的研究是有用的。比如六朝人喜欢割裂先秦典籍中的词语来创造新词，这就主要是造词法的问题，造出来的新词往往无法分析其结构。蒋先生书中提到的"渭阳""而立""不惑""知命""耳顺"都是这方面的例子。又如：

友于：《书·君陈》："唯孝友于兄弟。"后用以指"兄弟"，如曹植《求通亲亲表》："今之否隔，友于同忧。"唐白居易《东南行一百韵》："万里抛朋侣，三年隔友于。"

山陵：① 指帝王驾崩。《世说新语·德行》："孔仆射为孝武侍中，豫蒙眷接。烈宗山陵，孔时为太常，形素羸瘦，着重服，竟日涕泗流涟，见者以

---

① 引者按：指岳母，由指岳父的"泰山"改造而来。
② 引者按：指舅父。语出《诗经·秦风·渭阳》："我送舅氏，曰至渭阳。"
③ 对以上问题的详细讨论请参看蒋先生原书。

为真孝子。"又《贤媛》:"魏武帝崩,文帝悉取武帝宫人自侍。及帝病困,卞后出看疾。太后入户,见直侍并是昔日所爱幸者。太后问:'何时来邪?'云:'正伏魄时过。'因不复前而叹曰:'狗鼠不食汝余,死故应尔!'至山陵,亦竟不临。"② 指帝王的葬礼。《世说新语·方正》:"阮光禄赴山陵,至都,不往殷、刘许,过事便还。"又《黜免》:"邓竟陵免官后赴山陵,过见大司马桓公。""山陵"的本义是指山岳丘陵,用来指帝王驾崩和葬礼,当与《战国策·秦策五》"一日山陵崩"、《赵策》"一旦山陵崩"有关。高诱注《秦策五》曰:"山陵,喻尊高也;崩,死也。"先秦时的"山陵崩",演变到六朝时省作"山陵",又引申为指帝王的葬礼,是不难理解的。①

又如:乐推,式遏,祝予,亲亲,凡百,代耕,驾言,启手,蹄涔。②

用典也类似。

蒋绍愚说:"不要把构词法看简单了。""复合词与其构成语素的关系能否概括,需要尝试。"③

的确,拿复合词中最主要的双音合成词来说,取两个什么样的语素用什么样的方式复合成词,看起来似乎很简单,实则奥妙无穷:用句法关系来概括,虽然简单明了(且绝大部分复合词均可得到解释),但是不能解决诸如"白菜"和"木马"之类的问题(见上),而且逻辑上确有不通之处(词内哪来的句法关系?);而要对语素间的语义关系进行描述,则不胜其烦且无法穷尽(如朱彦 2004),目前还处在探索阶段。"这类研究大体可分为两个方面,一是复合词内部各组成部分间的意义关系,二是复合词组成部分的语素义与整个词的意义之间的关系。"(潘文国等 2004:261)吕叔湘(1980:60-61,64)说过这样的话:

动词和宾语的关系更加是多种多样,有的得用许多话才说得清楚。同一个"跑"字,"跑街、跑码头、跑江湖、跑天津"是说在哪些地方跑来跑去,"跑买卖"是为什么目的而跑,"跑警报"是为什么原因而跑,"跑单帮、跑龙套"是以什么身分而跑,"跑马"是让马为自己服务,"跑腿"是自己为别人服务,"跑电、跑水"是拦不住某种东西跑掉,"跑肚"是拦不住肚子里的东西跑掉。一般常说宾语代表动作的对象,那么上面例子里的名词都不能算作宾语,可是不算宾

---

① 参看王云路、方一新(1992:331-332)"山陵"条。
② 参看王云路、方一新(1992:4)。
③ 2011 年 3—5 月在浙江大学汉语史研究中心授课中语。

语又算什么呢？动词和宾语的关系确实是说不完的，这里不能一一列举，只说几个难于归类的例子："报幕"、"谢幕"、"等门"、"叫门"、"跳伞"、"冲锋"、"闹贼"、"赖学"、"偷嘴"——这里的动作和事物之间是什么关系，您说？汉语里能在动词后面加个什么名词是异常灵活的，有了上下文常常可以出现意想不到的组合：例如"何况如今穷也不是穷你一家"（高玉宝），"这些人认为所有的配角都是'零碎'，一出戏就应当唱一个人"（萧长华）。

跟修饰关系一样，同一动词加同一宾语还是可以有两种意义。教师说"我去上课"是去讲课，学生说"我去上课"是去听课；大夫说"我去看病"是给人看病，病人说"我去看病"是让人给他看病。

这些例子可以说明语言实践中的经济原则：能用三个字表示的意思不用五个字，一句话能了事的时候不说两句。比如"谢幕"，要把其中的意思说清楚还真不简单："闭幕之后，观众鼓掌，幕又拉开，演员致谢"——这不太啰嗦了点儿吗？当然，经济原则在不同的语言里的体现是不可能完全相同的。比如汉语里说"你见着他了没有？见着了，"英语说"Did you see him? Yes, I did."汉语的回答必须重复问话里的动词，英语可以用 did 这个单音助动词来代替；英语 did 前边必得说出主语，汉语"见着了"前边不必说"我"；英语要在前面来个 yes，汉语不要。<u>总的说来，汉语是比较经济的。</u><u>尤其在表示动作和事物的关系上，几乎全赖"意会"，不靠"言传"。</u>汉语里真正的介词没有几个，解释就在这里。

<u>语言的表达意义，一部分是显示，一部分是暗示，有点儿象走仗，占据一点，控制一片。</u>

吕先生这里说的虽然只是动宾关系，但是在汉语的复合词里，语素之间"几乎全赖'意会'，不靠'言传'"的语义关系是普遍存在的。[1]

关于造词法和构词法，有两个大问题需要继续探讨：

1. 造词法如何概括？比较一下已有的各家造词法体系（孙常叙，任学良，刘叔新，葛本仪，方祖燊）[2]，差别还是挺大的，有较强的主观随意性，不像句法学的构词法那样简明扼要且各家大同小异。

2. 语义构词法如何概括？或者说此路是否走得通？这是更大更复杂的问题。陆俭明把意义比作黑洞，说明依据意义难度非常大，但不管怎样，"对语言研究者来说，极富有挑战性，我们应该去闯一闯，虽然万分艰难"。[3] 陆俭明（2007）在为朱彦《汉语复合词语义构词法研究》一书所写的序中说：

最后我想借詹卫东博士在他的《面向中文信息处理的现代汉语短语结构规则研究》一书里所说的一段话的意思来结束这篇序文：由于本书是作者对汉语语义构词法的一种探

---

① 可参看汪维辉（2006c）《由"跳机"说开去》一文。
② 参看潘文国、叶步青、韩洋（2004：415-432）。
③ 见陆俭明（2007）。

索性、开创性的研究,因此如果这项研究工作的成果在日后的实际运用中被证明是行之有效的或基本行之有效的,那它无疑是通向成功的一个可喜的足迹;如果日后的研究发现并证明汉语的语义构词是另一幅图景,那作者现在所走的这一步也是有价值的,因为它虽然没能留下成功的足迹,但它为人们对这一问题的进一步研究竖起了一块"此路不通"的警示牌——这也是对研究的一种贡献。

下面我们重点讨论构词法在汉语历史上的发展。蒋绍愚(1989)说:构词法由"孳生"到"合成"是"汉语词汇系统在历史发展中的一大变化"。"孳生"主要是就单音词说的,而"合成"则是就复音合成词说的。

一、单音词的构词法

单音词内部也有构词法(造词法)的问题,学者们提出的有"音变构词"和"词义构词"两类,下面略做介绍。

1. 音变构词

周法高(1962)《中国古代语法·构词编》列有"音变"一类。史存直(1986/2008:492-493)《汉语史纲要》第十九章"构词法的发展"称之为"'变音别义'的造词法"。包括变声、变韵和变调。变声的例子如:"折"读之舌切(zhé)义为断之,他动,读市列切(shé)义为断,自动;"断"读都管切(duàn)义为折之,读徒管切(duàn)义为自折。① 变韵通常都伴随着变调,如:"恶"读乌各切(è)义为不善,读乌路切(wù)义为憎;"告"读古报切(gào)义为上语下,读古禄切(gù)义为下语上。

其中最常见、占主流的是变调构词(旧称读破/破读、四声别义、两声各义等),周祖谟(1981)《四声别义释例》说:"藉四声变换以区分字义者,亦即中国语词孳乳方式之一端。"详参孙玉文《汉语变调构词研究》(2000/2007)和《汉语变调构词考辨》(2015)。孙书以充分的理由证明了变调构词是汉语口语的反映,并非古代经师的人为改读,变调构词起于上古,而且

---

① 引者按:请读者注意,尽管今音相同,但此处指的是古音不同。

始于上古前期的周秦时代。①

潘文国等（2004：235-236）"7.2　汉语声调与构词法"说：

第一个把声调变化纳入构词法（或造词法）体系的是孙常叙,他在他的造词法体系里列入了一类"音变造词",附属于形态—结构造词方法,其细目如下：

音变造词

（1）改变部分音素的音变造词：

史→吏、事　见→现　州→岛　蹀躞→抖擞

（2）不改变音素的音变造词：

A　改变发声送气方法的音变造词

长　朝　弹　调

B　改变声调的音变造词

（i）极化的变调造词,一个词义向两端分化,是一个概念的分裂。

受→授　买→卖

（ii）转化的变调造词,词义的引申或转化。

阴→阳　撩　　　　阴→上　搂

阴→去　汤　　　　阳→上　拧

阳→去　凉　　　　上→去　瓦

C　改变重音的音变造词

拉扯　神通　图书　本事

（孙 1956,128-138）

真正把"四声别义"从中古推到上古,而又从构词构形角度来讨论这一问题的详尽著作是严学宭（1979）《论汉语同族词内部屈折的变换模式》。严氏"通过五千个左右语词的分析和综合,认识到汉语语词的音的变换是古汉语中最有孳生力的构词和构形手段,所派生新词的物质的声音的组成和意义是有规律地贯彻着对应关系,同类的义类相当于同类的音转,这便形成一组一组的同族词,它们在一组内的同族词是有音和义的同源关系"（潘文国等　2004：237）。

2. 词义构词（即引申分化）

潘文国等（2004：267-268）"8.1　语义角度的构词法研究"说：

———————————

① 参看卢烈红（2001）。

孙常叙的第二个贡献是首次提出了语义造词方法。……孙氏提出的语义造词法分类如下（孙 1956,93-98）：

（1）变义造词。在一个旧词的基础上，以改变词义的方法造成新词。

A　引申变义造词。认识发展引起词义发展，如"日（太阳——时间单位）"。

B　转化变义造词。语言使用引起词义转变。

a 本义已失变义独存的转化变义造词。

（i）由词义扩大而成的，如"脸（目下颊上——面部）"；

（ii）由词义缩小而成的，如"臭（一切气味——坏气味）"；

（iii）由词义转移而成的，如"走（跑——步行）"。

b 本义和变义并存的转化变义造词，如"心（五脏之一——思想意识）"。

（2）比拟造词。基于新旧事物反映在人的认识中所唤起的联想而成，是"看着像什么就叫什么的造词方法"。

A　单纯比拟造词。直接用词根进行比拟，如"食（吃——（日、月）蚀）"、"甲（动物硬壳——战士铁衣）"、"虎口、鸡冠、狗腿子"。

D　条件比拟造词。"在用以比拟的词的基础上添加别的词素作条件，用它来帮衬、刻划或渲染，使它的比拟作用更为明确。"如："水银（银是比拟，水是条件）"、"天河"、"墨海"、"木马"、"铁丝"、"心房"、"糖衣"、"花生米"、"仙人掌"、"糖葫芦"。

孙氏所说的内容一般书上都放在"词义的发展"里讨论，提到造词的高度他确是第一个。

徐朝华（2003：257）说：

殷商时代的词汇绝大多数是单音词，周代以后，又陆续出现了许多新的单音词。新出现的单音词一般都是滋生词。由旧词滋生出新词的途径有二：一是通过词义引申，由旧词中分化出新词；二是构造出与旧词音同或音近、意义有联系而书写形式不同的新词。

徐氏所讲的"通过词义引申，由旧词中分化出新词"所举的例子主要是变调构词，"构造出与旧词音同或音近、意义有联系而书写形式不同的新词"则主要是讲的同源词。

卢烈红（2001）《〈汉语变调构词研究〉读后》指出："本专著也有一些不足之处。例如，一个字的不同义项如果读音不同，应看作不同的词；如果词性不同，也可看作不同的词；但如果读音和词性都相同，什么情况下看作一词多义，什么情况下看作词义构词（亦即看作不同的词），对这个问题作者在理论上未作明确区分，具体分析中某些被定为词义构词的，读者可能会认为应处理为一词多义。"这个意见是很正确的。

二、复音词的构词法

潘文国等(2004:361-365,368)指出汉语史复音词构词法研究的现状与困惑:

第一篇较大规模的古代汉语构词法断代研究是向熹的《〈诗经〉里的复音词》。……该文对《诗经》里的复音词进行了详尽的定性和定量研究:复音词总数:1 329 个,占《诗经》全部词汇的30%弱。(1)单纯复音词98 个;(2)重言词353 个;(3)复合词:a 附加式,b 偏正式,c 联合式,d 动宾式。

由上可见,作者是运用现代汉语构词法研究的成果和方法,对《诗经》里的复音词进行了尽量细致的描写。由于断代研究的材料具有相对来说的封闭性,因而容易得出比较精确的结论。这里的惟一困难在于复音词的确定这个连现代汉语研究都未能解决的问题。不过由于材料的封闭性,从事断代研究倒反而容易提出判别的标准。向氏即提出来两条标准:

(1)尽管复合词的词素有许多在单用的时候可以独立成词,而当它们在一起构成复合词时,意义上它们就只是表示某一单一的概念而不是两个词素的意义的总和;

(2)复合词的两个词素已经凝固在一起,它们经常连用,一般不能随便拆开,中间也不好加入连词或结构助词。(向 1980,27-28)

作者通过比较,得出的结论是:

远在《诗经》时代,汉语里的复音词已经有了相当发展。如果说由单音走向复音是汉语词汇发展的内部规律之一,那么远在《诗经》时代,这一趋向就已开始显露出来了。(同上,28)

从向熹开始,以后的断代构词法研究大体走的是相同的路子,即:

(1)主要研究复音词;

(2)首先定出确定复音词的标准;

(3)依照现代汉语通行的构词法体系进行尽量详尽的描写;

(4)经常进行精确的数量统计;

(5)根据定量分析的结果,提出该时期构词法的特点及汉语构词法的发展趋势。

这类文章或专著有很多,如:……

把这些文章合起来看,大致可以看出从西周到魏晋南北朝汉语构词法发展的轮廓,对研究汉语词汇的发展史有着一定的意义。但这类研究由于大体是沿着现代汉语构词法研究的路子往前代套,没有或较少注意古代汉语特有的构词法,因而在总体上很难突破现代汉语构词法的研究水平。而且,从西周到南北朝,这段时间大体属于汉语史上的上古期,这一时期的汉语词汇一般认为还是以单音词为主的,而建立在现代汉语基础上的现代汉语构词法主要研究双音及多音词。这一方法施之于今,已如陆志韦所说缺少了重要的一部分,施之于古则其缺憾更为明显。加上诸家的研究在材料上有详有略,在方法上有粗有细,对双音词乃至结构方式的认定标准也未尽一致,因此有时不免出现互相矛盾的情况。例如主谓式,管燮初认为在金文中已有此类词,马真却强调先秦无主谓式;同样以《论衡》为研究对象,程湘清指出有 14 例主谓式(表述式),祝敏彻却根本未提及。至于那些精确的定量统计,如果出于一人之手,是很有价值的;但如果出于标准不一的众人之手,则其价值不免要打折扣。看来,这一类工作如果要做,应该统筹安排,有个总体的计拟,确定共同的标准,然后分工合作去做,较易取得令人满意的结果(程湘清已开始了这项工作[1])。

……

上面讨论的古汉语构词法研究虽然范围有大有小,讨论有详有略,对象有断代有专题,但总的来说,都建立在现代汉语构词法体系的基础上,拿现代汉语的框架去套古代汉语的材料。由于现行的现代汉语构词法体系较多地受到印欧语言语法学和构词理论的影响,因而多少还有些以洋律古的味道。正如王力指出的,现代汉语复音词的产生,与"欧化"特别是"英化"大有关系。因而,用这套模式去分析现代汉语的构词还能说得头头是道,但施之于未受西洋语言影响的古代汉语,便难免使人觉得多少有些隔靴搔痒了。<u>因此,上面的这类研究,除了指出单音词向复音词演变,再在复音词中仿照现代汉语依样画葫芦地分成联合、动宾、偏正、主谓、动补等式,然后指出何式何时开始产生外,实在没有什么好讲了。到了两汉,现代汉语构词法所讲各式大体都已具备,接下去确实没有什么文章可做了。</u>这恐怕也是中古以后没有断代的构词法研究的另一个原因。

以上评论很中肯。在合成词构词法的研究中,如何确定历史上的双音词(即区分复音词和短语)确实是个棘手的问题,[2]构词法历时演变的研究如何走出目前的困境,也是值得深思的问题。

潘允中(1989:27,30)对复合词发展的看法是:"……大量的复合词是在春秋战国时期发展起来的。《诗经》里就有了不少;《楚辞》里的复合词更加丰富。看来,复合法已是当时新词产生的重要方式。这种构词法,以同义或近义联合的最多,偏正式次之,动宾式较少,主谓式只有少数例

---

① 引者按:指程湘清(2003/2008)《汉语史专书复音词研究》。

② 董秀芳(2002,2011/2013)《词汇化:汉语双音词的衍生和发展》借助原型理论对这个问题进行了卓有成效的探索,详参该书第二章第二节中的"双音词的历时发展特点与词化程度的等级:以并列式双音词为例"。

子。""中古复合词的发展,不仅表现在数量上,同时也表现在这种构词法的内涵的扩展上。例如主谓式在上古还罕见,本期'席卷'、'囊括'之类的词便多了起来。又如动补式复合词,上古还少见,本期逐渐产生了。"

潘文国等(2004:368-382)"10.3 对古汉语构词法中独特问题的探讨"介绍了以下几篇文章的尝试与探索:

A)滋生词的分析和字源学的理论。王力《汉语滋生词的语法分析》、《汉语的滋生词》(即后来的《汉语词汇史》第三章"汉语的滋生词")。"我们觉得字源学的研究应该引起构词法,特别是历史构词法研究者的足够注意。"

B)"单音节词复合构词法"。齐冲天《汉语单音节词的构成问题》、《声韵语源词典①》。即古代存在"拼音字",如:牒,牒枼也,牒、牒定母双声,牒、枼盍部叠韵。牒是书版而较厚;"枼"即"叶",草木之叶,引申为薄小之片状者,牒则为薄小之书版。答,对合也,答、对端母双声,合、答辑部叠韵。"对"是一般的回答,通常是下对上,"答"是切合问题的回答,也可用于上对下。

C)对汉语字法和词法一致性的探讨。姚亚平《从会意字的构成看汉语字法和词法的一致性》。

D)从训诂角度对并行复合词形成过程的探讨。张世禄《"同义为训"与"同义并行复合词"的产生》、许嘉璐《论同步引申》。

E)变音叠韵词。徐复《变音叠韵词纂例》:上字变音例:鞮鍪→兜鍪,婴儿→婴婗;下字变音例:草莽→草茅,荒诞→荒唐。

以上是对复音词构词法的探讨,有些观点颇为新异。

复合词的构词法不仅是词汇史研究的重要课题,对训诂学也有实际意义,正确分析复合词(或短语)的结构是准确理解词义的前提。下面略举数例。

1. 图像

萧统《文选序》:"次则箴兴于补阙,戒出于弼匡,论则析理精微,铭则序事清润,美终则诔发,图像则赞兴。"王力(1962/1999:1151)《古代汉语》注:"……《文选》录有夏侯湛《东方朔画赞》一篇,萧统可能以为图像与赞有关,所以说'图像则赞兴'。"

这个注解是否正确?下面是"图像"在同时代文献中的一些用例:

(1)乃遣户曹掾为雄立碑,图像其形,令知至孝。(《搜神记》卷十一)

---

① 引者按:"词典"当作"字典"。

（2）文寺代君。李馨，字文寺，严道人也。为长章表主簿。旄牛夷叛，入攻县，表仓卒走。锋刃交至，馨倾身捍表。谓虏曰："乞煞我，活我君。"虏乃煞之。表得免。太守嘉之，<u>图像</u>府庭。（《华阳国志校补图注》卷十上"先贤士女总赞论·二　蜀都士女"）按：《华阳国志》"图像（象）"约六七见，均同义。

（3）陈祖知帝貌异世人，使副使袁彦<u>图像</u>而去。（《北史·隋高祖本纪》）

（4）莫若<u>图</u>妙<u>像</u>于檀香，写遗影于祇树。（沈约《瑞石像铭》）

（5）昔晏婴不降志于白刃，南史不曲笔以求生，故身著<u>图像</u>，名垂后世。（《三国志·魏书·臧洪传》）

（6）既释，依所见形，制造<u>图像</u>，又立精舍焉。（《古小说钩沉·冥祥记》，《法苑珠林》卷十七引）

（7）（汉明帝）于南宫清凉台及开阳城门上作佛像。明帝存时，预修造寿陵，陵曰显节，亦于其上作佛<u>图像</u>。（《牟子理惑论》）

（8）谜也者，回互其辞，使昏迷也。或体目文字，或<u>图像</u>品物，纤巧以弄思，浅察以衔辞；义欲婉而正，辞欲隐而显。（《文心雕龙·谐隐》）

借助这些例子，不难做出判断。

2. 觳觫若

吾不忍其觳觫，若无罪而就死地。（《孟子·梁惠王上》）

朱彬《经传考证》、杨树达（1983）《古书句读释例》等书，把"觳觫若"三字连读，说"觳觫若"犹言"觳觫然"。他们没有想到，《孟子》全书词尾只用"然"字、"乎"字，不用"若"字。双音词加"若"字构成三个音节的副词，在两周文献中是少见的（洪诚 1984：106）。

3. 困剧

病者困剧，身体痛。（《论衡·订鬼》）

高中《语文》课本第 4 册注："困剧，意思是因病而受到很大的困扰。剧，甚，厉害。"北京大学历史系（1979：1274）《论衡注释》注："困剧，被病折磨得非常厉害。"

按，二注皆非。"困剧"系同义连文，谓病重、病笃。汉魏六朝人常用困、剧、笃这些词表示病重的意思，如：

（1）如命穷<u>病困</u>，则虽扁鹊，未如之何。夫命穷<u>病困</u>之不可治，犹夫乱民之不可安也。（《论衡·治期》）

（2）广平刘奉林妇<u>病困</u>,已买棺器。(《三国志·魏书·管辂传》)

"困"字此义的最早例子见于《管子·内业》:"思索生知,慢易生忧,暴傲生怨,忧郁生疾,疾困乃死。"①但西汉以前罕见,见于《管子》的这个孤例只能看作是它的露头。东汉开始才多见起来,在《论衡》《汉书》《东观汉记》《风俗通义》《伤寒论》等东汉典籍中都很常见。《史记》称病重/病危一律说"病甚",没有一例用"困"字的。②《礼记·檀弓》:"曾子寝疾病。"郑玄注:"病谓疾困。"《左传·襄公十九年》:"疾病而立之。"服虔注:"病,疾困也。"这都是汉末人用当时的话来解释古书的例子。除大量出现"病困"的用例外,还常常"困剧""困笃""笃剧"连言,如:

（3）自此绝粒。数取皂荚煎汤服之,即吐痢<u>困剧</u>,腹中诸虫悉出,体轻目明。(《太平广记》卷66"谢自然"条,出《集仙录》)

（4）后得疾病<u>困笃</u>。(《三国志·蜀书·张嶷传》)

（5）病人<u>困笃</u>,见鬼之至。(《论衡·解除》)

（6）夫圣贤之治世也有术,得其术则功成,失其术则事废,譬犹医之治病也,有方,<u>笃剧</u>犹治;无方,虽微不愈。(《论衡·定贤》)

以上例子足以证明《论衡·订鬼》之"困剧"当为同义连文,并列结构,表病重之意,而非动补结构。由于除"笃"字外"困"和"剧"后世不再用作病重之义,故致多生误解。

4. 倦极

人穷则反本,故劳苦<u>倦极</u>,未尝不呼天也;疾痛惨怛,未尝不呼父母也。(《史记·屈原列传》)

其中劳苦、倦极、疾痛、惨怛均为同义连文,也就是并列结构。"倦极"高中《语文》课本第6册未注,盖以常义解之,目为动补结构,实非。极有疲倦义,书证甚多,如:

（1）今韩信兵号数万,其实不过数千,能千里而袭我,亦已<u>罢极</u>,今如此避而不击,后有大者,何以加之!(《史记·淮阴侯列传》)

（2）庸人之御骏马,亦伤吻弊策而不进于行,胸喘肤汗,人<u>极</u>马<u>倦</u>。(《文选·王褒〈圣主得贤臣颂〉》)

---

① 唐房玄龄注:"既疾而困,可谓弥留而死。"
② 唯一的一个例外出现在褚少孙所补的部分:卜占病者祝曰:"今某病困。死,首上开,内外交骇,身节折;不死,首仰足肣。"(《史记·龟策列传》"褚先生曰")

（3）晋明帝为太子，闻元帝沐，上启云："伏闻沐久劳极，不审尊体如何？"答云："去垢甚佳，身不<u>极</u>①也。"（《类说》卷49引《殷芸小说》）

（4）佗语〔吴〕普曰："人体欲得劳动，但不当使<u>极</u>尔。……"（《三国志·魏书·华佗传》）

（5）譬如山水，流行瀑疾，起曲横波。有人欲渡，入水而泅，欲至彼岸。回波制还，令在中流。既疲且<u>极</u>，遂沉波水，没在其底。其人心念：定死不疑。岸边住人，代之忧戚。（西晋竺法护译《修行地道经》卷五）

《广雅·释诂》："疲、惽，极也。"可见"极"当疲劳讲，是汉魏六朝通行的一个口语词。有人认为本字当作"惾"，《说文·心部》："惾，劳也。"段注："此与《人部》'倦'音义皆同，本一字耳。"《玉篇·心部》："惾，疲力也。"

5. 平地

子曰：譬如为山，未成一篑，止，吾止也；譬如平地，虽覆一篑，进，吾往也。（《论语·子罕》）

何晏《论语集解》引马融曰："平地者将进加功，虽始覆一篑，我不以其功少而薄之，据其欲进而与之。"

俞樾《群经平议·论语一》云：

马读"虽"如本字，斯其义曲矣。"虽"当读为"唯"。唯覆一篑，言平地之上止覆一篑，极言其少，正与未成一篑相对成义。

按：原文"平地"与"为山"相对，均为动宾短语，而俞樾把"平地"误认作偏正复合词，故有此误释。杨伯峻（1988：93）也把"譬如平地"句误译为"又好比在平地上堆土成山"，都是因为对"平地"的结构没有弄清楚。又，《论语》此章意思颇费解，特别是"止，吾止也""进，吾往也"两句，杨译似亦不能令人满意。②

6. 苫蔽

顾野有麦场，场主积薪其中，苫蔽成丘。（蒲松龄《聊斋志异·狼》）

初中《语文》课本第1册注："苫（shàn）蔽成丘：覆盖成小山似的。苫，盖上。蔽，遮蔽。"

按：这是把"苫蔽"看作同义并列结构。我认为苫应当读平声shān，系

---

① 极一作劳。

② 蒋绍愚（2018：49-51）对《论语》此章有详细讨论。史文磊（2020）也有详论，认为"平地"是偏正式名词短语，不是动宾结构。与我的看法不同。均可参看。

文言中常见的名词用作状语,"苫蔽"意谓用苫遮蔽。苫即今草苫之类。《晋书·郭文传》:"洛阳陷,(郭文)乃步担入吴兴余杭大辟山中穷谷无人之地,倚木于树,苫覆其上而居焉。"苫覆与苫蔽结构相同。苫的确有"遮盖"义,《广韵·艳韵》:"苫,以草覆屋。舒赡切。"然本例之"苫"似以解作名词活用为状语更好,因为分析成并列结构,"用什么覆盖"的信息就无从表达了。

现代汉语里有一部分复合词的构词法不容易分析,比如"睡觉"。"睡觉"的特别之处有二:一是它的结构,二是它的成词过程。两者是相关的。正因为它特别,所以引起了大家的兴趣,已经有不少学者对它做过研究,但是意见并不一致。当代学者最早讨论此词的大概是郑奠(1959),最近的研究则有蒋绍愚(2015:211-215),蒋先生认为"睡觉"是从连动结构(睡醒)重新分析为并列结构(睡眠)的。我觉得还可以继续讨论,"睡觉"应该是一种非常特殊的动宾结构而非并列结构。① 像"睡觉"这样内部结构需要研究的复合词为数不少。

下面按照学界的一般看法把汉语构词法的历史发展做一小结:

汉语构词法的发展

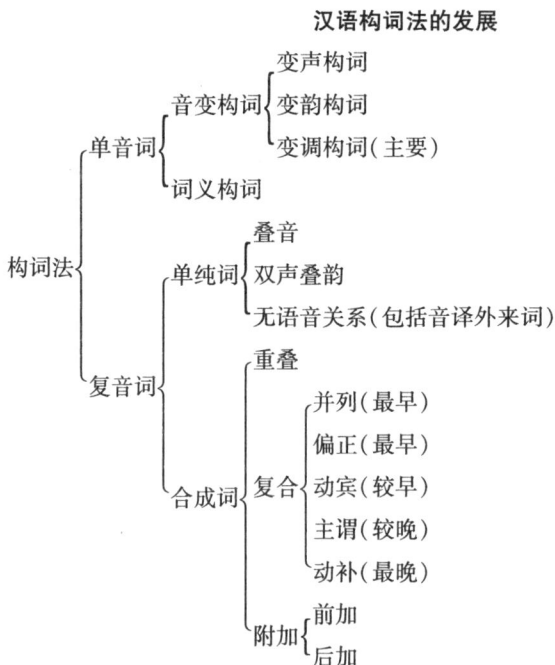

---

① 参看汪维辉、戴佳文(2021)。

思考题：

1. 汉语的造词法应该如何概括?

2. 语义构词法应该如何概括? 此路是否走得通?

3. 汉语史复音词构词法研究的出路何在?

4. 试分析下列复音词的内部结构：睡觉,服务,致命,发源,考试,感冒,感谢,游行,挖苦,调度,感染,上演,完蛋,埋怨,调剂,化妆/化装,据说/听说,忘记,跑路,跑肚,跳闸,跳楼,跳水,跳绳,跳机,跳伞,跳舞,跳槽,跳高,跳远,跳行,跳脚,跳级,跳班,跳神,跳月,跳墙,跳窗,跳车,跳房子,跳龙门,取决,取给,取笑,逃难,逃课,逃学,逃婚,逃生,逃命,逃荒,逃票,逃夜。

第七章

同义词和反义词的发展变化

如何确定同义词和反义词是个复杂的问题,详参蒋绍愚(2015)《汉语历史词汇学概要》第五章"同义词和反义词",这里不讨论。

　　同义聚合和反义聚合在汉语史的各个时期是有所不同的,蒋绍愚(1989)指出:"同义词和反义词是词汇聚合关系中特殊的两类,词汇系统的不同也表现在同义词和反义词系统的不同上。"这也是汉语词汇史应该研究的课题。

一、同义词的发展变化

　　在汉语词汇史研究中首先论述到同义词的发展变化的是潘允中(1989)《汉语词汇史概要》,该书第四章"同义词的发展变化"分四节进行讨论:"古代音近义同的同义词发展""方言性同义词的发展""代表特殊概念同义词的发展"和"具有修辞色彩同义词的发展"。之后向熹(1998/2010)《简明汉语史》专门列出"上古汉语同义词的发展""中古汉语同义词的发展"和"近代汉语同义词的发展"三节,分别叙述上古、中古、近代的同义词发展。

　　所谓同义词,是指在某一个或几个义位上意义相同或很相近的词,如我国古代第一部以同义词训释词义的辞书《尔雅·释诂》首条:"初、哉、首、基、肇、祖、元、胎、俶、落、权舆,始也。"这十一个词在"始"这个义位上是同义词。其中大部分词除了"始"以外还有其他意义,这些意义都可以有各自的同义词,如:基—础,祖—宗,落—坠—陨,等等。所以一个多义词可以分属几个不同的同义词群。属于不同词群的词一般不是同义词,如:

$$\text{漂亮(A)}\begin{cases}\text{好看(B)}\\\text{出色(C)}\end{cases}$$

　　"好看"和"出色"就不是同义词:A=B,A=C,但是B≠C。

　　懂得了这个道理,方能正确地使用《尔雅》《广雅》等汇集同义词群来作解释的古代训诂书。王引之曾发明"《尔雅》二义不嫌同条"例,略引如下(见《经义述闻》)：

> "君"字有二义：一为君上之君，天、帝、皇、王、后、辟、公、侯是也；一为群聚之群，林、烝是也。[1]古者君与群同声，故古群臣字通作君臣。《管子·大匡篇》："桓公使鲍叔识君臣之有善者。"《问篇》："君臣有位而未有田者几何人？"皆群臣之假借也。《白虎通义》曰："林者，众也。"此篇下文云："烝，众也。"林、烝、群同为众多之义，故曰"林、烝，群也"。天、帝、皇、王、后、辟、公、侯为君上之君，林、烝为群聚之群，而得合而释之者，古人训诂之旨本于声音，六书之用广于假借，故二义不嫌同条也。如下文"台、朕、赉、畀、卜、阳，予也"，台、朕、阳为予我之予，赉、畀、卜为赐予之予。[2]"载、谟、食、诈，伪也"，载、谟、食为作为之为；诈为诈伪之伪。义则有条而不紊，声则殊途而同归，此《尔雅》所以为训诂之会通也。

这是训释词有两个不同的意义，其中一个是假借义，所以两组不同义的词可以用同一个词来训释。王引之揭出此例，可谓发千古之覆，把历来都讲不通的《尔雅》此类条目豁然贯通了，持此以读同类条目，也就涣然冰释了，比如《释言》："穀、鞠，生也。""生"字兼有"活"（不及物动词）和"养活"（及物动词）两种意义（二者都不是假借义）。"穀"是"活"义，《诗经·王风·大车》："穀则异室，死则同穴。""鞠"则是"养活"义，《诗经·小雅·蓼莪》："父兮生我，母兮鞠我。"穀＝生，鞠＝生，但穀≠鞠。不过王引之认为这是《尔雅》的优点，所谓"义则有条而不紊，声则殊途而同归，此《尔雅》所以为训诂之会通也"，从今天的眼光来看，无疑是过于神化《尔雅》了，这是前贤的时代局限，我们自然不应苛责。像王引之这样善读古书、可以把这种千古之谜破解的能有几人？一般人怎么会知道《尔雅》有这样的体例、怎么能读懂这样的条目？

汉语史上的同义词研究已经有比较多的成果，蒋绍愚(2015)《汉语历史词汇学概要》专立一章论述"同义词和反义词"，这里就不详述了。

---

[1] 《尔雅·释诂》："林、烝、天、帝、皇、王、后、辟、公、侯，君也。"

[2] 王引之把此条的训释词"予"分为"予我之予"（代词）和"赐予之予"（动词），这是完全正确的。《说文解字》"我，施身自谓也"段玉裁注却说："《释诂》……又曰：'台、朕、赉、畀、卜、阳，予也。'或以赉、畀、卜、予不同义。愚谓有我则必及人，故赉、畀、卜亦在施身自谓之内也。"意思是"赉、畀、卜"因为"有我则必及人"，所以也可以看作第一人称代词。这显然是不能成立也找不到证据的曲说。可见在这个问题上，王引之的见解比段玉裁高明多了。

二、反义词的发展变化

关于反义词的历史演变,迄今为止的汉语词汇史著作均未提及,这是一个需要开拓的领域。蒋绍愚(2005:127)指出,反义词的历史演变也是逐步发生的,但这种具体的历史演变过程究竟怎样发生,现在研究得还很不够,这是今后应当加强的。蒋先生的意见富有前瞻性和指导意义。

反义词聚合的形成要受语言的词汇词义系统的制约,不同的语言,反义词聚合不能一一对应,即使同一种语言,不同历史时期,反义词聚合也不是一一对应的,包括聚合的有无与不同,有的聚合虽然存在,但构成聚合的词却不一样,或者最佳配对词发生了变化。①

历史上发生过变化的反义聚合很多,下面分类列举部分例子。

1. 单音对单音,一方变或双方都变:

(1)名词、代词:首 vs. 尾→头 vs. 尾　昼 vs. 夜→日 vs. 夜　夙 vs. 夜/旦 vs. 暮→早 vs. 晚/早 vs. 夜　长 vs. 幼→大 vs. 小　老 vs. 幼/老 vs. 少→老 vs. 小　内 vs. 外/中 vs. 外→里 vs. 外　彼 vs. 此→这 vs. 那

(2)动词:出 vs. 入→出 vs. 进　购 vs. 鬻→买 vs. 卖　来 vs. 往→来 vs. 去　胜 vs. 负→赢 vs. 输　生 vs. 死→活 vs. 死　爱 vs. 憎→爱 vs. 恨　翕 vs. 张→合 vs. 张/合 vs. 开　开 vs. 闭/启 vs. 闭/开 vs. 阖→开 vs. 关　陟 vs. 降/升 vs. 降/登 vs. 降→上 vs. 下　益 vs. 损/增 vs. 减→添 vs. 减/加 vs. 减

(3)形容词:早 vs. 晏→早 vs. 晚　善 vs. 恶→好 vs. 坏　甘 vs. 苦→甜 vs. 苦　饥 vs. 饱→饿 vs. 饱　燥 vs. 湿→干 vs. 湿　明 vs. 暗→亮 vs. 暗(黑?)　寒 vs. 温(?)/寒 vs. 热/寒 vs. 暄/凉 vs. 炎→冷 vs. 热/凉 vs. 热　清 vs. 浊→清 vs. 浑　新 vs. 故→新 vs. 旧　迟 vs. 疾/缓 vs. 疾/迟 vs. 速→慢 vs. 快　贫 vs. 富→穷 vs. 富　真 vs. 伪→真 vs. 假　遐 vs. 迩(?)/远 vs. 迩→远 vs. 近　长 vs. 短/长 vs. 矮/长 vs. 矬→高 vs. 矮/高 vs. 矬　肥 vs. 瘠/

---

① 参看石安石、詹人凤(1983)。

肥 vs. 瘦→胖 vs. 瘦　广 vs. 狭/阔 vs. 狭→宽 vs. 窄　高 vs. 下/高 vs. 卑→高 vs. 低　刚 vs. 柔→硬 vs. 软　利 vs. 钝→快 vs. 钝　正 vs. 误(?)/是 vs. 非→对 vs. 错　众 vs. 寡/多 vs. 寡→多 vs. 少　巨 vs. 细→大 vs. 小　横 vs. 纵→横 vs. 竖/横 vs. 直　曲 vs. 直→弯 vs. 直　疏 vs. 密→稀 vs. 密　牝 vs. 牡/雌 vs. 雄→母 vs. 公　正 vs. 斜→正 vs. 歪

2. 由单音变双音：

前 vs. 却/进 vs. 退→前进 vs. 后退　去 vs. 留→离开 vs. 留下　动 vs. 静→运动 vs. 静止　表 vs. 里→表面 vs. 里面　喜 vs. 怒→高兴 vs. 发怒　始 vs. 末→开始 vs. 结束　毁 vs. 誉①→诋毁 vs. 赞誉　穷 vs. 达→潦倒 vs. 发达　消 vs. 息/消 vs. 长→消亡 vs. 生长　爱 vs. 恶/爱 vs. 憎→喜欢 vs. 讨厌

3. 古对称今不对称：

有 vs. 无→有 vs. 没有/没　是 vs. 非→是 vs. 不是　利 vs. 害/利 vs. 弊→好处 vs. 坏处　美 vs. 丑/美 vs. 恶→好看 vs. 难看　丰 vs. 俭/丰 vs. 歉→丰收 vs. 歉收/丰盛 vs. 俭省（丰俭由人）　异 vs. 同→不同 vs. 相同　贵 vs. 贱→贵 vs. 便宜②

4. 古有今无：

出 vs. 处→○ vs. ○（出仕/当官 vs. 不出仕/不当官）　行 vs. 止→○ vs. ○（行动 vs. 不行动）　语 vs. 默③→○ vs. ○（说话 vs. 沉默）　臧 vs. 否→○ vs. ○（好 vs. 坏/褒 vs. 贬）　尊 vs. 卑→○ vs. ○（地位高 vs. 地位低）　久 vs. 暂→○ vs. ○（时间长 vs. 时间短）　吐 vs. 纳→○ vs. ○（呼 vs. 吸/吐出 vs. 纳入）　存 vs. 亡→○ vs. ○（活着 vs. 死了）　去 vs. 就→○ vs. ○（离开 vs. 靠近/走近）　向 vs. 背→○ vs. ○　本 vs. 末→○ vs. ○（根本 vs. 末梢）　寤 vs. 寐→○ vs. ○（睡醒了 vs. 睡着了）　醉 vs. 醒→○ vs. ○（喝醉了 vs. 没喝醉）

———————

① 《孟子·离娄上》："有不虞之誉，有求全之毁。"
② 指价格的贵与贱，吴语仍说"贵贱"，保留古代的反义词对，虽然"贱"也可以说"便宜"。
③ 《易·系辞上》："君子之道，或出或处，或默或语。"唐白居易《唐抚州景云寺故律大德上弘和尚石塔碑铭》："自生至灭，随迹示教，行止语默，无非佛事。"宋《朱子语类》卷一二六："他凡一语默，一动息，无不见得此性，养得此性。"清陆陇其《曹母成儒人寿序》："动静语默，罔敢或越。"参看《汉语大词典》"语默"条。

5. 今有古无：

○vs.○（弛vs.急？/缓vs.急？）→松vs.紧　○vs.○（推vs.引？/排vs.引？）→推vs.拉　○vs.○[①]→清醒vs.糊涂　○vs.○→赞成vs.反对

王盛婷（2007）是研究反义词聚合历时演变的一个尝试。文章对表示"干湿义""宽窄义""冷热义""胖瘦义""对错义""开关义""上下义""增减义"等八组常用反义词聚合的演变历史和共时分布做了全面的考察。这些反义词属于汉语基本词汇的范畴，在词汇系统中占有重要的地位，对它们的历史进行系统的梳理是汉语词汇史学科的基础工作之一，很有意义，这也是汉语常用词演变研究中一个有待开拓的领域。文章认为反义词的判断标准是"义位相对相反"和"经常对举使用"，只有同时满足这两个条件，才是反义词。这个标准是正确妥当的。这一课题的工作量和难度都相当大，要想把这八组反义词聚合的发展演变线索理清楚，既要分别考察反义词聚合双方各自主导词的新旧更替，又要把双方结合起来观察相互的影响和关系，这样的工作没有扎实的语料考察和分析是无法做好的。作者仔细调查研究了大量的语料，揭示了许多重要的语言事实，大致理清了八组词的发展脉络和共时分布情况，同时对反义词聚合演变的原因、特点、反义词聚合演变和同义词聚合演变的关系等理论问题也做了初步总结，概括了一些基本规律，为今后的研究奠定了一个基础。

下面举一个我自己做过的反义词历时演变的例子：长短/长矮/长矬→高矮[②]。

"高—下/低"是一对表示上下之间距离的常用概念，由于视角不同，跟"长—短"形成互补关系，有时又有交叉。其中"高"是古今南北的通用词，变化不大，它的反义词则古今发生过变化，主要是从"下"到"低（氐）"的历时替换，此处从略。

现代方言各地比较一致。"高"除闽语（如厦门、潮州、福州）说"悬"外，其他地方都说"高"，长沙除"高"外还说"上"；"低"也是各地的通用

---

① 张航认为："清醒—糊涂"古代的形式或为"昭昭—昏昏"？《老子》："俗人昭昭，我独昏昏。"《孟子·尽心下》："贤者以其昭昭使人昭昭，今以其昏昏使人昭昭。"维辉按：可备一说。

② 参看汪维辉（2010a）。

词,此外不少地方还兼说"矮",闽语(如厦门、潮州、福州、建瓯)说"下"和"矮"。

在表示"人的身高"这一义位上,"高矮"和"长短"有交叉,具体情形大致如下。

在现代方言中,表示个子高,官话区基本上说"高",江淮官话则兼说"长";吴语多说"长",有的地点也"长""高"兼说,如苏州、温州等;江淮官话、江西客家话以及湘语、西南官话的一些地方也"长""高"兼说;闽语多说"悬";赣语多说"猛"①,或"猛~高""猛~长"兼说。此外还有一些其他说法,如厦门"躼 lo」"、西北官话"大"等。② 表示个子矮则主要有"矮"系(大部分方言)、"低"系(晋语、中原官话、兰银官话等)、"矬"系(北京官话、冀鲁官话、东北官话、兰银官话等)和"短"系(主要是吴语),还有一些其他说法。③

在历史上,"长→高""短→矮"发生过历时替换。表示人个子矮还有"矬""侏"等词。下面简要讨论表示身高从"长"到"高"和从"短"到"矮"的演变过程,附带论及"矬"字。

上古指人的身高通常说"长"、"短"④,高个子称为"长人",矮个子称为"短人"。例如:

(1) 故<u>长短</u>小大,善恶形相,非吉凶也。……盖帝尧<u>长</u>,帝舜<u>短</u>;文王<u>长</u>,周公<u>短</u>;仲尼<u>长</u>,子弓<u>短</u>。昔者卫灵公有臣曰公孙吕,身<u>长</u>七尺,面长三尺,焉广三寸,鼻目耳具,而名动天下。……叶公子高,微小<u>短</u>瘠,行若将不胜其衣然。(《荀子·非相》)

(2) <u>长人</u>之异,<u>短人</u>之同。其貌同者也。(《墨子·大取》)

(3) <u>长人</u>千仞,惟魂是索些。(《楚辞·招魂》)

《史记·孔子世家》载:"孔子长九尺有六寸,人皆谓之'长人'而异之。"

身材高也说"修""颀",但不多见。

"高"用于指人的身材高,大概始见于唐,如:

(4) 便令重誓:去年漂没之时,更发愿:到陆之日,准己<u>身高</u>,画妙见菩萨十躯、药师

---

① 如南昌 maŋ↗。通常写作"脹"。
② 详参《汉语方言地图集·词汇卷》(曹志耘 2008)164"高(指身高)"条及166"'长'的词义"条。
③ 详参《汉语方言地图集·词汇卷》(曹志耘 2008)165"矮(指身高)"条。
④ 参看王凤阳(1993/2011)"下 低 短"条。

佛一躯、观世［音］菩萨一躯。（唐［日］圆仁《入唐求法巡礼行记》卷一）

（5）香象于时出母胎，身高力大甚奇哉。（敦煌本《十吉祥讲经文》）

（6）又有蜀僧，名方辩，来谒曰："善捏塑。"祖正色曰："试塑看。"方辩不领旨，乃塑祖真，可高七尺，曲尽其妙。（《五灯会元》卷一《六祖慧能大鉴禅师》）

不过上举诸例多用于塑像的场合，或用于动物（大象），用法尚有局限，可见其时这种用法尚处在萌芽阶段。直到元曲中仍只见"身长"，不见"身高"①，《三国演义》《水浒传》以及成书于明代的朝鲜汉语教科书《训世评话》《朴通事谚解》和明代晚期的《金瓶梅词话》也是如此；在明代小说《封神演义》中"身高"才较为多见，但书中"身长"仍略多于"身高"，《西游记》中"身长"和"身高"都有一些用例，但"身高"只出现在"身高三丈""身高万丈"的场合，明显属于夸张地强调身材特别高大，跟"身长"可能尚有区别。指人身材的反义复合词"高矮"在清代还没有见到，要到现代作家如俞平伯、老舍等人的作品中才有用例，所以"（身）高"在北方地区取代"（身）长"应该是清代以后的事。

"矮"作为现代汉语表示人个子不高的通用词，历史相当悠久。据姚永铭（2003）和真大成（2018）研究，至晚三国时即已出现，《广雅·释诂二》："痿，短也。"王念孙疏证："'痿'即今'矮'字也。《玉篇》音於绮、於解二切。"《释言》："痿，痤也。"王念孙疏证："'矬'与'痤'通。"《集韵·蟹韵》倚蟹切："矮，矬也。或作痿、躷。"明方以智《通雅·谚原》："古以痿为矮。"高丽藏本南朝陈真谛译《佛阿毗昙经出家相品》卷下："尔时比丘度短人出家受具足戒，时人诃怪：'云何是等比丘度短人出家受具足戒？'"资福藏、碛砂藏、普宁藏、永乐南藏、径山藏、清藏及宫内省图书寮本作"痿"，其中资、碛、普、南、宫本在"痿"下有小字夹注"乙买"，实为"痿"之音切（综合《中华大藏经》《大正藏》校勘记）。玄应《一切经音义》卷十《佛阿毗昙经》音义"痿人"条："於解反，《广雅》：'痿，矬也。'"则玄应所见本亦作"痿"。玄应是初唐人，去真谛不远，极可能真谛译经时即用"痿"。②《说文新附·矢部》："矮，短人也。"唐代文献中颇有所见，除用于人外，还可以

---

① 仅见一例"身高"，但系用于狗：又一日，西戎国贡进神獒。是一只狗，身高四尺者，其名为獒。（纪君祥《赵氏孤儿》第四折）

② 以上引自真大成（2018）。

指事物的低矮。如：

（7）道州民，多侏儒，长者不过三尺余。市作矮奴年进送，……一自阳城来守郡，不进矮奴频诏问。……道州水土所生者，只有矮民无矮奴。吾君感悟玺书下，岁贡矮奴宜悉罢。（白居易《道州民——美臣遇明主也》）①

（8）矮马驰鬢鞴，牦牛兽面缨。（元稹《答姨兄胡灵之见寄五十韵》）

（9）桧身浑个矮，石面得能颓。（皮日休《新秋言怀寄鲁望三十韵》）

（10）硬筇杖，矮松床，雪色眉毛一寸长。（欧阳炯《贯休应梦罗汉画歌（一作禅月大师歌）》）

（11）月夜二更后，有两人。一貌胡，须眉皓而瘦，称山公。一面阔，白须眉长，黑而矮，称毛生。……镜光出而二人失声俯伏。矮者化为龟，胡者化为猿。（《太平广记》卷二三〇"王度"条引《异闻集》）

（12）东方虬身长衫短，骨面粗眉，目为"外军校尉"。唐波若矮短，目为"郁屈蜀马"。（《太平广记》卷二五四"张元一"条引《朝野佥载》）

不过唐代只有"短人"②，而无"矮人"，可见当时表示个子矮的主导词仍是"短"。"矮人"《朱子语类》始见：

（13）后人只是想象说，正如矮人看戏一般，见前面人笑，他也笑。（卷二十七）

《朱子语类》和《五灯会元》《古尊宿语录》等宋人书中还把矮个子称为"矮子"（今天许多方言仍这么说）：

（14）如矮子看戏相似，见人道好，他也道好。（《朱子语类》卷一一六）

（15）僧问："如何是和尚深深处？"师曰："矮子渡深溪。"（《五灯会元》卷六《白云善藏禅师》）

（16）这个说话，唤作"矮子看戏，随人上下"。（《五灯会元》卷十九《五祖法演禅师》）

（17）问："月不当户时如何？"师云："矮子骑马。"（《古尊宿语录》卷三十八《襄州洞山第二代初禅师语录》）

据此可以推断，至迟到南宋，"矮"在通语中大概已经取代了"短"。③

"矬"是中古产生的一个新词，唐玄应《一切经音义》卷二引东汉服虔《通俗文》："侏儒曰矬。"文献用例始见于南北朝，如：

（18）士有貌望朴悴，容观矬陋，声气雌弱，进止质涩。（《抱朴子·内篇·行品》）按："矬陋"又见于姚秦鸠摩罗什的译经。

---

① 按：《旧唐书·阳城传》载："道州地产民多矮，每年常配乡户，竟以其男号为'矮奴'。"
② 唐徐坚等编《初学记》卷十九"人部下"有"长人"门和"短人"门。又如《太平广记》卷三六八"居延部落主"条引《玄怪录》："于是长人吞短人，肥人吞瘦人，相吞残两人。"
③ 宋代以后称矮人为"短人"已经完全不见了，只有"矮子"和"矮人"。

（19）未见貌丑鉴镜，有悦目之华，体矬照水，发溢群之观。（南朝齐萧子良《净住子·净行法门·皇觉辨德门一》）

但是元代以前"矬"的例子并不多见，不及"矮"通行。《太平广记》卷四九八"裴勋"条引《玉泉子》："裴勋容貌么么，而性尤率易。与父垣会饮，垣令飞盏，每属其人，辄自言状。垣付勋曰：'矬人饶舌，破车饶楔。裴勋千分。'"称矮人为"矬人"。跟"矮"一样，"矬"也可以指事物的低矮，如皮日休等《报恩寺南池联句》："岮岢松形矮，般跚桧樾矬。""矮""矬"对文同义。这应当都是唐代口语的实录。不过"矬人"的称呼在我们的语料库里只检索到两例，还有一例是清代小说《雪月梅传》第二十四回："俗语云：见矬人不可说矮话。"①出现频率远不能跟"矮人/矮子"相比。

元明时期"矬"字时有用例，如：

（20）（安禄山云）这是胡旋舞。（旦云）陛下，这人又矬矬，又会旋舞，留着解闷倒好。（白朴《梧桐雨》楔子）

（21）虎狼丛辨是非，风波海分人我，到如今做哑妆矬。（汪元亨《沉醉东风·归田》）

（22）我做聪俊的媒婆，两脚疾走如梭。生得不矮又不矬，人人都来请我。（高明《琵琶记》第十二出）

（23）锣声响处，众人喝采。宋江看时，却是一伙舞"鲍老"的。宋江矮矬，人背后看不见。（《水浒传》第三十二回）

（24）那魔王伸手架住道："你这般矬矮，我这般高长，你要使拳，我要使刀，使刀就杀了你，也吃人笑，待我放下刀，与你使路拳看。"（《西游记》第二回）

（25）张三蠢胖，只把气吁；李四矮矬，频将脚躘。（《金瓶梅词话》第六十五回）

（26）娶一个妻叫马氏，生相矬小，面色紫膛，有几点麻。（《型世言》第三十一回）

（27）"郑舍你来，咱这草地里学摔挍。""咳，那矬汉，你那里抵当的我？"……傍边看摔挍的人们道："咳，那矬金舍倒了也。"（《朴通事谚解》卷中）②

到清代就不多见了。"矬"大概一直是一个北方方言词，③至今还存留

---

① 同样的俗语，在《续红楼梦》里写作"当着矬子不说短话"（第十回），但是在《红楼梦》里却写成"当着矮人别说短话"（第四十六回）。这应该是方言的差别。
② 清代的《朴通事新释》这两个"矬"字相沿未改。
③ 如《朱子语类》只有"矮"，没有"矬"，《山歌》虽有"矬"字，但均不用作"矮"义。《型世言》中有两例"矬小"，可能未必是用的当时吴语，待考。

于北京官话、冀鲁官话、东北官话、兰银官话等;①而"矮"则是通语词,唐以后始终占据着主导地位。

思考题:

1. 试描述一组同义词和一组反义词的历时演变情况。

2. 试述你的方言和普通话在反义词方面的差异。

3. 评述王引之的"《尔雅》二义不嫌同条"例。

4. 反义聚合的历时演变有"古对称今不对称"一类,有没有相反的情形,即"今对称古不对称"?

---

① 现代作家有时还用到它,如萧军《初秋的风》二:"他的个子矬得太不成样子了!"郭小川《春歌》之一:"看,万丈峰峦,千丈高坡,在我们的脚下无不变得低矬。"(转引自《汉语大词典》)后一例显然是为了押韵。

第八章

汉语词汇演变的总体趋势和基本规律

一、汉语词汇演变的总体趋势

在有文字记载的三千多年里,汉语词汇经历了很多变化,其中表现出一些总体的演变趋势,下面做一个初步的总结。

1.1 复音化

主要是双音化。由以单音词为主(上古)发展为以双音词为主(近代以来),是汉语词汇历时演变的一个总趋势。伴随复音化的是词义从隐含到呈现、从综合到分析。[①] 对于复音化的过程、原因、机制等问题,学术界都已经做了相当深入的研究,需要总结。

董秀芳(2002,2011/2013)的《词汇化:汉语双音词的衍生和发展》是这方面的一部重要著作,作者把汉语双音词的主要衍生方式归纳为三种:

1)从短语到双音词

短语是双音词最主要的历史来源。历史文献中的材料证明,五种基本的短语类型,即并列、偏正、动宾、主谓和述补短语,都有可能降格为词。当然成词的难易程度存在差异。

2)从句法结构到双音词

一些由语法性成分和词汇性成分组成的句法结构在后来变成了词,这往往是由于原来的语法性成分的功能在发展过程中逐渐弱化甚至丧失,从一种必有成分变为了一种可选成分,这样它与实词性成分的组合能力也就萎缩了,原有的一些组合就成为这种句法结构的遗迹而固化为词。

3)从跨层结构到双音词

所谓跨层结构,是指由不构成一对直接成分而是分属不同句法层次但

---

① 参看胡敕瑞(2005,2009)、宋亚云(2006)等。

在线性顺序上邻接的两个成分组成的结构。有一些双音词,主要是虚词,是由跨层结构衍生来的,其内部形式非常模糊。位于句首的跨层结构比位于句中的跨层结构更容易词汇化,但位于句尾的跨层结构不太可能发生词汇化。这是因为句首是韵律管制最为严格的地方,而句尾位置上的韵律管制则是最松散的。

作者还讨论了双音词衍生的机制、双音词的历时发展特点与词化程度的等级等重要问题。全书取材精当,解释明通,富有启发。

江蓝生指出:

我个人认为在双音化的基础上,汉语词汇的发展还有一个趋势,就是**三音化、四音化的趋势**。大家可以看看,近代汉语尤其是元代以来三音节短语所占比重不断增加,而今很多短语、惯用语都是三音节的;再一个就是四字格类成语的大量产生。无论是三音化和四音化,实际都是汉语的韵律在背后起着推动作用。双音节是汉语的标准音步,三音节是超音步,四音节是两个标准音步的叠加。你看,多少三音词啊,"躲猫猫""犀利哥""高富帅""白富美""走后门""打官腔"等等,都是三音节吧? 四字的类成语也很多,最荒谬的就是网上的"喜大普奔""人艰不拆"之类,虽然荒诞不经,但是它背后表明了四字格是产生新词语的活跃手段,表明了它的生命力。四字格的普遍使用要求我们正在编写的《现代汉语大词典》要多收一些类成语,像"剑走偏锋""立意鸣高"(?)"坦白从宽"等等。我想能不能在你们的词汇通史研究里头探索这种词汇发展趋势的端倪,据我们知道,至迟在元代就已经清晰地露出了这种端倪,元代的三音节、四音节象声词、象形词非常多。①

这是颇具洞察力的学术新见。汉语词汇的发展是否存在着一种三音化、四音化的趋势,值得认真研究。吕叔湘(1963)就说过:"四音节好像一直都是汉语使用者非常爱好的语音段落。"

1.2　构词法的质变

蒋绍愚(1989)说:构词法由"孳生"到"合成"是"汉语词汇系统在历史发展中的一大变化"。这是跟复音化同步的一个现象。自从汉语词汇走上复音化的道路,"合成"构词法就逐步成为创造新词的最主要方法。

---

① 2014 年 12 月 22 日在浙江大学汉语史研究中心举行的国家社科基金重大招标项目"汉语词汇通史"开题论证会上的发言。

1.3　基本词汇的渐变

在漫长的历史过程中，即使是极为稳固的基本词汇也在发生变化，当然这种变化是非常缓慢的，但是每个时期都在发生。

1.4　外来词的吸收和融入

历史上大规模的外来词借入主要有三次，但是对汉语词汇发生较大影响的其实只有两次：一是东汉后期开始的古印度语言和古中亚语言中跟佛教有关的外来词的融入，二是明清以来印欧语系外来词和日源词的融入。汉语在借入外来词方面是有独特个性的，即大量采用意译，具有强大的同化能力。这只要比较一下英语、日语、韩语中的外来词就可以看出。这是由汉语的特点决定的。① 对借词方式的跨语言比较有助于更深刻地揭示各种语言的特点。

1.5　词库不断扩大

《汉语大词典》收词约 37 万余条（其中有些并非严格意义上的"词"），尚不齐全。这些词是汉语在几千年的历史过程中逐步积累起来的。词库中的词和实际使用中的词不是一回事，词汇丰富并不意味着它们都在使用，日常口语中用到的词实际上是非常有限的。词汇的发展是累积型的，词库可以不断扩大，大量的词处于储存备用状态。房德里耶斯（1992：215）说过："……新词不一定都把原存者赶走，人的心理会适应同义词和对似词的存在，一般给它们派上不同的用途。"他（1992：251）又说："新词的创造不一定要毁灭旧词，但往往把它放逐到词汇中的一个特殊的部分。"这与语音和语法是很不相同的。张永言（1982/2015：105）《词汇学简

---

① 高本汉（2010：16）认为汉语"最重要的特性"是："它是单音节语，即一个词（非复合词）由一个单音节构成；它又是孤立语，即每个词都有一个始终不变的形式，而没有那些以句中词与词之间关系为基础的屈折手段和词形变化。"

论》第五章"同义词、反义词、同音词"说："语言词汇的发展不仅表现在数量的增长上,<u>而且表现在质量的改进上</u>。要使语言更好地实现表情达意的功能,就要求词汇具有意义的多样性,有充分的表现力,能够准确地表达各种细致的思想感情。这些要求就是导致同义词产生的原因。同义词的<u>存在乃是语言的丰富性和精密性的标志之一</u>。"从词汇来看,语言的变化究竟是"进步还是退化"这个问题似乎值得进一步思考。①

1.6 历代都有特色词汇

词汇的新陈代谢是语言演变中永恒的主题之一,新词新义每个时代都在产生,同时旧词旧义也随时在消亡,形成了历代的特色词汇。

二、汉语词汇发展的基本规律

汉语词汇发展的基本规律还有待全面总结和提炼,这里先提出几条来抛砖引玉。

1. 基本词的历时替换与通语基础方言的变动存在密切关系,而通语基础方言的变动又跟国家政治文化中心的转移紧密相关,从这个意义上说,汉语史尤其是词汇史就是整个中国史的一部分。这方面已经有一些事实可以提供证据,②但还有大量的工作需要做,结合移民史来阐明一批基本词的共时分布状况是词汇史领域的一个大课题,从某种意义上说,汉语基本词在历史上的新旧更替,就是方言词跟方言词或方言词跟通语词之间此消彼长的结果。

2. 避讳会引起基本词的新旧更替或语音变化。这方面已经有一批确凿的例子,不过总数不会太多。

---

① 简·爱切生(1997:282)认为："语言跟潮汐一样涨涨落落,就我们所知,它既不进步,也不退化。"还可参看该书290-291页。

② 参看第三章第四节。

3. 词义演变的基本途径是引申,引申的基本规律是从具体到抽象、从个别到一般,基本方式则有辐射式和连锁式两种。

4. 除引申之外,汉语的词义演变还有一些独特的途径,比如误解误用等。

5. "概念变了名称"和"词变了意义"是词汇发展变化的两个永恒的主题,汉语也不例外。

思考题:

1. 汉语词汇演变的总体趋势,除讲义中提到的几条外,你认为还有哪些?
2. 请结合实例阐释汉语词汇发展的基本规律(至少一条)。
3. 汉语词汇史研究如何在已有的基础上进一步拓新?
4. 谈谈你学习本课程后的体会和建议。

| 参考文献 |

简·爱切生［英］1997《语言的变化：进步还是退化?》,徐家桢译,北京：
语文出版社。

安沙沙 2009《常用词"窃"、"盗"、"偷"的历时替换》,《语文知识》第
3 期。

敖玉琴 2020《"派"对"差"、"遣"的历时替换及其原因考察》,《民间故
事》第 6 期。

白利利 2005《"睡觉"类常用词的历史演变》,陕西师范大学硕士学位
论文。

白维国主编;江蓝生,汪维辉副主编 2015《近代汉语词典》,上海：上海教
育出版社。

白云 2007《"走"词义系统的历时与共时比较研究》,《山西大学学报》第
2 期。

白云 2008《汉语"看类词"的历时演变和共时分布》,载万波编《涌泉集：
李如龙教授从教五十年纪念文集》,厦门：厦门大学出版社。

白展畅 2020《说"穷"》,《汉字文化》第 2 期。

包智明 2008《说"道"》,《语言科学》第 1 期。

鲍金华 2018《常用词"余"、"残"、"剩"替换考》,《长江丛刊》第 29 期。

北京大学历史系《论衡》注释小组 1979《论衡注释》,北京：中华书局。

北京大学中国语言文学系语言学教研室编 1995《汉语方言词汇》第二版,
北京：语文出版社。

贝罗贝［法］,吴福祥 2000《上古汉语疑问代词的发展与演变》,《中国语
文》第 4 期。

贝罗贝［法］，刘华丽 2013《汉语"等待"义动词历时考察》，载中国社会科学院语言研究所《历史语言学研究》编辑部编《历史语言学研究》第 6 辑，北京：商务印书馆。

伯韩 1953《李荣、李向真两位先生关于基本词汇的论文读后感》，《中国语文》7 月号。

卜师霞 2002《关于否定副词"别"是"不要"合音的质疑》，《中山大学学报论丛》第 6 期。

蔡镜浩 1990《魏晋南北朝词语例释》，南京：江苏古籍出版社。

蔡晓 2010《常用词"俟、待、候/等"的历时更替考》，《广东教育学院学报》第 4 期。

曹广顺 1987《试说"快"和"就"在宋代的使用及有关的断代问题》，《中国语文》第 4 期。

曹小云 2006《〈四元玉鉴〉中的授予动词"给"》，《古汉语研究》第 3 期。

曹志耘主编 2008《汉语方言地图集》，北京：商务印书馆。

岑麒祥 1990《汉语外来语词典》，北京：商务印书馆。

常青 1989《〈祖堂集〉副词"也""亦"共用现象》，《天津师范大学学报》第 1 期。

常荣 2011《汉语"建筑"类动词语义场的历史演变研究》，西北大学硕士学位论文。

常天宇 2015《汉语"窄"语义场演变研究》，《现代语文》第 5 期。

常天宇 2020《汉语义位"宽""窄"历史演变比较研究》，《现代语文》第 2 期。

晁瑞 2005《介词"向"对"问"的替换——兼谈方言介词"问"的历史演变》，《北方论丛》第 6 期。

陈保亚，汪锋 2006《论核心语素表的确定——以上古汉语为例》，载北京大学汉语语言学研究中心《语言学论丛》编委会编《语言学论丛》第 33 辑，北京：商务印书馆。

陈东辉 2004《类书与汉语词汇史研究》，《古汉语研究》第 1 期。

陈佳佳 2017《上古汉语"停止"概念域词语研究》，陕西师范大学硕士学位论文。

陈莉　2004《关于〈训世评话〉的授予动词"给"兼及版本问题》,《中国语文》第 2 期。

陈练军　2008《"到"语法功能的历时发展》,《周口师范学院学报》第 3 期。

陈练军　2009《"至"和"到"的历时更替》,《南京理工大学学报》第 1 期。

陈练军　2010a《"贫"与"穷"的历时更替》,《山西大同大学学报》第 1 期。

陈练军　2010b《论"壁"的语素化》,《语言科学》第 4 期。

陈练军　2015《概念范畴的动态识解及其历时演变——以｛鸣叫｝的演变为例》,《古汉语研究》第 2 期。

陈练军　2017《"助"与"帮"的词汇更替》,《阿坝师范学院学报》第 2 期。

陈练军　2019《汉语单音词的语素化研究》,北京:社会科学文献出版社。

陈柳　2015《东汉"行走"语义场及演变研究》,西南交通大学硕士学位论文。

陈明富　2013a《古代涉"树根"义名词历时考察》,《山东理工大学学报》第 6 期。

陈明富　2013b《古汉语中表"买卖"义词语历时考察》,《殷都学刊》第 3 期。

陈明富　2013c《古代涉"建筑"义动词历时考察》,《东方论坛》第 4 期。

陈明富,张鹏丽　2011《古代涉"树木"义名词历时考察》,《殷都学刊》第 4 期。

陈顺成　2013《亲属称谓词"耶"、"爺"的历时考察:附论"孃"、"娘"》,《古汉语研究》第 1 期。

陈卫恒　2010《身体部位名词"足"的"充足"义来源》,《语言教学与研究》第 5 期。

陈瑶　2013《汉语吃喝类词语的发展演变》,陕西师范大学硕士学位论文。

陈依琳　2017《"应该"类语义场助动词的历史演变》,《唐山文学》第 2 期。

陈怡君,汪维辉　2020《汉语"窗户"语义场词语的历时演变与共时分布》,《语文研究》第 2 期。

陈宇宇　2014《汉语"箸(箘)"、"梜(筴)"/"筷(快、筷子)"的历时替换》,《安康学院学报》第 4 期。

陈治文　1964《近指指示词"這"的来源》,《中国语文》第 6 期。

程湘清 2003/2008（增订本）《汉语史专书复音词研究》，北京：商务印书馆。

池昌海 2002《〈史记〉同义词研究》，上海：上海古籍出版社。

储一鸣 2018《汉语副词"也"的历时与共时考察》，华中师范大学博士学位论文。

崔蓝月 2020《常用词"带"与"携"的"携带"义发展及更替》，《黑龙江工业学院学报》第 3 期。

崔荣昌，王华 1999《从基本词汇看北京话同普通话和汉语诸方言的关系》，《语文建设》第 2 期。

崔山佳 1989《说说汉语的"脖子"》，《语文学习》第 4 期。

崔宰荣 1997《汉语"吃喝"语义场的历史演变》，北京大学硕士学位论文。

崔宰荣 2001《汉语"吃喝"语义场的历史演变》，载北京大学汉语语言学研究中心《语言学论丛》编委会编《语言学论丛》第 24 辑，北京：商务印书馆。

邓瑷敏 2008《"薪""柴""蒸"历时演变》，《宜宾学院学报》第 3 期。

邓盼 2019《睡义动词"困"的发展演变》，《励耘语言学刊》第 2 辑。

邓小琴 2007《"和"字读音考》，《汕头大学学报》第 5 期。

刁晏斌 2016《传统汉语史的反思与新汉语史的建构》，《吉林大学社会科学学报》第 2 期。中国人民大学书报资料中心《语言文字学》2016 年第 6 期全文复印。

刁晏斌 2018《再论传统汉语史的反思与新汉语史的建构——兼复汪维辉先生》，《辽宁师范大学学报》第 6 期。

丁喜霞 2005《"桥"、"梁"的兴替过程及原因》，《语言教学与研究》第 1 期。

丁喜霞 2006《常用词"疾病"的历史来源考辨》，《洛阳师范学院学报》第 3 期。

董守志 2011《东汉—元明否定判断句演变之研究》，《古汉语研究》第 1 期。

董为光 2020《说"洗涤"》，《语言研究》第 2 期。

董秀芳 2002《词汇化：汉语双音词的衍生和发展》，成都：四川民族出版社。

董秀芳 2011/2013《词汇化：汉语双音词的衍生和发展》(修订本/重印本)，北京：商务印书馆。

董玉芝 2009《"屦"、"履"、"鞋"的历时发展与更替》,《语言与翻译(汉文)》第 2 期。

董玉芝 2010《"恨"、"怨"、"憾"义变说略》,《山西师大学报》第 2 期。

董志翘 1998《再论"进"对"入"的历时替换——与李宗江先生商榷》,《中国语文》第 2 期。

杜升强 2019《"面—脸蛋"的历时演变》,《漯河职业技术学院学报》第 2 期。

杜翔 2004《"走"对"行"的替换与"跑"的产生》,《中文自学指导》第 6 期。

杜翔 2010《"取拿"义动词的历史演变》,载浙江大学汉语史研究中心编《汉语史学报》第 10 辑,上海：上海教育出版社。

段洁琼 2016《浅谈"视"在"观看"概念域中的历时演变》,《求知导刊》第 16 期。

范常喜 2006《"卵"和"蛋"的历时替换》,载浙江大学汉语史研究中心编《汉语史学报》第 6 辑,上海：上海教育出版社。

方金华 2012《从古今睡眠方式的变化看汉语词义系统的动态平衡》,《台州学院学报》第 1 期。

方龄贵 2001《古典戏曲外来语考释词典》,上海：汉语大词典出版社;昆明：云南大学出版社。

方一新 1987《"眼"当"目"讲始于唐代吗?》,《语文研究》第 3 期。

方一新 1997《东汉魏晋南北朝史书词语笺释》,合肥：黄山书社。

方一新 2010《中古近代汉语词汇学》,北京：商务印书馆。

方云云 2007《"脖"的源流考》,《现代语文》第 6 期。

方云云 2010《近代汉语"脖子"语义场主导词的历时演变》,《安徽农业大学学报》第 1 期。

房德里耶斯［法］1992/2012《语言》,岑麒祥、叶蜚声译,北京：商务印书馆。

冯春田 2000 《近代汉语语法研究》,济南：山东教育出版社。

冯春田,王群 2006 《副词"别"形成问题补议》,《汉语学报》第 1 期。

冯雪冬 2012 《汉语"衣""裳""裙""裤"之历史演变》,《理论界》第 1 期。

冯友兰 2000 《中国哲学史新编》,载冯友兰《三松堂全集》第八卷,郑州：
    河南人民出版社。

符淮青 1996 《汉语词汇学史》,合肥：安徽教育出版社。

符淮青 2004 《现代汉语词汇》增订本,北京：北京大学出版社。

傅惠钧 2001 《〈金瓶梅词话〉中的授与动词"给"》,《中国语文》第 3 期。

高本汉［瑞典］ 2010 《汉语的本质和历史》,聂鸿飞译,北京：商务印书馆。

高建平,高晓梅,程树铭主编 2007 《汉语发展史》修订版,哈尔滨：哈尔滨
    工程大学出版社。

高龙 2008 《汉语"切割"类动词语义场的历史演变研究》,内蒙古大学硕
    士学位论文。

高名凯,刘正埮 1958 《现代汉语外来词研究》,北京：文字改革出版社。

高婉瑜 2011 《汉语常用假设连词演变研究：兼论虚词假借说》,台北：学
    生书局。

郜同麟 2013 《文献异文与上古词汇史研究》,载浙江大学汉语史研究中心
    编《汉语史学报》第 13 辑,上海：上海教育出版社。

葛荣 2016 《元代"睡眠"类动词研究》,四川外国语大学硕士学位论文。

贡珂 2009 《饮食义"吃"对"食"的历时替换》,《才智》第 18 期。

古敬恒 1988 《〈吕览〉高注中所见古汉语基本词的特性》,《徐州师院学
    报》第 3 期。

谷雨 2017 《介连兼类词"由于"的形成和发展》,待刊。

谷雨 2018 《"X 于"格式的多功能模式及其历史形成考察》,浙江大学硕
    士学位论文。

顾江萍 2007/2011 《汉语中的日语借词研究》,厦门大学博士学位论文/上
    海：上海辞书出版社。

顾军 2012 《汉语词义的误解误用研究》,南京大学博士学位论文。

管锡华 2000 《〈史记〉单音词研究》,成都：巴蜀书社。

郭世 1999 《"饮"与"喝"古今变化及用法》,《兵团教育学院学报》第 1 期。

郭晓妮 2009 《"梳"、"篦"对"枇"的历时替换考》,《海南大学学报》第 4 期。

郭在贻 1981 《六朝俗语词杂释》,《中国语文》第 1 期。

郭在贻 1984 《"信"的"书信"义究竟起于何时》,《中国语文》第 4 期。

郭在贻 2002 《郭在贻文集》,北京:中华书局。

海柳文 1991 《"给"的发展》,《广西民族学院学报》第 2 期。

韩丞 2015 《"擦抹"义动词的历时演变》,[韩国]《中国语文学》第 68 辑。

韩丞 2017 《'씻다'류 동사'沐','浴','洗','盥','澡'의 역사적 변천과정》,[韩国]《中国言语研究》第 72 辑。

韩冬阳 2019 《"怕"对"惧"的历时替换考》,《文存阅刊》第 1 期。

韩永利 2006 《动词"给"[gěi]的来源及其发展演变》,上海师范大学硕士学位论文。

汉语大词典编辑委员会,汉语大词典编纂处编 1986—1993 《汉语大词典》,上海:汉语大词典出版社;上海:上海辞书出版社。

汉语大字典编辑委员会编纂 2010 《汉语大字典》第 7 版,成都:四川辞书出版社;武汉:崇文书局。

郝丽丽 2018 《汉语"玩耍"概念域成员历时演变与共时分布研究》,南京师范大学硕士学位论文。

何慧君 2019 《常用词"晚"对"晏"的历时替换研究》,《淄博师专论丛》第 4 期。

何亮 2017 《汉语方言日内时间的表达格局及其成因探析》,载浙江大学汉语史研究中心编《汉语史学报》第 17 辑,上海:上海教育出版社。

何翎格 2019 《古汉语中"甚""很"二词的历时演变观察》,《文教资料》第 31 期。

何小院 2017 《常用词"伐""斫""砍"的历时演变》,《濮阳职业技术学院学报》第 1 期。

何亚南 2001 《中古汉语词语考释三则》,《中国语文》第 3 期。

洪诚 1984 《训诂学》,南京:江苏古籍出版社。

侯精一 2012 《北京话连词"和"读"汉"的微观分析——兼及台湾国语"和"读"汉"音溯源》,《语文研究》第 1 期。

侯伟玲,李素英 2007 《汉语中"和"类虚词的历史演变》,《科技信息》第
　　3 期。

侯雪娟 2012 《"口""嘴""首""头"词义演变的研究:兼论汉语词义的演
　　变》,台北:花木兰文化出版社。

胡安良,程祥徽 1958 《从发展中看基本词汇的稳固性》,《语文知识》4
　　月号。

胡波 2013 《常用词"借"对"假"的历时替换》,《语言科学》第 2 期。

胡波 2015 《常用词"犬"和"狗"的历时替换考——基于传世文献与出土
　　文献的综合考察》,载西南大学出土文献综合研究中心、西南大学汉
　　语言文献研究所主办《出土文献综合研究集刊》第 2 辑,成都:巴蜀
　　书社。

胡波 2016 《从先秦两汉文献看"詈、诟/骂"的历时演变》,《长安学术》第
　　2 期。

胡波 2018 《旁指代词"他、异、余/别"历时替换考》,载浙江大学汉语史研
　　究中心编《汉语史学报》第 19 辑,上海:上海教育出版社。

胡敕瑞 2005 《从隐含到呈现》(上),载北京大学汉语语言学研究中心《语
　　言学论丛》编委会编《语言学论丛》第 31 辑,北京:商务印书馆。

胡敕瑞 2006 《"去"之"往至"义的产生过程》,《中国语文》第 6 期。

胡敕瑞 2009 《从隐含到呈现》(下),载北京大学汉语语言学研究中心《语
　　言学论丛》编委会编《语言学论丛》第 38 辑,北京:商务印书馆。

胡静书 2009 《汉语揣测认识情态副词历时研究》,南京大学博士学位
　　论文。

胡琳,张显成 2015 《"豕、彘、猪"的历史演替:基于出土简帛新材料》,《求
　　索》第 2 期。

胡双宝 1980 《说"哥"》,载北京大学中文系《语言学论丛》编委会编《语言
　　学论丛》第 6 辑,北京:商务印书馆。

胡行之 1936 《外来语词典》,上海:天马书店。

胡以鲁 1914 《论译名》,《庸言》第 2 卷第 1-2 期。

黄河清编著 2010 《近现代辞源》,上海:上海辞书出版社。

黄河清编著 2019 《近现代汉语辞源》,上海:上海辞书出版社。

黄金贵 1995/2016《古代文化词义集类辨考》,上海:上海教育出版社/北京:商务印书馆(新一版)。

黄金贵 1996《疾·病》,《语文学习》第 1 期。

黄金贵 2009《"病"本义考证》,《语言科学》第 4 期。

黄金贵 2011《"病"、"疾病"的名词疾病义之由来考》,载浙江大学汉语史研究中心编《汉语史学报》第 11 辑,上海:上海教育出版社。

黄金贵 2019《要高度重视"臣锴曰"的训诂价值——以"病""表""望羊(洋、阳)"为例》,《岭南师范学院学报》第 1 期。

黄金贵,姚柏舟 2009《"病"之本义考》,《杭州师范大学学报》第 5 期。

黄金贵,唐莉莉 2011《辞书误解古代训诂语三例》,《古汉语研究》第 2 期。

黄树先 1993《汉文古籍中的藏缅语借词"吉量"》,《民族语文》第 2 期。

黄树先 1999《"哥"字探源》,《语言研究》第 2 期。

黄树先 2009《汉语及其亲属语言的"日"和"首"》,《语言科学》第 3 期。

黄树先 2010《汉语核心词探索》,武汉:华中师范大学出版社。

黄树先 2012《汉语身体词探索》,武汉:华中科技大学出版社。

黄树先 2015《汉语"夜"音义探索》,载四川师范大学汉语研究所编《语言历史论丛》第 8 辑,成都:巴蜀书社。

黄晓雪 2010《"持拿"义动词的演变模式及认知解释》,《语文研究》第 3 期。

黄英 2011《敦煌社会经济文献"借贷"概念场常用词历史演变研究》,《前沿》第 16 期。

黄志婷 2013《常用词"母"、"娘"、"妈"历时关系研究》,《汉字文化》第 3 期。

霍帆 2018a《"找"字源流考》,《宁夏大学学报》第 5 期。

霍帆 2018b《"砍"的来源与扩散》,《宁夏大学学报》第 4 期。

霍生玉 2009a《汉语"吃喝"语义场历史演变的动因分析》,《语文学刊》第 4 期。

霍生玉 2009b《现代汉语"饮"与"喝"用法之别的历史探源》,《语文学刊》第 13 期。

霍生玉 2016《也说"梁"与"桥"的替换》,《中国语文》第 2 期。

霍生玉 2019《古词今语——〈荀子〉与杨倞注词汇比较研究》,上海:上海古籍出版社。

霍生玉,陈建初 2009《语义场的古今演变——对"吃喝"义场演变轨迹的探析》,《求索》第 8 期。

贾燕子 2013a《"鸭"的上位化》,《语言研究》第 2 期。

贾燕子 2013b《也论"喫"对"食""饮"历时替换的不平衡性》,载浙江大学汉语史研究中心编《汉语史学报》第 13 辑,上海:上海教育出版社。

贾燕子 2013c《"涉""济""渡"词化模式及词义的历时演变》,《宁夏大学学报》第 6 期。

贾燕子 2014a《"叫"的上位化及⎰叫⎰概念域词汇系统的历时演变》,载《东方语言学》编委会、上海高校比较语言学 E‑研究院编《东方语言学》第 14 辑,上海:上海教育出版社。

贾燕子 2014b《"唱"上位化的过程、机制及影响》,《重庆理工大学学报》第 10 期。

贾燕子 2014c《"红"上位化的过程、机制及途径》,《重庆邮电大学学报》第 3 期。

贾燕子 2015a《"口""嘴"上位化的过程和原因》,《重庆邮电大学学报》第 5 期。

贾燕子 2015b《"门"上位化的过程和原因》,《河南理工大学学报》第 1 期。

贾燕子 2015c《"墙壁"概念域上位词的历时演变》,《大连大学学报》第 2 期。

贾燕子 2015d《⎰起立⎰概念域成员及其分布的历史演变》,《鲁东大学学报》第 2 期。

贾燕子 2017a《"洗"上位化的过程、原因及影响》,载浙江大学汉语史研究中心编《汉语史学报》第 17 辑,上海:上海教育出版社。

贾燕子 2017b《"皮"上位化的过程、动因及影响》,《大连大学学报》第 5 期。

贾燕子 2018a《"叫"上位化的过程、动因、机制及影响》,《重庆理工大学学报》第 4 期。

贾燕子 2018b《上位化：概念域的历时演变与强势上位词的产生》，北京：社会科学文献出版社。

贾燕子 2018c《致使义动词"食(sì)""饲""喂"的历史替换》，《古汉语研究》第 2 期。

贾燕子 2018d《"泥""塗"历时替换考》，《大连大学学报》第 5 期。

贾燕子 2019a《词汇类型学视域下汉语"硬"语义场的历时演变》，《语文研究》第 4 期。

贾燕子 2019b《从"醒"的语义扩展看概念域的历史演变》，《集美大学学报》第 1 期。

贾燕子 2019c《从"臭"的词义演变看"气味"概念域词汇系统的古今差异》，《鲁东大学学报》第 1 期。

贾燕子 2020a《词汇类型学视域下汉语"软"语义场的历史演变》，载俞理明、雷汉卿主编《汉语史研究集刊》第 29 辑，成都：巴蜀书社。

贾燕子 2020b《从"看视"概念域的历史演变看古今概念化和词化方式的变化》，《鲁东大学学报》第 6 期。

贾燕子，陈练军 2016《"放置"类构式及相关动词的历史演变》，《古汉语研究》第 2 期。

贾燕子，吴福祥 2017《词汇类型学视角的汉语"吃""喝"类动词研究》，《世界汉语教学》第 3 期。

江蓝生 1987《八卷本〈搜神记〉语言的时代》，《中国语文》第 4 期。

江蓝生 1988《魏晋南北朝小说词语汇释》，北京：语文出版社。

江蓝生 1991《禁止词"别"考源》，《语文研究》第 1 期。

江蓝生 2012《汉语连-介词的来源及其语法化的路径和类型》，《中国语文》第 4 期。

江蓝生，曹广顺编著 1997《唐五代语言词典》，上海：上海教育出版社。

姜黎黎 2013《中古"借贷"概念场词义的演变机制》，《求索》第 11 期。

姜黎黎 2014《中古汉语"逮捕"概念场动词词义演变研究》，《古汉语研究》第 1 期。

姜明秀 2007《汉语詈骂语研究》，吉林大学硕士学位论文。

蒋冀骋 2016《禁止副词"别"字来源再考》,载朱庆之、汪维辉、董志翘等编《汉语历史语言学的传承和发展——张永言先生从教 65 周年纪念文集》,上海:复旦大学出版社。

蒋倩倩 2016《宋诗睡眠动词研究》,四川师范大学硕士学位论文。

蒋绍愚 1989《关于汉语词汇系统及其发展变化的几点想法》,《中国语文》第 1 期。

蒋绍愚 1989/2005《古汉语词汇纲要》,北京:商务印书馆。

蒋绍愚 1998《近十年间近代汉语研究的回顾与前瞻》,《古汉语研究》第 4 期。

蒋绍愚 1999《两次分类——再谈词汇系统及其变化》,《中国语文》第 5 期。

蒋绍愚 2007《打击义动词的词义分析》,《中国语文》第 5 期。

蒋绍愚 2012a《汉语常用词考源》,《国学研究》第 29 卷。中国人民大学书报资料中心《语言文字学》2012 年第 10 期全文复印。

蒋绍愚 2012b《汉语"天"的意义的演变》,载蒋绍愚《汉语词汇语法史论文续集》,北京:商务印书馆。

蒋绍愚 2012c《从｛走｝到｛跑｝的历史更替》,载蒋绍愚《汉语词汇语法史论文续集》,北京:商务印书馆。

蒋绍愚 2015《汉语历史词汇学概要》,北京:商务印书馆。

蒋绍愚 2017《近代汉语研究概要》修订本,北京:北京大学出版社。

蒋绍愚 2018《论语研读》,上海:中西书局。

蒋绍愚 2019a《汉语史的研究与汉语史的语料》,《语文研究》第 3 期。

蒋绍愚 2019b《"开-关"概念场中词汇的历史演变》,载北京大学中国语言学研究中心《语言学论丛》编委会编《语言学论丛》第 59 辑,北京:商务印书馆。

蒋宗许 2011《半生心血铸辉煌——〈中古汉语词汇史〉》评介,《光明日报》1 月 24 日。

焦毓梅 2011《汉语种植类动词的历史演变》,载《第二届汉字与汉字教育国际研讨会论文摘要集》。

金石 1995《"穿戴"语义场与语言的民族特点》,《汉语学习》第 5 期。

金颖 2004《汉语"洗澡"义动词的历时演变》,《五邑大学学报》第 4 期。

金颖 2008a《"穿"可以表示"戴"吗?——"着"、"穿"、"戴"历史演变考察》,载四川大学汉语史研究所、四川大学中国俗文化研究所编《汉语史研究集刊》第 11 辑,成都:巴蜀书社。

金颖 2008b《常用词"过"、"误"、"错"的历时演变与更替》,《古汉语研究》第 1 期。

金颖 2008c《"未尝、未曾、不曾"的历时更替及其原因分析》,《暨南学报》第 3 期。

金颖 2020《汉语词汇发展简史》,长春:吉林大学出版社。

靳羽西 2017《"厨"词义的发展历程及其时代性》,《文教资料》第 C1 期。

荆亚玲,汪化云 2018《"房""屋"的方言分布与历时流变》,《浙江工业大学学报》第 2 期。

阙绪良 2011《中古汉语词汇研究的里程碑——评王云路〈中古汉语词汇史〉》,《古汉语研究》第 4 期。

劳费尔〔美〕2001《中国伊朗编》,林筠因译,北京:商务印书馆。

雷黎明 2019《汉语"洗类词"的历时演变与共时分布》,《南开语言学刊》第 1 期。

雷丝雨 2019《南北朝隋—唐五代"欺骗"义概念场研究》,郑州大学硕士学位论文。

雷颖 2012《汉语洗浴概念场词汇系统历史演变研究》,四川外语学院硕士学位论文。

黎会玲 2009《近代汉语常用词演变研究:以"穿戴""呼喊""舍弃"义动词为例》,中国人民大学硕士学位论文。

黎李红 2010《"肉"与"肌"的演变考察》,《内江师范学院学报》第 11 期。

黎明,邹哲承 1996《定义不完善的"基本词汇"》,《荆门大学学报》第 2 期。

李兵霞 2017《先秦汉语"似""如""若""犹"的语义演变及功能比较》,江西师范大学硕士学位论文。

李长云 2005《敦煌变文惧怕类心理动词研究》,河南大学硕士学位论文。

李长云 2011《心理动词"怕"溯源考证》,《郑州航空工业管理学院学报》

第 3 期。

李崇兴,黄树先,邵则遂编著 1998《元语言词典》,上海:上海教育出版社。

李春燕 2010《论"胖"替代"肥"的过程、原因及现状》,《现代语文》第 6 期。

李醇 2009《"桥""梁"辨析》,《现代语文》第 6 期。

李福唐 2009《近代汉语常用词锅、镬考》,《理论界》第 2 期。

李光杰,高晓梅,崔秀兰 2013《汉语发展史研究》,哈尔滨:黑龙江大学出版社。

李昊 2003《〈焦氏易林〉的第一人称代词"我"与"吾"的比较——兼论"我"、"吾"的发展演变》,载四川大学汉语史研究所编《汉语史研究集刊》第 6 辑,成都:巴蜀书社。

李慧 2014《汉语"睡眠"、"清醒"义常用动词的演变研究》,湖北大学硕士学位论文。

李慧贤 2007《汉语人体部位词语历史演变研究》,北京大学博士学位论文。

李慧贤 2008《"眼"与"目"的词义演变》,《汉字文化》第 5 期。

李娟 2017《〈汉书〉"抓捕"语义场研究》,《三峡论坛(三峡文学·理论版)》第 6 期。

李玲 2013《"桥"、"梁"考》,《青年文学家》第 23 期。

李倩 2009《"穿"的穿衣义的来源和演变》,载浙江大学汉语史研究中心编《汉语史学报》第 8 辑,上海:上海教育出版社。

李倩 2019《南北朝隋—唐五代"指责"义概念场研究》,郑州大学硕士学位论文。

李强,周俊勋 2018《中上古动词"关/闭"替换中宾语特征分析》,载俞理明、雷汉卿主编《汉语史研究集刊》第 25 辑,成都:四川大学出版社。

李人鉴 1982《释"疾""病""疾病"》,《扬州师院学报》第 3-4 期。

李荣 1952《汉语的基本字汇》,《科学通报》第 3 卷第 7 期。

李荣 1953《字汇和词汇(答李向真先生)》,《中国语文》5 月号。

李荣 1965《语音演变规律的例外》,《中国语文》第 2 期。又收入其《音韵存稿》,北京：商务印书馆,1982 年。

李荣 1981《关于语言研究的几个问题》,《语文研究》第一辑。又收入其
　　《语文论衡》,北京：商务印书馆,1985 年。

李荣主编 1993—1999《现代汉语方言大词典》,南京：江苏教育出版社。

李思明 1990《〈水浒传〉〈金瓶梅〉〈红楼梦〉副词"便""就"的考察》,《语
　　言研究》第 2 期。

李素琴 2002《先秦同义词"舟、船"辨析》,《苏州教育学院学报》第 2 期。

李维琦 2004《佛经词语汇释》,长沙：湖南师范大学出版社。

李向真 1953《关于汉语的基本词汇》,《中国语文》4 月号。

李小平 2009《计时量词"祀、年、岁、载"历时演变小考》,《长春师范学院
　　学报》第 5 期。

李晓婷 2018《"硬"对"坚"的替换分析》,《郑州师范教育》第 2 期。

李雪敏 2011《现代汉语中的日源词新探》,浙江大学本科毕业论文。

李焱,孟繁杰 2007《禁止副词"别"来源再考》,《古汉语研究》第 1 期。

李玉娇 2006《试论由"食"到"吃"的演变过程》,《江西金融职工大学学
　　报》第 A2 期。

李元善 2015《近代汉语"给"替代"与"过程考》,延边大学硕士学位论文。

李运富 2013《佛缘复合词语的俗解异构》,《中国语文》第 5 期。

李宗江 1996《〈红楼梦〉中的"与"和"给"》,载吴兢存编《〈红楼梦〉的语
　　言》,北京：北京语言学院出版社。又收入其《汉语常用词演变研究》,
　　上海：汉语大词典出版社/上海：上海教育出版社(第二版),1999/
　　2016 年。

李宗江 1997a《"进"对"入"的历时替换》,《中国语文》第 3 期。又收入其
　　《汉语常用词演变研究》,上海：汉语大词典出版社/上海：上海教育
　　出版社(第二版),1999/2016 年。

李宗江 1997b《"即、便、就"的历时关系》,《语文研究》第 1 期。又收入其
　　《汉语常用词演变研究》,上海：汉语大词典出版社/上海：上海教育
　　出版社(第二版),1999/2016 年。

李宗江 1997c《"也"的来源及其对"亦"的历时替换》,《语言研究》第 2
　　期。又收入其《汉语常用词演变研究》,上海：汉语大词典出版社/上

海：上海教育出版社(第二版),1999/2016 年。

李宗江 1998a《汉语总括副词的来源和演变》,载四川大学汉语史研究所
　　编《汉语史研究集刊》第 1 辑,成都：巴蜀书社。又收入其《汉语常用
　　词演变研究》,上海：汉语大词典出版社/上海：上海教育出版社(第
　　二版),1999/2016 年。

李宗江 1998b《汉语"才"类副词的演变》,载李宗江《汉语常用词演变研
　　究》,上海：汉语大词典出版社/上海：上海教育出版社(第二版),
　　1999/2016 年。

李宗江 1998c《汉语"还"类副词的演变》,载李宗江《汉语常用词演变研
　　究》,上海：汉语大词典出版社/上海：上海教育出版社(第二版),
　　1999/2016 年。

李宗江 1998d《汉语限制副词的演变》,载李宗江《汉语常用词演变研
　　究》,上海：汉语大词典出版社/上海：上海教育出版社(第二版),
　　1999/2016 年。

李宗江 1998e《关于〈"进"对"入"的历时替换〉的几个问题——答董志翘
　　先生》,载李宗江《汉语常用词演变研究》,上海：汉语大词典出版社/
　　上海：上海教育出版社(第二版),1999/2016 年。

李宗江 1999/2016《汉语常用词演变研究》,上海：汉语大词典出版社/上
　　海：上海教育出版社(第二版)。

李宗江 2002《汉语重复副词的演变》,载李宗江《汉语常用词演变研究》
　　(第二版),上海：上海教育出版社,2016 年。

李佐丰 2013《上古汉语的同义词"首""元""头"》,载中国社会科学院语
　　言研究所《历史语言学研究》编辑部编《历史语言学研究》第 6 辑,北
　　京：商务印书馆。

李作南 1956《从字的组合谈基本词汇》,《中国语文》12 月号。

栗学英 2006《汉语史中"肥"、"胖"的历时替换》,《语言研究》第 4 期。

梁冬青 2000《"鼎""镬""锅"的历时演变及其在现代方言中的地理分
　　布》,《古籍整理研究学刊》第 4 期。

梁冬青 2007《"喝"表示"饮用"义的始见年代及其书证》,《汕头大学学
　　报》第 3 期。

梁冬青 2009 《"喝"表饮用来源于元代蒙古语》,《民族语文》第 5 期。

梁念 2014 《先秦至魏晋南北朝"治理"义动词研究》,西南大学硕士学位论文。

梁启超 1998 《清代学术概论》,上海:上海古籍出版社。

梁晓虹 1994 《佛教词语的构造与汉语词汇的发展》,北京:北京语言学院出版社。

梁晓虹 2001 《佛教与汉语词汇》,高雄:佛光出版社。

廖光蓉,尹铂淳 2015 《"哥"的历时认知语义研究》,《外国语文》第 1 期。

林克勤 2011 《〈孟子〉起立类词汇语料价值考察》,《古汉语研究》第 2 期。

林焘 1954 《汉语基本词汇中的几个问题》,《中国语文》7 月号。

林杏光,菲白编 1987 《简明汉语义类词典》,北京:商务印书馆。

林彦乔 2014 《汉语肢体词"腹""肚(～子)"历时替换研究》,《现代语文》第 10 期。

凌瑜,秦桦林 2010 《〈史记〉的"洗足"当作"洗"》,《语言研究》第 3 期。

刘爱菊 2005 《汉语并列连词历史演变研究》,北京大学博士学位论文。

刘百顺 1993 《魏晋南北朝史书语词札记》,西安:陕西师范大学出版社。

刘宝霞,张美兰 2013 《近代汉语"丢弃"义常用词的历时演变与地域分布》,《古汉语研究》第 2 期。

刘宝霞,张美兰 2014 《"迎接"义动词的历时演变和地域分布》,《语文研究》第 3 期。

刘畅 2017 《"打"类动词从南北朝隋到唐五代时期的历时演变研究》,郑州大学硕士学位论文。

刘丹青 2011 《语言库藏类型学构想》,《当代语言学》第 4 期。中国人民大学书报资料中心《语言文字学》2012 年第 2 期全文复印。

刘红妮 2007 《常用词的历时替换——以"店"和"肆"的个案研究为例》,《湖南城市学院学报》第 6 期。

刘红妮 2008 《"店"对"肆"的历时替换》,《南阳师范学院学报》第 5 期。

刘坚 1989 《试论"和"字的发展,附论"共"字和"连"字》,《中国语文》第 6 期。

刘坚,江蓝生,白维国,等 1992 《近代汉语虚词研究》,北京:语文出版社。

刘景 2010 《试析"屦"、"履"、"鞋"的历时演变》,《安徽文学》第 8 期。

刘君敬 2011/2020 《唐以后俗语词用字研究》,南京大学博士学位论文/北京:商务印书馆。

刘莉芳,钟冬冰 2012 《数量限定副词"才"和"仅"的历时演变》,《现代语文》第 9 期。

刘丽红 2015 《常用词"见""视""观""看"演变研究》,《华中师范大学研究生学报》第 3 期。

刘叔新 1984 《论词汇体系问题》,载刘叔新《词汇学和词典学问题研究》,天津:天津人民出版社。

刘雯 2009 《以"快、慢"为例分析汉语语义场的历时演变》,《文教资料》第 23 期。

刘晓静 2013 《东汉"满"语义场及其历时演变》,《语文建设》第 24 期。

刘晓梅 2004 《汉语贬义"很"类程度副词的历时更替》,《语文学刊》第 3 期。

刘晓兴 2016a 《"洗脚"概念表达方式的历时演变》,《古汉语研究》第 4 期。

刘晓兴 2016b 《古汉语中"洗"的组合关系历时考察》,南京师范大学硕士学位论文。

刘新春 2003 《睡觉类动词的历史演变研究》,河南大学硕士学位论文。

刘永华 2004 《〈红楼梦〉、〈歧路灯〉和〈儒林外史〉中的"与"和"给"》,河南大学硕士学位论文。

刘正埮,高名凯,麦永乾,等 1984 《汉语外来词词典》,上海:上海辞书出版社。

刘志芳 2015 《汉语史中"怕"对"惧"的历时替换》,《河南科技学院学报》第 9 期。

刘周全 2012 《"豕"、"猪"的历时替换》,《语文知识》第 1 期。

龙丹 2007a 《先秦核心词"颈"辨考》,《孝感学院学报》第 2 期。

龙丹 2007b 《魏晋核心词"颈"语义场研究》,《云梦学刊》第 3 期。

龙丹 2007c 《魏晋核心词"油"语义场初探》,《广西社会科学》第 7 期。

龙丹 2012 《魏晋"口(嘴)"语义场及其历时演变》,四川师范大学汉语研究所编《语言历史论丛》第 5 辑,成都:巴蜀书社。

卢烈红 2001 《〈汉语变调构词研究〉读后》,《中国语文》第 3 期。

卢巧琴 2007 《"洗"本义的辖域拓展初探》,《沈阳教育学院学报》第 6 期。

鲁瑾芳 2015 《常用词"贫"和"穷"的历时演变》,《人间》第 36 期。

陆俭明 2004 《汉语复合词语义构词法研究·序》,载朱彦《汉语复合词语义构词法研究》,北京:北京大学出版社。

陆俭明 2007 《构式:论元结构的构式语法研究·序》,载 A. E. Goldberg《构式:论元结构的构式语法研究》,吴海波译,北京:北京大学出版社。

陆志韦 1956 《北京话单音词词汇》,北京:科学出版社。

陆宗达,王宁 1981 《古汉语词义研究——关于古代书面汉语词义引申的规律》,《辞书研究》第 2 期。

路广 2006 《〈《醒世姻缘传》的"给"与"己"》,《语言研究》第 1 期。

吕传峰 2005a 《常用词"喝、饮"历时替换考》,《语文学刊》第 9 期。

吕传峰 2005b 《现代方言中"喝类词"的演变层次》,《语言科学》第 6 期。

吕传峰 2006a 《汉语六组涉口基本词演变研究》,南京大学博士学位论文。

吕传峰 2006b 《"嘴"的词义演变及其与"口"的历时更替》,《语言研究》第 1 期。

吕传峰 2006c 《近代汉语"喝类语义场"主导词的更替及相关问题》,载北京大学汉语语言学研究中心《语言学论丛》编委会编《语言学论丛》第 33 辑,北京:商务印书馆。

吕东兰 1998 《从〈史记〉、〈金瓶梅〉等看汉语"观看"语义场的历史演变》,载北京大学汉语语言学研究中心《语言学论丛》编委会编《语言学论丛》第 21 辑,北京:商务印书馆。

吕海霞 2008 《汉语"适往词"的历时演变研究》,苏州大学硕士学位论文。

吕叔湘 1945 《莫须有》,《国文杂志》第 3 卷第 4 期。又收入《吕叔湘全集》第六卷,沈阳:辽宁教育出版社,2002 年。

吕叔湘 1959 《汉语里'词'的问题概述》,苏联《语言学问题》第 5 期(俄文译文)。又收入《吕叔湘文集》第二卷,北京:商务印书馆,1990 年。

吕叔湘 1962 《说'自由'和'黏着'》,《中国语文》第 1 期。又收入《吕叔湘文集》第二卷,北京:商务印书馆,1990 年。

吕叔湘 1963 《现代汉语单双音节问题初探》,《中国语文》第 1 期。又收
　　入《吕叔湘文集》第二卷,北京:商务印书馆,1990 年。

吕叔湘 1979 《汉语语法分析问题》,北京:商务印书馆。

吕叔湘 1980 《语文常谈》,北京:生活·读书·新知三联书店。

吕叔湘 1985 《近代汉语指代词》,上海:学林出版社。

吕叔湘 1988 《魏晋南北朝小说词语汇释》序,载江蓝生《魏晋南北朝小说
　　词语汇释》,北京:语文出版社。

吕文平 2007 《汉语"买卖"类动词语义场的历史演变研究》,内蒙古大学
　　硕士学位论文。

罗常培 1950 《语言与文化》,北京:北京大学出版部。

罗杰瑞[美] 2004 《关于官话方言早期发展的一些想法》,梅祖麟译,《方
　　言》第 4 期。

罗曼·雅柯布森[美] 2001 《雅柯布森文集》,钱军编辑,钱军、王力译注,
　　长沙:湖南教育出版社。

罗青 2009 《"歌"与"唱"的历时替换》,《语文学刊》第 23 期。

罗振玉 2003 《贞松堂集古遗文》,北京:北京图书馆出版社。

骆晓平 1996 《"猪"的来源与"猪""豕"的兴替》,《湖北民族学院学报》第
　　3 期。

马贝加 1990 《副词"但、只、仅、才"辨义析流》,《温州师范学院学报》第
　　4 期。

马贝加 1992 《介词"沿"的产生》,《语文研究》第 3 期。

马贝加 2002 《近代汉语介词》,北京:中华书局。

马菁屿 2020 《"看"的词义历时演变与共时分布》,《忻州师范学院学报》
　　第 3 期。

马梅玉 2019a 《"去往"概念表征形式及其成员演变考察》,《殷都学刊》第
　　4 期。

马梅玉 2019b 《"沿循"概念表征形式与概念域成员历史演变》,《集美大
　　学学报》第 4 期。

马西尼[意] 1997 《现代汉语词汇的形成——十九世纪汉语外来词研

究》,黄河清译,上海:汉语大词典出版社。

马云霞 2009《"进"对"入"的历时替换补说》,《山西大同大学学报》第4期。

梅家驹等编 1996《同义词词林》(第二版),上海:上海辞书出版社。

梅晶 2007《先秦"傍晚"语义场研究》,《唐山师范学院学报》第4期。

目加田诚[日]等译注 1978《世说新语》("新释汉文大系"本),东京:明治书院。

牛慧芳 2012《"詈、骂"历时替换考》,《语文学刊》第1期。

牛慧芳 2018《常用词"渡""过"的历时演变》,《河南科技学院学报》第5期。

牛太清 2001《量词"重/层"历时更替小考》,《古汉语研究》第2期。

牛太清 2003《常用词"隅""角"历时更替考》,《中国语文》第2期。

牛太清 2006《说"肥"道"胖"》,《语文学刊》第4期。

潘文国,叶步青,韩洋 2004《汉语的构词法研究》,上海:华东师范大学出版社。

潘晓晶 2018《"蠢""笨"的历时演变》,《唐山师范学院学报》第5期。

潘允中 1959《汉语基本词汇的形成及其发展》,《中山大学学报》第1、2期合刊。

潘允中 1989《汉语词汇史概要》,上海:上海古籍出版社。又收入其《潘允中汉语史论集》,广州:中山大学出版社,2018年。

平山久雄[日] 1967《中古汉语の音韵》,《中国文化丛书1·言语》,东京:大修馆书店。

平山久雄[日] 2005《昆明为什么不读 Gunming?》,载平山久雄《平山久雄语言学论文集》,北京:商务印书馆。

平山久雄[日] 2009《"大"字 dà 音史研究》,载北京大学中国语言学研究中心《语言学论丛》编辑会编《语言学论丛》第40辑,北京:商务印书馆。又收入其《汉语语音史探索》,北京:北京大学出版社,2012年。

平山久雄[日] 2010a《动词"喫"的来源》,载《吕淑湘先生百年诞辰纪念文集》编辑组编《吕叔湘先生百年诞辰纪念文集》,北京:商务印书馆。又收入平山久雄《汉语语音史探索》,北京:北京大学出版社,

2012 年。

平山久雄［日］2010b《"给"字白读音源自"过与"合音说》，载中国社会
　　科学院语言研究所《历史语言学研究》编辑部编《历史语言学研究》第
　　3 辑，北京：商务印书馆。又收入其《汉语语音史探索》，北京：北京大
　　学出版社，20112 年。

平田昌司［日］主编 1998《徽州方言研究》，东京：好文出版。

齐冲天 1960《汉语基本词汇的发展及有关问题》，《内蒙古大学学报》第
　　1 期。

齐冲天 1981《汉语单音节词的构成问题》，载北京大学中文系《语言学论
　　丛》编委会编《语言学论丛》第 8 辑。

齐冲天 1997《声韵语源字典》，重庆：重庆出版社。

钱强文，张天怡 2018《汉语常用饮食类动词历时更替考察》，《宿州学院
　　学报》第 8 期。

钱锺书 1979《管锥编》，北京：中华书局。

墙斯 2020《油脂义"油"早期用例考》，《温州大学学报》第 1 期。

乔玉雪 2004《"衹"、"止"、"只"的历史替换及相关问题研究》，河南大学
　　硕士学位论文。

秦桦林 2017《也说身体词"眼睛"的始见年代》，载浙江大学汉语史研究
　　中心编《汉语史学报》第 17 辑，上海：上海教育出版社。

秦雪霞 2017《汉语"愚笨"概念域历时演变研究》，湖南师范大学硕士学
　　位论文。

邱冰 2008《"行""走""跑"的历时演变与更替》，《南京大学文学院本科
　　学生论文选集（1999—2007）》，南京：南京大学出版社。

邱丽佳 2010《"腹"与"肚"词义的断代演变》，《宁波教育学院学报》第
　　1 期。

裘锡圭 1988/2013（修订本）《文字学概要》，北京：商务印书馆。

裘锡圭 1993《一句至少被误解了一千七百多年的常用的话——"予取予
　　求"》，《古汉语研究》第 2 期。

曲守约 1968《中古辞语考释》，台北：商务印书馆。

曲守约 1972《中古辞语考释续编》，台北：台北艺文印书馆。

曲守约 1979《辞释》,台北:台北联经出版事业公司。

曲守约 1982《续辞释》,台北:台北联经出版事业公司。

任连明,李彬 2012《"负、何/荷、担、挑"的历时演变与更替》,《汉语学报》第 4 期。

任连明,孙祥愉 2013《常用词"逢、遇、碰"的历时演变考察》,《渭南师范学院学报》第 11 期。

任学良 1987a《"去"、"再"的词义史》,《杭州师院学报》第 2 期。

任学良 1987b《〈古代汉语·常用词〉订正》,杭州:浙江大学出版社。

山口大辅[日] 2018《古代漢語の時間副詞"既""已"の機能変遷について:漢代·魏晋南北朝期を中心に》,《中国语学研究·开篇》第 36 号,东京:好文出版。

沈国威 2010《近代中日词汇交流研究:汉字新词的创制、容受与共享》,北京:中华书局。

盛艳玲 2005《汉语"拿类词"的历时演变与共时分布》,南京大学硕士学位论文。

盛益民 2010《论"脖"的来源》,《语言研究》第 3 期。

施建平 2018《汉语方位词"上""下""内""外""里""中"发展演变史》,广州:暨南大学出版社。

石安石 1999《重新审视"基本词汇"问题》,载北京大学汉语语言学研究中心《语言学论丛》编委会编《语言学论丛》第 22 辑,北京:商务印书馆。

石安石,詹人凤 1983《反义词聚的共性、类别及不均衡性》,载北京大学中文系《语言学论丛》编委会编《语言学论丛》第 10 辑,北京:商务印书馆。

石俊华 2016《常用词"败、负、输"历时替换考》,《现代语文》第 9 期。

石汝杰,宫田一郎[日]主编 2005《明清吴语词典》,上海:上海辞书出版社。

石睿 2013《"握持类"动词的历史演变研究》,山西大学硕士学位论文。

史存直 1989/2008《汉语词汇史纲要》,上海:华东师范大学出版社/北京:中华书局(《汉语史纲要》)。

史光辉 2004a《常用词"矢、箭"的历时替换考》,载浙江大学汉语史研究中心编《汉语史学报》第 4 辑,上海:上海教育出版社。

史光辉 2004b《常用词"焚、燔、烧"历时替换考》,《古汉语研究》第 1 期。

Simmons R. V.(史皓元),石汝杰,顾黔 2006《江淮官话与吴语边界的方言地理学研究》,上海:上海教育出版社。

史文磊 2014《汉语运动事件词化类型的历时考察》,北京:商务印书馆。

史文磊 2020《〈论语〉"譬如为山"章解》,待刊。

史有为 1991《异文化的使者——外来词》,长春:吉林教育出版社。

史有为 2004《外来词——异文化的使者》,上海:上海辞书出版社。

史有为 2000《汉语外来词》,北京:商务印书馆。

舒化龙 1983《汉语发展史略》,呼和浩特:内蒙古教育出版社。

舒文琪 2016《"书"与"写"的历时演变与替代》,《黄冈职业技术学院学报》第 5 期。

双丹丹 2009《"种植"类动词语义场的历史演变》,河南大学硕士学位论文。

斯大林[苏] 1957《马克思主义与语言学问题》,中译本,北京:人民出版社。

松江崇[日] 2007《太阳与月亮》,载《中国语方言の言语地理学的研究》,平成 16—18 年度科研报告书(第三分册)。

宋新华 2003《汉语"穿戴"语义场的历史演变》,北京大学硕士学位论文。

宋亚云 2006《汉语从综合到分析的演变趋势及原因初探》,载北京大学汉语语言学研究中心《语言学论丛》编委会编《语言学论丛》第 33 辑,北京:商务印书馆。

苏新春 1987《论古汉语基本词汇的广义性》,《广州师院学报》第 1 期。

苏新春 1994《如何划分汉语的基本词汇》,《广州师院学报》第 4 期。

孙常叙 1956《汉语词汇》,长春:吉林人民出版社。

孙伏园 1947《基本词汇研究述要》,《四川教育通讯》第 28 期。

孙菊芬 2008《"短、矬、矮"历时替换考》,《广东工业大学学报》第 2 期。

孙凯,杜小钰 2022《汉语方言"脖子"义词形的地理分布及其解释——兼论语素"脖"的来源问题》,载浙江大学汉语史研究中心编《汉语史学报》第 26 辑,上海:上海教育出版社。

孙克东 1982 《也谈"颈"字的源流及其意义》,《求是学刊》第 2 期。

孙淑娟 2019 《｛割刈｝概念域上位词概念结构的历时演变及其替换》,《江西师范大学学报》第 3 期。

孙锡信 2010 《开拓清末民初官话的研究》,《第十四届全国近代汉语学术研讨会会议论文集》,成都:四川大学。

孙秀青 2008 《常用词"欺、诈、骗"历时替代考》,《西华师范大学学报》第 5 期。

孙颖颖 2014 《"跳跃"类常用词演变研究》,广西师范学院硕士学位论文。

孙玉文 2000/2007 《汉语变调构词研究》,北京:北京大学出版社/北京:商务印书馆(增订本)。

孙玉文 2015 《汉语变调构词考辨》,北京:商务印书馆。

邰高娃 2013 《汉语"给予"类单音节动词语义场研究》,内蒙古大学硕士学位论文。

太田辰夫[日] 1954/1991 《关于汉儿言语——试论白话发展史》,《神户外大论丛》5—3/《汉语史通考》,江蓝生、白维国译,重庆:重庆出版社。

太田辰夫[日] 1957 《说"给"》,宁榘译,载史存直等《语法论集》,北京:中华书局。

太田辰夫[日] 1958/2003 《中国语历史文法》(修订译本),蒋绍愚、徐昌华译,东京:江南书院/北京:北京大学出版社。

太田辰夫[日] 1991 《汉语史通考》,江蓝生、白维国译,重庆:重庆出版社。

谭代龙 2004 《"月亮"考》,《语言科学》第 4 期。

谭代龙 2006a 《汉文佛典里的"别人"考》,《语言科学》第 3 期。

谭代龙 2006b 《从义净作品看"至"和"到"在初唐时期的关系》,载四川大学汉语史研究所编《汉语史研究集刊》第 9 辑,成都:巴蜀书社。

谭代龙 2007a 《义净译经去往概念场词汇系统及其演变研究》,载四川大学汉语史研究所、四川大学中国俗文化研究所编《汉语史研究集刊》第 10 辑,成都:巴蜀书社。

谭代龙 2007b 《义净译经卧睡概念场词汇系统及其演变研究》,《语言科学》第 3 期。

谭代龙 2008《义净译经身体运动概念场词汇系统及其演变研究》,北京:语文出版社。

汤传扬 2018《汉语"鸟类巢穴"义词的现状与历史》,《南开语言学刊》第2 期。

汤传扬 2019《近代汉语程度副词"很"的兴起与"甚"的衰落》,《南京师范大学文学院学报》第 3 期。

唐钰明 1992《中古"是"字判断句述要》,《中国语文》第 5 期。

唐钰明,徐志林 2015《汉语并列连词的历史演变》,《中山大学学报》第1 期。

唐作藩 2001《汉语词汇发展简史》,载唐作藩《汉语史学习与研究》,北京:商务印书馆。

天锁 1957《从"弓""矢"谈起——关于汉语基本词汇发展的历史继承性》,载北京大学中文系《语言学论丛》编委会编《语言学论丛》第 1辑,上海:新知识出版社。

田惠刚 1993《汉语"外来词"概念界定献疑》,《词库建设通讯》第 2 期。

万茜茜 2013《常用词"踊""跃""跳"的历时替换》,《语文学刊》第 2 期。

汪锋,王士元 2005《语义创新与方言的亲缘关系》,《方言》第 2 期。

汪维辉 1990《〈左传〉"死且不朽"解诂》,载浙江省语言学会编《语言论丛》,杭州:杭州大学出版社。

汪维辉 1993《〈两拍〉词语札记》,《语言研究》第 1 期。

汪维辉 1998《系词"是"发展成熟的时代》,《中国语文》第 2 期。

汪维辉 1999《近代汉语常用词演变研究》,南京大学博士后出站报告。

汪维辉 2000a《〈周氏冥通记〉词汇研究》,载浙江大学汉语史研究中心编《中古近代汉语研究》第 1 辑,上海:上海教育出版社。

汪维辉 2000b《〈世说新语〉词语考辨》,《中国语文》第 2 期。

汪维辉 2000c《从词汇史看八卷本〈搜神记〉语言的时代》(上),载四川大学汉语史研究所编《汉语史研究集刊》第 3 辑,成都:巴蜀书社。

汪维辉 2000d《唐宋类书好改前代口语——以〈世说新语〉异文为例》,《汉学研究》第 18 卷第 2 期。重刊于《南大语言学》第一编,北京:商务印书馆 2004 年。

汪维辉 2000/2017《东汉—隋常用词演变研究》,南京:南京大学出版社/北京:商务印书馆(修订本)。

汪维辉 2001a《汉魏六朝"进"字使用情况考察——对〈"进"对"入"的历时替换〉一文的几点补正》,《南京大学学报》第 2 期。

汪维辉 2001b《从词汇史看八卷本〈搜神记〉语言的时代》(下),载四川大学汉语史研究所编《汉语史研究集刊》第 4 辑,成都:巴蜀书社。

汪维辉 2002《"所以"完全变成连词的时代》,《古汉语研究》第 2 期。

汪维辉 2003a《汉语"说类词"的历时演变与共时分布》,《中国语文》第 4 期。

汪维辉 2003b《从汉语史看"多""少"直接修饰名词问题》,载北京大学汉语语言学研究中心《语言学论丛》编委会编《语言学论丛》第 28 辑,北京:商务印书馆。

汪维辉 2005《〈老乞大〉诸版本所反映的基本词历时更替》,《中国语文》第 6 期。

汪维辉 2006a《论词的时代性和地域性》,《语言研究》第 2 期。

汪维辉 2006b《〈僮约〉疏证》,载李浩、贾三强主编《古代文献的考证与诠释——海峡两岸古典文献学国际学术会议论文集》,上海:上海古籍出版社。

汪维辉 2006c《由"跳机"说开去》,《语言文字周报》11 月 29 日第 4 版。

汪维辉 2006d《纵横结合研究汉语词汇》,载商务印书馆编辑部编《21 世纪的中国语言学》(二),北京:商务印书馆。

汪维辉 2007a《汉语常用词演变研究的若干问题》,《南开语言学刊》第 1 期。

汪维辉 2007b《〈说苑〉与西汉口语》,载四川大学汉语史研究所、四川大学中国俗文化研究所编《汉语史研究集刊》第 10 辑,成都:巴蜀书社。

汪维辉 2007c《汉语词汇史新探》,上海:上海人民出版社。

汪维辉 2007d《〈齐民要术〉词汇语法研究》,上海:上海教育出版社。

汪维辉 2007e《六世纪汉语词汇的南北差异——以〈齐民要术〉与〈周氏冥通记〉为例》,《中国语文》第 2 期。

汪维辉 2008 《撰写〈汉语 100 基本词简史〉的若干问题》,载中国社会科学院语言研究所《历史语言学研究》编辑部编《历史语言学研究》第 1 辑,北京:商务印书馆。

汪维辉 2009 《"遐迩"与"远近"》,《语言研究》第 2 期。

汪维辉 2010a 《汉语中的十组表量形容词》,载徐丹主编《量与复数的研究——中国境内语言的跨时空考察》,北京:商务印书馆。

汪维辉 2010b 《〈红楼梦〉前 80 回和后 40 回的词汇差异》,《古汉语研究》第 3 期。

汪维辉 2011a 《〈百喻经〉与〈世说新语〉词汇比较研究》(下),载浙江大学汉语史研究中心编《汉语史学报》第 11 辑,上海:上海教育出版社。

汪维辉 2011b 《著名中年语言学家自选集·汪维辉卷》,上海:上海教育出版社。

汪维辉 2011c 《古人如何"吃饭"》,《语言文字周报》1 月 19 日第 4 版。

汪维辉 2012a 《说"住"的"站立"义》,载程邦雄、尉迟治平主编《圆融内外综贯梵唐——第五届汉文佛典语言国际学术研讨会论文集》,台北:花木兰文化出版社。

汪维辉 2012b 《古人如何"穿衣"》,《语言文字周报》4 月 4 日第 4 版。

汪维辉 2013 《说"鸟"》,载《太田斋·古屋昭弘两教授还历记念中国语学论集》,《中国语学研究·开篇》单刊 No.15,东京:好文出版。

汪维辉 2014 《说"日""月"》,载中国语言学会《中国语言学报》编委会编《中国语言学报》第 16 期,北京:商务印书馆。

汪维辉 2015a 《语文学的功底　语言学的眼光——研治汉语词汇史的一点心得》,载华学诚主编《文献语言学》第 1 辑,北京:中华书局。

汪维辉 2015b 《关于基本词汇的稳固性及其演变原因的几点思考》,载李无未、林丹娅主编《厦大中文学报》第 2 辑,厦门:厦门大学出版社。

汪维辉 2015c 《〈重刊老乞大〉对〈老乞大新释〉的修改及其原因》,《语文研究》第 2 期。中国人民大学书报资料中心《语言文字学》2015 年第 8 期全文复印。

汪维辉 2016a 《说"脖子"》,载朱庆之、汪维辉、董志翘等编《汉语历史语言学的传承与发展——张永言先生从教 65 周年纪念文集》,上海:复旦大学出版社。

汪维辉 2016b《汉语"肚子"义词的历史与现状》,《长安学术》第 2 期。

汪维辉 2017a《说"困(睏)"》,《古汉语研究》第 2 期。

汪维辉 2017b《汉语核心词的历史与现状研究——以"头-首"为例》,《大理大学学报》第 5 期。

汪维辉 2017c《汉语史研究的对象和材料问题——兼与刁晏斌先生商榷》,《吉林大学社会科学学报》第 4 期。中国人民大学书报资料中心《语言文字学》2017 年第 12 期全文复印。

汪维辉 2017d《"睡觉"古今谈(一)》,《语言文字周报》10 月 18 日第 4 版。

汪维辉 2017e《"睡觉"古今谈(二)》,《语言文字周报》10 月 25 日第 4 版。

汪维辉 2017f《"睡觉"古今谈(三)》,《语言文字周报》11 月 1 日第 4 版。

汪维辉 2017g《"睡觉"古今谈(四)》,《语言文字周报》11 月 8 日第 4 版。

汪维辉 2018a《汉语核心词的历史与现状研究》,北京:商务印书馆。

汪维辉 2018b《汉语词汇史新探续集》,杭州:浙江大学出版社。

汪维辉 2019《中古汉语的第三身代词和旁指代词》,载《东方语言学》编委会编《东方语言学》第 18 辑,上海:上海教育出版社。

汪维辉 2020a《"抓"的字词关系补说》,《中国语义》第 4 期。

汪维辉 2020b《中古辞书与汉语词汇史研究》,载浙江大学汉语史研究中心编《汉语史学报》第 22 辑,上海:上海教育出版社。

汪维辉,秋谷裕幸 2010《汉语"站立"义词的现状与历史》,《中国语文》第 4 期。

汪维辉,顾军 2012《论词的"误解误用义"》,《语言研究》第 3 期。中国人民大学书报资料中心《语言文字学》2012 年第 10 期全文复印。

汪维辉,胡波 2013《汉语史研究中的语料使用问题——兼论系词"是"发展成熟的时代》,《中国语文》第 4 期。中国人民大学书报资料中心《语言文字学》2013 年第 10 期全文复印。又收入其《汉语词汇史新探续集》,杭州:浙江大学出版社,2018 年。

汪维辉,秋谷裕幸 2014《汉语"闻/嗅"义词的现状与历史》,《语言暨语言学》(*Language and Linguistics*)第 5 期。

汪维辉,秋谷裕幸 2017《汉语第三人称代词的现状和历史》,载浙江大学
　　汉语史研究中心编《汉语史学报》第 17 辑,上海:上海教育出版社。
　　中国人民大学书报资料中心《语言文字学》2018 年第 5 期全文复印。

汪维辉,徐多懿 2020《新发现的传教士会话书〈拜客训示〉:研究价值及
　　语言性质》,《古汉语研究》第 4 期。

汪维辉,戴佳文 2021《再谈"睡觉"的来源和结构》,《汉语学报》第 2 期。

王长滕 2015《中古佛经"卧睡"概念场词汇系统研究》,四川外国语大学
　　硕士学位论文。

王翠 2017《接触引发的演变——再谈介词"基于"的来源》,《语言研究》
　　第 1 期。

王东 2005《"隅/角"历时替换小考》,《延安大学学报》第 4 期。

王枫 2007《"问答"类动词语义场的历史演变》,《内蒙古大学学报》第
　　1 期。

王凤阳 1993/2011《古辞辨》,长春:吉林文史出版社/北京:中华书局
　　(增订本)。

王国维 1984《与友人论〈诗〉〈书〉中成语书》《与友人论〈诗〉〈书〉中成语
　　书(二)》,载王国维《观堂集林》第一册,北京:中华书局。

王国珍 2010《"喫""食""饮"历时替换的不平衡性及其认知》,《古汉语
　　研究》第 1 期。

王浩垒 2008《常用词"詈""诟""骂"的历史演变》,《周口师范学院学报》
　　第 1 期。

王鸿滨 2003《处所介词"于(於)"的衰落与"在"的兴起》,载四川大学汉
　　语史研究所编《汉语史研究集刊》第 6 辑,成都:巴蜀书社。

王鸿滨 2007《介词"自/从"历时考》,《上海师范大学学报》第 1 期。

王虎,李晓婷 2018《"硬"的语义演变研究》,《衡阳师范学院学报》第
　　2 期。

王卉 2017《汉译佛经并列连词"逮"的历时考察和来源探究》,《宜春学院
　　学报》第 4 期。

王健,汪银峰 2020《汉语"贫穷"义常用词的历时演变》,《宁夏大学学报》

第 3 期。

王进 2014《元代禁止副词"勿""莫""休"——兼论禁止副词"别"》,《汉语学报》第 2 期。

王娟 2006《试析"隘"、"狭"、"窄"的历时演变》,《西华大学学报》第 1 期。

王娟 2013《"拭""揩""抹""擦""搌"的历史演变与方言分布》,《中南大学学报》第 1 期。

王娟,赵蓓 2018《"儿子""女儿"的历时演变与方言分布》,《太原师范学院学报》第 6 期。

王力 1958/1980《汉语史稿》,北京:科学出版社/北京:中华书局。

王力 1990/1993《汉语词汇史》,济南:山东教育出版社(《王力文集》第十一卷)/北京:商务印书馆。

王力 1980《汉语滋生词的语法分析》,载北京大学中文系《语言学论丛》编委会编《语言学论丛》第 6 辑。

王力 1990《汉语的滋生词》,《北京大学学报》第 3 期。

王力主编 1962/1999《古代汉语》校订重排本,北京:中华书局。

王美璎 2018《〈说文解字·辵部〉"逢遇类"同义词的历时语义系统研究》,山西师范大学硕士学位论文。

干琪 2008《从"箸"演变到"筷子"的再探讨》,《古汉语研究》第 1 期。

王倩楠 2019《"呼喊类"常用词的历时演变与共时分布》,天津外国语大学硕士学位论文。

王青,薛遴 2005《论"吃"对"食"的历时替换》,《扬州大学学报》第 5 期。

王任赵 2009《"吃"对"喫"的历时替换》,《乐山师范学院学报》第 8 期。

王荣 2019《"树""木"的历时演变及其演变动因》,《三门峡职业技术学院学报》第 2 期。

王瑞琪 2011《"橐""囊""袋"的历时更替考》,《长春教育学院学报》第 4 期。

王绍玉,魏小红 2017《从历时的角度看"没有"对"无有"的替代》,《宿州学院学报》第 5 期。

王盛婷 2007《汉语八组反义词聚合演变研究》,南京大学博士学位论文。

王盛婷 2010《汉语"冷类语义场"变迁史考》,《宁夏大学学报》第 2 期。

王彤伟 2004《〈史记〉同义常用词先秦两汉演变浅探》,陕西师范大学硕士学位论文。

王彤伟 2005a《常用词"疾"、"病"的历时替代》,《北方论丛》第 2 期。

王彤伟 2005b《常用词焚、烧的历时替代》,《重庆师范大学学报》第 5 期。

王彤伟 2009a《"屦、履"再考》,《第四届汉语史研讨会暨第七届中古汉语国际学术研讨会论文集》。

王彤伟 2009b《不同历史层面上的"之、適、至、到、往"及其历时演变》,载四川省语言学会编《蜀语新声:四川省语言学会第十四届年会论文选》,成都:四川辞书出版社。

王彤伟 2010《"豕、彘、猪"的历时演变》,《四川大学学报》第 1 期。

王彤伟 2013《常用词"犬、狗"的递嬗演变》,《语文研究》第 2 期。

王伟静,叶桂郴 2012《"菽"、"豆"历时演变研究》,《桂林航天工业高等专科学校学报》第 3 期。

王文红 2011《"穿着"类动词的历时演变研究》,暨南大学硕士学位论文。

王文香 2014《汉语"放置"概念域历时演变与共时分布研究》,浙江大学硕士学位论文。

王文香 2019《江淮起源型词的历史与语体研究》,浙江大学博士学位论文。

王晓珺 2013《汉语"眉、眼(目)"族词语研究》,福建师范大学硕士学位论文。

王晓莹 2019《再论动词"吃"对"食"的历时替换》,《黑龙江工业学院学报》第 6 期。

王秀玲 2002《常用词"呼"、"唤"、"叫"、"喊"的历时演变与更替》,载四川大学汉语史研究所编《汉语史研究集刊》第 9 辑,成都:巴蜀书社。

王学奇 1992《金瓶梅方言俗语汇释·序》,北京:北京师范学院出版社。

王燕 2007《上古表示"多"、"少"概念的常用反义词研究》,湖北大学硕士学位论文。

王彦坤 2006《前四史生僻词语考释》,北京:商务印书馆。

王毅力,徐曼曼 2009《"颈"语义场的历时演变》,《宁夏大学学报》第

6 期。

王毅力 2009 《常用词"窃"、"盗"、"偷"的历时演变》,《语言科学》第 6 期。

王莹,杨帆 2013 《谈"走"的演变》,《青年文学家》第 7 期。

王云路 1999 《六朝诗歌语词研究》,哈尔滨:黑龙江教育出版社。

王云路 2010 《中古汉语词汇史》,北京:商务印书馆。

王云路,方一新 1992 《中古汉语语词例释》,长春:吉林教育出版社。

王云路,方一新 2002 《汉语史研究领域的新拓展——评汪维辉〈东汉—隋常用词演变研究〉》,《中国语文》第 2 期。

威妥玛[英] 2002/2017(第二版)《语言自迩集——19 世纪中期的北京话》,张卫东译,北京:北京大学出版社。

韦奇林 2020 《实词"去"的语义发展探析》,《语文教学与研究》第 1 期。

魏达纯 2002 《"饥、饿"之穷尽调查与对比研究》,载四川大学汉语史研究所编《汉语史研究集刊》第 5 辑,成都:巴蜀书社。

魏德胜 1995 《〈韩非子〉语言研究》,北京:北京语言学院出版社。

魏德胜 2011 《西北屯戍简牍中的"矢""箭"》,《鲁东大学学报》第 2 期。

魏萍 2013 《汉语体貌美丑常用词研究》,西南大学博士学位论文。

闻宥 1980 《语源丛考·鸭鹜鹜三词次第考》,《中华文史论丛》第 4 期。

吴宝安 2004 《汉语"树木类"核心词研究》,华中科技大学硕士学位论文。

吴宝安 2006 《西汉"头"的语义场研究——兼论身体词频繁更替的相关问题》,《语言研究》第 4 期。

吴宝安 2011 《西汉核心词研究》,成都:巴蜀书社。

吴宝安,黄树先 2006 《先秦"皮"的语义场研究》,《古汉语研究》第 2 期。

吴芳 2006 《上古—中古"寒"、"冷"、"凉"词群的认知研究》,华中师范大学硕士学位论文。

吴建 2010 《从〈百喻经〉看常用词"愚"和"痴"的历时替换》,《语文学刊》第 1 期。

吴金华 1986 《"两绝"应作"雨绝"》,载江苏省语言学会主编《语言研究集刊》第 1 辑,南京:江苏教育出版社。又收入其《古文献研究丛稿》,南京:江苏教育出版社,1995 年。

吴瑞东 2018《汉语"躺卧"概念域的历时演变与共时分布研究》,浙江师
　　范大学硕士学位论文。

吴瑞东 2020《"躺卧"动词语义图研究》,《语言研究》第 4 期。

吴玉芝 2016《介词"关于"源自日语说——兼与张成进先生商榷》,《语言
　　教学与研究》第 6 期。

吴柱 2019《古代法律术语"坐"词义演变疏证——兼辨相关典籍历代注
　　释之误与介词"坐"的产生问题》,《中国语文》第 6 期。

武歌 2019《南北朝隋—唐五代"购买"义概念场研究》,郑州大学硕士学
　　位论文。

伍皓洁 2013《"砍"对"斫"的历时替换小考》,《兰州教育学院学报》第
　　6 期。

席维 2019《常用词"购"与"买"的演变》,《青年文学家》第 9 期。

夏业梅 2012a《常用词"疾"与"病"的演变研究》,《现代语文》第 9 期。

夏业梅 2012b《常用词"犬"与"狗"的演变研究》,《现代语文》第 9 期。

夏业梅 2018《常用词"屦"与"履"的演变研究》,《现代语文》第 2 期。

香坂顺一［日］ 1997《白话语汇研究》,江蓝生、白维国译,北京:中华
　　书局。

香港中国语文学会统筹,《近现代汉语新词词源词典》编委会编 2001《近
　　现代汉语新词词源词典》,上海:汉语大词典出版社。

向熹 1998/2010《简明汉语史》,北京:高等教育出版社/北京:商务印书
　　馆(修订本)。

向贤文 2014《汉语副词"不要"的词汇化》,《韶关学院学报》第 5 期。

项梦冰 2017《"筷子"的词汇地理学研究》,载萧红主编《中国语言地理》
　　第 1 辑,武汉:崇文书局。

萧红 1999《再论"也"对"亦"历时替换的原因》,《湖北大学学报》第 1 期。

萧红 2007《汉语"捕捉"义动词的历时演变和共时分布》,《长江学术》第
　　3 期。

肖九根 2006《"牖"与"窗"交替性的历时嬗变——兼谈〈二典〉材料引证
　　失实的问题》,《江汉论坛》第 7 期。

解海江,李如龙 2004《汉语义位"吃"普方古比较研究》,《语言科学》第

3 期。

解海江,章黎平 2011《汉语义位"腿""脚"比较研究》,《南开语言学刊》
　　第 1 期。

解伦锋 2011《常用词"走"与"行"的语义转移》,《华人时刊》第 17 期。

谢佳烜 2013《上古至中古捆绑类词汇系统演变研究》,四川外国语大学硕
　　士学位论文。

谢晓安 1958《现代汉语的基本词汇——和孙常叙先生讨论基本词汇的特
　　点本质》,《人文杂志》第 1 期。

谢晓明,左双菊 2007《饮食义动词"吃"带宾情况的历时考察》,《古汉语
　　研究》第 4 期。

谢玥,刘红妮 2015《常用词"带"对"携"的历时替换研究》,《山西大同大
　　学学报》第 4 期。

谢智香 2012《"放置"义动词的历时演变与共时分布》,《河南科技大学学
　　报》第 6 期。

谢智香 2013《"舂""捣"的兴替过程及原因》,《理论界》第 7 期。

邢素素,刘红妮 2017《常用词"假"对"伪"的历时替换研究》,《山西大同
　　大学学报》第 1 期。

熊润竹 2020《常用词"宽"对"阔"的历时替换考》,《宁波大学学报》第
　　2 期。

熊雪娇 2011《上古至中古登陟类词汇系统及其演变研究》,四川外语学院
　　硕士学位论文。

徐丹丹 2014《从〈论语〉〈孟子〉〈史记〉〈汉书〉等看上古时期"美好"语义
　　场:以"好""美""善"为例》,《湛江师范学院学报》第 2 期。

徐复 1986《变音叠韵词纂例》,载江苏省语言学会主编《语言研究集刊》
　　第 1 辑,南京:江苏教育出版社。

徐曼曼 2012《近指代词"兹"、"此"、"这"历时更替考》,《西南交通大学
　　学报》第 1 期。

徐时仪 1999《也谈"疾"与"病"》,《辞书研究》第 5 期。

徐时仪 2000《古白话词汇研究论稿》,上海:上海教育出版社。

徐时仪 2002《鼎、鬲、釜、镬、锅的演变递嬗考探》,《湖州师范学院学报》

第 2 期。

徐时仪 2004《"忙"和"怕"词义演变探微》,《中国语文》第 2 期。

徐时仪 2007a《古白话及其分期管窥——兼论汉语词汇史的研究》,《南阳师范学院学报》第 1 期。

徐时仪 2007b《乳、湩与奶及弃、丢与扔的兴替考》,《南京师范大学文学院学报》第 4 期。

徐时仪 2007c《汉语白话发展史》,北京:北京大学出版社。

徐时仪 2013a《〈朱子语类〉词汇研究》,上海:上海古籍出版社。

徐时仪 2013b《〈近代汉语词汇学》,广州:暨南大学出版社。

徐时仪 2016a《软硬反义聚合的词义演变》,《上海师范大学学报》第 2 期。

徐时仪 2016b《〈朱子语类〉软硬反义概念词语类聚考》,《南阳师范学院学报》第 1 期。

徐时仪 2017a《快慢反义聚合的词义演变》,载浙江大学汉语史研究中心编《汉语史学报》第 18 辑,上海:上海教育出版社。

徐时仪 2017b《〈朱子语类〉快慢反义概念词语类聚考》,《中国语言文学研究》春之卷。

徐通锵 1991《历史语言学》,北京:商务印书馆。

徐望驾 2007《常用词"袂/袖"更替演变考》,《湖南文理学院学报》第 6 期。

徐望驾,刘丽群 2019《古代汉语应答词用字历时分布考略》,《佛山科学技术学院学报》第 6 期。

徐文堪 2005《外来语古今谈》,北京:语文出版社。

徐朝华 2003《上古汉语词汇史》,北京:商务印书馆。

徐震堮 1984《世说新语词语简释》,附录于其《世说新语校笺》,北京:中华书局。

徐志林 2007《"犬/狗"的历时嬗变》,《广东教育学院学报》第 6 期。

许嘉璐 1987《论同步引申》,《中国语文》第 1 期。

许陆君 2017《常用词"送"对"赠"的历时替换研究》,《襄阳职业技术学院学报》第 5 期。

许绍早,王万庄注译 1989/1996《世说新语译注》,长春:吉林教育出版社/长春:吉林文史出版社。

许树妙 2017《"赌当"的词义及理据探究》,载浙江大学汉语史研究中心编《汉语史学报》第 17 辑,上海:上海教育出版社。

许晓玲 2012《汉语"踩踏"义语义场的历时演变研究》,华南师范大学硕士学位论文。

严学宭 1979《论汉语同族词内部屈折的变换模式》,《中国语文》第 2 期。

闫春慧 2006《汉语"洗涤"类动词语义场的历史演变》,内蒙古大学硕士学位论文。

闫春慧 2010《先秦"洗涤"语义场探析》,《阴山学刊》第 4 期。

闫春慧 2011a《从〈史记〉、〈论衡〉等看汉魏晋南北朝"洗涤"语义场》,《阴山学刊》第 4 期。

闫春慧 2011b《隋唐五代汉语"洗涤"语义场考察》,《阴山学刊》第 6 期。

闫春慧 2013《从〈金瓶梅〉、〈红楼梦〉等看宋元明清汉语"洗涤"语义场》,《阴山学刊》第 5 期。

闫斯文 2016《古汉语"书写记录"类动词历时演变研究》,吉林大学硕士学位论文。

闫斯文,武振玉 2018《古汉语"书写记录"类动词的发展演变》,《社会科学战线》第 12 期。

颜洽茂 1997《佛教语言阐释——中古佛经词汇研究》,杭州:杭州大学出版社。

颜洽茂,孙淑娟 2012《汉语"忧虑"概念场主导词的历时替换》,《福州大学学报》第 2 期。

颜洽茂,王浩垒 2012《"拦截"概念场主导词的历时更替》,《浙江大学学报》第 5 期。

颜玉君 2014《常用词"痛"、"疼"的历时演变和共时分布》,《国际汉语学报》第 5 卷第 1 辑,学林出版社。

颜玉君 2015《常用词"甘"、"甜"历时演变与兴替研究》,《全球化与中文学科建设的新方向国际学术研讨会论文集》。

颜玉君,朴敏浚 2017《常用词"甘"、"甜"历时演变与兴替研究》,[韩国]

《中国语文学论集》第 105 号。

岩田礼［日］编 2009《汉语方言解释地图》,东京：白帝社。

岩田礼［日］编 2012《汉语方言解释地图(续集)》,东京：好文出版。

杨伯峻 1988《论语译注》,北京：中华书局。

杨奉联 2012《汉语"欺骗"概念域历时演变与共时分布研究》,浙江大学
硕士学位论文。

杨凤仙 2006《从古汉语词"肉"谈常用词研究的重要性》,《长春师范学院
学报》第 3 期。

杨建军 2007《词汇系统的结构模型和自组织性》,南京大学博士学位
论文。

杨建军 2011《词语演变的系统性原则——以睡眠、躺卧语义场为例》,
《长春师范学院学报》第 4 期。

杨克定 1994《关于动词"走"行义的产生问题》,《东岳论丛》第 3 期。

杨琳 2011《训诂方法新探》,北京：商务印书馆。

杨琳 2017《"快""筷"词源新证》,《长江学术》第 4 期。

杨明泽 2010a《常用词"冠、帽"的演变研究》,《黄冈师范学院学报》第
5 期。

杨明泽 2010b《常用词"伪、假"之意义演变研究》,《柳州职业技术学院学
报》第 3 期。

杨明泽,叶桂郴 2010《常用词"栉"、"梳"之演变研究》,《桂林航天工业高
等专科学校学报》第 3 期。

杨明泽,曾利斌 2011《常用词"追、逐"之演变研究》,《广西民族师范学院
学报》第 2 期。

杨琴 2010a《常用词"让"、"数"、"责"、"怪"的历时考察》,《桂林航天工
业高等专科学校学报》第 3 期。

杨琴 2010b《"责怪"类动词的历时演变研究》,湖南师范大学硕士学位
论文。

杨荣贤 2006《基本词"背"对"负"的历时替换》,《语言科学》第 5 期。

杨荣贤 2006/2017《汉语肢体动词发展史研究——以六组基本词为中
心》,南京大学博士学位论文(题为《汉语六组关涉肢体的基本动词发

展史研究》)/上海：中西书局。

杨荣贤 2010 《再谈"走"字"行"义的产生》，载北京大学汉语语言学研究
中心《语言学论丛》编委会编《语言学论丛》第 41 辑，北京：商务
印书馆。

杨荣贤 2017 《现代汉语基本词"踩"的来源》，载北京大学汉语语言学研究
中心《语言学论丛》编委会编《语言学论丛》第 55 辑，北京：商务
印书馆。

杨荣祥 1998 《一部抄袭篡改他人学术成果的"专著"——揭露〈汉语史〉
"作者"王传德、尚庆栓的抄袭行为》，《语文研究》第 1 期。

杨荣祥 2000 《近代汉语中类同副词"亦"的衰落与"也"的兴起》，《中国语
文》第 1 期。

杨荣祥 2005 《近代汉语副词研究》，北京：商务印书馆。

杨寔 1985 《论"窗"与"牗"名词使用的变迁》，载《学林漫录》第 11 集，北
京：中华书局。

杨树达 1983 《古书句读释例》，北京：中华书局。

杨同用 2003 《基本词汇问题的重新思考》，《语文研究》第 3 期。

杨叶 2017 《古代汉语"沿循"语义场研究》，山西大学硕士学位论文。

杨永龙 2002 《"已经"的初见时代及成词过程》，《中国语文》第 1 期。

杨永龙 2017 《词音变化与构式省缩—— 禁止词"别"的产生路径补说》，
《中国语文》第 6 期。

杨振华 2015 《常用词"焦""燥""干"的历时演变》，《哈尔滨师范大学社
会科学学报》第 5 期。

杨振华 2016 《近代汉语"丢弃"概念场动词的历时演变考察》，《语文研
究》第 1 期。

杨振华 2017a 《常用词"橐、囊、袋"的历时更替及相关问题》，《汉字文化》
第 1 期。

杨振华 2017b 《汉语"愚痴"类语义场成员的历时演变与共时分布》，《中
北大学学报》第 3 期。

姚小平 2020 《近代北京话与南京话：17—19 世纪西士笔下的北南官话之
争》，《中国语文》第 4 期。

姚亚平 1980《从会意字的构成看汉语字法和词法的一致性》,《江西大学学报》第 3 期。

姚永铭 2003《慧琳〈一切经音义〉研究》,南京:江苏古籍出版社。

叶桂郴,王玥雯,李鸣镝 2007《"束""缚""捆""绑"的历时考察》,《湖南科技学院学报》第 6 期。

叶桂郴 2011《"买"、"市"、"购"的历时演变》,《古汉语研究》第 4 期。

叶锦明 2019《"走""跑"历时替换考》,《湖北师范大学学报》第 3 期。

叶雪萍 2010《客家方言词语源流考》,西北大学硕士学位论文。

叶雪萍 2011《日头》,《语言文字周报》1 月 26 日第 4 版。

殷国光,龙国富,赵彤编著 2011/2016(第二版)《汉语史纲要》,北京:中国人民大学出版社。

殷晓杰 2009《"面"与"脸"的历时竞争与共时分布》,载浙江大学汉语史研究中心编《汉语史学报》第 9 辑,上海:上海教育出版社。

殷晓杰 2010《近代汉语"一会儿"义词的历时演变与共时分布》,《南开语言学刊》第 1 期。

殷晓杰 2017《再说"趁"及相关问题》,《浙江师范大学学报》第 3 期。

殷晓杰,张家合 2011a《"找"、"寻"的历时替换及相关问题》,《汉语学报》第 3 期。

殷晓杰,张家合 2011b《近代汉语"掇类词"的时空演变及其相关问题》,《南开语言学刊》第 2 期。

殷晓杰,张家合 2011c《也说副词"再"的产生时代》,《语文学刊》第 8 期。

殷晓杰,宋小磊 2012《"抬类词"共时分布的历时考察》,《浙江师范大学学报》第 4 期。

殷晓杰,何意超 2013《"甘""甜"历时替换考》,《汉语学报》第 1 期。

殷晓杰,唐雁凌,赵菁 2015《近代汉语"玩耍"义词的历时演变研究》,《浙江师范大学学报》第 2 期。

殷晓杰,陈春雪,陈佳 2017《再论"箸"与"筷(子)"的历时替换及相关问题》,载浙江大学汉语史研究中心编《汉语史学报》第 17 辑,上海:上海教育出版社。

殷晓杰,吴瑞东,赵娟,等 2018《"饥""饿"历时替换考》,《浙江师范大学学报》第 1 期。

殷晓杰,张家合,张文锦 2019《汉语"躺卧"义词的历时演变研究》,《语言研究》第 1 期。

殷晓杰,崔陈敏 2019《"倒酒"概念域成员的历史演变研究》,《浙江大学学报》第 3 期。

尹戴忠 2008《上古看视类动词的演变规律》,《求索》第 2 期。

尹戴忠 2010《上古"看视"概念场词汇研究》,长沙:湖南人民出版社。

尹戴忠 2011《从饮食文化看"饮"、"吃"、"喝"的历史更替》,《中州学刊》第 5 期。

尹戴忠,赵孜 2012《"视""看"历时更替研究》,《湖南科技大学学报》第 4 期。

尹思 2015《汉语"书信"义语义场的历史演变》,《广州广播电视大学学报》第 6 期。

尹思 2016《〈中古汉语读本〉"房屋住所"语义场研究》,《广西职业技术学院学报》第 1 期。

游修龄 2000《释"豕、豚、彘和猪"》,《中国农史》第 4 期。

于飞 2008《浅论两汉时期常用词"皮"、"肤"的历时替换》,《长春大学学报》第 1 期。

于江 1996《近代汉语"和"类虚词的历史考察》,《中国语义》第 6 期。

于为 2018《先秦汉语建筑词汇研究》,东北师范大学博士学位论文。

余桃桃 2009《汉语穿戴类联合双音词(短语)的历史演变研究》,武汉大学博士学位论文。

袁宾,段晓华,徐时仪,等编著 1997《宋语言词典》,上海:上海教育出版社。

袁嘉 2011《"生死""存亡"与"死活"》,载四川大学汉语史研究所、四川大学中国俗文化研究所编,《汉语史研究集刊》第 14 辑,成都:巴蜀书社。

岳书秀 2018《〈汉书〉中"度""渡"的使用情况研究——以"过"义位为核心》,《长江丛刊》第 8 期。

曾良 2019《"跑"的奔跑义来源考》,《安庆师范大学学报》第 5 期。

曾文斌 2020《中古汉语"诵读"概念场词汇系统研究》,《唐山师范学院学报》第 1 期。

翟莉莉 2016《明代"睡眠"类动词研究》,四川外国语大学硕士学位论文。

翟希钰 2015《汉语"愤怒"类语义场核心动词演变研究》,广西师范学院硕士学位论文。

战浩 2017《从"舂捣"义动词的更替频度看中古汉译佛典的文献价值》,《国际汉语学报》第 2 期。

张标 1989《屦、履考》,《中国语文》第 5 期。

张博 2019《汉语外来词的界定原则与判定方法》,《汉语学报》第 3 期。

张赪主编 2016《汉语简史》,北京:北京语言大学出版社。

张程 2019《"关"对"闭"的历时替换及"关闭"的词汇化研究》,《民间故事》第 25 期。

张成材 1988《从"箸"演变到"筷子"的初步考察》,《青海师范大学学报》第 4 期。

张春梅 2011《东汉—隋降落类词汇系统研究》,载邓章应主编《学行堂语言文字论丛》第 1 辑,成都:四川大学出版社。

张德鑫 1993《第三次浪潮——外来词引进和规范刍议》,《语言文字应用》第 3 期。

张定 2013《借贷义语义场发展演变》,《长春教育学院学报》第 15 期。

张定 2016《"追逐"动词语义图》,《当代语言学》第 1 期。

张芳 2013《说"油脂"》,《语言研究》第 1 期。

张歌 2009《"衾、被/被子"历时替换小考》,《周口师范学院学报》第 1 期。

张海媚 2008《从〈世说新语〉的"目"看词义的时代性》,《南开语言学刊》第 2 期。

张海媚 2010a《〈《管锥编》"契阔"说义质疑〉商补》,载浙江大学汉语史研究中心编《汉语史学报》第 9 辑,上海:上海教育出版社。

张海媚 2010b《副词"当然"始于宋代吗?》,载四川大学汉语史研究所、四川大学中国俗文化研究所编《汉语史研究集刊》第 13 辑,成都:巴蜀书社。

张海媚 2012《"教"的读音演变及其与"叫"的历时更替》,《西南交通大学学报》第 2 期。

张海媚 2015 《常用词"合"对"当、应"的历时替换及其消退考》,《语言研究》第 2 期。

张海媚 2017 《常用词"该"对"合"的历时替换及其他》,《古汉语研究》第 3 期。

张海媚 2020a 《汉语"锋利"义词的共时分布和历时演变》,《语文研究》第 3 期。

张海媚 2020b 《常用词"寤(悟)、觉、醒"的历时兴替及其原因》,《语言研究》第 4 期。

张惠英 1989 《说"给"和"乞"》,《中国语文》第 5 期。

张惠英 2012 《北京土话连词"和"读"汉"音探源》,《中国语文》第 1 期。

张荆萍 2011 《"买"、"卖"语义场交集动词演变探析》,《宁波大学学报》第 5 期。

张静 2017 《古代契约文书中"买"、"卖"类词语历时演变研究》,陕西师范大学硕士学位论文。

张凯潞 2019 《双音词"知道"的历时考察》,《卷宗》第 21 期。

张黎 2010 《汉语"燃烧"类动词语义场历史演变研究》,四川外语学院硕士学位论文。

张立红 2013 《温度词"热、冷、温、凉"语义演变的历史考察》,江西师范大学硕士学位论文。

张美兰 2002 《〈训世评话〉中的授与动词"给"》,《中国语文》第 3 期。

张美兰,周滢照 2014 《近代汉语"玩耍"义动词"玩/顽"、"耍"之历时演变》,载四川大学汉语史研究所、四川大学中国俗文化研究所编《汉语史研究集刊》第 18 辑,成都:巴蜀书社。

张美薇 2012 《常用词"追""逐"在秦汉时期的词义考辨》,《文教资料》第 3 期。

张能甫 1998/1999 《汉语基本词汇研究的回顾与展望》,《川东学刊》第 1 期/《四川师范大学学报》第 2 期。

张鹏丽,陈明富 2010 《古书"竖"作詈语考》,《中国语文》第 1 期。

张庆庆 2007 《近代汉语"寻找"义动词更替考》,《苏州大学学报》第 3 期。

张庆庆 2009 《近代汉语"高兴"类词的演变与更替》,《现代语文》第 10 期。

张莎,马丽 2012 《以"穿戴""吃喝"为例探讨常用词的演变》,《北方文学》第 3 期。

张生汉 2000 《对"盥、沐、沫、浴"一组词的考察》,载四川大学汉语史研究所编《汉语史研究集刊》第 2 辑,成都:巴蜀书社。

张世禄 1956 《基本词汇的性质和范围》,《语文知识》8 月号。又收入其《张世禄语言学论文集》,上海:学林出版社,1984 年。

张世禄 1986 《"同义为训"与"同义并行复合词"的产生》,载吴文祺主编《语言文字研究专辑》(下),上海:上海古籍出版社。

张世禄 2020 《汉语史讲义》,申小龙整理,上海:东方出版中心。

张婷 2008 《常用词"兄/哥"的发展与演变》,《山东行政学院山东省经济管理干部学院学报》第 S1 期。

张婷 2015 《〈西厢记〉和〈刘知远诸宫调〉卧睡类概念场词汇系统研究》,《语文学刊》第 15 期。

张万起编 1993 《世说新语词典》,北京:商务印书馆。

张薇 2005 《"口"、"嘴"辨析》,《语言教学与研究》第 2 期。

张卫东 2002 《语言自迩集·译序》,北京:北京大学出版社。

张蔚虹 2010 《〈老乞大〉诸版本饮食类动词比较》,《汉语学报》第 3 期。

张席珍,刘建仁,等 1981 《国语日报外来语词典》,台北:国语日报社。

张晓丽 2015 《"停止"类动词语义场的历时演变》,内蒙古大学硕士学位论文。

张欣 2019 《"更换"义动词"易""更""换"的历时替换》,《宜春学院学报》第 4 期。

张亚静 2014 《"腹"与"肚"两词对比》,《现代语文》第 12 期。

张雁 2015/2016 《兴替与选择:"下雨"、"落雨"的历史比较考察》,载周碧香主编《语言之旅——竺家宁先生七秩寿庆论文集》,台北:五南图书出版股份有限公司/《湖北大学学报》第 4 期。

张谊生,潘晓军 2007 《"稍微"类副词的历时来源和发展演变》,《忻州师范学院学报》第 3 期。

张永言 1962《"书"的"书信"义不始于唐代》,《中国语文》第 4 期。

张永言 1982/2015《词汇学简论》,武汉:华中工学院出版社/上海:复旦
　　大学出版社(增订本)。

张永言 1983《"轻吕"和"乌育"》,《语言研究》第 2 期。

张永言 1985《两晋南北朝"书""信"用例考辨》,《语文研究》第 2 期。

张永言 1992/1999/2015《语文学论集》,北京:语文出版社/北京:语文出
　　版社(增补本)/上海:复旦大学出版社(增订本)。

张永言 2007《汉语外来词杂谈》(补订稿),载浙江大学汉语史研究中心
　　编《汉语史学报》第 7 辑,上海:上海教育出版社。

张永言主编 1992《世说新语辞典》,成都:四川人民出版社。

张玉代 2008《"背负"类词汇历时演变研究》,西北大学硕士学位论文。

张志毅,张庆云 2005《词汇语义学》(修订本),北京:商务印书馆。

张忠堂,秦敏 2016《论汉语史上"学""校"的音变构词》,《东南大学学
　　报》第 1 期。

张子才 2002《"油"构成的几个复词义索解》,《辞书研究》第 6 期。

章红梅 2005《古汉语"跳跃"义场的语义分析》,《西华师范大学学报》第
　　3 期。

赵川兵 2007《四种〈老乞大〉中"和类词"的使用——兼及〈老乞大新释〉
　　的语言性质》,载北京大学汉语语言学研究中心《语言学论丛》编委会
　　编《语言学论丛》第 35 辑,北京:商务印书馆。

赵川兵 2009《现代汉语"和类词"的分布及层次》,《语言科学》第 4 期。

赵川兵 2010《连词"和"的来源及形式》,《古汉语研究》第 3 期。

赵川兵 2014《现代汉语方言"采摘类词"的共时差异及其成因、整合》,
　　《励耘语言学刊》第 1 辑。

赵川兵 2016《汉语基本词汇的地理分布现状、历史与北人南迁——以"擦
　　拭类词"为例》,载北京大学汉语语言学研究中心《语言学论丛》编委
　　会编《语言学论丛》第 53 辑,北京:商务印书馆。

赵川兵 2017《〈中华正音〉连-介词"混/浑"用例几则》,《中国语文》第
　　1 期。

赵枫 2013《筷箸称谓演变探究》,《语文学刊》第 10 期。

赵美英 2017《魏晋南北朝"溢满"类语义场研究》，辽宁大学硕士学位
　　论文。

赵日新 2018《北京话并列连词 hàn、hài 的来源》，《方言》第 1 期。

赵世举 2003《授与动词"给"产生与发展简论》，《语言研究》第 4 期。

赵雪伶 2018《汉语方言"看类词"成员的地理历史演变》，《山西大同大学
　　学报》第 2 期。

赵岩 2013《简帛文献词语历时演变专题研究》，北京：中国社会科学出
　　版社。

赵岩 2017《从简牍文献看"桥""梁"的更替》，《文汇报》2 月 3 日。

赵永超 2010《古代汉语"快速"语义场研究》，浙江大学硕士学位论文。

赵振铎 1959《虚词不能归入基本词汇吗》，《人文杂志》第 3 期。

真大成 2015《说"趁"——基于晋唐间(5—10 世纪)演变史的考察》，《中
　　国语文》第 2 期。

真大成 2017《"趁"之来源补论》，《语言研究》第 1 期。

真大成 2018《谈当前汉语常用词演变研究的四个问题》，《中国语文》第
　　5 期。

真大成 2020《中古"衍生性文本"的生成及其语料意义——以〈世说新
　　语〉为例》，《中国语文》第 1 期。

真大成，向学春 2019《中古新词"趁"与文献断代》，载浙江大学汉语史研
　　究中心编《汉语史学报》第 21 辑，上海：上海教育出版社。

郑奠 1959《汉语史随笔(二)》，《中国语文》第 7 期。

郑莉娟 2019《常用词"柔""软"历时演变考》，《内江师范学院学报》第
　　5 期。

郑伟 2006《说上古汉语的"洗"》，《语言研究》第 4 期。

郑艳华 2007《常用词"牖、窗"的历时更替》，《海南广播电视大学学报》第
　　2 期。

植田均［日］2012《近世中国语シソーラス研究："知道"、"晓得"等》，
　　［日本］《奈良产业大学纪要》第 28 卷。

志村良治［日］1995《中国中世语法史研究》，江蓝生，白维国译，北京：中
　　华书局。

中国社会科学院语言研究所词典编辑室编 2016《现代汉语词典》第 7 版，北京：商务印书馆。

钟吉娅 2003《汉语外源词——基于语料的研究》，华东师范大学博士学位论文。

钟明立 2011《汉语"胜—败"义语义场的历时演变》，《华南师范大学学报》第 4 期。

钟明立 2013《汉语"持拿"义语义场的历史演变》，载浙江大学汉语史研究中心编《汉语史学报》第 13 辑，上海：上海教育出版社。

钟向前 2009《"饮"与"喝"的历时替换考察》，《现代语文》第 11 期。

钟兆华 2011《近代汉语虚词研究》，北京：中国社会科学出版社。

周法高 1962《中国古代语法·构词编》，台湾"中央研究院"历史语言研究所。

周福云 1994《读〈汉语词汇史〉献疑》，《电大教学》第 6 期。

周广干 2013《"或"系假设连词流变考论》，《中国语学研究·开篇》第 32 号，东京：好文出版。

周国光 1995《动词"给"的词汇意义和语法意义的发展》，《安徽师范大学学报》第 1 期。

周国祥 2015《常用词"巢""窠""窝"的历时演变》，《汉语学报》第 1 期。

周荐 1987《基本词汇与一般词汇划分刍议》，《南开学报》第 3 期。又收入其《词汇学词典学研究》，北京：商务印书馆，2004 年。

周荐 1995《汉语词汇研究史纲》，北京：语文出版社。

周敬旻 2016《"走"的历时考察》，《广西科技师范学院学报》第 1 期。

周俊勋，侯茜蓉，王琳 2017《中上古动词"开/启"替换的及物性分析》，《阿坝师范学院学报》第 2 期。

周生亚 1989《并列连词"与、及"用法辨析》，《中国语文》第 2 期。

周玟慧 2017《从中古"面"、"颜"、"脸"更替现象看南北朝通语异同》，《汉学研究》第 1 期。

周行 2002《关于"基本词汇"的再探讨》，《汉字文化》第 1 期。

周颜丽 2013《上古"欺骗"类动词的历时演变》，《中国校外教育》第 24 期。

周一良 1985《魏晋南北朝史札记》,北京:中华书局。

周志锋 2004《吴方言与明清白话著作语言研究刍议》,载浙江大学汉语史研究中心编《汉语史学报》第 4 辑,上海:上海教育出版社。

周志锋 2006《明清小说俗字俗语研究》,北京:中国社会科学出版社。

周祖谟 1959/2006《汉语词汇讲话》,北京:人民教育出版社/北京:外语教学与研究出版社。

周祖谟 1981《问学集》,北京:中华书局。

朱冠明 2019《再谈近指代词"這"的来源》,《中国语文》第 6 期。

朱冠明 2020《"意味着"和"是时候 VP 了"的来源——兼谈百年来汉语与外语接触方式的变化》,《世界汉语教学》第 4 期。

朱红 2010《语义焦点与语言的历时演变——以上古汉语"我"、"吾"的分化为例》,《南开语言学刊》第 1 期。

朱起凤 1982《辞通》,上海:上海古籍出版社。

朱庆之 1992《佛典与中古汉语词汇研究》,台北:文津出版社。

朱庆之 2012《释"麓"》,载董恩林主编,《纪念张舜徽百年诞辰国际学术研讨会暨中国历史文献研究会第 32 届年会论文集》,武汉:湖北人民出版社。

朱彦 2004《汉语复合词语义构词法研究》,北京:北京大学出版社。

朱艳丽 2009《常用词"畏"、"惧"/"怕"的历时更替考》,《语文学刊》第 8 期。

祝昊冉 2018《"首""头"在上古时期的演变》,《南开语言学刊》第 2 期。

祝昊冉 2020《"首""头"在上古中古时期的演变及其相关词群研究》,南开大学博士学位论文。

祝顺有 1983《说"给"》,《华中师院学报》第 4 期。

庄卉洁 2016《"睡醒"语义场词汇历时兴替演变研究》,《清华大学学报》增 1 期。

佐藤晴彦［日］2019《"筷子"考》,［日本］《中国语研究》第 61 号。

Richard B. Mather 1976/2002 *Shih-shuo Hsin-yü: A New Account of Tales of the World.* University of Minnesota Press/Center for Chinese Studies, The University Of Michigan(2nd edition).

| 附　录 |

几篇相关的文章

关于汉语词汇史研究的一点思考

张永言　汪维辉

在汉语史诸部门中,词汇史向来比较落后,而中古(晚汉—隋)时期汉语词汇史的研究尤为薄弱①。近二十年来,经过郭在贻等先生的大力倡导和身体力行,中古词汇研究已经由冷落而繁荣,取得了一批重要的成果,专著如林,各擅胜场,单篇文章多至难以胜数。这些成果是应当充分肯定的,它们对古籍整理、辞书编纂等工作都具有不可低估的价值,也为建立汉语词汇史积累了许多有用的材料。但是,这些论著大多偏重疑难词语的考释,研究的对象集中在从张相到郭在贻一贯强调的"字面生涩而义晦"和"字面普通而义别"的这两类词;也就是说,主要还是训诂学的研究,是传统训诂学的延伸和扩展。至于作为语言词汇的核心的"常语",向来是训诂学者认为可以存而不论或者无烦深究的。然而,要探明词汇发展的轨迹,特别是从上古汉语到近代汉语词汇的基本格局的过渡,即后者逐步形成的渐变过程,则常用词的衍变递嬗更加值得我们下工夫进行探讨。而这正是汉语史异于训诂学之处。因为不对常用词作史的研究,就无从窥见一个时期的词汇面貌,也无从阐明不同时期之间词汇的发展变化,无从为词汇史分期提供科学的依据。

训诂学与词汇史有密切的联系,又有本质的区别。训诂的目的是"明古",训诂学的出发点是为了读古书——读懂古书或准确地理解古书。因此,那些不必解释就能理解无误的词语,对训诂学来说就没有多少研究价值。词汇史则颇异其趣,它的目的是为了阐明某一种语言的词汇的发展历史及其演变规律,而不是为了读古书,尽管不排除客观上会

---

① 吕叔湘先生(1961)曾指出:"汉语史研究中最薄弱的部分应该说是词汇的研究。"吕先生(1982)还说:"汉语的历史词汇学是比较薄弱的部门,从事这方面研究的力量跟这项工作的繁重程度很不相称。"郭在贻先生(1989)也说过:"关于汉语词汇史的研究,魏晋南北朝这一段向来是最薄弱的环节。"

有这种功用。所以,在训诂学看来没有研究意义的词汇现象,从词汇史的立场去看可能恰恰是极为重要的问题。目前在语言学界还存在着一种模糊认识,有意无意地把训诂学和词汇史混为一谈,以为考释疑难词语和抉发新词新义就是词汇史研究的全部内容。这种认识对词汇史研究的开展是不利的。因此,我们想要强调的是,这两门学问各有其彼此不可替代的价值,由于研究目的不同,看问题的角度、所用的方法和材料等等都有所不同。在目前词汇史研究还很薄弱的情况下,有必要分清两者的关系,尤其是它们的区别。

早在四十年代初王力先生(1941)就撰文指出:"古语的死亡,大约有四种原因:……第二是今字替代了古字。例如'怕'字替代了'惧','绔'字替代了'袴'。第三是同义的两字竞争,结果是甲字战胜了乙字。例如'狗'占胜了'犬','猪'战胜了'豕'。第四是由综合变为分析,即由一个字变为几个字。例如由'渔'变为'打鱼',由'汲'变为'打水',由'驹'变为'小马',由'犊'变为'小牛'。"又说:"无论怎样'俗'的一个字,只要它在社会上占了势力,也值得我们追求它的历史。例如'松紧'的'松(鬆)'字和'大腿'的'腿'字,《说文》里没有,因此,一般以《说文》为根据的训诂学著作也就不肯收它(例如《说文通训定声》)。我们现在要追究,像这一类在现代汉语里占重要地位的字,它是什么时候产生的。至于'脖子'的'脖','膀子'的'膀',比'松'字的时代恐怕更晚,但是我们也应该追究它的来源。总之,我们对于每一个语义,都应该研究它在何时产生,何时死亡。虽然古今书籍有限,不能十分确定某一个语义必系产生在它首次出现的书的著作时代,但至少我们可以断定它的出世不晚于某时期;关于它的死亡,亦同此理。……我们必须打破小学为经学附庸的旧观念,然后新训诂学才真正成为语史学的一个部门。"(王力 1947)王先生所说的"新训诂学"实际上就是词汇史。后来他又在《汉语史稿》第四章"词汇的发展"中勾勒了若干组常用词变迁更替的轮廓。此后陆续有学者对王先生论及的各个新词出现的时代上限提出修正,但讨论对象基本上没有超出他举例的范围,且仅以溯源(找出更早的书证)为满足。溯源当然是词汇史研究的一个方面,而且是相当重要的一环,因为不明"源"就无从探讨"流",但是仅仅溯源是远远不够的。蒋绍愚先生曾经设想,"可以根据一些常用词语的更替来考察词汇发展的阶段"①。在新近出版的《蒋绍愚自选集》中,又多次论及这一问题,还有专文《白居易诗中与"口"有关的动词》②,分析探讨了与"口"有关的四组动词从《世说新语》到白居易诗到《祖堂集》的发展演变情况,并运用了判别旧词与新词的两种基本方法——统计使用频率和考察词的组合关系。蒋先生从理论和实践两方面所作的探索,无疑将对推进汉语词汇史的研究产生重要影响。本文作者之一也曾经试图通过考察个别词语的消长与更替(如:言—说,他人—旁人,有疾—得病)来探讨作品语言的时代特征③。但这是一项难度很大的工作,不是少数人在较短的时间内能做到相当程度的。现在我们打算抛砖引玉,试从若干组同义词语在中古时期的变迁交替入手,作一初步的探索,希望能为汉语词汇史的发展理出一点线索,或者说寻找一种方法或途径,以期改变目前有关研究工作中畸轻畸重的局面,使疑难词语考释与常用词语发展演变的研究齐头并进,相辅相成,从而逐步建立科学的汉语词汇史。

1. 目／眼

王力先生(1958:499)说:"《说文》:'眼,目也。'《释名》:'眼,限也。'可见汉代已有'眼'字。但战国以前是没有'眼'字的。战国时代也还少见,汉代以后才渐渐多见。'眼'在最初的时候,只是指眼球。……这样,它是和'目'有分别的。后来由于词义的转移,'眼'就在口语里代替了'目'。"

就目前所掌握的材料看,秦以前典籍中"眼"共5见,除王力先生所引的《战国策》《庄子》《周易》各一例外,另两例是:《韩非子·外储说右下》:"赵王游于圃中,左右以兔与虎而辍,盼然环其眼。王曰:'可恶哉,虎目也!'左右曰:'平阳君之目可恶过此。见此未有害也。见平阳君之目如此者,则必死矣。'"《吕氏春秋·遇合》:"陈有恶人焉,曰敦洽雠麇,椎颡广颜,色如浃赪,垂眼临鼻。"用例确实不多。

---

① 1991年9月13日就《从词汇史看〈列子〉的撰写时代》一文致张永言信。
② 原载《语言研究》1993年第1期。
③ 张永言《从词汇史看〈列子〉的撰写时代》,载李铮主编《季羡林教授八十华诞纪念论文集》上卷,南昌:江西人民出版社,1991。

　　方一新(1987)①曾列举约二十条书证证明"眼"字在汉魏六朝文献中
就常作"目"讲,并非如王力先生在两篇文章中所讲的那样到了唐代"眼"
才成为"目"的同义词。方文所举"眼"当"目"讲的最早一条书证是《史记
·孔子世家》的"眼如望羊",其实这个例子还不够典型,因为字书多释此
"眼"为"眼光";《史记》中还有一例"眼"是确凿无疑等于"目"的,即《大宛
列传》:"其人皆深眼,多须髯。"②《吕氏春秋》"垂眼"的"眼"也是指"眼
睛"③。如此看来,"眼"当"目"讲在汉代以前就已经有了。由此我们甚至
怀疑"眼"从一开始就等于"目",把它解释成"眼球"可能是后人强生分
别。因为仅仅根据"抉眼""白眼"这些用例就断定"眼"是指"眼球"似乎
不够全面。我们认为,古人在一般情况下并不细分整个眼睛和眼球,正像
"目"有时也可指"眼球"一样,"眼"也是通指的。(现代汉语仍然如此,如
"眼睛布满血丝",不必说成"眼球布满血丝"。)如上引《韩非子·外储说
右下》例,上文用"眼",下文用"目",所指无别。又如《洛阳伽蓝记》卷5:
"雪有白光,照耀人眼,令人闭目,茫然无见。"似乎"眼"指"眼球","目"指
"眼睛",是有分别的;但是比较一下出于同卷的下面两个例子就不难看
出,"眼"和"目"是浑然无别的:"林泉婉丽,花彩曜目。""通身金箔,眩耀
人目。""眼"在具体的上下文中有时专指"眼球",那不过是它的义位变体
而已。虽然在先秦两汉典籍中一般说"抉眼",但《说苑·杂言》:"今欲明
事情,恐有抉目剖心之祸。"应劭《风俗通义》(《匡谬正俗》卷8引):"吴王
夫差……诛子胥,……抉其目东门。"《旧唐书·太宗纪下》有"抉目剖心",
"抉目"的说法在文人笔下一直常用④。又,《说文》:"目,人眼也。""眼,目
也。"说得清清楚楚。这些都说明古人就是如此理解"眼"和"目"的。表示
"眼球"的概念古代有一个专门的词"目朕(字又作盯)"。如《周礼·春
官·序官》"瞽矇"郑玄注引郑司农曰:"无目朕谓之瞽,有目朕而无见谓之
矇。"《新序·杂事一》:"晋平公闲居,师旷侍坐,平公曰:'子生无目朕,甚

---

① 　又见王云路、方一新(1992:425-427)"眼"条。
② 　《汉书·西域传上·大宛国》作"其人皆深目,多须髯"。此或为班固改俗为雅。"深
　　眼"跟《世说新语·排调》所说"康僧渊目深而鼻高"的"目深"指的是一回事。《高僧
　　传》卷4"康僧渊"正作"鼻高眼深"。
③ 　张双棣等(1993)编《吕氏春秋词典》就释作"眼睛"。
④ 　参看《汉语大词典》"抉目吴门"条。

矣,子之墨墨也!'"附带说一下,王力先生的说法可能是本于元代的戴侗。徐灏《说文解字注笺》"眼"字下引戴侗曰:"眼,目中黑白也,《易》曰:'为多白眼。'合黑白与匡谓之目。"

　　从东汉起"眼"用例渐多。如张衡《思玄赋》:"咸姣丽以蛊媚兮,增嫮眼而蛾眉。"①古诗(《艺文类聚》卷 56 引):"两头纤纤月初生,半白半黑眼中睛。"魏文帝曹丕诗(《文选》卷 25 陆云《答张士然》诗李注引):"回头四向望,眼中无故人。"陆云《答张士然》诗:"感念桑梓城,仿佛眼中人。"《释名·释形体》:"睫,插也,插于眼眶而相接也。"皇甫谧《高士传》卷中"老商氏":"眼耳都融,弃干忘机。"葛洪《神仙传》(《太平广记》卷 5 引):"能令弟子举眼见千里。"郭璞《山海经图赞·掔兽》:"掔兽大眼。"(《山海经》原文作"大目")东晋佛陀跋陀罗译《观佛三昧海经》卷 2"观相品第三之二":"入眼为泪,入鼻为涕。"姚秦鸠摩罗什译《大智度论》卷 5:"于眼,得色界四大造清净色,是名天眼。"晋代以后,例子就难以数计了。从以下两个方面观察,在当时的实际口语中,"眼"应该已经战胜了"目"并逐步取而代之:1) 使用范围。"眼"不仅大量出现在口语色彩较强的小说、民歌、翻译佛典等文体中,而且进入了诗文、史书等高文典册。《高僧传》卷 1"康僧会":"[支亮]眼多白而睛黄,时人为之语曰:'支郎眼中黄,形躯虽细是智囊。'"史书人名有"傅竖眼""杨大眼"等,这些都是当时口语的实录。此外,指称动物的眼睛往往用"眼",如:龙眼(植物名)、鹅眼(钱名)、鱼眼②、蛇眼、龟眼、鳖眼、鹰眼、牛眼、兽眼等等。2) 构词和搭配能力。"眼"表现出强大的构词和搭配能力,这正是基本词汇最显著的特征之一。例如:慧眼、肉眼、天眼、青白眼、满眼、碧眼、嫮眼、耀眼、晃眼、举眼、眩眼、懒眼、明媚眼、清明眼、道眼、眼分、眼色、眼境、眼界、眼根、眼患、眼医、眼明(眼明袋、眼明囊)、眼前、眼笑、眼花、眼中、眼中人、眼识、眼眶、眼膜、眼语、眼精(睛)、眼泪、眼光、眼耳、眼角。其中有许多是不能用"目"来代替的,如:肉眼、青白眼、懒眼、晃眼、明媚眼、眼境、眼界、眼根、眼医、眼花、眼膜、眼耳、眼角等。此外还有"眼目""目眼"同义连文的,这种由新旧两个同义语

---

①　按,"嫮眼"即《楚辞·大招》"嫮目宜笑,蛾眉曼只"的"嫮目"。
②　"鱼眼"东方朔《七谏·谬谏》已见:"玉与石其同匮兮,贯鱼眼与珠玑。"魏晋南北朝用例多见,不备引。

关于汉语词汇史研究的一点思考

素构成的并列式复合词在词汇发展中是常见的。

下面我们再来具体考察一下《世说新语》一书中"眼"和"目"的使用情况(据高桥清编《世说新语索引》统计):全书"眼"共15见,当"眼睛"讲的"目"17见,出现频率大体持平;在用法上,"眼"的自由度要大于"目"。"眼"除组成"眼光""眼耳""白眼""青白眼"外,都单独使用;而"目"则主要出现于承用前代的一些固定搭配中,如耳目、蜂目、举目、属目、触目、目精、瞋目(4见)等,只有少数能独立使用。"目"的"眼睛"义被"眼"挤占后,它在《世说新语》中更多地是用作"品评"义(共46见);此外,当动词"看"讲和"节目"之类的用法也是"眼"所没有的。

2. 足／脚

王力先生(1958:500)指出:"《说文》:'脚,胫也';《释名》:'脚,却也,以其坐时却在后也'。可见'脚'的本义是小腿。……但是,到了中古,'脚'在基本词汇中已经代替了'足',这里有一个典型的例子:'潜无履,王弘顾左右为之造履。左右请履度,潜便于坐伸脚令度焉。'(晋书·陶潜传)""脚"有"足"义的始见时代,经过学者们的考订,已经把它提前到了三国①。

我们认为,"脚"从最初指"胫"到后来转而指"足",中间应该有一个指"整个膝盖以下部分"的过渡阶段,即先从小腿扩大到包括脚掌在内,然后再缩小到脚掌。在汉末魏晋南北朝时期它正处在这个过渡阶段之中,而一直到隋末这个过程似乎尚未完成。下面这些例子中的"脚"都不易断定是专指小腿抑或专指脚掌,只能看作是笼统地指"整个膝盖以下部分"。(在具体的上下文中有时仅指这个整体中的某一部分,这是义位与义位变体的关系,二者并不矛盾。)例如《金匮要略·中风历节》:"乌头汤方,治脚气疼痛、不可屈伸。"《西京杂记》卷6:"左右遂击之,不能得,伤其左脚。其

---

① 参看董志翘(1985)《"脚"有"足"义始于何时?》、吴金华(1986)《"脚"有"足"义始于汉末》。吴文所举后汉康孟详译《兴起行经》二例不可靠[此经译者和时代均不详,参看吕澂(1980:68)《新编汉文大藏经目录》]因此只能根据他所引的《汉书》如淳注和三国吴支谦译《撰集百缘经》二例,把始见书证的时代暂定在三国。

夕,王梦一丈夫,须眉尽白,来谓王曰:'何故伤吾左脚?'乃以杖扣王左脚。王觉,脚肿痛生疮,至死不差。"《晋书·皇甫谧传》载谧上晋武帝书:"臣久婴笃疾,躯半不仁,右脚偏小。"《晋书·陶侃传》:"[王]贡初横脚马上,侃言讫,贡敛容下脚,辞色甚顺。"《魏书·儒林陈奇传》:"……梦星压脚,必无善征。"此外像"跛脚、损脚、动脚、患脚、脚患、脚疾、脚弱、脚痛、脚挛"等等,其中的"脚"究竟是指哪个部位都很难确定。王力先生曾举《释名》"脚,却也,以其坐时却在后也"为例,证明"脚"的本义是"小腿",但出自同书的下面几个例子却表明,在刘熙的口语中"脚"已经并非专指小腿。如《释衣服》:"裈,贯也,贯两脚上系要中也。"又:"袜,末也,在脚末也。"《释姿容》:"超,卓也,举脚有所卓越也。"

"脚"有时甚至可以指包括大腿在内的整条腿。例如《世说新语·贤媛》:"庾玉台常因人,脚短三寸,当复能作贼否?"《魏书·灵皇后胡氏传》:"崇乃伤腰,融至损脚。时人为之语曰:'陈留、章武,伤腰折股。'"《梁书·何胤传》:"昔荷圣王眄识,今又蒙旌贲,甚愿诣阙谢恩;但比腰脚大恶,此心不遂耳。"当然,这样的例子是少数,但这跟"脚"用于指动物和器物的脚时是指它们的整条腿这一用法又是一致的①。指动物和器物的脚时,既可用"足",也可用"脚",虽有文白之别,但指的都是整条腿。例如《太平广记》卷320引《续搜神记》:"四人各捉马一足,倏然便到河上。……遂复捉马脚,涉河而渡。"这样的语言现象值得我们注意。

专指"脚掌"的"脚"晋代以后渐渐多见起来。例如《抱朴子外篇·刺骄》:"或濯脚于稠众,或溲便于人前。"《世说新语·雅量》:"羊了不眄,唯委脚几上,咏瞩自若。"《太平御览》卷1、《太平广记》卷118引《幽明录》:"仰头看室而复俯指陛下脚者,脚,足也,愿陛下宫室足于此也。"殷芸《小说》卷1:"左右巧者潜以脚画神形,神怒曰:'速去!'"《水经注》卷19"渭水":"班于是以脚画地,忖留觉之,便还没水。"《法苑珠林》卷17、《太平广记》卷110引《冥祥记》:"身既浮涌,脚以(已)履地。"又《珠林》卷17引《冥祥记》:"于夜梦一沙门以脚踏之(《广记》卷110引作'以足蹑之')。"

---

① "脚"指动物的腿的用法起源颇早,如《淮南子·俶真》:"飞鸟铩翼,走兽挤脚。"郭璞注《尔雅》,用了不少此类的"脚",大多指整条腿。指器物的"脚"则似乎是魏晋时期产生的新用法,最常见的是"床脚",还有"鼎脚""车脚""楼脚""箭脚"等。

《太平御览》卷 499 引《笑林》:"赞者曰'履著脚',坚亦曰'履著脚'也。"《说文》:"袜,足衣也。"《玉篇》作"脚衣"。此外,像"脚跟""脚指""脚迹""脚腕"等,由于有另一个语素的限定,"脚"指"脚掌"也是确定无疑的。但是如果没有其他语素或上下文的限定,或限定不够明确,有时仍难以断定"脚"是否就专指"脚掌",这种疑似的例子在这一时期是很多的。由此我们推测,"脚"在一定的上下文中专指"脚掌",开始时也是作为"膝盖以下部分"的一个义位变体而出现的,后来这个义位变体用得多了,就渐渐地独立为一个固定的义位了。这个过程的最终完成,恐怕是要在"腿"取代了"股""胫"以后,这时候原先由"股""胫""足"三个词构成的一个最小子语义场就变成了由"腿"(大腿、小腿)和"脚"两个词构成的了。

上面的简单描述表明,"脚"在魏晋南北朝时期使用频繁,词义发生变化:先是义域扩大,侵入"足"的义域,有时还侵入"股"的义域,但最常用的还是指"膝盖以下部分";然后停止后一发展趋势,并逐步失去指"小腿"部分的功能,词义趋向于固定在"脚掌"上。这一过程的最终完成当在唐以后。但在某些方言中,至今仍保留着"脚"在汉魏六朝时期的这一古义,如吴方言"脚"就既可以指脚掌,也可以指整条腿①。

3. 侧、畔、旁(傍)/边

表示"在某物的旁边"这个意思②,先秦主要用"侧",偶尔也用"旁"和"畔",如《韩非子·外储说右上》:"齐尝大饥,道旁饿死者不可胜数也。"《墨子·备突》:"门旁为橐。"《楚辞·渔父》:"游于江潭,行吟泽畔。"("畔"字用法非常有限,例子也极少。)在先秦典籍中,这类"旁"用得最多的是《吕氏春秋》,共 5 次;而"侧"全书一共才 4 见,直接放在名词后面的仅 2 次。用"旁"多于用"侧"的现象在《史记》中有了进一步的发展,全书"旁"共 113 见,用作此义的有 48 次,"傍"16 见,用作此义的 6 次;搭配范围也有所扩大,可用在"江、河、海、冢、石、右"以及表示建筑物、人、天体

---

① 关于"脚"的词义变化,参看江蓝生(1988:98-99)《魏晋南北朝小说词语汇释》。
② 本文所讨论的仅限于这一组词直接放在名词后面的用法,放在动词、介词和"之""其""一""两""四"等字之后的均除外。

（如北斗、日）等名词的后面。而"侧"全书仅 37 见，且如此用的仅 5 次（均为"帝侧"，用法单一）。"边"在先秦基本上不如此用。《韩非子·外储说右下》："令王良、造父共车，人操一边辔而出门闾，驾必败而道不至也。"似可看作此种用法的雏形。

到了汉末魏晋南北朝时期，"边"开始出现并迅速增多。《广雅·释诂四》："边，方也。"（王念孙疏证：《士丧礼》注云：'今文旁为方。'"）《玉篇》："边，畔也。"都记录了这一事实。早期的用例如：《后汉书·赵壹传》载壹《刺世疾邪赋》："伊优北堂上，抗脏倚门边。"蔡琰《悲愤诗》："马边县男头，车后载妇女。"曹丕《于玄武陂作》诗："柳垂重荫绿，向我池边生。"王粲诗（《艺文类聚》卷 92 引）："鸳鸟化为鸠，远窜江汉边。"左思《娇女诗》："轻妆喜楼边，临镜忘纺绩。"束皙《贫家赋》："悲风噭于左侧，小儿啼于右边。"《三国志·魏志·张辽传》："太祖征张鲁，教与护军薛悌，署函边曰：'贼至乃发。'"又《华佗传》："向来道边有卖饼家蒜齑大酢，从取三升饮之，病自当去。"又："似逢我公，车边病是也。"西晋竺法护译《无量清净平等觉经》卷 1："佛语阿难：'如世间贫穷乞丐人，令在帝王边住者，其人面目形貌何等类乎？'"《法显传·蓝莫国》："塔边有池，池中有龙。"又《自师子国到耶婆提国》："如是大风昼夜十三日，到一岛边。"郭璞《山海经图赞·寻木》："渺渺寻木，生于河边。"①这一时期"边、侧、旁"②都很常用，在大多数场合可以互相替换；在诗和骈文中，这三个词常常构成同义互文；还有"旁边""傍边""旁侧"同义连文的。"畔"则用得较少，使用范围也小得多③。"边"作为一个新兴的词汇成分，从两个方面表现出它的特点：一是使用频率迅速提高，到了《世说新语》里，它已经远远超过了"旁"和"侧"（"边"13 次，"傍"1 次，"侧"7 次）；二是用法灵活多样，"旁"和"侧"所有的用法它几乎都具有，还出现了"左边、右边、颊边、耳边、烛边"这样一些

---

① 《汉语大词典》和太田辰夫（1987）《中国语历史文法》都引陶渊明《五柳先生传》为始见书证，嫌太晚。

② 先秦一般用"旁"，汉魏六朝则多用"傍"。下文以"旁"赅"傍"，不再一一说明。

③ 基本上只限于一些表示地理概念的名词。"星畔、耳畔、窗畔、酒畔、樽畔、琴畔、鬓畔、炉畔、灯影畔、兰烛畔、画图畔"一类说法大多要到唐代才产生，而且带有明显的文学修辞意味，恐怕不是地道的口语词。

说法;有些用法则是"旁"和"侧"所没有的,如:天边、东边、西边、北边①,这无疑跟"边"的本义有关。往这个方向再虚化,就有了"前边、后边、里边、外边、上边、下边"这些用法,而"旁"和"侧"直到今天都没有虚化到这个地步②。这意味着在这一组同义词的竞争中,"边"已经表现出优势,又经过唐以后的发展,它终于在口语中吞并了"旁"和"侧",成为现代汉语表示这一概念的唯一的口语词。

4. 视／看

表示"用眼睛看"这一行为,先秦两汉一般说"视"。就目前所知,"看"最早见于《韩非子·外储说左下》:"梁车为邺令,其姊往看之。"但先秦典籍中仅此一见而已。《说文》著录了"看"字,并且有异体作"䀡",但在两汉文献中"看"字仍然难得见到。直至魏晋以后"看"才逐渐多起来。《广雅·释诂一》:"看,视也。"这可能是对当时实际使用情况的记录。这里举一些较早的用例。王延寿《鲁灵光殿赋》:"高径华盖,仰看天庭。"古诗《十五从军征》:"遥看是君家,松柏冢累累。"三国吴支谦译《撰集百缘经》卷6:"时频婆娑罗王及臣民闻佛世尊调化毒蛇,盛钵中来,合国人民皆共往看。"三国吴康僧会译《六度集经》卷2:"仰看苍天,不睹云雨。"西晋法炬共法立译《法句譬喻经》卷4:"看树上,有雀,小儿欲射。"《三国志·吴志·周鲂传》:"今此郡民虽外名降首,而故在山草,看伺空隙,欲复为乱。"《搜神记》卷17:"朝炊,釜不沸。举甑看之,忽有一白头公从釜中出。"《法显传·伽耶城》:"狱中奇怪,愿王往看。"陶渊明《乙巳岁三月为建威参军使都经钱溪》诗:"晨夕看山川,事事悉如昔。"晋《子夜歌》四十二首之十六:"若不信侬语,但看霜下草。"晋《江陵乐》四曲之三:"逢人驻步看,扬声皆言好。"晋《孟珠》八曲之一:"暂出后湖看,蒲菰如许长。"

---

① 如何逊《晓发》诗:"水底见行云,天边看远树。"班昭《东征赋》:"遂进道而少前兮,得平丘之北边。入匡郭而追远兮,念夫子之厄勤。"《西京杂记》卷3:"树下有石麒麟二枚,……东边者前左脚折,折处有赤如血。"
② 关于"边"的虚化,参看太田辰夫(1987:92)《中国语历史文法》11.5.9节。他把"宅边"的"边"称为"后助名词",而把"外边""里边""旁边"的"边"称作"接尾词",认为"这种接尾词'边'从唐代开始有"。其实时代还应提前。

在这一时期的翻译佛经中，"看"字极为常见，而且用法繁多，朱庆之（1992：180-184）曾细分为 15 个义项：1）视，瞻。视线接触人或物。如三国吴支谦译《撰集百缘经》卷 5："遥见祇桓赤如血色，怪其所以，寻即往看，见一饿鬼。"2）观察，考察。如西晋无罗叉译《放光般若经》卷 20："时释提桓因意念言：'今是菩萨以般若波罗蜜故欲供养法上菩萨，我今试往看其人，为用法故，颇有谀谄？'"3）检查、治疗（疾病）。如东晋佛陀跋陀罗共法显译《摩诃僧祇律》卷 32："佛言：'汝不能到耆旧医看病耶？'"4）表示提示。如失译《兴起行经》卷上："王闻是语，嗔恚大唤，语诸大臣：'看是道士，行于非法，应当尔耶？'"5）试探。如《摩诃僧祇律》卷 9："其家有机，让比丘坐：'即坐小待。'复起，以指内釜中，看汤热不。"6）助词。如同上卷 19："精舍中庭前沙地有众长寿。'借我弓箭，试我手看。'答言：'可尔。'"①7）任凭。如同上卷 34："若床、褥、枕，拘执垢腻破坏者，不得看置，应浣染补治。""看置"犹今语"眼睁睁看着不管"。8）难看的"看"。如隋僧就合《大方等大集经》卷 14 高齐那连提耶舍译《日藏分》卷 39："如是恶露，臭处难看。"9）看望。如三国吴支谦译《撰集百缘经》卷 10："时聚落主闻王欲来看孙陀利。"10）照看，照顾。如同上卷 6："我唯一子，今舍我去，谁当看我？"11）看护（病人）。如《摩诃僧祇律》卷 28："若弟子病，应自看，使人看。"12）看管。如东晋僧伽提婆译《中阿含经》卷 37："犹如放牛人，不能看牛者则便失利。"13）监视。如同上卷 29："我复忆昔时，看田作人，止息田上。"14）看待，对待。如姚秦佛陀耶舍译《四分律》卷 33："和尚看弟子当如儿意看，弟子看和尚当如父意。"15）接待。如《中阿含经》卷 23："与我好饮食，好看视我。"又失译《杂譬喻经》："昔北天竺有一木师，作一木女，端正无双，衣带严饰，与世女无异，亦来亦去，亦能行酒看客，唯不能语耳。"上述义项大多在中土文献中也能见到用例。

在《世说新语》里，"看"字也已用得十分频繁（全书凡 53 见），而且"阅读"也常常说"看"了（用作此义共 14 次）。例如《文学》："殷中军被废东阳，始看佛经。"还有"看杀卫玠"（《容止》）这样的说法。"看杀""打杀"的"杀"是这时期兴起的一种新用法。在陈代的诗里，还有了重叠式"看

① 按，《齐民要术》有"尝看"，石声汉注："'尝看'是本书常用的一句话，即今口语中的'尝尝看'。"又，《洛阳伽蓝记》卷 5"闻义里"："婆罗门不信是粪，以手探看。"

看"。例如江总《奉和东宫经故妃旧殿》："故殿看看冷,空阶步步悲。"陆琼《长相思》："容貌朝朝改,书字看看灭。"可以说,现代汉语中"看"字的所有义项和用法,这时都已基本齐备。这标志着"看"在六朝已经是个发育成熟的词,在当时的实际口语里应当已经取代了"视",而且还侵入了"观、省、察、读"等词的义域。只有在少数场合"视"不能换成"看",如"虎视、熟视、高视"等固定搭配。

"看"从《韩非子》始见到六朝发育成熟,这中间理应有一个漫长的渐变过程,也就是说,在这段时间里,"看"一定是活在口语中的(也许开始只是一个方言词,后来发展成为全民通语),到了魏晋以后,它又得到了迅速的发展。只是现存两汉文献没有充分反映口语的实际使用情况,使我们难以窥见它在当时演变发展的过程罢了。

5. 居／住

表示"居住"这个概念,上古用"居"(偶尔也用"止"等),现代汉语用"住"。这个交替过程也发生在魏晋南北朝时期。

"住"本是"停留,停止"义。如西晋竺法护译《无量清净平等觉经》卷1:"佛语阿难:'如世间贫穷乞丐人,令在帝王边住者,其人面目形貌何等类乎?'"《搜神记》卷1:"见者呼之曰:'蓟先生小住。'""住"当与"驻"同源。如《东观汉记·桓帝记》:"以京师水旱疫病,帑藏空虚,虎贲、羽林不任事者住寺,减半奉。"《后汉书·邓禹传》:"禹所止辄停车住节,以劳来之。"均用同"驻"①。由此"住"引申为"居住"义。《战国策·齐策六》:"先是齐为之歌曰:'松邪,柏邪?住建共者客邪?'"这个"住"应该就是"居住"的住,这里用作使动,"住建共"是"使建居住在共"的意思。这是目前所能见到的表示"居住"义的"住"的最早用例。此外《易林》卷4"井之颐"有一例,也应作"居住"讲:"乾作圣男,坤为智女,配合成就,长住乐所。"《风俗通义·过誉》:"汝南戴幼起,三年服竟,让财与兄,将妻子出客舍中住,官池田以耕种。""住"指"居住"是无疑的了。

---

① 《说文》说解中"住"字3见,而正文无"住"字。清代学者有以为是"驻"或"逗(侸)"之俗字者,详见《说文解字诂林》。

晋代以后，"居住"义的"住"就很常见了。例如晋《长干曲》："妾家扬子住，便弄广陵潮。"陶渊明《拟古》诗九首之五："愿留就君住，从今至岁寒。"《搜神记》卷17："乃遣人与曹公相闻：欲修故庙，地衰不中居，欲寄住。"《世说新语·赏誉》："蔡司徒在洛，见陆机兄弟住参佐廨中；三间瓦屋，士龙住东头，士衡住西头。"《洛阳伽蓝记》卷5："朝士住其中。"《太平御览》卷469引《俗说》："王孝伯起事，王东亭殊忧惧，时住在慕士桥下。"《太平广记》卷320引《荀氏灵鬼志》："至嘉兴郡，暂住逆旅。"《御览》卷930、《广记》卷425引《续搜神记》："长沙有人，忘其姓名，家住江边。""居住""住居"连文亦已见，例如《搜神记》卷10："石有弟子戴本、王思二人，居住海盐。"《魏书·杨椿传》："吾今日不为贫贱，然居住舍宅不作壮丽华饰者，正虑汝等后世不贤，不能保守之。"《洛阳伽蓝记》卷2："吴人之鬼，住居建康。"

"住"用作"居住"义，在开始时并不完全等于"居"，用法上跟"居"有一定的互补性。"住"的词义有一个从具体到抽象的发展过程，也就是说，"住"是一步一步地侵入"居"的义域然后取而代之的。通过比较这两个词在魏晋南北朝时期的用法差异，我们能够把"住"的演变轨迹大体上探寻出来。比如"暂住""寄住"就多用"住"而少用"居"，这说明"住"跟"居"相比有一种时间上的短暂性，这种暂时性直接来源于它的本义。住在某地（一个行政区划）则多说"居"而较少用"住"，如"居某州（郡、县、城）、居京师"的说法很常见；与此相反，"住"的对象多为表示具体住所的名称，如"房、宅、舍、瓦屋、田舍、斋中、西厢中、某某家、廨、寺、亭、土窟、岩石间、墓下（侧、边）"等，或者比较具体的某个地点，如"村、某山、山中"等。下面这个例子很有代表性。《世说新语·栖逸》："居在临海，住兄侍中墓下。"①"与某人同住"一般也用"居"不用"住"。如《世说新语·德行》："与嵇康居二十年，未尝见其喜愠之色。"又《贤媛》："陶公少有大志，家酷贫，与母湛氏同居。""居人"（名词）不说"住人"。如《搜神后记》卷10："武昌虬山有龙穴，居人每见虬龙出入。""居"的"处"（chǔ）义更是"住"所没有的（直到今天都如此）。如《搜神记》卷6："贤者居明夷之世。"又："贱人将居贵

---

① 在《世说新语》中，"居"和"住"大体上是这么分工的：全书"居"当"居住"讲的16见，其中对象是具体住所的4次；作"居住"讲的"住"13见，对象全部为具体住所。

显。"这说明"住"所表达的"居住"概念比较具体,这也跟它的本义密切相关;而"居"经过几千年的使用,含义已经比较抽象,用法也比较灵活。不过从总体上看,这一时期"住"从"暂住"到"久住"义的演变过程已经基本完成;表"居住在某地"的用法也在逐渐增多。例如《搜神记》卷1:"训不乐住洛,遂遁去。"用法上的这种扩展完成以后,"住"取代"居"的条件也就成熟了。在构词上,"住处""住所"等现代汉语常用的词语也已经出现。如《论语·雍也》"非公事,未尝至于偃之室也"梁皇侃疏:"偃之室,谓子游所住邑之廨舍也……若非常公税之事,则不尝无事至偃住处也。"这是用当时的通用语来解释古书。《魏书·袁翻传》载翻表:"那瑰住所,非所经见,其中事势,不敢辄陈。"又如以前说"居止",而此时可说"住止"(均为同义连文)。例如南齐求那毗地译《百喻经》卷4"效其祖先急速食喻":"昔人一人,从北天竺至南天竺,住止既久,即聘其女,共为夫妇。"这些都表明,在当时的实际口语中"住"大概已经取代了"居"。

6. 击／打

"打"是后汉时期出现的一个新词,最早见于字书著录的是《广雅》,《释诂三》:"打,击也。"又《释言》:"打,棓也。"[1]早期的用例如:东汉王延寿《梦赋》:"捎魍魉,拂诸渠,撞纵目,打三颅。"失译《兴起行经》卷上"孙陀利宿缘经第一":"树神人现出半身,语众人曰:'莫拷打此人。'众臣曰:'何以不打?'"又"头痛宿缘经第三":"时谷贵饥馑,人皆拾取白骨,打煮饮汁,掘百草根,以续微命。"晋《子夜歌》四十二首之二十:"打金侧玳瑁,外艳里怀薄。"《晋书·邓攸传》载吴人歌:"紞如打五鼓,鸡鸣天欲曙。"又《桓豁传》:"初,豁闻苻坚国中有谣曰:'谁谓尔坚石打碎。'"《搜神记》卷15:"婢无故犯我,我打其脊,使婢当时闷绝。"宋《读曲歌》八十九首之六:"打坏木栖床,谁能坐相思!"又五十五:"打杀长鸣鸡,弹去乌白鸟。"《世说新语·方正》:"伊便能捉杖打人,不易。"《太平广记》卷320引《续搜神

---

[1] 《说文新附·手部》:"打,击也。"唐玄应《一切经音义》卷6引《说文》:"打,以杖击之也。"又卷3引《通俗文》:"撞出曰打。"钮树玉和郑珍两家的《说文新附考》都认为"打"即《说文·木部》"朾"的俗字。

记》:"逊便大呼云:'奴载我船,不与我牵,不得痛手!方便借公甘罗,今欲击我。我今日即打坏奴甘罗!'"宋齐以后,用例迅速增多,凡古来用"击"的地方,有许多可以用"打"。上古的习惯用法"击鼓",这时候已经以说"打鼓"居多了。还有"打击""击打"连文的。例如《抱朴子内篇·登涉》:"岩石无故而自堕落,打击煞人。"①《魏书·张彝传》:"以瓦石击打公门。"在组合关系上,"打"多出现在比较口语化的上下文中,并常跟新兴的语言成分相结合。例如《高僧传》卷10"释慧通":"又于江津路值一人,忽以杖打之,语云:'可驶归去,看汝家若为?'"这里的"打""驶""看""若为"都是地道的六朝口语词。《太平广记》卷319引《幽明录》:"鬼语云:'勿为骂我,当打汝口破。'""勿为""骂"是此时的口语词,而"打汝口破"是此时的新兴句法。又如《北齐书·尉景传》:"景有果下马,文襄求之,景不与。……神武对景及常山君责文襄而杖之,常山君泣救之,景曰:'小儿惯去,放使作心腹,何须干啼湿哭不听打耶!'"《南史·陈本纪上》:"侯景登石头城,望官军之盛,不悦,曰:'一把子人,何足可打!'"又《任忠传》:"明日欻然曰:'腹烦杀人,唤萧郎作一打。'"又《高爽传》:"取笔书鼓云:'……面皮如许厚,受打未讵央。'"这些应当都是当时口语的实录,如果把"打"换成"击",就失去口语的生动性了。此外,史书引"时谣""童谣"之类,一般都用"打"。又如"打杀(煞)、打死、打坏、打折、打拍、打揲(争斗)、打毬、打虎、打胸、打稽(时人称拦路杀人抢劫)、打簇(北朝时的一种游戏,又称'打竹簇')、殴打、痛打、相打、极打、扑打、拷打、捶打、拳打、鞭打"等,也都是新生的口语说法。在数量上,就逯钦立所辑的六朝民歌考察,几乎全用"打","击"仅1见;《世说新语》中"击"5见,"打"4见。这些事实说明,在当时的口语中"击"已退居次要地位,逐渐为"打"所代替,二词已有明显的文白之分。

"打"的词义在近代汉语阶段又得到了空前的丰富和发展。到了现代汉语,"打"共有24个义项(据《现代汉语词典》第二版),词义的丰富和用法的灵活恐怕没有哪个单音词能够同它相比。"打"在用法上的灵活性,在魏晋南北朝时期已经有所表现,不过总的来看,这一时期"打"的词义还

---

① 《汉语大词典》"打击"条首引《水浒传》,太晚。

比较实在,基本上都是指敲击性的动作,对象大都是具体的人或物。像《梁书·侯景传》:"我在北打贺拔胜,破葛荣,扬名河朔。"《颜氏家训·音辞》:"打破人军曰败。""打"用作"攻打,进攻"义,已显露出向抽象方向引申的迹象。

7. 疾、速、迅/快(駃)、驶

表示"迅速"这个意思,上古汉语用"疾""速""迅"等,现代汉语用"快"。中古时期除承用"疾、速、迅"之外,口语中常用的是"快"(字又作"駃")和"驶"。

在中古时期,"疾、速、迅"都仍很常用;特别是"迅",出现频率非常高。但这三个词大体上有个分工:"迅"主要用于修饰名词,作定语,如"迅羽、迅足、迅风、迅雨、迅雷、迅电、迅流、迅翼"等;"速"主要修饰动词,作状语,如"速决、速殄、速达、速装、速熟、速断"等,除个别情况外(如"速藻"——指速成的词藻),基本上不修饰名词;"疾"则适用范围最广,修饰名词、动词均可,如"疾雨、疾风、疾雷、疾霆、疾流、疾马,疾行、疾走、疾进、疾驱、疾驰、疾战"等。从使用习惯看,这三个词主要用于书面语,在当时都属于较文的词语。

"快"原指一种心理活动,《说文》:"快,喜也。"大约在东汉,"快"除沿用旧义外(此义一直沿用至今),开始有了"急速"的意思①。扬雄《方言》卷2:"逞、苦、了,快也。"蒋绍愚先生(1985)认为这个"快"就是"快急"之"快"。文献用例如:后汉安世高译《大安般守意经》卷上:"何等为十六胜? 即时自知喘息长,即自知喘息短;即自知喘息快,即自知喘息不快;即自知喘息止,即自知喘息不止。"三国吴康僧会译《六度集经》卷7:"何谓十六? 喘息长短即自知,……喘息快不快即自知,喘息止走即自知。"这两段文字文意相同,译者不同,但都用"快"表"急速"义,可见当时此义已在口

---

① 曹广顺(1987)认为:"'快'字的'迅速'义可能是从'駃'字来的。"又说:"根据我们目前所见的材料,'快'获得'迅速'义,可能不迟于魏晋南北朝。"现在看来,时代还可提前。又,江蓝生(1988:117-118)也有类似说法。

语中行用①。魏晋以后,用例多见。如《三国志·吴志·吕岱传》载张承与岱书:"又知上马辄自超乘,不由跨蹑,如此足下过廉颇也,何其事事快也。"《博物志》卷4"物性":"蛴螬以背行,快于用足。"《搜神记》卷4:"君可快去,我当缓行。""快"与"缓"反义对文。《抱朴子内篇·杂应》:"若欲服金丹大药,先不食百许日为快;若不能者,正尔服之,但得仙小迟耳。""快"与"迟"亦对文。《太平广记》卷324引《幽明录》:"卿下手极快,但于古法未合。"《太平御览》卷644引《语林》:"嵇中散夜弹琴,忽见一鬼著械来,叹其手快,曰:'君一弦不调。'"《艺文类聚》卷60、《北堂书钞》卷124、《御览》卷354引《荀氏灵鬼志》:"[陈安]常乘一赤马,俊快非常。"《周书·姚僧垣传》:"梁武帝尝因发热,欲服大黄,僧垣曰:'大黄乃是快药,然至尊年高,不宜轻用。'"《晋书·王湛传》:"此马虽快,然力薄,不堪苦行。"最常见的是作定语修饰指动物的名词,如"快马、快牛、快犬、快狗"等。也有"快疾"连文的,例如《拾遗记》卷6:"帝于辇上,觉其行快疾。"字又写作"駃",《说文·马部》"駃"下徐铉曰:"今俗与'快'同用。"例子如:杨孚《异物志》:"日南多駃牛,日行数百里。"崔豹《古今注·杂注》:"曹真有駃马,名为'惊帆',言其驰骤如烈风之举帆疾也。"王僧孺《礼佛唱导发愿文》:"夫三相雷奔,八苦电激,或方火宅,乍拟駃河,故以尺波寸景,大力所不能驻。"《太平御览》卷345引《祖台之志怪》:"道中有土墙,见一小儿,裸身,正赤,手持刀,长五六寸,坐墙上磨甚駃。"《齐民要术》卷6"养牛马驴骡":"牛歧胡有寿,眼去角近,行駃。"

"驶"也是魏晋南北朝时期的一个常用词②,它的"快速"义在战国西汉时就已有了,《尉缭子·制谈》:"天下诸国助我战,犹良骥騄駬之驶,彼驽马鬐兴角逐,何能绍吾气哉!""驶"一本作"駃"。《诗·秦风·晨风》"鴥彼晨风,郁彼北林"毛传:"先君招贤人,贤人往之,駃疾如晨风之飞入北林。"《释文》:"駃,所吏反。"阮元《校勘记》云:"相台本駃作'駛',小字本作'驶',案'驶'字是也。"唐慧琳《一切经音义》卷66引《苍颉篇》:"驶,马行疾也。"又卷62引《苍颉篇》:"驶,疾也。"魏晋以后,它的使用频率不

---

① 《汉语大词典》"快"字此义下所引始见书证为《史记·项羽本纪》"今日固决死,愿为诸君快战",似欠妥,此"快"仍当为"畅快"义。

② 参看江蓝生(1988:177-178)。

低于"快",这里举一些例子。《三国志·魏志·邓艾传》裴注引郭颁《世语》:"宣王为周泰会,使尚书钟毓谓泰曰:'君释褐登宰府,三十六日拥麾盖守兵马郡。乞儿乘小车,一何驶乎!'"又《蜀志·杨洪传》裴注引陈寿《益部耆旧传》:"每朝会,祗次洪坐。嘲祗曰:'君马何驶?'祗曰:'故吏马不敢驶,但明府未著鞭耳。'"潘岳《在怀县作》诗二首之二:"感此还期淹,叹彼年往驶。"《搜神记》卷 14:"[鳖]自捉出户外,其去甚驶,逐之不及,遂便入水。"又卷 19:"福曰:'汝何姓,作此轻行?无笠,雨驶,可入船就避雨。'"《太平御览》卷 769 引《续搜神记》:"年十岁,从南临归,经青草湖,时正帆风驶,[荀]序出塞郭,忽落水。"陶渊明《和胡西曹示顾贼曹》诗:"蕤宾五月中,清朝起南飔,不驶亦不迟,飘飘吹我衣。"又《杂诗》十二首之六:"倾家持作乐,竟此岁月驶。"谢灵运《初往新安至桐庐口》诗:"既及泠风善,又即秋水驶。"沈约《豫章行》:"燕陵平而远,易河清且驶。"刘铄《寿阳乐》:"辞家远行去,空为君,明知岁月驶。"王僧孺《为韦雍州致仕表》:"菌蟪夕阴,倏驶无几。"萧统《七契》:"逸足骤反,游云移驶。"梁元帝萧绎《咏晚栖乌》诗:"风多前鸟驶,云暗后群迷。"张正见《陇头水》诗二首之一:"湍高飞转驶,涧浅荡还迟。""驶"又多用作定语修饰名词,组成下面这样一些词组:驶雨、驶风、驶雪、驶河、驶流、驶马、驶牛、驶翼等。

　　"快"(駃)和"驶"在用法上大体相同,两者都常作定语和谓语,不过也有一些细微差别:1)"驶"更多地用于"风、雨、雪"一类自然现象,着重强调它们的急骤猛烈;"快"则更多地用于动物,词义侧重于速度快[①]。2)"驶"多见于诗赋等典雅的文学作品中,而"快"在这种场合很少出现。这些细微差别似乎跟"驶"在后来的同义词竞争中终于被淘汰而"快"一直沿用到现代汉语这一事实存在着某种内在的联系:风、雨、雪等的急骤猛烈后世多用"急、紧、猛"等词语来形容,"驶"就让位给了它们,而在描摹动物行动的速度快方面,"驶"也没能在竞争中取胜,它原先所占的地盘后来都让给了"快";"驶"在用法上的局限性使它在竞争中处于不利地位;就在魏晋南北朝时期,"驶"在口语中的势力可能已经没有"快"大,或者说,

---

① "快风、快雨、快雪"的"快"大多仍是"畅快、痛快"的意思,跟"驶风、驶雨、驶雪"的意义不一样。例如《三国志·魏志·管辂传》:"时天旱,……到鼓一中,星月皆没,风云并起,竟成快雨。"王羲之《杂帖》:"快雪时晴佳,想安善。"

"快"正处在上升扩展时期,而"驶"却在走下坡路。这些仿佛都预示着两个词以后的发展命运。

8. 寒/冷

这组词本文作者之一曾在一篇文章中讨论过①,这里我们再作两点补充:

一,魏晋以后,"冷"已用得十分普遍,它不仅"成为'热'的通用反义词",而且常跟"暖""温"对用,例如《艺文类聚》卷76引支僧载《外国事》:"昔太子生时,有二龙王,一吐冷水,一吐暖水。"傅咸《神泉赋序》:"余所居庭前有涌泉,在夏则冷,涉冬而温。"《初学记》卷7引《幽明录》:"艾县辅山有温冷二泉。……热泉可煮鸡豚,冰(疑当作'冷')泉常若冰生。"《世说新语·文学》:"左右进食,冷而复暖者数四。"又《任诞》:"桓为设酒。不能冷饮,频语左右,令'温酒来'。"

二,在这一时期"冷"虽然已是"热、暖、温"的反义词,又是"可以与'寒'连文或互用的同义词",但"寒"和"冷"在意义和用法上还是有区别的,这主要表现在以下几个方面:1)"寒"所指的寒冷程度比"冷"所指的要深,表现为"寒"常和"冰、霜、雪"等词联系在一起,例如晋《子夜四时歌·冬歌》十七首之七:"寒云浮天凝,积雪冰川波。"又九:"天寒岁欲暮,朔风舞飞雪。"又十五:"欲知千里寒,但看井水冰。"又十六:"经霜不堕地,岁寒无异心。"而"冷"则很少这样用。用现代人的区分标准来看,"寒"大多是指零度以下,而"冷"则一般指零度以上;"冷"的程度大概介于"寒"和"凉"(今义)之间。《后汉书·戴就传》:"就语狱卒:'可熟烧斧,勿令冷。'"后魏吉迦夜共昙曜译《付法藏因缘传》卷四:"以香乳糜而用与之,语令待冷然后可食。比丘口吹,糜即寻冷。"这个"冷"指冷却,不能换成"寒",就很能说明两者程度上的差别。当然这种区别不是绝对的,比如王献之《杂贴》:"极冷,不审尊体复何如?"沈约《白马篇》:"冰生肌里冷,风起骨中寒。"萧统《锦带书十二月启·黄钟十一月》:"酌醇酒而据切骨之寒,温兽炭而祛透心之冷。""冰""霜"也可以说"冷",例如《晋书·王沉

---

① 见张永言(1988)《语源探索三例·说"淘"》。

关于汉语词汇史研究的一点思考

231

传》："冰炭不言而冷热之质自明者,以其有实也。"隋炀帝杨广《手书召徐则》："霜风已冷,海气将寒。"不过数量都还比较少。但后世"冷"终于取代"寒"从这里已经可以看出端倪。2)"冷"多用于表示具体物质或物体的感觉上的冷,而"寒"则多用于抽象的事物或用来概括某类事物的特点。比如"天寒、岁寒、寒暑、寒衣、寒服"都是指比较抽象的气候寒冷,一般不能换成"冷"①;"冷"可以描绘的具体对象范围很广,比如"水、火、风、月、雨、霜、露、冰、山气、朔气、身、体、体中、胃中、手、足、背、齿、心、心下、肠、髓、乳、衣袖、气、茶、酒、粥、浆、炙、药性、物性、枕席、簟、器、殿、堂、猿、牛角、卵、竹、葭、榆、石、涧、泉",等等。其中"心冷""肠冷"等已是相当抽象的引申用法,为后世"冷"继续朝这个方向引申(如"冷面""冷眼"等)开了先河。3)"冷"可以修饰动词作状语,如上文所举的《世说新语·任诞》"不能冷饮"。又如晋陆翙《邺中记》："邺俗,冬至一百五日为介子推断火,冷食三日。"隋巢元方《诸病源候论》卷6"寒食散发候篇"引晋皇甫谧《论》："坐衣裳犯热,宜科头冷洗之。"《北史·崔赡传》："何容读国士议文,直此冷笑?"这是"寒"所没有的。这种用法在后世得到了进一步的发展,这可能也是在口语里"冷"最终淘汰了"寒"的一个原因。

以上我们讨论了8组常用词在中古时期变迁递嬗的大概情况。由于掌握的材料有限,研究的方法也在探索之中,观察和分析都还是很粗浅的,所得的结论不一定确切,有的甚至难免错误,这都有待于今后继续探讨和修正。本来,我们写作本文的主旨也不过是想通过分析一些实例来提倡一下词汇史领域中长期被忽视的常用词演变的研究。经过初步的实践,我们感到常用词的历史的研究是很有意义的,而且是大有可为的,但迄今尚未引起词汇史研究者的普遍重视。除上面提到的少数几篇文章外,还很少有人问津,大家的兴趣和工夫几乎都集中到考释疑难词语上头去了。这种情况看来亟须改变,要不然,再过一二十年,词汇史的研究将仍然会远远落在语音史和语法史的后面。因为常用词大都属于基本词汇,是整个词汇系统的核心部分,它的变化对语言史的价值无异于音韵系统和语法结构的改

---

① "天冷"的说法当时还很少见,《洛阳伽蓝记》卷5："是时八月,天气已冷。""冷"一本作"寒"。

变。词汇史的研究不但不应该撇开常用词,而且应该把它放在中心的位置,只有这样才有可能把汉语词汇从古到今发展变化的主线理清楚,也才谈得上科学的词汇史的建立。这项工作也许需要几代学人的共同努力,但是可以肯定研究前景是十分广阔的。现在我们不揣浅陋,把这一点不成熟的思考贡献出来,恳切希望得到同行专家的批评指正。

参考文献

曹广顺 1987 《试说"快"和"就"在宋代的使用及有关的断代问题》,《中国语文》第 4 期。

董志翘 1985 《"脚"有"足"义始于何时?》,《中国语文》第 5 期。

方一新 1987 《"眼"当"目"讲始于唐代吗?》,《语文研究》第 3 期。

郭在贻 1989 《读江蓝生〈魏晋南北朝小说词语汇释〉》,《中国语文》第 3 期。

江蓝生 1988 《魏晋南北朝小说词语汇释》,北京:语文出版社。

蒋绍愚 1985 《从"反训"看古汉语词汇的研究》,《语文导报》第 7、8 期。又收入其《蒋绍愚自选集》,开封:河南教育出版社,1994。

吕澂 1980 《新编汉文大藏经目录》,济南:齐鲁书社。

吕叔湘 1961 《汉语研究工作者的当前任务》,《中国语文》第 4 期。

吕叔湘 1982 《新版〈敦煌变文字义通释〉读后》,《中国语文》第 3 期。又收入其《吕叔湘文集》第 4 卷,北京:商务印书馆,1992。

太田辰夫[日] 1987 《中国语历史文法》,蒋绍愚、徐昌华译,北京:北京大学出版社。

王力 1941 《古语的死亡残留和转生》,《国文月刊》第 9 期。又收入其《龙虫并雕斋文集》第 1 册,北京:中华书局,1980。

王力 1947 《新训诂学》,载叶圣陶编《开明书店二十周年纪念文集》,北京:中华书局。又收入其《龙虫并雕斋文集》第 1 册,北京:中华书局,1980。

王力 1958 《汉语史稿》下册,北京:科学出版社。

王云路,方一新 1992 《中古汉语语词例释》,长春:吉林教育出版社。

吴金华 1986 《"脚"有"足"义始于汉末》,《中国语文》第 4 期。

张双棣等编 1993 《吕氏春秋词典》,济南:山东教育出版社。

张永言 1988 《语源探索三例·说"淘"》,《中国语言学报》第 3 期。又收入其《语文学论集》,北京:语文出版社,1992。

朱庆之 1992 《佛典与中古汉语词汇研究》,台北:文津出版社。

(原载《中国语文》1995 年第 6 期)

汉语史研究的对象和材料问题

——兼与刁晏斌先生商榷

汪维辉

摘　要　汉语史研究的对象是汉语口语发展史。"口语"相当于"谈话体"。汉语口语史是一以贯之的,先秦的文言和唐宋以后的白话,其基础都是当时的口语。东汉到隋时期口语性材料比较贫乏,从上古的"文言"式口语到唐以后的"白话"式口语,中间好像发生了断崖式的突变。事实不可能如此。其间的渐变过程,正是发生在约六百年的中古汉语阶段,只是由于口语文献不足,这种渐变性目前还是若隐若现,看不真切。汉语史研究应该依据口语性语料。古代文献的情况很复杂,就口语性而言,可以大别为两类:(1) 比较贴近口语的。这在历史文献中大量存在,是研究口语史的基本依据。(2) 文白夹杂的。可以通过一定的方法将其中的口语成分剥离出来。目前普遍存在对语料不加分析导致结论不符合实际的问题,这是违背研究口语史的宗旨的,亟需纠正。

关键词　汉语史　口语　书面语　文言　白话

现代意义上的汉语史研究,如果从王力先生(1958/1980)的《汉语史稿》出版算起,已经过去了 60 年,其间出版和发表的论著不计其数,取得的成就无疑是巨大的;但是在一些事关汉语史学科发展全局的根本问题上,学界迄今仍存在不同看法,有必要进行深入探讨。汉语史研究的对象和材料就是这样的问题。对象和材料紧密相关,所以放在一起讨论。

一、　汉语史研究的对象问题

这个问题本来应该是清楚的:汉语史研究的对象当然是汉语发展的

历史,确切地说,就是汉语口语发展史。王力先生(1958/1980)在《汉语史稿》第一章第一节"汉语史的对象和任务"中虽然没有做过这样明确的表述,但是从他所论列的一些具体事实以及全书的内容,我们不难明白他所要研究的汉语史就是汉语口语史。在第四节"汉语史的根据"中,他说:"文字是语言的代表,因此,古代一切用汉语写下来的文字记载,对汉语史来说,都有作为资料的价值。但是,特别值得注意的是接近口语的作品。"从王力(1958/1980)的《汉语史稿》、太田辰夫(1958/1987)的《中国语历史文法》到吕叔湘(1985b)的《近代汉语指代词》等,前辈大师们的汉语史著作无不贯穿着研究口语史这一基本精神。

但是近些年来,不断有人提出我们的汉语史研究只注重口语有失偏颇,或者对"口语性"提出质疑,对汉语史的研究对象究竟是什么发表了许多不同的看法。刁晏斌(2016)可以看作一个代表。这篇文章在广泛参考相关论著的基础上,提出了作者的不少观点。文章摘要说:

汉语史研究取得巨大成绩,但也存在不少问题。其值得反思之处主要有以下几点:第一,在时间范围上,未能对整个历史实现全覆盖,具体而言,就是缺了现代汉语这一段;第二,在研究对象方面,很大程度上把文言和白话这两种文体搅在一起,又与"口语"纠缠不清,因此不具有严格的同一性;第三,在研究内容上有缺漏,对中古及以后的文言发展付之阙如。基于此,提出"复线多头"模式的五史并存的"新汉语史":复线指汉语史有文言史与白话史两条主线,二者合为新汉语史的主体;此外的几个重要线索,近期主要有语音史、方言史和通语史,远期还要再加上口语史,以上多史合一,才能构成完整的新汉语史。

对以上观点,谈一点个人看法:

第一,现代汉语是否应该包括在汉语史里面,这是可以讨论的。目前把它们分为两个独立的学科,应该是基于共时和历时的区分,这样也便于研究和教学。这也是中国治史的一个传统,中国通史、中国文学史、中国哲学史等一般也不包括现当代史。

第二,研究对象存在"不具有严格的同一性"的问题,详细论述见于该文的第二部分"关于汉语史研究对象的反思",这是刁文的重点之一,他说:"一直以来,人们在汉语史研究对象是什么的问题上远未达成共识,甚至在一定程度上还存在着混乱。"所谓研究对象"不具有严格的同一性",作者是指:"古代汉语-文言,近代汉语-白话(其中:近代汉语-古白话,现代汉语-今白话)","既然如此,那么汉语史的研究对象就不是一个而是两个(文言与白话)了,而这两个对象之间显然不具有严格的同一性"。在这个问题上,我们的观点跟刁先生存在重大分歧,下面再详谈。

第三,中古及以后的文言发展是否需要研究,可以见仁见智。一般认为,汉代以后文言基本定型,句法和基本语汇比较稳定,虽有变化但是并不大(各个时代都会有新词加入,但是并不改变基本格局;语法的变化则很小),我认为这个共识是符合实际的。如果有人有兴趣,中古及以后的文言发展史当然可以研究,但是那不是历史语言学意义上的"汉语史",研究旨趣是不同的,而且依我看,研究的空间很有限,"油水"不多,郭锡良先生(1957)对韩愈古文的研究就是一个例子。

第四,"汉语史有文言史与白话史两条主线",这个说法值得商榷。首先,"文言史与白话史"宜改成"口语史与书面语史"(详下)。其次,汉语史只能有一条主线,这就是口语史;书面语史只是一条副线,地位不能跟口语史相提并论。汉语史属于历史语言学的范畴,是特殊的(或个别的)历史语言学,研究目的是阐明汉语历史发展的真相,总结演变规律。汉语史的研究需要接受普通历史语言学的一般理论、方法和原则的指导,反过来,研究成果也可以为修正、丰富和发展这种一般理论、方法及原则提供参考。① 如果不是研究实际口语的发展历史,那就不是历史语言学意义上的汉语史。在我看来,汉语口语史是一以贯之的——从上古一直到现代。刁文说"远期还要再加上口语史","与上述五史相比,口语史到目前为止还只是一个比较模糊的概念,其各个方面以及与上述五史的关系均有待进一步厘清,因此把它作为第六史列入新汉语史中的条件还不成熟"。这实际上是把迄今为止所做的大部分汉语史研究的口语史性质全盘否定了。这里有一个关键问题是对上古文献的语言性质如何认定,也就是上古文献反映的究竟是口语还是书面语? 这是汉语史学科里的一个重大问题。前贤对此有大体一致的看法,比如吕叔湘先生(1985a)说:"秦以前的书面语和口语的距离估计不至于太大。"王力先生(1958/1980)《汉语史稿》第一章第四节"汉语史的根据"中说:"……但是,特别值得注意的是接近口语的作品。就先秦来说,《诗经》的《国风》就是民间口头文学的记载;《论语》

① 参看徐通锵(1991:1-2)。

也可能是孔门弟子所记录下来的当时的口语。当然，其他还有许多接近口语的作品，例如《易经》的《彖辞》和《象辞》就有许多俗谚在内。直到汉代，许多作品还是接近口语的。《史记》《汉书》里面有很生动的描写，也大多数用的是活生生的口语。刘知幾《史通》所批评的'年老口中无齿'，也正是忠实地反映口语的地方。魏晋的文章也和口语距离不远（如《抱朴子》）。自从南北朝骈文盛行以后，书面语和口语才分了家。"可见《汉语史稿》依据先秦两汉魏晋文献所研究的就是那一段的口语史，而不是"文言史"。我们不知道刁文所说的"远期还要再加上口语史"，这个口语史将依据什么材料来研究上古的口语？

第五，关于汉语史的总体架构。刁文提出"'复线多头'模式的五史并存的'新汉语史'"。"复线"问题上文已辨，如果说是"复线"，也只能是一主（口语史）一副（书面语史），而不是"两条主线"；所谓"五史并存"，刁文实际上提到的有六史：文言史、白话史、语音史、方言史、通语史和口语史。这六史的分类，在逻辑上是混乱的，刁文也承认它们"不在一个层面"。鲁国尧先生多年前就倡导过，汉语史的研究既要重视通语史，也应该重视方言史。这是完全正确的。因此我的看法是：汉语史的研究，主线只有一条，就是通语口语史，副线有两条：方言口语史（包括各大方言）和通语书面语史。

第六，关于书面语史和口语史的关系。汉语的口语史和书面语史，在上古阶段基本上是一致的，汉代以后言文分离，才变成了两个系统，需要分开来研究。刁文说："文言和白话都是古代的书面语，所以文言史和白话史都是书面语史。"我认为不能把用文字记录下来的语言材料都叫做"书面语"，这涉及对"书面语"如何界定的问题，下面再讨论。在我看来，先秦的文言和唐宋以后的白话，其基础都是当时的口语，只要我们采取科学的方法，是可以通过这些书面文献来研究口语史的，而且大部分汉语史研究也正是这样做的。比较麻烦的是东汉—隋这一段，也就是现在一般所说的"中古汉语"，口语性材料比较贫乏，口语史的研究难度较大。这是中古汉语研究至今难有重大突破的根本原因。中古汉语研究的意义也在于此：从上古的"文言"式口语，到唐以后的"白话"式口语，中间好像发生了断崖式的突变，这是违背"语言是渐变的"这一语言学基本原理的，事实不可能如此,其间的渐变过程,正是发生在约六百年的中古汉语阶段,只是由于口语文献不足,这种渐变性目前还是若隐若现,看不真切。

现在有必要讨论一下"口语"和"书面语"这两个概念的含义问题。虽然大家都用"口语–书面语"这一对概念,但是含义往往各不相同。唐松波(1961)指出:①

> 现代汉语的语体总的可以分为两大类:<u>谈话语体和文章语体</u>。前者可以简称为谈话体,后者简称为文章体。<u>不少人曾经混淆了谈话体和口语,文章体和书面语的区别。口语和书面语应该指的是使用语音或文字来表达思想的两种形式;而谈话体和文章体却指的是运用语言时一系列的差异。</u>

唐先生的看法无疑是正确的,分为"谈话体"和"文章体",显然比"口语"和"书面语"更科学。因为假如"口语"是指"用<u>语音</u>说出来的话",那么"口语"也可以很不口语化,比如陈建民(1984:1-2)把"口头形式出现的话"分成七种类型:(1)日常会话(包括问答、对话);(2)在动作或事件中作出反应的偶发的话;(3)夹杂动作的话;(4)毫无准备地说一段连贯的话;(5)有提纲的即兴发言;(6)离不开讲稿的讲话;(7)念稿子。其中(6)、(7)两种就跟一般理解的"书面语"没什么差别。反之,如果"书面语"是指"用<u>文字</u>写下来的话","书面语"也可以很不书面语化,比如文学作品中的人物对话、相声脚本以至于像俞敏先生的学术论文②等。有时甚至根本无法归类,比如赵元任先生(1980)的《语言问题》,除了"删除重复跟整理句法以外",基本上是演讲录音的如实转写(参看该书序),在演讲现场,它当然是"口语",可是印成书,却变成"书面语"了。这种情况并非个例。

虽然"口语"和"书面语"是两个内涵模糊的术语,有其不够科学的地方,但是,只要我们不纠缠于字面,这两个术语的所指大致上还是清楚的,所以大多数语言学家都用"口语"和"书面语"的二极对立来指称最重要的两种语体区分。我们主张仍然采用"口语"和"书面语"这两个已经约定俗成的名称,而把它的内涵界定为相当于唐松波(1961)的"谈话语体"和"文

---

① 下划线为引者所加。下同。
② 如《高鹗的语言比曹雪芹更像北京话》(俞敏 1992)。据作者说,这篇文章是他"把自己的想法对着录音机记录下来",然后请他的学生和朋友刘广和君"把录音整理成文字"的。用地道的北京口语写学术论文是俞敏先生的一贯风格。

章语体"。①

　　相当于"文章语体"的书面语的历史有其独特的规律,尤其是在中国,由于社会文化方面的原因(比如崇古心理、文献传统、中央集权和科举制度等),几千年的书面语发展史有许多有意思的现象值得研究,吕叔湘先生(1985a)早就说过:"言文开始分歧之后,书面语也不是铁板一块,在不同时期,用于不同场合,有完全用古代汉语的,有不同程度地搀和进去当时的口语的。"冯胜利(2013)主编的《汉语书面语的历史与现状研究》一书已经在这方面作了很好的探索。但是书面语发展史的价值主要不在历史语言学方面。② 作为历史语言学性质的汉语史,它的研究对象无疑是口语史。

　　问题的复杂性在于,即使是谈话语体的"口语",内部也不是均质的,从比较正式到十分鄙俗,是一个连续统,因此汉语史研究的对象究竟是什么样的"口语",仍然是一个有待深究的问题,我们将另文讨论。

二、 汉语史研究的材料问题

　　要研究汉语口语史,自然应该依据口语性语料,这是毫无疑问的。问题是:汉语史上存在口语性语料吗? 细究起来,这的确是个问题。

　　梅祖麟先生对此曾有过论述:③

　　我们研究汉语语法史,常会想到传留下来的资料是否真能代表当时的口语。这个问题从某个角度是可以解答的,但彻底解答却是不太可能。白话文学运动兴起之后,一般写文章是尽量用白话,然而白话和口语到底还是有一段距离,无论中英文,很少有人能把文章写得跟说话完全一样。循此推论,宋代的语体文和口语也不免有一段距离。从另一方面说,我们探讨宋人的口语,唯一的资料是文字的记载,超越文字直接听宋人的谈话是办不到的。此外是拿宋代语录为出发点,再用一套汉语史的规律,来证明这些语录的语言可以变为今日的口语,但目前我们对汉语史规律的知识还不足以做这样的论证。所以以上的问题既无法彻底解决,也暂时不必彻底解决。

　　换言之,文言、白话、口语三者之间只有程度上的差别。古代的口语状况是我们研究

---

① 　以上内容请参看汪维辉(2014a)。
② 　当然也不能完全否定书面语史在这方面的价值,比如书面语会对口语产生一定的影响,值得深入研究。
③ 　下面的引文由南京师大硕士生汤传扬同学提供,谨致谢忱。

<u>的终点,目前的资料只限于文言和白话两种,于是我们研究的重心就该放在两者的比较,目的是要看文言和白话的差别在哪些地方。</u>(梅祖麟 2000)

梅先生说这个问题"既无法彻底解决,也暂时不必彻底解决",这是通人之论。同时他也指出,通过比较是可以区分文言和白话的差别的,也是有可能逼近"古代的口语状况"这个"研究的终点"的。在该文的"五《三朝》和《纪事本末》的文白对照"节,梅先生就为我们做了示范。

有些学者则认为汉语历史文献的口语性是难以证明的,因此也就无法研究真正的口语史。刁文的看法有一定的代表性:

在我们看来,所谓口语和口语性就是一个假设,而实际上看到的,更多的人对此只是"认定"而不是"证明"。可以设想,汉语史上的所谓口语,毕竟是由不同时期、不同地域的古代人以书面的形式记录和反映的,无论说者还是记录者的情况都可能很复杂,所以,二者究竟有多高的一致性? 这一点首先就是很难证明的。即使抛开这一层,在实际的言语使用中,"我手写我口"既非理想状态,也非实际状态,现代如此,古代亦当如此。所以,所谓口语或口语性,到底在多大程度上与不同时期真实的口语相一致,实在包含一个大大的问号。

上述对口语的看法近乎"不可知论"。从事过汉语史研究实践的人都知道,实际情形并非如此。

古代文献的情况很复杂,就口语性而言,可以大别为两类:一类是贴近或比较贴近口语的;一类是文白夹杂的。关键是如何选择和分析。

首先,忠实记录口语的语料在历史上是存在的,像下面这样的文字,其口语性我想大概用不着"证明":

◎王梵志诗:

城外土馒头,馅草在城里。一人吃一个,莫嫌没滋味。(318 首)

梵志翻着袜,人皆道是错。乍可刺你眼,不可隐我脚。(319 首)

◎敦煌曲子词:

莫攀我,攀我太心偏。我是曲江临池柳,者人折了那人攀,恩爱一时间。(望江南)

◎黄庭坚的俚俗词:

见来两个宁宁地。眼厮打、过如拳踢。恰得尝些香甜底。苦杀人、遭谁调戏。腊月望州坡上地。冻着你、影躞①村鬼。你但那些一处睡。烧沙糖、管好滋味。(鼓笛令)

① 《汉语大字典》第二版"躞"字条:"音义未详。"引黄庭坚此词及沈瀛词二例。张涌泉(2000)《汉语俗字丛考》及杨宝忠《疑难字考释与研究》(2005)、《疑难字续考》(2011)均未收释此字。

济楚好得<u>些</u>。憔悴损、都是因它。那回得句闲言语，傍人尽道，你管又还鬼那人吵。得过口儿嘛。直勾得、风了自家。是即好意也毒害，你还甜杀人了，怎生申报孩儿①。（丑奴儿）

◎元陶宗仪《说郛》卷三十四引宋吕居仁《轩渠录》：

族婶陈氏顷寓严州，诸子宦游未归。偶族侄大琮过严州，陈婶令代作书寄其子。因<u>口授</u>云：“孩儿耍劣姤子，又阒阒【音吸】霍霍地。且买一柄小剪子来，要剪脚上骨出【上声】儿肐【音胖】胝【音支】儿也。”大琮迟疑不能下笔。婶笑云：“<u>元来这厮儿</u>也不识字。”闻者哂之。因说昔时京师有营妇，其夫出戍，尝以数十钱托一教学秀才写书寄夫。云：“<u>窟赖儿娘传语窟赖儿爷，窟赖儿自爷去后，直是忔（音肨？）憎。每日恨</u>【入声】特特地笑，勃腾腾地跳，天色汪【去声】囊，不要吃温吞【入声】蟆托底物事。”秀才沉思久之，却以钱还，云：“你且别处倩人写去！”与此正相似也。

◎高丽、朝鲜时代汉语会话教科书《老乞大》的四种版本：

原本②：俺有一个伴当落后了来。俺沿路上慢慢的行着［等］候来。为那上，迟了来。

谚解③：我有一个火伴落后了来，我沿路上慢慢的行着等候来，因此上来的迟了。

新释④：我因有个朋友落后了，所以在路上慢慢的走着，等候他来，故此来的迟了。

重刊⑤：我有一个朋友落后了，所以在路上慢慢的走着，等候他来，故此来的迟了。

◎《型世言》第二十七回：⑥

那皮匠便对钱公布道：“<u>个</u>是高徒么？”钱公布道：“正是。是陈宪副令郎。”皮匠便道：“<u>个娘戏！阿答</u>虽然不才，做<u>个</u>样小生意，阿答家叔洪仅八三，也是在学。洪论九十二舍弟见选竹溪巡司。就阿答房下，也是张堪舆小峰之女。咱日日在<u>个向张望</u>？先生借重对<u>渠</u>话话，若再来<u>张看</u>，我定用打渠，勿惟<u>麓鲁</u>。”钱公布道：“老兄勿用动气，个愚徒极勿听说，阿答也常劝渠，一弗肯改，须用<u>本渠一个</u>大手段。”洪皮匠道：“学生定用打渠。”钱公布道：“勿用，<u>我侬</u>有一计，特<u>勿好说</u>。”便沉吟不语。皮匠道：“<u>驼茶</u>来！——先生但说何妨。”钱公布

---

① 鲁国尧（1979）发现辛弃疾俚俗词《南乡子》中以支微部“儿”字与家麻部“家、嚓、巴、那、些、赊、他”相叶，不得其解，遂记录在案。十余年后，鲁国尧（1992）发现黄庭坚俚俗词《丑奴儿》中有“儿”与“些、它、吵、嘛、家”通叶的现象，今南昌话中“小孩子”称“细伢［ŋa］子”，方知辛弃疾词中的此类押韵是因其政治失意闲居江西时以当地方音入韵所存留的个别现象。（参看谢维维 2016：355）如此看来，“儿”应该是口语中“伢”的训读字。

② 约 1346 年前一至几年。

③ 1480—1483 年。

④ 1761 年。

⑤ 1795 年。

⑥ 这是一大段吴语的口语对话，划线部分都是吴语词语，为省篇幅，不作注释，可参看汪维辉（2014b）。

道:"渠侬勿肯听教诲,日后做向事出来,陈老先生毕竟见怪。渠侬公子,你侬打渠,毕竟吃亏。依我侬,只是老兄勿肯读作孔。"皮匠道:"但话。"钱公布道:"个须分付令正,哄渠进,老兄拿住子要杀,我侬来收扒,写渠一张服辨,还要诈渠百来两银子,渠侬下次定勿敢来。"皮匠欢天喜地道:"若有百来两银子,在下定作东请老先生。"钱公布道:"个用对分。"皮匠道:"便四六分罢。只陈副使知道咱伊?"钱公布道:"有服辨在东,怕渠?"此时鞋已缝完,两个又附耳说了几句,分手。

◎《红楼梦》第十六回:

凤姐道:"我那里管的上这些事来! 见识又浅,嘴又笨,心又直,人家给个棒槌,我就拿着认作'针'了。脸又软,搁不住人家给两句好话儿。况且又没经过事,胆子又小,太太略有点不舒服,就吓的我连觉也睡不着了。我苦辞过几回,太太不许,倒说我图受用,不肯学习。那里知道我是捻着把汗儿呢! 一句也不敢多说,一步也不敢妄行! 你是知道的,咱们家所有的这些管家奶奶,那一个是好缠的? 错一点儿,他们就笑话打趣;偏一点儿,他们就指桑骂槐的抱怨。坐山看虎斗,借刀杀人,引风吹火,站干岸儿,推倒了油瓶儿不扶,都是全挂子的本事! 况且我又年轻,不压人,怨不得不把我搁在眼里。更可笑那府里蓉大媳妇死了,珍大哥再三在太太跟前跪着讨情,只要请我帮他几天,我再四推辞,太太做情应了,只得从命。到底叫我闹了个马仰人翻,更不成个体统,至今珍大哥还抱怨后悔呢。你明儿见了他,好歹赔释赔释,就说我年轻,原没见过世面,谁叫大爷错委了他呢。"[1]

这样的材料举不胜举,尤其是在近代汉语阶段,像王梵志诗、禅宗语录、敦煌俗文学作品、宋代的俚俗词、《三朝北盟会编》中的谈判记录、《朱子语类》等宋儒语录、宋元话本、金元诸宫调、元杂剧、元明白话讲章、明初皇帝的口语诏令、明清白话小说、朝鲜时代的汉语口语教科书等等,都是此类语料。《近代汉语语法资料汇编》收了不少,但那只是近代汉语口语语料的一小部分而已。先秦文献的口语性上面已经引过王力先生的论述,此不赘。所以,比较接近口语的语料在历史文献中是大量存在的,这是我们研究汉语口语史的基本依据。当然,即使是像上面所举的几乎纯口语的资料,是否全都属于"我手写我口",也还是需要分析的,更何况所谓"口语"本身也是一个混合体,有各色各样的口语。这涉及语言研究的对象如何

---

[1] 试比较贾政和北静王的一段对话:北静王见他语言清朗,谈吐有致,一面又向贾政笑道:"令郎真乃龙驹凤雏! 非小王在世翁前唐突,将来'雏凤清于老凤声',未可量也。"贾政忙陪笑道:"犬子岂敢谬承金奖。赖蕃郡余恩,果如所言,亦荫生辈之幸矣。"(《红楼梦》第十五回)虽然同为嘴里说出来的话,但是雅俗之别有多大! 参看太田辰夫(1991:190)《关于汉儿言语——试论白话发展史》。

"提纯"这样一个大问题,①这里不能详谈。我们的基本看法是:所谓"口语性",只能是一个相对的概念,纯而又纯的语言研究对象是不存在的,即使是现代的活语言也是如此,如果一定要纠缠于纯粹的口语性,那就只能陷入"不可知论"。

其次,不可否认,除了贴近和比较贴近口语的材料外,更多的文献是文白夹杂的。② 对于这部分语料,我们可以通过一定的方法(主要是对比法)将其中的口语成分剥离出来,而不是束手无策。③ 这里有一个观念必须澄清,就是口语和书面语是可以区分而且应该区分的,并非混沌一团。张永言师(1982)《词汇学简论》"§4.7 词的风格分化——口语词汇和书语词汇"说:

> 就汉语而言,口语词汇还有一个特点,就是它的基本成员是单音节词。
>
> 就汉语而论,口语词汇多半是单音节词,而跟它们相当的书语词汇则是双音节词。例如:住~居住、送~赠送、读~阅读、买~购买、听~聆听、爱~喜爱、怕~惧怕、窄~狭窄、穷~贫穷、病~疾病、进~进入、睡~睡眠、挑~挑选。一般说来,双音节词的意义要狭窄一些,确定一些;在风格上双音节词"文"一些,单音节词"白"一些。④

这就是区分口语词汇和书面语词汇的一个例子。⑤ 语音史研究中早已成功地运用了"剥离法",词汇史和语法史一样可以采用。事实上,关于如何区分文献中的口语成分和书面语成分,已经有不少出色的研究,比如胡敕瑞先生的《汉译佛典所反映的汉魏时期的文言与白话——兼论中古汉语口语语料的鉴定》,就是一篇具有方法论意义的杰作。笔者也曾做过这方面的工作(如汪维辉 2014b)。

---

① 可参看朱德熙(1987)的论述。
② 徐时仪(2016)把反映口语的文献大体分为五类:文中夹白、半文半白、白中夹文、白话为主、现代白话雏形。可以参考。
③ 太田辰夫(1991:188)曾经有过精辟的论述:"现在只就作为主流的文言文来看,假使能反映口语的话也肯定是在对话的部分,而不是叙述的部分。于是进一步考察它的对话部分看看,可知大致有两种场合。其一是说话人或听话人有无教养,无教养者的场合表现口语的地方多。另一是感情状态,说话者感情平静的场合表现口语的地方少,感情激昂的场合,比如发怒,或极度高兴,或戏谑玩笑时,表现口语的地方就多。"这真是经验之谈!
④ 原注:参看北京大学中文系汉语教研室《现代汉语》中册,第4章第6节,北京:高等教育出版社,1960年。
⑤ 当然,也存在既通用于口语又通用于书面语的"通体词汇",如仓石武四郎《岩波中国语辞典》中的0级词汇。参看汪维辉(2014a)。

在目前的汉语史研究中,对语料不加分析,用统计法简单化地"一锅煮",导致研究结论不符合实际,这样的问题普遍存在,这是违背研究口语史的宗旨的,亟需纠正。至于怎样选择口语性语料来探明汉语史的真相,我们也已经做过例示(汪维辉、胡波 2013),不再赘述。

参考文献

仓石武四郎[日] 1963《岩波中国语辞典》,东京:岩波书店。

陈建民 1984《汉语口语》,北京:北京出版社。

刁晏斌 2016《传统汉语史的反思与新汉语史的建构》,《吉林大学社会科学学报》第 2 期。中国人民大学书报资料中心《语言文字学》2016 年第 6 期全文复印。

冯胜利 2013《汉语书面语的历史与现状研究》,北京:北京大学出版社。

郭锡良 1957《韩愈在文学语言方面的理论和实践》,载北京大学中文系语言学论丛编辑部编《语言学论丛》第一辑,上海:上海教育出版社。又收入其《汉语史论集》,北京:商务印书馆,1997。

胡敕瑞 2013《汉译佛典所反映的汉魏时期的文言与白话——兼论中古汉语口语语料的鉴定》,载冯胜利主编《汉语书面语的历史与现状》,北京:北京大学出版社。

汉语大字典编辑委员会编纂 2010《汉语大字典》第二版,成都:四川辞书出版社;武汉:崇文书局。

刘坚、蒋绍愚主编 1990,1992,1995《近代汉语语法资料汇编》,北京:商务印书馆。

鲁国尧 1979《宋代辛弃疾等山东词人用韵考》,《南京大学学报》第 2 期。

鲁国尧 1992《宋元江西词人用韵考》,载胡竹安、杨耐思、蒋绍愚编《近代汉语研究》,北京:商务印书馆。

吕叔湘 1985a《近代汉语读本·序》,载刘坚《近代汉语读本》,上海:上海教育出版社。

吕叔湘 1985b《近代汉语指代词》,上海:学林出版社。

梅祖麟 2000《〈三朝北盟会编〉里的白话资料》,载梅祖麟《梅祖麟语言学论文集》,北京:商务印书馆。原载《中国书目季刊》十四卷二期。

太田辰夫[日] 1991《关于汉儿言语——试论白话发展史》,载太田辰夫《汉语史通考》,江蓝生、白维国译,重庆:重庆出版社。

唐松波 1961《谈现代汉语的语体》,《中国语文》第 5 期。

汪维辉 2014a《现代汉语"语体词汇"刍论》,《长江学术》第 1 期。又收入远藤光晓、石崎博志主编《现代汉语的历史研究》,杭州:浙江大学出版社,2015。

汪维辉 2014b《〈型世言〉语言成分分析》,载何志华、冯胜利主编《承继与拓新——汉语言文字学研究》,香港:商务印书馆。

汪维辉,胡波 2013《汉语史研究中的语料使用问题——兼论系词"是"发展成熟的时代》,《中国语文》第 4 期。

王力 1958/1980《汉语史稿》,北京:科学出版社/北京:中华书局。

谢维维 2016《汉语中古音研究史》,浙江大学博士后出站报告。

徐时仪 2016《汉语白话史研究刍议》,《华夏文化论坛》第 15 期。中国人民大学书报资料中心《语言文字学》2016 年第 11 期全文复印。

徐通锵 1991《历史语言学》,北京:商务印书馆。

杨宝忠 2005《疑难字考释与研究》,北京:中华书局。

杨宝忠 2011《疑难字续考》,北京:中华书局。

俞敏 1992《高腭的语言比曹雪芹更像北京话》,《中国语文》第 4 期。

张涌泉 2000《汉语俗字丛考》,北京:中华书局。

张永言 1982《词汇学简论》,武汉:华中工学院出版社。

赵元任 1980《语言问题》,北京:商务印书馆。

朱德熙 1987《现代汉语语法研究的对象是什么?》,《中国语文》第 5 期。

【附记】本文初稿曾经在中国社科院语言研究所和中国人民大学文学院共同主办的"历史语言学高端论坛"(2016.12.3.北京)上报告,修改稿曾在"第五届《中国语文》青年学者论坛"(2017.4.8—9.浙江大学汉语史研究中心)上报告,得到好几位与会专家的鼓励和指教;友生真大成、史文磊、刘君敬、王翠等也提出过不少意见和建议,在此统致谢忱。文中如有错误,概由作者负责。

(原载《吉林大学社会科学学报》2017 年第 4 期,中国人民大学书报资料中心《语言文字学》2017 年第 12 期全文复印)

汉语史研究的对象和材料问题

245

汉语史研究中的语料使用问题[*]

——兼论系词"是"发展成熟的时代

汪维辉　　胡　波

摘　要　正确使用语料是进行科学的汉语史研究的前提。语料使用主要涉及两个问题：一是语料的选择，基本要求是口语性和可靠性；二是语料的分析，包含确认有效例证、剥离口语成分、分析统计数据和重视典型语料四个方面。文章就这些问题发表了看法，并提出了"以典型赅非典型"和"以前期赅后期"两条原则。通过对唐代一些典型语料的考察，文章认为至晚到中唐时期"不是"已经在口语中基本取代了"非"，系词"是"已经发展成熟。

关键词　语料选择　语料分析　典型语料　以典型赅非典型　以前期赅后期　系词"是"

正确使用语料是进行科学的汉语史研究的前提。语料使用主要涉及两个问题：一是语料的选择，二是语料的分析。① 两者又是相互关联的。下面分别讨论。

＊　本文为国家社科基金项目"汉语核心词的历史与现状研究"（11BYY062）的阶段性成果。最初的稿子曾在 2012 年 4 月 6 日晚上举行的同人学术沙龙上讨论，修改时吸收了大家的意见；友生真大成博士特地从京都大学发来邮件提供了很好的意见和材料。文章初稿在第八届中古汉语国际学术研讨会（2012. 4. 22—24. 湖南师范大学）上报告过，修改后的主要内容曾先后在南京大学、南开大学、安徽大学、华中师范大学、厦门大学及浙江省语言学会第十六届学术年会（2012. 12. 21—23. 杭州）上做过演讲，得到多位师友的鼓励和指教，特别是鲁国尧先生提供了具体意见和冯友兰先生的有关论述。《中国语文》编辑部匿名审稿专家提出了很中肯的修改意见。谨此一并致谢。文中错误概由作者负责。
①　本文主要讨论汉语词汇史和语法史研究中的语料使用问题，暂不涉及语音史。

一、 语料的选择

用于汉语史研究的语料有两个基本要求：一是口语性，二是可靠性。（参看汪维辉 2000b）

关于语料的可靠性问题，太田辰夫先生（2003：373）曾经有过经典性的论述："在语言的历史研究中，最主要的是资料的选择。资料选择得怎样，对研究的结果起着决定性的作用。"太田先生所说的"资料选择"，主要就是材料的可靠性问题。这一观点已经成为汉语史学界的共识，深入人心。虽然在研究实践中使用不可靠语料的问题仍然时有所见（参看王魁伟 2000；董志翘 2006；麻爱民 2010 等），但这主要不是认识问题，而是个人学养或治学态度等问题，这里就不赘述了。

我们所要研究的汉语史就是口语发展史，所以据以得出结论的材料理应是口语性语料。多年来，我们一直致力于探索如何依据口语性语料来探明汉语史上各种问题的真相，并做过一些尝试（汪维辉 2000a，2001，2002，2007 等），读者可以参看，这里也不详述。

问题的复杂性在于，汉语的历史文献虽然无比丰富，但是语言性质却十分驳杂，纯口语资料是很难找到的（朱庆之 2012：203），特别是晚唐五代以前。因此有人会说，在缺乏纯粹的口语语料的情况下，退而求其次，带有一些口语成分的语料也是可以而且应该使用的。这话没错，问题是怎样使用。只要我们能对语料做科学的分析，那么理论上一切历史文献都可以用作汉语史研究的资料。

二、 语料的分析

蒋绍愚先生（1998）曾经指出："不但要做好语料的整理工作，而且要做好语料的分析工作。语料有文字讹误、后人擅改，以及时代、真伪等问题，需要通过校勘学、文献学的方法加以鉴别和改正，这是语料的整理。语料本身没有问题，但语料中反映的语言特点有的是时代特色，有的是地域特色，有的是语体特色（如有的很口语化，有的文白夹杂），需要加以区分,这是语料的分析。不注意语料的整理,把有问题的语料作为研究的依据,当然会造成大错;对语料不加分析,把地域或语体的特点当作时代的特点,在作语言史的研究的时候同样会发生错误。语料整理的问题,现在一般比较注意了,语料分析的问题,还需要特别强调。语音研究方面,已有学者提出'剥离法',在语法和词汇研究方面,不少语料也是需要'剥离'的。只有在正确分析语料的基础上,才能作可靠的语言史的研究。"

蒋先生十几年前说的这段话,至今仍值得每一位汉语史研究者深思,因为在目前的研究实践中,语料分析的重要性并没有引起应有的重视,语料分析的方法更是有待于大家共同来探索。

我们认为,语料的分析至少应该包含这样四个方面:一是确认有效例证,二是剥离口语成分,三是分析统计数据,四是重视典型语料。后三点又是相互联系的。下面分别论述。

1. 确认有效例证

所谓"确认有效例证",实际上主要是一个正确理解文意(包括断句和认字等)以避免"假例"的问题。这里试举一例。李焱、孟繁杰(2011)引例多有问题,仅举下面两例:

> 地气反寒暄,天时倒生杀。(白居易《桐花》)

> 世间滋味,尝尽酸咸苦涩。时今倒食蔗,无甜汁。(唐致政《感皇恩》)

作者认为其中的"倒"是关联副词,实际上都不是。《桐花》例"倒"与"反"对文,是动词"倒过来了""反过来了"的意思;《感皇恩》例是用典,《世说新语·排调》:"顾长康啖甘蔗,先食尾。人问所以,云:'渐至佳境。'""倒食蔗"就是倒过来吃甘蔗,所以"无甜汁"。只要稍作分析,这种"假例"本来是可以避免的。

正确理解文意是从事文献语言研究的必要前提,而目前的汉语史研究中此类"假例"问题并不鲜见,甚至一些名家也难以尽免(参看汪维辉1996;史文磊 2008;刘君敬 2008;张海媚 2010;麻爱民 2010;王虎 2012等),限于篇幅,不再细说。

2. 剥离口语成分

正如蒋绍愚先生（1998）所说，跟语音研究一样，"在语法和词汇研究方面，不少语料也是需要'剥离'的"。语料分析最重要的一点其实就是"剥离"，即把文言性成分和口语性成分"剥离"开来，因为在浩如烟海的历史文献中，纯口语资料是不多的，文献语言的基本形态是文白混杂，只有把其中的口语性成分"剥离"出来，才能据此探明历代口语的真相。这个问题下面再结合实例作详细分析。

3. 分析统计数据

定量研究是一种科学方法，在汉语史研究中正被越来越广泛地使用。但是科学的方法必须科学地运用才会有效。

目前比较常见的做法是：选取若干种语料，统计其中研究对象的出现次数，然后依据出现频率得出相应的结论，而不管所统计的语料是否具有"同质性"和研究对象所出现的具体语境如何。这种方法可以称之为"'一锅煮'统计法"。这样的实例随处可见。我们认为这种方法是缺乏科学性的，因为它往往难以导出合乎实际的结论，反而会掩盖事实真相。下面举个例子。

王云路、方一新（2002）《汉语史研究领域的新拓展——评汪维辉〈东汉—隋常用词演变研究〉》说：

> 该书的考证大抵可信，但可商之处也是有的。例如：谈到"愚/痴"二词时，作者说："粗略地说，上古多说'愚'，东汉魏晋南北朝主要说'痴'。"（325页）"在东汉佛经里，'痴'字用得极多，……'愚'单用的已不多。"（326页）按："愚"和"痴"的变化未必如《研究》所说。整个魏晋南北朝，"愚"都活跃在口语色彩浓厚的作品中，并未退出历史舞台。笔者以日本《大正藏》第3、4两卷为随机抽查对象，利用陕西师大历史系袁林先生的检索软件（据袁先生说明，该电子本《大正藏》原始文本来自中华电子佛典协会）作了检索，现将结果报告如下：
>
> 愚　第3卷，命中132篇，总共454次；第4卷，命中113篇，总共1113次。
>
> 痴　第3卷，命中145篇，总共519次；第4卷，命中103篇，总共536次。
>
> 仅就第3、4两卷统计结果来看，"痴"并未取代"愚"，相反，"愚"的使用频率还稍高些。以上统计数字容或有误差，但出入应该不会太大。这样看来，《研究》的结论尚可商榷。

上述统计数字确实对汪维辉(2000a)的结论提出了严峻的挑战。事实究竟如何？我们抽查了其中公认为口语性最强的一部佛经——收于《大正藏》第 4 卷的南朝齐求那毗地所译《百喻经》。该经中这两个词的使用情况如下：

表一 《百喻经》中"愚""痴"的出现次数和用法

	总数	愚痴	｜人	｜者	｜臣	｜夫	｜老人	｜鸽	猴	｜惑	凡｜	｜倒	顽｜	不｜	｜无智慧	｜无所知	以为｜	反谓他｜
愚	118	12	94	3	2	1	1	1	0	3	1	0	0	0	0	0	0	0
痴	25		4	0	0	0	0	0	1	0	0	1	0	1	1	2	1	1

统计数据显示："愚"大大多于"痴"，两者的出现次数是 118∶25。但这并不意味着当时的口语仍以说"愚"为主，让我们来分析一下两者的用法：

"愚"虽然多达 118 例，但没有一例是单用的，用法只有两种：一是充当定中结构的修饰成分，其中"愚人"就占了 94 例，还有"愚者，愚臣，愚夫，愚老人，愚鸽"，出现频率都不高；二是与其他成分构成同义（或近义）连文，有 12 例"愚痴"、3 例"愚惑"和 1 例"凡愚"。而 25 例"痴"中，除去 12 例"愚痴"，"痴人"只占了 4 例，"痴猴"1 例，单用的却有 6 例（即上表中"不痴"以下 6 例）。可见作为一个可以单说的词，"痴"已经取代了"愚"，"愚"则降格成了一个非成词语素。此外"痴倒"一例也值得注意，"痴倒"应是同义连文，"倒"即佛经中常见的"倒见"的"倒"，意思是"颠倒的，错误的，不正确的，愚蠢的"，这是佛经中的一个新义，[1]"痴"能跟它组合，说明是当时的口语词。下面是《百喻经》中的一个典型例子：

> 昔有愚人，头上无毛。时有一人，以梨打头，乃至二三，悉皆伤破。时此愚人，默然忍受，不知避去。旁人见之，而语之曰："何不避去？乃住受打，致使头破。"愚人答言："如彼人者，憍慢恃力，痴无智慧。见我头上无有发毛，谓为是石，以梨打我，头破乃尔！"旁人语言："汝自愚痴，云何名彼以为痴也？汝若不痴，为他所打，乃致头破，不知逃避。"……如彼愚人，被他打头，不知避去，乃至伤破，反谓他痴。（以梨打头破喻）

---

[1] 参看汪维辉(2011)"痴—愚"条。

其中"愚"的组合只有"愚人"和"愚痴",凡是要用单字表达愚笨义的地方都用"痴",这说明在口语中,作为一个可以独立运用的词,"痴"实际上已经取代了"愚"。可见只看统计数据和对统计数据进行分析有时会导出完全不同的结论。孰是孰非,应该是很清楚的。

统计方法也有运用得好的,但比较少见。例如李战(1997)对《红楼梦》前80回中"便"和"就"的使用情况进行了统计,不仅把各回分开统计、对话体和叙事体分开统计,而且把不同人物的对话也分开来统计,结果就有了有意思的发现。先看两个统计表:

表二 "便""就"总数

	叙事	对话	总计
便	3 119	287	3 406
就	343	1 789	2 132
总计	3 462	2 076	5 538

表三 八个人物对话中的"便"和"就"

人物	便	就	便/就之比	人物	便	就	便/就之比
贾宝玉	28	195	14.3%	贾琏	2	39	5.1%
林黛玉	9	73	12.3%	袭人	10	70	14.2%
薛宝钗	24	114	21%	李嬷嬷	0	6	——
贾政	8	12	67%	赵嬷嬷	0	7	——

表二显示,"便"和"就"在叙事部分和对话部分的出现数量正好相反,对话中"就"的数量是"便"的约六倍,而叙事部分则"便"是"就"的近十倍;如果只看全书的出现总数,则"便"比"就"多出一千多例,这显然不能反映口语的真相,口语的实际情况理应主要看对话部分。表三对不同人物的对话分别进行了统计,更有意思(原文统计了20个人物的数据,这里仅选取其中8位):上层人物、封建卫道士贾政的对话中,"便"和"就"之比高达67%;而不识字的底层人物李嬷嬷和赵嬷嬷说话时都只用"就",根本

不说"便",这才是当时老百姓日常口语的真实反映!据此我们可以作出推断,在当时的实际口语中,"就"对"便"的替换已经基本完成。其余人物对话中这两个词的使用情况也值得细细玩味,从中可以看出作者用词的匠心。

更细致的分析是把听话人也分开来统计,比如平田昌司先生(2008)"四 《醒世姻缘传》里的否定副词'不曾、没'"就通过两个统计表把说话者和听话者分性别进行统计,结果发现,"'不曾 VP'和'没 VP'的选择,跟小说人物的男女性别有很明显的关系",又通过其他角度的分析,得出结论:"'不曾'偏于'外言','没'偏于'内言'。"这样细致入微的分析给我们以很大的启发。

可见运用统计方法需要注意两点:一是所选的语料应该尽量具有同质性和可比性(包括篇幅大小的对等性);二是在选取的语料文白混杂、性质不一的情况下,对统计数据要做分析,切不可把复杂的语料"一锅煮",简单化地出一个统计数据就匆匆得出结论。太田辰夫先生(2003:374)说过:"处理中国古代文献是极为困难的。"这是经验之谈。

4. 重视典型语料

所谓"典型语料",就是能够真实反映口语面貌的语言材料,包括成篇的文本和"剥离"出来的口语性语例。

我们认为,在反映口语真相方面,典型语料的价值有时远远大于一堆未作分析的统计数据。① "一些高度口语化的语料可以作为我们推定替换过程完成与否的有效依据,……这种作品是最能说明问题的宝贵材料。"(汪维辉 2000a:405)

比如西汉王褒《僮约》:"读券文适讫,词穷咋索,仡仡叩头,两手自搏,目泪下落,鼻涕长一尺:'审如王大夫言,不如早归黄土陌,丘蚓钻额。早知当尔,为王大夫酤酒,真不敢作恶。'"目泪、鼻涕作清楚的分别,这是第一次见到(《汉语大词典》"鼻涕"条即引本例为始见书证),反映了西汉口语的真实情况。众所周知,先秦汉语眼泪一般叫"涕"或"泣",鼻涕叫

---

① 汪维辉(2000a:404)曾经以"入/进"为例说明过这个道理,可以参看。

"泗",如《诗经·陈风·泽陂》:"寤寐无为,涕泗滂沱。"毛传:"自目曰涕,自鼻曰泗。"而《僮约》中的这一典型语例①确切无疑地告诉我们:至迟在西汉后期的口语里,眼泪已经叫"目泪"、鼻涕已经叫"鼻涕"了。(汪维辉2006:506)假如我们调查一下同时期的其他语料,这样的典型语例是找不到的,即使是像《史记》那样语言相对浅近的作品,虽然出现了2例"垂泪",但是没有"目泪",39例"涕"则都是指"眼泪",无一指"鼻涕"。事实上经我们初步检索,整个两汉魏晋南北朝的中土文献中"目泪"也没有发现第二例,只是在翻译佛经中时有所见。这可能跟单、双音节有关,因为从理论上说,西汉口语中眼泪既然早已可以叫做"泪"(汪维辉 2000a:33),那么跟"目"组合成双音词"目泪"就是顺理成章的事,但是"目泪"并没有比"泪"提供更多的信息,因此在以单音词为主导的文言作品中"目泪"很难见到也是情理中的事,翻译佛经可以反证这一点。《僮约》中"目泪"与"鼻涕"相对,都是双音节、偏正式,因此出现"目泪"一词大概主要是语用因素在起作用。②

仅仅根据少数几种(有时甚至就一种)典型语料就得出结论,这样的方法是否太大胆太武断?请允许我们打个比方:在长白山上看天池,绝大多数情况下都是云雾迷茫,看不真切的;只有偶尔云消雾散,才能一睹真容。能看到真容的时间往往非常短暂,甚至就是瞬间,但是我们相信,这才是天池的真面目,而大多数情况下人们所看到的仅仅是它的假象。由于历史语料的复杂性,我们常常只能通过典型语料一窥古代口语的"真容",就像看到真正的天池一样。

由此我们提出,汉语史研究中是否可以确立这样两条原则:

(1)以典型赅非典型。即:在典型语料能够证明某一事实的情况下,其他非典型语料所提供的反面证据一般可以不予采信。

---

① "典型语例"一词系真大成博士所创用。

② 匿名审稿人指出:"孤证很难排除是作者母语方言的特殊影响,造成其他方言区作者很少使用。文中以《僮约》'目泪'为例说明即使同时代的孤证也足够有力。假如同时代其他文献几乎看不到此词,不能完全排除其为方言词的可能。即使后代此词用得广泛,也不排除当时尚是方言词,以后逐步扩散的可能。"从广义上说,这种可能性是存在的,不过"目泪"的情况我们以为可能还是这里所分析的可能性更大。感谢匿名审稿人的提醒。

（2）以前期赅后期。即：某一事实在前期已经得到证明，则后期的反面证据可以不予采信，因为按照一般逻辑，某一种语言现象只会按着既定的方向向前发展，除非有特殊的原因，不会逆转。

这两条原则主要是针对汉语词汇史和语法史研究而言的，不过我们相信其基本原理同样适用于语音史的研究。需要指出的是，这两条原则只适用于同一个语言（或方言）系统的共时状态及其连续性演变，而不能用来解释不同方言之间的共时差异或不同语言（或方言）系统各自独立发展的历时演变，这是不言而喻的。①

三、 语料使用举例： 关于系词"是"何时发展成熟的讨论

下面我们以如何判断系词"是"是否已经发展成熟为例，对上文所论及的与语料使用相关的各种问题作一总的说明。

董守志（2011）主要从"不是"对"非"的替换来讨论系词"是"的成熟问题，这比以前仅仅依据"不是"的出现（如汪维辉 1998）或"不是"取代了"非是"（如唐钰明 1992）就判定系词"是"已经发展成熟要更加全面、深入，把研究推进了一步。

董文的结论是："系词'是'的成熟时代应该是在元末明初。"我们姑且相信这一结论（关于这一点下面再讨论）。他赖以得出结论的唯一依据是：《老乞大》《朴通事》中表示否定判断100%都用"不是"，没有"非""非是""未是"。

应该说《老乞大》《朴通事》是典型语料，它们反映了真实口语，董文的依据是站得住脚的。那么《水浒传》等同时期语料所提供的反证就不足以推翻这个结论，比如《水浒传》（100 回本）中"不是"200 见，"非"134 见（其中有些并非"不是"义，应予排除，下同），"非是"32 见，"非"和"非是"还

---

① 匿名审稿人指出："原则一'以典型赅非典型'理论上可以成立，但是文中认为典型材料有时即使只有一条孤证也足够有力，可以排除非典型的大量语料，这或许有风险。除了版本等方面原因带来的孤证的风险，还应该考虑到汉语分布区域辽阔，地域差异自古就有。……对汉语来说，绝对纯的单一系统的语料很难找，尤其是本文作为重点的口语体材料，很多口语化语料都带有作者的地域方言要素，这使得原则一的采用不能太过强大、毫不受限。"这一提醒完全正确，可以纠正原稿的偏颇，笔者深表感谢。

占有相当大的比例。这就是"以典型赅非典型"。

　　同样的,之后的《红楼梦》中这组词的数据也不足以动摇这个结论:"不是"158 见,"非"178 见。这就是"以前期赅后期"。

　　之所以不采信《水浒传》《红楼梦》这些反证,道理很简单,因为我们相信《老乞大》《朴通事》所反映的才是真实的口语状况,就像偶获一睹的天池真容。

　　事实也确实如此,试以《红楼梦》第一回为例。该回中"不是"只有 1 例:"那道人道:'趁此何不你我也去下世度脱几个,岂不是一场功德?'"而用作否定判断的"非"却有 11 个(例略)。如果只看出现次数,我们一定会认为,在《红楼梦》时代,否定系词"不是"非但没有成熟,甚至还可能仅仅处于发展的初级阶段呢! 可是董文根据《老乞大》《朴通事》的材料得出的结论明明是"系词'是'的成熟时代应该是在元末明初",难道过了将近四百年又倒退回去了? 这显然是不可能的。其实稍作分析即可明了,这些"非"并不反映真正的口语,尽管半数以上的例子出现在对话中。[①] 即使到了现代汉语,表否定判断的"非"仍可单用,《现代汉语词典》第 5 版"非"字条说:"④团不是: 答~所问 | 此情此景~笔墨所能形容。"标注了词性,说明《现代汉语词典》认为这个"非"是个可以独立运用的词,所举例子也可以证明这一点。我们能否据此就说直到现代汉语"不是"还没有完全代替"非"、系词"是"还没有完全发展成熟呢? 显然不能,因为我们知道这样的"非"在实际运用中是高度受限的,一般情况下,现代汉语口语要表达否定判断都得用"不是"。

　　现在回到董文的结论。对于这个结论,可能很多同行都会觉得难以认同,因为这跟之前的唐代说(唐钰明 1992 等)和东汉说(汪维辉 1998)时间差得太远,也不符合汉语史研究者的一般语感。

　　我们认为董文在语料的选择上存在缺陷,又未对所选语料作具体分析,只相信统计数据,因此导致结论存在严重偏颇。通过对唐代一些典型语料的考察,我们认为至晚到中唐时期"不是"已经在口语中基本取代了

---

① 对话并不都是口语。太田辰夫先生(1991: 189-190)指出:"清代作品中,试着翻一翻《红楼梦》就可以知道,那里面女性和小孩和奴仆人等使用地道的俗语,与此相反,北静王和贾政及其他贵族士大夫们在正式场合所作的对话非常接近文言。"

"非",系词"是"已经发展成熟。下面试作论证。

进入唐代,否定判断句有两个重要的变化。

一是在一些口语性语料中,"不是"超过了"非是"成为"F 是"①的主流形式。这一点比较容易判定,只要看一看表四的统计数据即可明白。

表四　唐五代"F 是"的使用情况统计表

文献　　F 是	五经正义②	义净译经	王梵志诗	游仙窟	李白诗	杜甫诗	敦煌本六祖坛经	白居易诗	入唐求法巡礼行记	敦煌变文	祖堂集
非是	261	191	1	0	1	1	0	2	0	18	6
未是	40	3	2	0	0	1	0	4	1	2	11
不是	78	59	4	5	3	10	7	36	2	89③	203

二是"不是"对"非"的替换至晚在中唐以后的口语中已经基本完成,而不是如董文所说的晚至"元末明初"。要确认这一点难度较大,光看统计数据不能说明问题,必须借助过细的语料分析。

表五　隋唐五代"F 是"与"非"的使用情况统计表

词项	佛本行集经	王梵志诗	游仙窟	白居易诗	敦煌本六祖坛经	入唐求法巡礼行记	敦煌变文	祖堂集
F 是（不是）④	60（0）	7（4）	5（5）	42（36）	7（7）	3（2）	105（89）	220（203）
非	143	5	15	173	9	5	64⑤	189⑥

从表 5 可以看出,王梵志诗中"F 是"已略多于"非","不是"和"非"的数字也已十分接近,到了敦煌变文和《祖堂集》中,无论是"F 是"还是"不

① "F 是"是"否定副词+是"的总称,包括"非是、未是、不是"。
② 我们的统计数据与董文(26 页表八)略有出入。
③ 有 5 例重复出现于"不是寻常等闲事,必作菩提大法王(或'必作无上大法王')"中。
④ 括号内是"F 是"中"不是"的出现次数。
⑤ 另有 1 例引《维摩诘经》"此非我宜"(《维摩诘经讲经文》(五)),1 例引《撰集百缘经》"非是帝释,亦非梵天鬼神大将"(《频婆娑罗王后宫彩女功德意养塔生天因缘变》)。
⑥ 另有 10 例,或引用前代佛典,如《因果经》《普曜经》等;或引用古书注解,如《山海经》郭璞注;或引用古语;等等。

是"，都已经超过了"非"，成为否定判断词的主流形式，特别是在敦煌变文中，"不是"已经达到"非"的近 1.4 倍。数量对比只是一个方面，更重要的是要看它们的具体使用情况。下面我们重点分析一下王梵志诗、《游仙窟》、敦煌本《六祖坛经》和《入唐求法巡礼行记》这四种典型语料中"非"和"F 是"的使用情况。

甲、王梵志诗[①]

王梵志诗可以说是唐代最口语化的语料，其中"非"共 32 见，但用于否定判断句、相当于"不是"的实际上只有 5 例[②]：佐史非台补，任官州县上。｜观影元非有，观身亦是空。｜触目即安心，若个非珍宝。｜天堂在目前，地狱非虚说。｜纵起六十二，非由无最殿。

而"F 是"有 7 例，其中"不是"4 例：未是好出身，丁儿避征防。｜黄金未是宝，学问胜珠珍。｜究竟涅槃非是远，寻思寂灭即为邻。｜名沾是百姓，不肯远征行。不是人强了，良由方孔兄。｜身如大店家，命如一宿客。忽起向前去，本不是吾宅。｜今世受苦恼，未来当富贵。不是后身奴，来生作事地。｜我见那汉死，肚里热如火。不是惜那汉，恐畏还到我。

由于体裁的限制，用"非"还是用"F 是"，显然是取决于诗句对字数的要求；不过从用例对比中不难看出，"F 是"尤其是"不是"应该是更口语化的表达，4 例"不是"都出现在几乎是纯白话的语境中，而"非"除"若个非珍宝"外，出现的语境口语性都没有"不是"强，有一例"非"与"是"对举，不能改为"F 是"。如果跟同是唐代白话诗僧作品但口语程度低得多的寒山诗相对比，王梵志诗在反映唐代口语方面的独特价值就更值得我们重视：寒山诗中，"不是""非是"均仅 1 见，而"非"有 15 例。

乙、游仙窟

《游仙窟》是张文成（约 660—740）以自叙体方式、采用骈散相间的形

----

① 传统认为王梵志诗是唐初白话诗僧王梵志的作品，但是项楚先生（1991：4）认为："我经过潜心玩索，深信这三百多首'王梵志诗'，决不是一人所作，也不是一时所作，而是在数百年间，由许多无名白话诗人陆续写就的。"
② 排除了"非关""除非""自非""非但"等固定结构和相当于"不""错误"等意思的"非"。下面对"非"的处理均同此，不再一一说明。

式创作的爱情小说,创作年代大概是 680—683 年之间①。其中"不是"有 5
例:仆又为诗曰:"……鬓欺蝉鬓非成鬓,眉笑蛾眉<u>不是</u>眉。"｜五嫂笑曰:
"娘子<u>不是</u>故夸,张郎复能应答。"｜五嫂答曰:"奉命不敢,则从娘子。<u>不是</u>
赋古诗云,断章取意,唯须得情;若不惬当,罪有科罚。"｜下官笑曰:"<u>不是</u>
百兽率舞,乃是凤凰来仪。"②｜五嫂即报诗曰:"李树子,元来<u>不是</u>偏。巧知
娘子意,掷果到渠边。"都出现在对话(包括赋诗)中,其中"不是赋古诗云"
一例没有字数限制,其余则都出现在需要双音节的场合。其实这些"不
是"换成"并非"之类也并非不可以,但是作者没有那么做。如果我们考虑
到《游仙窟》是文人的游戏之作,那么"不是"如此多见已经是非同寻常了,
那一定是诗人口语中"不是"已经用得习以为常了,他才会自然而然地流
注于笔端。

《游仙窟》中"非"字共 24 见,用于否定判断句的有 15 个,无一例外都
出现在需要单音节的场合,见表六。

表六　《游仙窟》中"非"的使用情况

格式	次数	例　　句
"是""非"对举	4	(1) 面<u>非</u>他舍面,心是自家心。(2) 好是他家好,人<u>非</u>着意人。 (3) 梦中疑是实,觉后忽<u>非</u>真。(4) 少府公乃是仙才,本<u>非</u>凡俗。
非×非×	6	(1) <u>非</u>隐<u>非</u>遁。(2) <u>非</u>吏<u>非</u>俗。(3) <u>非</u>古<u>非</u>今。
四字句	3	(1) 远客卑微,此间幸甚。才<u>非</u>贾谊,岂敢升堂! (2) 乞浆得酒,旧来神口;打兔得獐,<u>非</u>意所望。 (3) 犬马何识,尚解伤离;鸟兽无情,犹知怨别。心<u>非</u>木石,岂忘深恩!
五字句	1	眼心<u>非</u>一处,心眼旧分离。直令渠眼见,谁遣报心知!
六字句	1	下官答曰:"十娘面上<u>非</u>春,翻生柳叶。"十娘应声答曰:"少府头中有水,那不出莲花?"

不难看出,这些"非"都属于传统的文言用法,在具体文句中由于字数
的限制无一可以改成"不是"。所以"非"的数量虽然是"不是"的三倍,但

---

① 参看李时人、詹绪左(2006)《张文成生平事迹及〈游仙窟〉创作时间考》。
② 按,此句有异文,《游仙窟校注》(李时人,詹绪左 2006)云:"不",真福寺钞本作"非"。……
"乃凤凰来仪也",诸钞本、校本、注本"乃"字下有"是"字,"仪"字下无"也"字。

是这未必反映口语的真实面貌。《游仙窟》一共一万余字,系词"是"用了多达 29 次,由此反观 5 例"不是",我们可以推测,在张文成时代的口语里"不是"也已经发展成熟了。

时代晚一百多年的白居易(772—846)诗,情形与此类似。白诗中用于否定判断的"非"约有 173 个,"不是"有 36 例,"未是"4 例,"非是"2 例。从数量上看,"非"(173)是"F 是"(42)的四倍多,但是我们只要稍作对比,就不难发现"非"和"不是"是不同性质的东西,比如:诚是君子心,恐非草木情。(《和答诗十首·答桐花》)|好是映墙花,本非当轩树。(《有木诗八首》)|寂寞曹司非热地,萧条风雪是寒天。(《初授赞善大夫早朝寄李二十助教》)|草萤有耀终非火,荷露虽团岂是珠。(《放言五首》)以上都是"是""非"相对,单音节对单音节。又如:自省于其间,非忧即有疾。(《首夏病间》)此例是"非×即×"的固定格式。|掩抑复凄清,非琴不是筝。(《和令狐仆射小饮听阮咸》)前用"非"后用"不是",为的是避复。|乃知天子别有镜,不是扬州百炼铜。(《百炼镜——辨皇王鉴也》)|丈人阿母勿悲啼,此女不是凡夫妻。恐是天仙谪人世,只合人间十三岁。(《简简吟》)|愁醉非因酒,悲吟不是歌。(《晚春登大云寺南楼赠常禅师》)|不是尘埃便风雨,若非疾病即悲忧。(《勉闲游》)"不是"配"便",都是口语;"若非"配"即",都是文言。|眼尘心垢见皆尽,不是秋池是道场。(《秋池》)|藤花无次第,万朵一时开。不是周从事,何人唤我来。(《陈家紫藤花下赠周判官》)此诗相当口语化,不过用"不是"也是平仄的需要。

白居易诗以通俗易懂著称,他的诗中"不是"用得如此频繁,也是其语言贴近口语的一个反映。

丙、敦煌本六祖坛经

敦煌本《六祖坛经》的成书时间大约是 733—801 年。[①] 此书的语言相当接近口语,"不是"共 7 见:教是先圣所传,不是慧能自知。|善知识,"众生无边誓愿度",不是慧能度。|又有迷人空心不思,名之为大。此亦不

[①] 据杨曾文(2001:293-294)研究,敦煌本和敦煌县博物馆本《坛经》都应源于一个"敦煌原本",敦煌原本"当成书于开元二十一年(733)至贞元十七年(801)智炬(或作慧炬)撰《宝林传》之前"。

是。心量大,不行是小。｜使君问:"〔和尚所说〕法,可<u>不是</u>西国第一祖达摩祖师宗旨?"｜慧能大师曰:"汝从彼来,应是细作。"志诚曰:"<u>不是</u>。"六祖曰:"何以<u>不是</u>?"志诚曰:"未说时即是,说了即<u>不是</u>。"

用于否定判断的"非"9见:《净名经》云:直心是道场,直心是净土。莫行心谄曲,口说法直,口说一行三昧,不行直心,<u>非</u>佛弟子。｜若口空说,不修此行,<u>非</u>我弟子。｜当念时有妄,有妄即<u>非</u>真有。念念若行,是名真有。｜武帝不识正理,<u>非</u>祖大师有过。｜若不得《坛经》,即无禀受。须知去处、年月日、姓名,递相付嘱。无《坛经》禀承,<u>非</u>南宗弟子也。｜大师言:"十弟子,已后传法,递相教授一卷《坛经》,不失本宗。不禀受《坛经》,<u>非</u>我宗旨。如今得了,递代流行。得遇《坛经》者,如见吾亲授。"｜大师说偈已了,遂告门人曰:"汝等好住,今共汝别。吾去已后,莫作世情悲泣而受人吊问、钱帛,着孝衣,即<u>非</u>圣法,<u>非</u>我弟子。"｜一切无有真,不以见于真,若见于真者,是见尽<u>非</u>真。

两相比较也不难看出,"不是"的自由度和口语性更高,它可以单独回答问题,也可以用来提问,后面可以省略宾语,前面可以受新兴的表疑问或推测语气的副词"可"修饰,而这些用法"非"都没有,"非"的组合基本上都是习见于佛教典籍的一些固有搭配。

丁、入唐求法巡礼行记

此书是日僧圆仁在中国求法巡礼时所记的日记(838—847),是晚唐时期难得的口语性资料。书中用于否定判断的"非"5见:爰村老王良书云:"和尚至此处,自称新罗人,见其言语<u>非</u>新罗语,亦<u>非</u>大唐语。……"(卷一)｜〔二月〕一日,更修一状,催押衙。其状如左:……但所期行李,万有余里。远客私望,<u>非</u>此公务。(卷二)｜施主憎嫌云:"远涉山坂到此设供,意者只为供养山中众僧。然此尘俗乞索儿等尽来受食,<u>非</u>我本意。若供养此等色,只令本处设斋,何用远来到此山?"(卷三)｜其敕文如左:敕:……况<u>非</u>圣之言①,尚宜禁斥;外方之教,安可流传!(卷四)

"不是"2见,"未是"1见:见说:"被送来者<u>不是</u>唐叛人,但是界首牧

---

① "非圣之言"也可以理解为"非议圣人之言",不过从上下文看,可能理解成"不是圣人之言"更确切。

牛、耕种百姓,枉被捉来。国家兵马元来不入他界,恐王怪,无事妄捉无罪人送入京也。"(卷四)| 诸人皆云:"此处是两京大路,乞客浩汗,行人事不辨。若<u>不是</u>大官,是寻常衣冠酢大来,极是殷勤者,即得一疋两疋。和上得两疋,是刺史殷重深也。"(卷四)| 便入山阳县通状,具申本意:"日本国朝贡使皆此间上船,过海归国。圆仁等递到此间归国,请从此间过海。"县司不肯,乃云:"当州<u>未是</u>极海之处。既是准敕递过,不敢停留。事须递到登州地极之处,方可上船归国者。"(卷四)

"非"都跟后面的成分构成四字句,而且有 2 例分别出于圆仁的状文和皇帝的敕文,通篇都用文言写成,那是不可能换成口语说法"不是"的,另有 1 例是村老王良跟圆仁笔谈时所写的话,这种场合用更简洁、更书面化的"非"而不用口语化的"不是"也很正常。2 例"不是"则都出自下层人物之口,而且没有字数的限制;"未是"的确切含义是"还不是"①,应该也是口语说法,不能换成"不是"。值得注意的是,"不是""未是"的三条用例都出现在卷四会昌四年和五年(844—845)的日记中,也就是在圆仁来到中国的第七年之后,这应该是他在巡礼途中习得的口语词;而"非"则是他在日本跟着哥哥学习汉文时早就习得的书面语词。

以上的分析表明,至晚在 8 世纪以前(《游仙窟》和敦煌本《六祖坛经》的时代),口语中否定判断句实际上已经是以说"不是"为主了,"非"虽然还有比较高的见次率,但主要保留在书面语中,正如何亚南(2004)所说:"事实上'不是'最终完成对'非'的替代是一个缓慢的过程,这在书面语里表现得尤为明显。"

到了晚唐五代的敦煌变文和《祖堂集》,"不是"的数量都已超过"非",其中的"非"字也是同样的性质,由于数据过大,根据"以前期赅后期"的原则,就不再对它们作详细分析了,只举两个典型例子:他儿婿还说道里(理),道个甚言语也:"娘子今日何置言,贫富多生恶业牵。<u>不是</u>交(教)娘子独如此,下情终日也饥寒。"(《敦煌变文校注·解座文二首》)| 师问:"马师说何法示人?"对曰:"即心即佛。"师曰:"是什摩语话!"又问:"更有什摩言说?"对曰:"<u>非</u>心<u>非</u>佛,亦曰<u>不是</u>心,<u>不是</u>佛,<u>不是</u>物。"(《祖堂

---

① 柳士镇(1992:297)说:"'未是'与'不是'略有不同。'未是'含有时间意义,表示目前尚不是,所处条件变化之后则可能是,……'不是'则表示一般性的否定。"柳说甚确。

集·慧忠国师》)

敦煌变文例本来是七言韵句,若用"非"刚好字数相应,但此处却用了"不是",以致字数不等,可见在当时人的口语里"不是"已经成了惯用语。《祖堂集》例"非心非佛"是前代传下来的惯用语,"不是心,不是佛,不是物"则是用当时口语对它做的解释。

需要指出的是,上面所分析的这些语料都还不是纯口语资料(口语成分的多寡又各有差异),而且有一半以上属于有字数限制的文体(诗歌、骈文或四字句等),这样的语料跟实际口语肯定会有差距,这是不难想见的。"汉语的文言词汇系统有着极大的保守性,即使新词实际上已经取代了旧词,旧词往往也不会轻易退出词汇系统,而是采取'和平共处'的方式跟新词长期并存。这是书面语词汇系统的一个特点,一般来说,在口语中这种情况是不大可能存在的。"(汪维辉 2000a:407)如果把这个因素考虑进去,那么我们说中唐以后口语的否定判断句已经是以用"不是"为常,应该离事实不会太远。也就是说,从"不是"替代"非"这一角度来看,至迟到中唐时期,系词"是"也已经发展成熟了。这比"不是"取代"非是"稍晚一点。

可见在研究某一问题时,要尽可能多地挖掘和利用口语性资料,并把口语成分和文言成分"剥离"开来,这样才能最大程度地逼近事实真相。上面分析的四种典型语料,董文除王梵志诗转引了唐钰明的统计数据(与寒山子诗合在一起)外,均未采用,这是我们的结论与董文大相径庭的主要原因。

如上所述,我们通过对唐代一些典型语料的考察,证明了至晚在中唐时期"不是"已经在口语中基本取代了"非",系词"是"已经发展成熟,那么其他同时期语料所提供的所谓"反证"就都不足以否定这个结论。这就是"以典型赅非典型"。

既然我们已经证明在中唐以前事实已是如此,那么之后的情况就无需再证明,因为"不是"对"非"的取代是一个渐进的过程,不可能前期已经完成了取代,到后期又退回去了。这就是"以前期赅非后期"。

还有一点需要指出的是,判断某一语言现象新旧更替是否已经完成,标准不能定得过死,要求不能过高、过纯,比如董文认为只有像《老乞大》《朴通事》那样否定判断100%都用"不是"才能证明系词"是"的成熟,其实这是不切实际也没有必要的。语言现象是极其复杂的,共时系统是历时演变的结果,旧质要素被新质要素替换后,一般不会就此销声匿迹,而是可能会由于各种语用因素的影响而不时地在这里那里露一下脸,因为语言库藏(linguistic inventory)①是极其丰富的,语言的运用具有很大的灵活性和弹性,且不说"口语"和"书面语"本来就很难截然区分,即使是地道的日常口语,也不能要求它完全排斥旧成分。所以判断新旧成分是否已经完成替换,一是要看大势和主流,二是要对语料作具体分析,而不能要求百分之百无例外,否则一碰到少数"不听话"的语料我们将一筹莫展。

　　语料如何选择、如何分析,如何避免"假例",典型语料和统计数据的关系如何处理,判断标准如何设定和掌握,这些都是汉语史研究中最基本的一些原则性问题。在当前的研究实践中,由于对这些基本问题认识不清从而导致研究方法不科学、结论不可靠的现象还相当普遍地存在,这是值得我们认真反思的。冯友兰先生(2000:13)说:"研究历史必需从收集史料开始,继之以审查史料,分析史料,然后把所得结论写出来。"这话对汉语史研究同样具有指导意义。

参考文献

董守志 2011 《东汉—元明否定判断句演变之研究》,《古汉语研究》第 1 期。

董志翘 2006 《梁〈高僧传〉"疆场"例质疑》,《中国语文》第 6 期。

冯友兰 2000 《中国哲学史新编》绪论,载冯友兰《三松堂全集》第八卷,郑州:河南人民出版社。

何亚南 2004 《试论有判断词句产生的原因及发展的层级性——兼论判断词成熟的鉴别标准》,《古汉语研究》第 3 期。

蒋绍愚 1998 《近十年间近代汉语研究的回顾与前瞻》,《古汉语研究》第 4 期。

李时人,詹绪左 2006 《张文成生平事迹及〈游仙篇〉创作时间考》,载中国社会科学院文学研究所中国古代小说研究中心编《中国古代小说研究》第二辑,北京:人民文学出版社。又收入其《游仙窟校注》,北京:中华书局,2010。

李焱,孟繁杰 2011 《关联副词"倒"的演变研究》,《古汉语研究》第 3 期。

李战 1997 《〈红楼梦〉中的"便"和"就"》,《暨南学报》第 1 期。

刘丹青 2011 《语言库藏类型学构想》,《当代语言学》第 4 期。中国人民大学书报资料中心复印报刊资料《语言文字学》2012 年第 2 期全文转载。

---

① 参看刘丹青(2011)《语言库藏类型学构想》。

刘君敬 2008 《〈《同部首词的构成和结构分析》疑述〉一文的文献问题》,《中国语文》第
　　　3 期。

柳士镇 1992 《魏晋南北朝历史语法》,南京：南京大学出版社。

麻爱民 2010 《汉语个体量词研究中的语料使用问题》,《中国语文》第 2 期。

平田昌司［日］2008 《审视文本：读〈醒世姻缘传〉》,载曹虹、蒋寅、张宏生主编《清代文学
　　　研究集刊》第一辑,北京：人民文学出版社。

史文磊 2008 《汉语中真的存在量词"掘"吗?》,《中国语文》第 3 期。

太田辰夫［日］1991 《关于汉儿言语——试论白话发展史》,载太田辰夫《汉语史通考》,
　　　江蓝生、白维国译,重庆：重庆出版社。

太田辰夫［日］2003 《中国语历史文法》修订译本,蒋绍愚、徐昌华译,北京：北京大学出
　　　版社。

唐钰明 1992 《中古"是"字判断句述要》,《中国语文》第 5 期。

汪维辉 1996 《〈世说新语〉"如馨地"再讨论》,《古汉语研究》第 4 期。

汪维辉 1998 《系词"是"发展成熟的时代》,《中国语文》第 2 期。

汪维辉 2000a 《东汉—隋常用词演变研究》,南京：南京大学出版社。

汪维辉 2000b 《〈周氏冥通记〉词汇研究》,载浙江大学汉语史研究中心编《中古近代汉语
　　　研究》第一辑,上海：上海教育出版社。

汪维辉 2001 《汉魏六朝"进"字使用情况考察——对〈"进"对"入"的历时替换〉一文的几
　　　点补正》,《南京大学学报》第 2 期。

汪维辉 2002 《"所以"完全变成连词的时代》,《古汉语研究》第 2 期。

汪维辉 2006 《〈僮约〉疏证》,载李浩、贾三强主编《古代文献的考证与诠释——海峡两岸
　　　古典文献学国际学术会议论文集》,上海：上海古籍出版社。

汪维辉 2007 《汉语常用词演变研究的若干问题》,《南开语言学刊》第 1 期。

汪维辉 2011 《〈百喻经〉与〈世说新语〉词汇比较研究(下)》,载浙江大学汉语史研究中心
　　　编《汉语史学报》第十一辑,上海：上海教育出版社。

王虎 2012 《谈〈从世界语言拥有结构的语法化看汉语相关现象〉一文的文献问题》,《中国
　　　语文》第 1 期。

王魁伟 2000 《"〈红楼梦〉前已有语气词'吗'"献疑》,《中国语文》第 3 期。

王云路,方一新 2002 《汉语史研究领域的新拓展——评汪维辉〈东汉—隋常用词演变研
　　　究〉》,《中国语文》第 2 期。

项楚 1991 《王梵志·诗校注·前言》,载其《王梵志诗校注》,上海：上海古籍出版社。

杨曾文 2001 《〈坛经〉敦博本的学术价值和关于〈坛经〉诸本演变、禅法思想的探讨》,载
　　　其《新版敦煌新本六祖坛经》,北京：宗教文化出版社。

张海媚 2010 《副词"当然"始于宋代吗?》,载四川大学汉语史研究所、四川大学中国俗文
化研究所编《汉语史研究集刊》第十三辑,成都:巴蜀书社。
朱庆之 2012 《上古汉语"吾""予/余"等第一人称代词在口语中消失的时代》,《中国语
文》第3期。

（原载《中国语文》2013年第4期,中国人民大学书报资料中心
《语言文字学》2013年第10期全文复印）

汉语史研究要重视语体差异*

汪维辉

摘　要　语料的语体分析,现代汉语学界已经越来越重视,而在汉语史领域这一意识还不强,需要引起汉语史研究者的正视。本文列举四个实例来说明在汉语词汇史和语法史研究中注意历史文献语体差异的重要性。(1)"硬"语义场的历史演变。汉语口语中"硬"语义场可能一直是一个贫乏系统或准贫乏系统,至多是"中等系统→贫乏系统",而没有存在过丰富系统。中古近代汉语时期语义场成员多达9—10个,只是一种表象。(2)先秦—南北朝"躺卧"语义场的演变。"躺卧"概念域不存在"寝(先秦)—卧(西汉)—寝(东汉)—卧(魏晋南北朝)"的循环演变,得出这一结论的原因是语料选择不当。东汉口语中表达"躺卧"义也是用"卧"而不是"寝",《太平经》和《道行般若经》等更接近口语的语料可以证明这一点。所以实际的演变应该是"寝—卧—卧—卧"。(3)"V 于/在 L"和"VL"结构的交替演变。汉语史上究竟是否存在过"V 于/在 L"和"VL"两种结构的"交替演变",根据袁健惠(2017)的论证是无从确定的,因为该文在词项和语料的选择以及论证方法等方面都存在问题。用这个个案来证明"语言中并非所有的演变都是单向性的,也存在循环演变",缺乏说服力。(4)"唯……是……"式句的语体差异。许嘉璐(1983)研究上古汉语"唯……是……"式句所得出的三点结论正确可信,使我们对"唯……是……"式句的性质及其使用的时代差异和语体差异有了比以往深刻、准确得多的认识,并且给人以方法论的启示,堪称语体分析的佳作。

---

*　文章初稿曾在"历史语言学研究高端论坛(2017)"(2017 年 6 月 16—19 日·西北师范大学)上作大会发言,此次发表作了部分修改。

关键词 汉语词汇史　汉语语法史　语体差异　语料分析　古代活语言

本文讨论的是"面向古代活语言的汉语史研究",①它的任务是阐明汉语口语(即"古代活语言")的发展历史,并总结其演变规律。② 要阐明口语发展史,必须依据历代的口语性语料,这就涉及语体问题。吕叔湘先生(1987/2002：4)《语言和语言研究》说："最后应该提到'风格'问题,就是使用语言随着不同场合而变化。这种变化从极其严肃到十分随便,是一种渐变,如果要分别,可以大体上分成庄重、正式、通常、脱略四级。"吕先生所说的"风格"问题,实际上就是"语体"问题。③ 语体是关乎语言研究对象和材料的一个关键性问题,④也是汉语史研究中的一个重大问题,有必要进行专门的讨论。

人们说话、写文章,"从极其严肃到十分随便",是一个连续统,中间存在很多等级,⑤各个等级之间并非截然分开,而是存在灰色的过渡地带。

---

① 刘丹青先生(2017)指出："汉语史的研究,存在三种不同的取向。一是面向文献的汉语史研究,它主要是为了解决古代文献解读中出现的种种问题。二是面向古代活语言的汉语史研究,它主要目的是还原作为活语言的古代语言系统性状况及其演变过程。当然,由于不可能有现代人对自己母语的那种语感,能掌握的古代材料毕竟受限,这种系统的还原不可能是百分之百实现的。三是面向普通语言学的汉语史研究,其目的是让汉语史的研究推动普通语言学理论的发展。这三者的关系是,有关联而又不同,能相互促进,并不能相互替代。"笔者深然其说。

② 这是汉语史学界的一般共识,不过也存在不同看法。关于这个问题的讨论请参看刁晏斌(2016,2018)、汪维辉(2017a)和蒋绍愚(2019b)等。

③ 赵元任先生(1985)对语言运用与语体的关系有精到的论述,值得一读。

④ 20世纪90年代以来,随着语体和语体语法研究热潮的兴起,学者们对语体与语言研究的关系有过许多精当的论述,比如冯胜利先生(2011a)认为语体语法"指的是'为表达某一语体的需要而生成的语法'。就是说,语法为语体服务,语体促生语法(或格式),于是形成语法和语体之间相互依赖的关系"。语法和语体的关系就是"不同的语体([±正式]和[±典雅])有不同的语法(亦即语音、词汇、句法等不同法则),不同的语法反映了不同语体(不同对象、场合、内容等)的需要"(提要)。冯先生所说的"语法"是广义的,包括语音、词汇和句法,他的文章中所举的例子也涉及这三个方面。冯胜利、施春宏(2018)对语体语法的基本原理、单位层级和语体系统有更全面深入的阐述,请读者参看。另可参看汪维辉(2014a)。

⑤ 吕叔湘先生(1987/2002)分成"庄重、正式、通常、脱略四级",正如他自己所说,是一种"大体上"的分级。仓石武四郎先生(1963)所著《岩波中国语辞典》根据"硬度"把汉语(主要是北京话)的词(具体到义项)分为11级:上5:古代典籍中的词语,偶尔被引

语体差异对语音、词汇、语法的运用都有很强的制约作用,而词汇尤甚。因此在研究具体问题时必须考虑语体因素,才能准确判断一种语言现象的性质,在此基础上才有可能进行科学的汉语史研究。

语体分类是个复杂的问题,[①]大的分野是"口语"和"书面语"两分。"口语"和"书面语"相当于唐松波(1961)的"谈话语体"和"文章语体",并非用嘴说出来的都是口语、用文字写下来的都是书面语。我们要充分认识到语体差异的复杂性,口语也好,书面语也好,内部都不是均质的,而是存在各种各样的差异。同一种文献内部也有可能存在语体差异,比如古代白话小说的叙述部分和对话部分以及不同人物的对话,都会存在不同程度的语体差异。(汪维辉 2014b)就词汇和语法而言,口语体和书面语体既存在差别,也有通用的部分,因此还应该分出一个"通用体"。"口语体—通用体—书面语体"三分,有利于准确把握语料的语体属性。[②]

关于语体差异在古代语音、词汇、语法方面的表现,已经有过一些研究,[③]但是还很不充分。下面举几个实例来说明在汉语词汇史和语法史研究中注意历史文献语体差异的重要性,旨在抛砖引玉。不当之处,敬请同道指正。

用出现于耳听的词语中,例如:史册,千秋;上4:虽然是古代典籍中的词语,但是混用于耳听的词语中,例如:枝头,饰词;上3:学术用语或其他专用词汇,一般不是广泛使用的,例如:圆周率,唯物史观;上2:出现在文学作品等的词语,例如:阴暗,了望;上1:在广播、电视、演讲等场合说的词语,例如:不但,开始;0:极其普通的词语,例如:给,报纸;下1:不太正式的场合使用的北京话词语,例如:开火儿,反劲儿;下2:北京土话俚语,例如:露怯,翻锅;下3:特殊社会中伙伴间使用的词语,隐语等,例如:票友儿,口儿上;下4:骂人话(包括字面上不是骂人话但是别人听了会引起不快的词语),如:死王八皮,蠢个儿(chuógèr);下5:北京以外的方言流入北京话中的词语,如:撒烂污,呀呀唔。在该辞典里,每个义项的词性后面用上标或下标数字表示,0级则不标。这是目前所见最细的语体词汇分级,值得我们参考。

① 学者们对此已经做了不少研究,提出过种种看法,著名的是冯胜利先生(2010,2012,2013)的分类,他主要从"调距"的角度把语体分为"俗常体、正式体、庄典体"三大类。

② 蒋绍愚先生(2019a,2019b)对语体问题又有深入的讨论,后者把语体分为"俚俗体—直白体—平正体—文饰体—古雅体"五类,并提出了"两种说话方式",把历史文献中的文白混杂分为四种类型,等等。读者可以参看。

③ 许嘉璐(1983)和敖镜浩(1983)对语体问题进行过很有意思的讨论,富有启发性,读者可以参看。另可参看梅祖麟(2000),曾毅平(2013),邓佩玲(2018),刘承慧(2018),梅思德(2018),朱庆之、钱珍(2018)等。

一、"硬"语义场的历史演变

据贾燕子(2019)研究,汉语不同历史时期"硬"语义场的成员及其出现框架如表1:

表1

时期	成员	框架类型									
		食物	支撑面	家具	身体部位	离散物质	塑性物质	碎性物质	纺织品	毛类物体	条形物体
先秦西汉	坚		+		+	+		+	+	+	+
	刚	+				+		+	+		+
	刚坚					+					
东汉至隋	坚	+	+		+	+	+	+	+	+	+
	刚		+					+	+	+	+
	硬	+			+	+		+			+
	坚硬	+			+	+	+	+	+		+
	坚强	+			+	+		+			
	坚刚	+			+			+			
	坚确				+	+					
	刚坚					+		+			
	刚强					+					
唐宋	硬	+	+	+	+	+	+	+	+	+	+
	坚	+	+		+	+	+	+	+	+	+
	刚				+	+		+	+		+
	坚硬	+		+	+	+	+	+			+
	坚强	+		+	+	+	+	+			+
	坚刚	+			+			+		+	
	刚强					+		+	+	+	
	刚硬	+			+						

时期	成员	框架类型									
		食物	支撑面	家具	身体部位	离散物质	塑性物质	碎性物质	纺织品	毛类物体	条形物体
唐宋	刚坚					+		+			
	坚确							+			
元明清	硬	+	+	+	+	+	+	+	+	+	+
	坚	+			+	+		+	+		
	刚				+			+		+	
	坚硬	+	+		+	+	+	+	+	+	+
	坚强	+			+	+					
	坚刚	+				+		+			
	刚坚					+		+			+
	坚确	+				+		+			
	刚硬					+					
现代	硬	+	+	+	+	+	+	+	+	+	+
	坚硬	+	+		+			+	+	+	

根据表1,汉语"硬"语义场的成员数呈两头小、中间大的奇异分布,其中唐宋多达10个,东汉至隋和元明清也各有9个,而先秦西汉只有3个,现代更是少至2个。这是否意味着汉语"硬"语义场的成员经历过"中等系统→丰富系统→中等系统"①的循环更迭呢？贾燕子(2019)指出(下画线为笔者所加):

> 我们发现,尽管汉语"硬"语义场的词汇系统("现代"除外)从数量上说可以归入丰富系统,但各个时期的成员都仅对该语义场的基本参数敏感,所有跨语言发现的特殊参数在汉语中都

---

① 莫斯科词汇类型学研究小组(Moscow Lexical Typology Group,简称MLexT)根据成员的多寡,把不同语言特定语义场的词汇系统分为丰富—中等—贫乏三级。Pavlova(2013)通过跨语言比较,把"硬"语义场仅用一个词语来表示的语言称为贫乏系统(poor systems)的语言,如科米语仅有choryd;用两个词语来表示的语言称为中等系统(average systems)的语言,如俄语有tverdyi和zhestkii;用三个以上词语来表示的语言称为丰富系统(rich systems)的语言,如英语、韩语。(贾燕子 2019)这里把上古汉语也看作"中等系统",是因为"刚坚"的用例极少,且属于临时组合,可以忽略不计。

起不到区别语义的作用,而且汉语对该语义场的划分也不需要其他的特殊参数。我们推测,此种情况的形成应该与汉语历时词汇系统的两个特点密切相关:一是单音词与双音词的对立。通常单音词比双音词使用频率高,出现的框架也更多,但二者语义上并无差别。二是多个同义复音词共存。语言中的重码并不符合经济原则,这些复音词的出现既是顺应汉语词汇的双音化趋势产生的,如"刚坚""坚硬""坚刚"等,也是时间差异形成的,如"坚刚""坚硬"中古已经出现,唐宋时期继续使用,而"刚硬"则是唐宋时期新产生的。此外,文献语言可能会受到语体、地域、作者个人的创新等因素的影响,如用"坚强""坚确"来表示坚硬义应该与此有关。以上情况说明,只有全面考察语义场中单音词及复音词在不同历史时期的用法,才能准确呈现汉语"硬"语义场词汇系统的历时演变情况。……"硬"这个成员众多的词汇系统内部并非均质的,而是杂糅了古今、文白、地域、个人创新等不同的元素,这是它与其他自然语言词汇系统最大的区别。造成这一状况的原因在于,我们需要用口语性强的历史文献来考察词汇系统的变化情况,但目前又难以做到把不同历史时期所有文献中的口语成分、书面语成分、方言成分等区分开来。这是当前汉语词汇史研究、尤其是语义场演变研究中普遍存在的问题。

我认为这一分析是正确的。假如"各个时期的成员都仅对该语义场的基本参数敏感",也就是各个词的基本意义相同,所修饰的对象也没有差异,那么理论上只要一个词就够了,并不需要那么多词。拿现代汉语来说,"硬"和"坚硬"两个同义词之所以能够并存,就是因为各自的语体色彩不同:"硬"是口语体,也是通用体;"坚硬"则是书面语体。在日常口语中,这个语义场的成员实际上就只有一个"硬","坚硬"只不过是"硬"的文雅说法,严格说来,它们并不属于同一个系统。因此按照 Pavlova(2013)的划分标准,现代汉语口语"硬"语义场应该属于"贫乏系统"(只有一个词)。历史上的情形也与此类似。汪维辉(2017b:389)认为:

上古汉语说"坚""刚",现代汉语说"硬","硬"对"坚""刚"的替换发生在东汉魏晋南北朝。据目前所知,"硬(鞕、鞭、鞞)"见诸文献始于东汉,但有可能在西汉已经产生。西晋以后的先唐翻译佛经中"硬"字颇为常见,是个口语词,而且词义已经抽象化。在北魏贾思勰的笔下,"硬"和"坚"的实际出现次数是 26:57,接近 1:2,两者在词义上没有什么明显的差别,反映出北朝后期口语成分较多的文献中这对词的使用情况。至晚到唐代,"硬"替换"坚、刚"的过程已经完成,此后"硬"一直沿用到今天。

试以"东汉至隋"和"唐代"两个时期为例来说明。

1. 东汉至隋

{硬}这个词的产生不会晚于东汉,也许西汉就有了,因为《齐民要术》

中有两例"硬"系引自西汉的《氾胜之书》。东汉服虔的《通俗文》说："坚硬不消曰磑硵。""物坚鞕曰硗确。"三国魏张揖的《广雅》记载了这个词,释作"坚"。这些都说明当时{硬}已经通行。早期写作"鞕"(或作"鞕"),又写作"䩄"(或讹作"䩄"),"硬"是晚起的字形。据慧琳音义,在唐代"鞕"还是正体,"硬"和"䩄"是俗体。在东汉张仲景的《伤寒论》中"鞕"字很常见,可用于大便、心下、肌肉、肤、胁下、少腹等(受医书内容的限制,未见于其他框架),卷3《辨太阳病脉证并治法中第六》说:"伤寒六七日,结胸热,实脉沉而紧,心下痛,按之石鞕者,大陷胸汤主之。""石鞕"意为如石头般坚硬,可比较:小腹肿大,䩄①如石。(隋巢元方《诸病源候论·石水候》)这应该是当时的口语词,今天宁波话仍有"石硬"一词。《伤寒论》虽然也用"坚"(仅4例),但是远远没有"鞕"常用,"刚"则不用作一般的"坚硬"义。可能当时的口语中已经以说{硬}为主。在先唐翻译佛经中,从西晋竺法护以后{硬}也很常见,多为"坚硬""刚硬""硬刚"连言,单用则一般说{硬};姚秦鸠摩罗什译《大庄严论经》卷7:"譬如医占病,看病腹鞕软。"(4/295a)跟"软"相对的反义词是"鞕"。这些都反映出口语里单说的词是"硬","坚"和"刚"大概已经是"硬"在书面语中的同义词。不过口语性较高的《百喻经》无"硬"和"刚",只有两例"坚",说明口语中"坚"还在使用:下种于地,畏其自脚蹋地令坚,其麦不生。"我当坐一床上,使人舆之,于上散种,尔乃好耳。"即使四人,人擎一脚,至田散种,地坚逾甚,为人嗤笑。(比种田喻)而隋阇那崛多所译的《佛本行集经》中,单用基本上都说"䩄","坚"除"坚䩄"连文外,主要是"坚固"的意思,口语中{硬}一家独大的倾向已很明显。

2. 唐代

到了唐代,"硬"的词义更加丰富,用法也更灵活,唐人诗中有"筋节硬,风硬,山菜硬,觜头硬,毳缕硬,腰肢硬,硬骨,硬饼,硬语,硬弓,硬笻杖,硬软,书贵瘦硬方通神"等语,都是以口语词入诗。寒山诗:"捺硬莫采渠,呼名自当去。"王梵志诗:"如此硬穷汉,村村一两枚。"更是地道的口语。《唐语林·

---

① "䩄"即"鞕(硬)"的俗讹体。《外台秘要方·石水方四首》引作"硬"。

雅量》记载一趣事:"(韩皋)在夏口,尝病小疮,令医傅膏,不濡,公问之,医云:'天寒膏硬。'公笑曰:'韩皋实是硬。'""寒膏"与"韩皋"谐音,药膏"硬"与韩皋性格"硬"双关,这是知识分子日常口语也说"硬"的明证。可以肯定,口语中"硬"替换"坚""刚"的过程至迟到唐代就已经完成了,此后一直沿用到现代汉语。(汪维辉 2017b:381-389)贾燕子(2019)调查的唐宋文献中的"坚,刚,坚硬,坚强,坚刚,刚强,刚硬,刚坚,坚确"这些词,大概都属于书面语词。所以汉语口语中"硬"语义场可能一直是一个贫乏系统或准贫乏系统,至多是"中等系统→贫乏系统",而没有存在过丰富系统。

许多人认为词汇的发展是"累积型"的,即旧词被新词替换后一般不会消失,而是跟新词并存,因此一个语义场的成员会越来越多。其实这只是一种表象,如果我们落实到一个具体的口语系统,就会发现一个语义场真正常用的成员通常只有一个,如果有两个以上,一定会在义值或义域上有所分工。这就是基本词汇的"单一性/准单一性"特征:表达"硬"这一类基本概念,一个共时语言系统中只要一个词就够了,最多两个(过渡阶段新词和旧词并存),三个以上的罕见。(汪维辉 2015)如果有多个,一定有分工,也就是"框架类型"不同。

判断常用词新旧替换何时完成,常常会涉及语体问题,例子很多,比如"头"何时替换了"首",意见就很分歧。(汪维辉 2017c)遇到这种问题,就需要对具体例子做细致的语体分析,透过现象看本质,弄清楚"古代活语言"的真相。

二、 先秦—南北朝"躺卧"语义场的演变

蒋绍愚先生(2015:411-417)《汉语历史词汇学概要》"7.2 寐、寝、卧、(瞑)眠、睡"节,分为"睡着""睡觉""躺卧"三个概念域,对先秦、西汉、东汉、魏晋南北朝四个时期这组词的使用情况作了抽样调查,认为"在这些概念域中这些主导词在四个时期中的演变是":

"睡着"概念域中的演变为:"寐——寐——卧——眠"。

"睡觉"概念域中的演变为:"寝——卧——卧——卧"。

"躺卧"概念场中的演变为:"寝——卧——寝——卧"。

值得注意的是"躺卧"概念域发生了"寝(先秦)—卧(西汉)—寝(东汉)—卧(魏晋南北朝)"的循环演变。这是令人疑惑的,因为词汇新旧替换具有"单向性/不可逆性":一般情况下,前期已经完成的替换,后期不可能又倒回去。(汪维辉,胡波 2013)东汉的"寝"是怎么一回事呢?蒋先生调查的东汉语料是《论衡》,其中"寝"和"卧"的数据如下:

【寝】睡觉:"昼寝"9 例,其他 4 例。躺:"寝石"8 例,其他 11 例。

【卧】共 43 例,"睡觉"义 25 例,"睡着"义 10 例,"躺"义 8 例。

也就是说,"寝"用作"躺卧"义有 19 例(其中"寝石"8 例),而"卧"则只有 8 例,所以蒋先生认为东汉时期"躺卧"概念域的主导词是"寝"。

如果我们换用其他语料,情况就会大不一样。比如时代稍后的《太平经》就全部用"卧"而不用"寝",时代相近的《道行般若经》也几乎只用"卧"不用"寝"。胡敕瑞(2002:内容提要)指出:"佛典词汇比《论衡》词汇更趋新,……《论衡》口语还远远不及佛典。"可见《论衡》"寝"多于"卧"应该是书面语中的现象,①并不能代表当时的实际口语,《太平经》和《道行般若经》无疑更接近口语,它们明确无误地告诉我们:东汉表示"躺卧"义的词也是"卧",跟西汉一样。所以实际的演变应该是"寝—卧—卧—卧"。这样来认识汉语词汇的发展历史才符合事实真相。

三、"V 于/在 L"和"VL"结构的交替演变

袁健惠(2017)讨论了"V 于/在 L"和"VL"(相当于现代汉语的"放在桌上"和"放桌上")两种结构在历史上的演变,结论是:"两种结构在汉语史上经历了一个从'V 于 L'结构占优势到'VL'结构占优势再到'V 于/在 L'结构占优势的交替发展过程。这种变化主要与汉语方位词的兴起以及汉语语法的发展等原因有关。"并且认为:"语言中并非所有的演变都是单向性的,也存在循环演变。有些词汇项或语法现象在消失了一个世纪或几个世纪之后,在某一时期可以重新出现。从某种意义上说,汉语史中'V

---

① 蒋绍愚先生(2019b)在《汉语史的研究与汉语史的语料》一文中对《论衡》的语言性质有很细致中肯的分析,认为:"总起来说,《论衡》是新旧成分掺杂的,旧的成分较多,新的成分较少。"请读者参看。

于/在 L'和'VL'结构的交替演变也可以视为一个循环发展。"作者是如何证明这种"交替演变"的呢？文章采取的是统计法："选取了符合条件且代表词汇演变的三种类型的七组动词，即'军''立''战''坐''寝/卧/睡''置/放''居/住'，全面考察这些动词在先秦至清代 12 部口语性较强的文献中的具体分布，以及它们在东汉及其之后 7 部书面语性较强的史书中的具体分布。"

应该说，这是一个很有意思的论题，但同时也是一个很大且很复杂的课题，要把它论述清楚绝非易事。我认为该文在词项和语料的选择以及论证方法等方面存在问题，值得商讨的地方很多，需要另撰专文才能说清楚，这里只就语料选取问题先谈一点个人看法。

作者选取的"先秦至清代 12 部口语性较强的文献"是：《左传》（先秦），《淮南子》、《史记》、《战国策》（西汉），《论衡》（东汉），《搜神记》（魏晋南北朝），《敦煌变文校注》（唐五代），《三朝北盟会编》（宋代），《西游记》、《型世言》（元明），《儒林外史》、《儿女英雄传》（清代）。"东汉及其之后 7 部书面语性较强的史书"是：《汉书》（东汉），《三国志》（西晋），《晋书》（唐代），《新唐书》、《资治通鉴》（宋代），《元史》（明代），《明史》（清代）。七组词（具体词项有 11 个）、19 部书（有的篇幅非常大），做穷尽性的统计，工作量是相当大的，可见作者写作此文花费了很大的功夫。问题是，这些统计数据能说明问题吗？或者说，能在多大程度上说明问题？这实在是令人怀疑的。

作者区分语料的"口语性较强"和"书面语性较强"的依据是什么，并没有交代，而这是一个关键性的问题。比如《论衡》，口语性强不强，上文已经做过一点分析；又如《型世言》，虽然是一部白话短篇小说集，但是语言成分相当复杂，其中还包含不少文言成分，除诗词、判词、书信等常见的文言部分以及一些文言词语外，书中还有不少地方直接使用浅近文言，包括叙事和一些上层人士、知识分子的对话，甚至有的故事成段地用浅近文言写成，如第七回后半部分（汪维辉 2014b）；又如《三朝北盟会编》，不知道作者用的是全书还是其中的一部分？此书的主体是文言，口语性较强的只是其中的一些谈判记录，占比很小；像《搜神记》（尽管作者已经参照汪绍楹的校注"将魏晋南北朝时期之后的材料都进行了排除"①)是否能代表整个魏晋南北朝时期的口语,也是极大的问题。总之,想要通过这 12 种语料来研究"古代活语言"中这两种结构的演变真相,我认为是难以办到的。更何况如作者已经指出的那样,"宋代以后'VL'结构的使用往往具有语用上的原因",比如《西游记》第六回中的"对仗"句"心高不认天家眷,性傲归神住灌江"②,《型世言》第五回中的"卧床不起",《官场现形记》第十七回中的"在人家坐冷板凳",这样的情况本来是应该排除的,至少应该另行分析,比如"卧床"和"坐冷板凳"都不可能在中间插入介词"在",因为它们已经凝固成复音词或固定短语。反过来,东汉以后的史书也并非全是文言,其中也不乏"口语性较强"的片段。把它们作为一个整体来统计,只能掩盖复杂的事实真相。统计法是最简单的办法,大家都爱用,但是用得不当,往往也是最害人的办法。(汪维辉,胡波 2013)更何况,史书的语言成分也是十分复杂的,学者们对此多有论述,纯粹依照成书年代来定位其中的语言年代,显然不是妥当的做法。所以汉语史上究竟是否存在过作者所说的"V 于/在 L"和"VL"两种结构的"交替演变",根据文章的论证是无从确定的。用这个个案来证明"语言中并非所有的演变都是单向性的,也存在循环演变",缺乏说服力。

四、"唯……是……"式句③的语体差异

上面所举三例可以说都是反面的例子,下面再举一个正面的例子。

"唯……是……"是上古汉语中一种常见的句式,如"余唯利是视""姜氏何厌之有"等,《马氏文通》说:"此种句法,《左氏》《论语》最所习见。"许嘉璐(1983)指出:"其实《国语》中也不少。通观这三部书,我们发现了一些有趣的现象。"这些"有趣的现象"包括:(1)在《左传》和《国语》中,除了"其是之谓"一种类型有很多是记述者的话,其余各种"唯……是……"

---

① 《搜神记》原书为两晋之交的干宝(283—351)所撰,跟"南北朝(420—589)"实在没有什么关系。

② 其实这两句并不对仗,只是字数相同而已。

③ 指宾语出现于动词前,"宾·动"之间有"之""是"等字的句式。因为它常在句首带个"唯"字,所以可用"'唯……是……'式"称之。(许嘉璐 1983)

式句都出现在人物的对话中（极少数为谣谚诵歌中语），无一例外。这些对话都出自贵族们的口中，说明"唯……是……"式句到春秋时期已经是上层社会的雅言，而在战国初期整理《左传》《国语》的人眼中则更是古奥典雅的言辞了。（2）两书中的誓词往往也要夹杂使用这种句式，这是因为发誓赌咒是要神、人信其诚，为此，语气就要庄重，而要取得这样的效果，就常常需要诌几句古语。这也从侧面证明："唯……是……"式句当时已非全民的口语。（3）《论语》中多用这种句式，是因为"子所雅言，《诗》《书》执礼皆雅言也"，"雅言"并不一定只是"普通话"，其中恐怕也包括了典雅之言。与上述几部书形成鲜明对照的，是《战国策》所记录的纵横家们的言辞。他们很少使用这种句式。这是因为，从时代上看，这种句式早已从口语中消失；从个人修养上说，战国时的贵族不习礼义，鲜学《诗》《书》，"苟以取强而已"。纵横捭阖之士为打动人主，往往直陈利害，一变言必称《诗》的春秋文风，极尽辩丽横肆之能事。在通篇浅显易懂的说辞中如果硬夹着好些"唯……是……"式句，就会显得疙里疙瘩，不伦不类，影响其语言效果了。加上对《诗经》和今文《尚书》中这种句式使用情况的详细考察，作者得出了三条结论：

A."唯……是……"式句不是贯穿于整个汉语上古期的口语现象。作为全民语言的一种句式，它只通行于两周之交的几百年中，此后就成了那时的"古汉语"。

B.春秋以后使用这种句式有其修辞目的，追求的是语言的风格，而不是对宾语的强调。

C.《尚书》《诗经》反映了"唯……是……"式的初始情况，也就是它作为活的语言运用于人们口中时的面貌。《左传》《国语》中的种种复杂化情况，则是在它成为古雅语言之后的演变。

通过这样鞭辟入里的语体分析，使我们对"唯……是……"式句的性质及其使用的时代差异和语体差异有了比以往深刻、准确得多的认识，并且给人以方法论的启示，堪称语体分析的佳作。①

五、结　语

像上面这样的问题，需要从语体差异的角度去寻找原因，通过精细的

---

① 敖镜浩（1983）也有类似的论述，都富有启发性，读者可以参看。

语体分析才能获知"古代活语言"的事实真相,让各种语言现象一一还原其本来面目。语料的语体分析,现代汉语学界已经越来越重视,而在汉语史领域则这一意识还不强,需要引起汉语史研究者的正视。正如学者们所指出的,"任何严谨的语法学家如果打算忽视语体的区别而提出汉语语法的规律必须首先在方法论上提出自己的依据来"(陶红印 1999),"语体离开语法、词汇将无从表现,语法、词汇离开语体亦将一团乱麻"(冯胜利 2010)。汉语史研究何尝不是如此?

参考文献

敖镜浩 1983 《略论先秦时期"O/是/V"句式的演变》,《中国语文》第 5 期。

仓石武四郎[日] 1963/1984 《岩波中国语辞典》,东京:岩波书店。

邓佩玲 2018 《〈尚书〉与金文的语体考察》,载冯胜利、施春宏主编《汉语语体语法新探》,上海:中西书局。

刁晏斌 2016 《传统汉语史的反思与新汉语史的建构》,《吉林大学社会科学学报》第 2 期。中国人民大学书报资料中心《语言文字学》2016 年第 6 期全文复印。

刁晏斌 2018 《再论传统汉语史的反思与新汉语史的建构——兼复汪维辉先生》,《辽宁师范大学学报》第 6 期。

冯胜利 2006 《汉语书面用语初编》,北京:北京语言大学出版社。

冯胜利 2010 《论语体的机制及其语法属性》,《中国语文》第 5 期。

冯胜利 2011a 《语体语法及其文学功能》,《当代修辞学》第 4 期。

冯胜利 2011b 《百年来汉语正式语体的灭亡与再生》,载李向玉主编《澳门语言文化研究——第六届海峡两岸现代汉语问题学术研讨会论文集》,澳门:澳门理工学院。

冯胜利 2012 《语体语法:"形式—功能对应律"的语言探索》,《当代修辞学》第 6 期。

冯胜利 2013 《语体原理及其交际机制》,载李晓琪主编《汉语教学学刊》第八辑,北京:北京大学出版社。

冯胜利主编 2013 《汉语书面语的历史与现状》,北京:北京大学出版社。

冯胜利,王洁,黄梅 2008 《汉语书面语体庄雅度的自动测量》,《语言科学》第 2 期。

冯胜利 2018 《汉语语体语法概论》,北京:北京语言大学出版社。

冯胜利,施春宏 2018 《论语体语法的基本原理、单位层级和语体系统》,《世界汉语教学》第 3 期。

冯胜利,施春宏主编 2018 《汉语语体语法新探》,上海:中西书局。

胡敕瑞 2002 《〈论衡〉与东汉佛典词语比较研究》,成都:巴蜀书社。

胡敕瑞 2013 《汉译佛典所反映的汉魏时期的文言与白话——兼论中古汉语口语语料的鉴定》，载冯胜利主编《汉语书面语的历史与现状》，北京：北京大学出版社。

贾燕子 2019 《词汇类型学视域下汉语"硬"语义场的历史演变研究》，《语文研究》第 4 期。

蒋绍愚 1998 《近十年间近代汉语研究的回顾与前瞻》，《古汉语研究》第 4 期。

蒋绍愚 2015 《汉语历史词汇学概要》，北京：商务印书馆。

蒋绍愚 2019a 《也谈文言和白话》，《清华大学学报》第 2 期。

蒋绍愚 2019b 《汉语史的研究与汉语史的语料》，《语文研究》第 3 期。

刘承慧 2018 《先秦语体类型及其解释——以〈左传〉为主要论据的研究》，载冯胜利、施春宏主编《汉语语体语法新探》，上海：中西书局。

刘丹青 2017 《语言学对汉语史研究的期待》，在"第五届《中国语文》青年学者论坛"（2017 年 4 月 8—9 日·浙江大学汉语史研究中心）上的发言，微信公众号"今日语言学"2017 年 4 月 24 日推送。

吕叔湘 1987 《语言和语言研究》，《百科知识》第 7 期。又载中国大百科全书总编辑委员会编《中国大百科全书·语言文字卷》，北京：中国大百科全书出版社，2002 年。

梅思德［德］ 2018 《语体语法与中古初期的新兴语法形式》，载冯胜利、施春宏主编《汉语语体语法新探》，上海：中西书局。

梅祖麟 2000 《〈三朝北盟会编〉里的白话资料》，载梅祖麟《梅祖麟语言学论文集》，北京：商务印书馆。原载《中国书目季刊》十四卷二期。

唐松波 1961 《谈现代汉语的语体》，《中国语文》第 5 期。

陶红印 1999 《试论语体分类的语法学意义》，《当代语言学》第 3 期。

汪维辉 2014a 《现代汉语"语体词汇"刍论》，《长江学术》第 1 期。又载远藤光晓、石崎博志主编《现代汉语的历史研究》，杭州：浙江大学出版社，2015 年。又收入其《汉语词汇史新探续集》，杭州：浙江大学出版社，2018 年。

汪维辉 2014b 《〈型世言〉语言成分分析》，载何志华、冯胜利主编《承继与拓新——汉语言文字学研究》，香港：香港商务印书馆。又收入其《汉语词汇史新探续集》，杭州：浙江大学出版社，2018 年。

汪维辉 2015 《关于基本词汇的稳固性及其演变原因的几点思考》，载李无未、林丹娅主编《厦大中文学报》第二辑，厦门：厦门大学出版社。又收入其《汉语词汇史新探续集》，杭州：浙江大学出版社，2018 年。

汪维辉 2017a 《汉语史研究的对象和材料问题——兼与刁晏斌先生商榷》，"第五届《中国语文》青年学者论坛"（2017 年 4 月 8—9 日·浙江大学汉语史研究中心）提交论文/《吉林大学社会科学学报》2017 第 4 期。

汪维辉 2017b 《东汉—隋常用词演变研究》修订本，北京：商务印书馆。

汪维辉 2017c《汉语核心词的历史与现状研究——以"头—首"为例》,《大理大学学报》第
　　5 期。

汪维辉 2018《汉语核心词的历史与现状研究》,北京:商务印书馆。

汪维辉,胡波 2013《汉语史研究中的语料使用问题——兼论系词"是"发展成熟的时代》,
　　《中国语文》第 4 期。

王力 1958/1980《汉语史稿》,北京:科学出版社/北京:中华书局。

徐时仪 2016《汉语白话史研究刍议》,载吉林大学中国文化研究所编《华夏文化论坛》第
　　15 辑,长春:吉林文史出版社。中国人民大学书报资料中心《语言文字学》2016 年第
　　11 期全文复印。

许嘉璐 1983《关于"唯……是……"句式》,《中国语文》第 2 期。

殷晓杰,张家合,张文锦 2019《汉语"躺卧"义词的历时演变研究》,《语言研究》第 1 期。

袁健惠 2017《汉语史中"V 于/在 L"和"VL"结构的交替演变及其原因》,《语文研究》第
　　2 期。

曾毅平 2013《语言材料语体分化论析》,载袁晖、路越、邓春编《语体风格研究和语言运
　　用》,合肥:安徽大学出版社。

赵元任 1985《什么是正确的汉语》,载叶蜚声译、伍铁平校《赵元任语言学论文选》,北京:
　　中国社会科学出版社。

朱德熙 1987《现代汉语语法研究的对象是什么?》,《中国语文》第 5 期。

朱庆之,钱珍 2018《〈新五代史〉和〈祖堂集〉在情状[数]显现方式上的差异——兼论汉
　　语书面语史研究的学术价值》,载冯胜利、施春宏主编《汉语语体语法新探》,上海:中
　　西书局。

Pavlova, Kholkina 2013 *Words of Hardness and Softness: Towards Lexical Typology.* Association
　　for Linguistic Typology. Leipzig: The 10th Biennal Conference.

（原载《南京师范大学文学院学报》2020 年第 1 期）

论词的时代性和地域性

汪维辉

摘　要　每一个词都有其时代性和地域性。揭示词的时代性和
地域性是词汇史学科的基本任务之一,也是正确训释词义的一个
重要因素。养成关注词的时代性和地域性的职业习惯会使研究
工作得益匪浅。论证词的时代性和地域性都是难度很大的工作,
地域性比时代性更难;但是能够大致确定其时代性和地域性的词
还是数量众多的。对于这样的词,我们应该力求从使用时段和通
行地域两个角度给它以一个定位。词的时代性和地域性表现在
多个方面,文章举例论述了其中的一些主要类型。

关键词　词汇　时代性　地域性　汉语词汇史

　　每一个词①都有其时代性和地域性。② 时代性是指词只在一定的时段

---

① 本文所说的"词"实际上更多的是指词的"义位",不过为了称述方便起见,仍然笼统地
　称为"词"。

② 中外学者对语言的时代性和地域性问题多有论及,如《雅柯布森文集》(钱军编辑,钱军、
　王力译注)中的"12. 语言中的时间因素(与泼沫斯卡合著,1980)"和"13. 语言中的空间
　因素(与泼沫斯卡合著,1980)",张永言先生(1982:71-83)的《词汇学简论》"§4.3　地
　域方言词语",周荐先生(1995)的《论词语的时代色彩》等。胡颂平(1993:58-59)编的
　《胡适之先生晚年谈话录》也有下面的对话:先生说:"你还要知道时间和空间的不同。
　时间是指时代,时代不同了,活的语言有变化了。文法也有变化了。空间是指地区的不
　同,像你的浙江话(按,胡颂平是温州人),他的山东话,各地的方言不同。如《左传》这部
　书的文法就不整齐了。因这部《左传》是用各种不同的材料集成的,包括好些不同的空
　间和不同的时间,所以就不整齐了。古文就是当时的活的语言,到了后来,时代不同了,
　语言不同了,还要写古代的语言,自然写不好了;又不通文法,所以写了许多不通的东西
　了。"(承博士生真大成君抄示这段文字,谨志心感。)中国古人对此也多有论述,如:《论
　衡·自纪》:"经传之文,贤圣之语,古今言殊,四方谈异也。"参看吕叔湘先生(1980)《语
　文常谈》"6. 古今言殊"、"7. 四方谈异"。唐刘知几《史通·外篇·杂说中·北齐诸
　史》:"渠们(伊?)底个,江左彼此之辞;若乃君卿,中朝汝我(浦起龙云:当作'尔汝')之
　义:斯并因地而变,随时而改,布在方册,无假推导。""古今言殊,四方谈异"和"因地而
　变,随时而改",都是对语言的时代性和地域性的高度概括。明代的杨慎也说过:"凡观
　一代书,须晓一代之语;观一方书,须通一方之言,不尔不得也。"(《丹铅续录》卷三"阿
　堵"条)但全面论述词的时代性和地域性的似尚未见到。

内使用,地域性是指词只在一定的地域内通行。揭示词的时代性和地域性是词汇史学科的基本任务之一,也是正确训释词义的一个重要因素。养成关注词的时代性和地域性的职业习惯会使研究工作得益匪浅。

论证词的时代性和地域性都是难度很大的工作,地域性比时代性更难。我们应该承认,由于文献有限,汉语史上有相当多的词的时代性和地域性已经无法阐明,但是这并不妨碍这一工作的开展。能够大致确定其时代性和地域性的词还是数量众多的。对于这样的词,我们应该力求从使用时段和通行地域两个角度给它以一个定位。

有的词从古到今一直使用,它们的时代性表现为"泛时性"。有的词没有地域限制,它们的地域性表现为"泛空性"。既具有"泛时性"又具有"泛空性"的词属于"泛时空性"词。汉语中有一批"泛时空性"词,它们属于基本词汇,比如天、人、手、山、牛、东、来、大、一,等等。如果从一种语言的"通史"着眼,具有"泛时空性"的词不会太多,词库中的绝大多数词是有时代性和地域性的。确定"泛时空性"词的范围和成员也是一项重要的基础性工作,而更难的是解释其为何不变。罗曼·雅柯布森(2001:121)曾经指出:"如果说共时是动态的,那么历时(即把语言一个漫长时期的不同阶段放在一起进行分析)就不能而且决不能仅仅局限为变化的动态性。我们也必须考虑静态的成分。法语在数千年的发展过程中,什么东西变化了,什么东西恒定未变;原始印欧语分裂成印欧语之后,印欧部落在数千年的迁徙过程中,他们语言中什么东西没有变化;这些问题都值得深入细致的研究。"此话值得深思。在以往的词汇史(包括语言史)研究中,人们关注的焦点是变化及其过程、动因、机制等,而对于亘古未变的基本词汇通常只是一笔带过,不予深究。这种偏向应该纠正。我们有必要经过深入的考证列出一个从甲骨文时代直到今天都没有变化的"汉语泛时空词表",并寻求其不变①的原因。

词的时代性和地域性表现在多个方面。

一是有些词只在一定的时段内使用,有些词只在一定的地域内使用,也有些词只在一定时段的一定地域内使用。在汉语发展史上,这样的词非

---

① 当然,所谓"不变"只是相对而言,如果着眼于一个词的全部义位和组合关系,真正不变的词是极少的。详见下文。

常多。下面举几个常用词为例。

《诗·豳风·七月》:"女执懿筐,遵彼微行。"毛传:"微行,墙下径也。"孔颖达疏:"行,训为道也。步道谓之径,微行为墙下径。"这个"行(háng)"是"道路"的意思。在上古时期,不管大路小路都可以叫"行",《七月》的"微行"是小路,《诗·周南·卷耳》"嗟我怀人,寘彼周行"的"周行"则是大道。据现代学者研究,"行"的本义就是"道路"。① 这个义项在上古早期曾经是通行义,仅在《诗经》中就有约十例,《左传》《国语》等均有用例,所以《尔雅·释宫》说:"行,道也。"大概战国以后就逐渐少见了,如《吕氏春秋·下贤》:"桃李之垂于行者莫之援也,锥刀之遗于道者莫之举也。"②到了汉代,这个词(义位)可能已经从口语中消失,③所以毛亨对《诗经》中的这个"行"字常常用"道"字来作释,说明对当时人解释《诗经》已经有这样的必要。④

"困"字在汉魏六朝唐宋时期有一个常用义位——"(病)重;(病)危"⑤。书证极多,这里酌举一部分:卜占病者祝曰:"今某病困。死,首上开,内外交骇,身节折;不死,首仰足肣。"(《史记·龟策列传》"褚先生曰")初疾畏惊,见鬼之来;疾困恐死,见鬼之怒。(论衡·订鬼)东阳陈叔山小男二岁得疾,下利常先啼,日以羸困。(三国志·魏书·方技传·华佗)裴令公有俊容姿,一旦有疾,至困,惠帝使王夷甫往看。(世说新语·容止)至六日,病者稍困,注痢如泉。(《法苑珠林》卷九十五引南朝齐王琰《冥祥记》)"病困/疾困"是这一时期表示"病重/病危"义的通用说法,在东汉至唐的各类文献中出现频率都很高。除单用外,困又常跟剧、笃、危、

---

① 《说文解字·行部》:"行,人之步趋也。从彳,从亍。"按,甲骨文、金文"行"作𢓓、𧗟、𠗅等形,罗振玉(1975)《殷虚书契考释》云:"𢓓象四达之衢,人之所行也。"动词义应是后起的。

② 张双棣等(1993)《吕氏春秋词典》失收此义。

③ 王凤阳(1993:207)《古辞辨》【行 道 路 途】条云:"这组词都指车马可以通行无阻的道路,其中'行'用得最少,而且应用的时间限于上古。"

④ 《汉语大词典》(以下简称《大词典》)此义下所引的最后一条书证是唐韩愈《感二鸟赋》序:"贞元十一年,五月戊辰,愈东归……见行有笼白乌白鸜鹆而西者。"这应该看作是一种仿古的用法。在考定一个词(或义位)的使用下限时,如何区分口语用法和书面语中的仿古用法是一个复杂而困难的问题。

⑤ 《广韵·慁韵》:"困,病之甚也。"释义甚当。《大词典》释作"指生命垂危",尚欠准确。《汉语大字典》(以下简称《大字典》)则失收此义。

重等字构成同义复词困剧、困笃、危困、困重等。① 此义的最早例子见于《管子·内业》:"思索生知,慢易生忧,暴傲生怨,忧郁生疾,疾困乃死。"② 但西汉以前罕见,见于《管子》的这个孤例只能看作是它的露头。东汉开始才多见起来,在《论衡》《汉书》《东观汉记》《风俗通义》《伤寒论》等东汉典籍中都很常见。《史记》称病重/病危一律说"病甚",没有一例用"困"字的(上引褚少孙所补的一例除外)。而汉末的服虔、郑玄等人注经时就常常称病重病危为"疾困",如《左传·襄公十九年》"疾病而立之"服虔注:"病,疾困也。"《礼记·檀弓上》"曾子寝疾病"郑玄注:"病谓疾困。"《论语·子罕》"子疾病"郑玄注:"病谓疾益困也。"我们有理由认为这是服、郑用当时通用熟知的口语词来释"病"字的古义。③ 大约到了宋代以后,这种"困"字就比较少见了。尽管明人笔记《谷山笔麈》《万历野获编》等偶或还见用例,但大概已经是仿古的用法了。

"勾当(gòudàng)"④是近代汉语的一个常用词,开始是动词,指"料理,处理,办理;做(事情)",后引申为名词,指"事情"。现代汉语只保留了"事情"义,而且多指坏事情。据笔者初步调查,此词始见于唐代,其动词用法主要通行于唐宋时期,如唐玄宗李隆基《遣御史分巡诸道诏》:"并可摄监察御史,勾当租庸地税,兼覆囚。"张文成《游仙窟》:"新妇向来专心为勾当,已后之事,不敢预知。"白居易《与回鹘可汗书》:"其东都太原置寺,此令人勾当。事缘功德,理合精严。"唐[日]圆仁《入唐求法巡礼行记》卷三:"头陀自从台山为同行,一路已来,勾当粥饭茶,无所阙少。"敦煌变文《舜子变》:"自从夫去辽阳,遣妾勾当家事。"《五灯会元》卷十四"芙蓉道楷禅师":"后作典座,子曰:'厨务勾当不易。'师曰:'不敢。'子曰:'煮粥邪?蒸饭邪?'师曰:'人工淘米著火,行者煮粥蒸饭。'"司马光《涑水记闻》卷三:"彬克江南,入见,诣阁门进榜子云:'奉敕差往江南勾当公事回。'时人美其不伐。"《朱子语类》卷五九:"某尝见一种人汲汲营利求官职,不知

---

① 《论衡·订鬼》:"病者困剧,身体痛。"《论衡注释》(1979)注:"困剧,被病折磨得非常厉害。"高中《语文》课本第四册注:"困剧,意思是因病而受到很大的困扰。剧,甚,厉害。"按,这都是因不明"困"的古义而误释。
② 唐房玄龄注:"既疾而困,可谓弥留而死。"
③ 参看拙文《释"困"》(汪维辉 1994)。
④ 宋人避高宗赵构讳,又改作"干当"。参看《大词典》"干当"条。

是勾当甚事。"金佚名《大金吊伐录》卷一:"见谕中山、河间府差官分画疆界,今差官两员付张邦昌下,可令分遣勾当三府,诏书图本。"元代以后,名词用法占据上风,动词用法就明显少见了,虽然《水浒传》中尚有一些例子,[1]最晚的用例在清末小说《二十年目睹之怪现状》中还可见到,[2]但可以断言,明代以后动词用法就渐趋消亡了。因此我们大体可以确定动词"勾当"的主要使用时段是唐宋。

有的词可能只在一个很短的时期通行于某个地域,在历史的长河中可算是"昙花一现"。比如"戴屋"的"戴"。南朝梁周子良、陶弘景所撰的《周氏冥通记》多次用到这个词:其正月欲戴屋,而所顾(雇)师永不来。(卷4)明是戊寅上玄治建,可戴屋。(同上)其本欲取此日戴屋,而师不来,又小雨,遂不果。此丁亥日方得戴耳。(同上)清代黄生《义府》卷下"冥通记"条解释说:"戴屋,盖屋也。"释义正确。"戴屋"这一说法很特别,未见于其他文献资料,[3]很可能就是南朝时期通行于金陵一带的一个方言口语词。"戴屋"的得名途径应当和"盖屋"相同,都是就建造房屋时铺上屋顶这道工序而言,"戴上屋顶"和"盖上屋顶"是一回事。[4]

在汉语中,有些词在使用一段时间后退出了词汇系统,作为词它们不再单独使用,但常常可以降格为构词语素而长期存在。这是汉语词汇的特点之一。现代汉语中一批很活跃的构词语素,在历史上都曾经是可以独立运用的词。比如"视"字,在现代口语中已不能单用,但可以构成视觉、视力、视线、视听、视点、视野、视事、注视、凝视、俯视、仰视、平视、回视、环视、扫视、巡视、审视、熟视、探视、珍视、正视、重视、轻视、忽视、无视、斜视、歧视、敌视、仇视、傲视、蔑视、藐视、漠视、鄙视、小视、窥视、觑视、虎视、雄视、自视、远视、近视、短视、透视、电视、收视率、可视电话等复音词。但是构词语素和词的性质是不一样的,因此这样的词同样具有时代性。

二是有些词在不同的时代或地域有不同的义位或组合关系。一些看

---

① 如第二二回:"柴进道:'不敢动问,闻知兄长在郓城县勾当,如何得暇,来到荒村敝处?'"
② 如第五五回:"安息了一天,便出去勾当我的正事,一面写信给继之。"
③ 《大字典》《大词典》"戴"字下都未列这一义项,《大词典》也没有"戴屋"这一词条,均可补。
④ 参看拙文《〈周氏冥通记〉词汇研究》(汪维辉 2000)。

似"泛时空性"的词,如果深入观察,就会发现其实也是有时代性和地域性的,这主要就表现在义位和组合关系等方面。

比如"肉"这个词,从古到今各地方言一直通用,在表示"人或动物体内接近皮的部分的柔韧的物质"这一义位上可以说是一个"泛时空词"。① 但是古代它还可以用作动词,表示"使其长肉""吃肉""吞噬,欺凌"三个意思,作名词时可以指"从口中发出的歌声,对乐器之声而言""指泥土""当中有孔的圆形物之边体"三个意思,作形容词可以"形容声音丰满洪美",这些意思在现代汉语里都已经不用。而在现代方言中,"肉"可以用作形容词"不脆;不酥"和"性子缓慢,动作迟钝"两个意思,这也是古代所没有的。② 可见外表看似"不变"的"泛时空性"词,其内涵实际上往往是有变化的。

又比如"少(shǎo)",在"数量小;不多"这个义位上古今词义差别不大,但是组合关系却有所不同。在现代汉语里,"少"一般不能直接修饰名词(作定语),如*少人、*少书、*少技术员——这些都是动宾结构,而非偏正结构;但在古代却是可以的,少师、少饭、少肉、少饼、少火、少水、少人、少粪、少泥、少物、少酒食等组合从西汉的《史记》到明代的《训世评话》均可见到,虽然使用频率不是太高,但一直有用例,在先唐翻译佛经、《齐民要术》和宋代禅宗语录等著作中尤为多见,大约到元代以后,才逐步从口语中消失。③

三是同一个义位在不同时代或不同地域用不同的词来表示。

---

① "肉"最初是指"供食用的动物肉",见于甲骨文和早期典籍《周易》,从字形也可以看出这一点。《论语》中的"肉"还都是此义。人的肉古称"肌",古代特指人的皮肉时总是"肌肤"连用。大约到春秋战国之际,"肉"可指人肉,如《左传》和《仪礼》中都已见到"肉袒"一词,《墨子·节用中》:"衣三领,足以朽肉;棺三寸,足以朽骨。"《孟子》有"人肉",《荀子》有"肉刑"。同时,大概从很早的时候起,"肉"就是个可泛指人和动物的肉的上位词——"肉"是动物肉的统称,"肌"则是人肉的特称,所以《说文·肉部》说:"肌,肉也。"人肉可以称"肉",动物肉则一般不能称"肌"。正因为如此,除非在需要特别强调的场合或习惯搭配中,先秦典籍中对人肉称"肉"并无严格的限制。汉代以后,"肌"和"肉"的分别逐渐消泯,"肌肉"连用在汉代典籍中很常见,而先秦未见。到了现代汉语,"肌"已不能独立成词,它原有的使用域完全被"肉"所占有了。
② 详见拙文《撰写〈汉语100基本词简史〉的若干问题》(汪维辉 2008)"肉"字条。
③ 详细的讨论及造成这种差别的原因可参看拙文《从汉语史看"多""少"直接修饰名词问题》(汪维辉 2003a)。

王力先生（1958）在《汉语史稿》下册"概念是怎样变了名称的"一节中首次集中讨论了词的历时更替问题——即同一个义位在不同的时代用不同的词来表示，举例分析了腿、走、跑、错、怕、偷、硬、吃、喝等一批常用词。拙著《东汉—隋常用词演变研究》（2000/2017）则详细描述了41组常用词在中古（东汉—隋）时期的历时替换过程。读者均可参看。这里试举一例。

"寻找"是一个基本概念，上古汉语主要用"求""索"来表示，大约从两汉之交起开始用"寻"，东汉开始用"觅"，到南北朝时期，"寻"和"觅"在口语中大概已经取代了"求"和"索"。"寻"是通语词，"觅"则可能带有南方方言色彩。唐以后的近代汉语阶段，"寻"一直是表示这一概念的主导词，同时也用"觅"，不过使用频率大大低于"寻"，而且可能存在地域和风格差异。大约到元代，出现了"找"。开始写作"爪"，见于元杂剧，如：调动我这莽拳头，拓动我这长梢靶，我向那前衔后巷便去爪寻他。（李文蔚《燕青博鱼》第一折）也作"抓"①，见于元杂剧、明清小说等，如：那魏齐手下心腹人极多，只怕也有似俺院公的，私下放他溜了，教俺主人那里去抓他？（元高文秀《谇范叔》第四折）李万道："且不要埋怨，和你去问他老婆，或者晓得他的路数，再来抓寻便了。"（《喻世明言》卷四〇）只见内传三鼓，炮声三响，辕门呐喊如雷，海都督坐出堂来，要捆拿池苑花，四处抓寻，人都不见了。（清潇湘迷津渡者《都是幻》第五回）②后来才定型于"找"③。这个词也许是从鸡用爪子抓寻食物引申而来。④《红楼梦》前80回中"找""寻""觅"出现的比例大概是262∶189∶24，表明"找"在取代"寻"的过程中已经占据优势。不过"找"在通语中完全取代"寻"可能已是很晚近的

---

① "抓（zhǎo）"显然是"爪"的增旁字，与"抓住"的"抓（zhuā）"是同形字。"爪"增旁写作"抓"，敦煌文献中已见，如斯4869号《大般涅槃经》卷一二："观察是身，从头至足，其中唯有发毛抓齿不净垢秽。"其中的"抓"字，斯693号经本同，斯478号经本及《中华大藏经》影印金藏广胜寺本作"爪"。参看张涌泉（2004）《〈敦煌文献语言辞典〉编纂刍议》。

② 这类"抓"字，《大字典》和《大词典》释作"仓皇寻取""谓匆忙寻找"，读音都是zhuā。恐不确。

③ 明沈榜《宛署杂记·民风二·方言》："寻取曰找。""找"本是划船的"划"的异体字，《集韵·麻韵》："划、找，舟进竿谓之划。或从手。"后用作寻找的找，又成了同形字。

④ 章炳麟《新方言·释言》："今人谓寻觅为爪，盖取掐（wò）抉之意。"

事,一直到编成于 19 世纪中期的《语言自迩集》(第一版出版于 1867 年),才几乎只用"找","寻"则"只能看到跟'要'同义的'寻'",如"不是寻这个就要那个"(《谈论篇》)。① 《语言自迩集》是一部准确记录了 19 世纪中期北京口语的汉语教科书,具有极高的语言史价值,它所记载的语言事实是精确可信的。② 此外,编成于 19 世纪末期的朝鲜人学习汉语口语的会话书《华音启蒙》中也是只用"找"(共 9 例)而不用"寻",不过此书并非纯粹的通语,而是带有明显的东北方言色彩。直到现代汉语,老派北京话里还有"寻"的残留,说作"寻摸"(xún·me),如曹禺《北京人》第一幕:"原来是一对的,我特意为我的清少爷寻摸来的。"综上所述,表示"寻找"这个概念,汉语历史上大致经历了这么一个更替过程:求、索(先秦两汉)—寻、觅(魏晋至晚清)—找(晚清至今)。这是通语的情形。至于方言,应该自古就有差别。③

　　说到词的地域差异,我们自然会想到西汉扬雄的《方言》。的确,这部书为我们提供了大量西汉时期方言词汇的实例——同一个义位在不同的方言区常常用不同的词来称说。比如《方言》卷一第一条:"党、晓、哲,知也。楚谓之党,或曰晓,齐宋之间谓之哲。"知是通语词,党、晓、哲则是方言词,党、晓的通行地域是楚地,哲则通行于齐宋之间。现代方言中这样的例子也比比皆是,无烦举证。但要确切地指明一个词的通行地域,却是极不容易的事,有时几乎就是不可能的。词的地域性之所以比时代性更难以论证,是因为词的通行地域随时在变。有些词,前代是通语词,后代降格为方言词,或者相反;有些词,前代和后代都是方言词,但是通行地域有大小,或是从甲方言词变成了乙方言词。④ 这些情况在汉语史上都可以找到众多的例证。下面试举一例。

　　表示"菜肴"的名词属于汉语中的基本词,人们的日常生活中从古到今都离不开这样的词。吴语明州片(也叫甬江片)管菜肴叫"下饭",不论生熟、荤素,都统称"下饭",如下饭好、鲜下饭指海鲜、咸下饭腌制品,尤指咸鱼之

① 参看香坂顺一(1997:263-264)《白话语汇研究》"(155)寻 找 与 给"。
② 参看《语言自迩集》张卫东(2002)"译序"。
③ 详参拙文《纵横结合研究汉语词汇》(汪维辉 2004/2006)。
④ 参看王国维(1959)《书郭注方言后(二)》。

类等,宁波话有"下饭呒告没什么饭吃饱""三十年夜下饭多,还差一碗割蛳螺去尾的螺蛳"等俗谚。据笔者的初步调查,名词"下饭"在今天的通行地域主要是宁波市(包括下属各县区①)和舟山市,此外还有浙江的萧山、上虞、新昌等地。《现代汉语方言大词典》(李荣 2002)所收的 42 个方言点,"菜肴"叫"下饭"的只有宁波一个点。《浙江吴语分区》(傅国通,方松熹,蔡勇飞 1985:17)把"'小菜'叫'下饭'"作为吴语明州片的词汇特点之一。名词"下饭"在近代汉语阶段通行的地域比今天要广得多。"下饭"最初是一个动宾词组,意为"把饭送下去",现在见到的早期用例出现于宋代,如:

[王子野]正食,罗列珍品甚盛。水生适至,子野指谓公曰:"试观之,何物可下饭乎?"生遍视良久,曰:"此皆未可,唯饥可下饭尔。"(宋范公偁《过庭录》)此义的"下饭"今天很多方言里仍说,又引申为形容词,意为"能把饭送下去",如"这个菜很下饭"。推测"下饭"连用的产生时代当更早②,因为由此凝缩成一个名词、意为"菜肴"的"下饭"在宋代文献中也已经见到,如:[刘岑]未达时,贫甚,用选官图为下饭,饥时以水沃饭,一掷举一匙。(宋张端义《贵耳集》卷中)早泛索:皇后:下饭七件、菜蔬五件、茶果十合、小碟儿五件。(宋周密《武林旧事》卷八《皇后归谒家庙(用咸淳全后例)》)③下酒:水饭、簇饤下饭。(宋孟元老《东京梦华录》卷九《宰执亲王宗室百官入内上寿》)由动宾词组凝固成一个名词是需要时间的。宋代以后,名词"下饭"④在文献中时见记载和用例,如元杂剧(《小尉迟》、《襄阳会》、《白兔记》、《幽闺记》)、《原本老乞大》、《老乞大谚解》、《六十种曲·杀狗记》、明哈铭《正统临戎录》、《水浒传》、《三遂平妖传》、《西游记》、《金瓶梅词话》、《古今小说》、《醒世恒言》、《初刻拍案惊奇》、《型世言》、《醒世姻缘传》、《续金瓶梅》、《后西游记》、《浪史奇观》、《杏花天》等,都见使用。

① 宁海县只限于城关以北的部分地区。
② 《齐民要术·种李第三十五》:"饮酒时,以汤洗之,漉著蜜中,可下酒矣。"又《脯腊第七十五》:"白如珂雪,味又绝伦,过饭下酒,极是珍美也。"这是目前所见的"下酒/饭"之"下"的最早用例。饭曰"过",酒曰"下",两者是同义词。从理论上说,既然"酒"可以说"下",那么"饭"也应该可以说"下",只是目前尚未找到实际用例。
③ 周志锋先生说:文献中"下饭"与"果子""菜蔬"等对举时,往往指荤腥的菜肴。明周祈《名义考》卷十一:"今谓折俎曰案酒,谓腥曰下饭。"(参看顾之川 2000:119,314)
④ 字又写作"嗄饭"。"嗄"显然是一个所谓的"后出专字",从口,夏声,这样可以避免因写作"下饭"而误解为动宾词组。

论词的时代性和地域性

在明清以来的方志类书籍中也多有记载,如明万历中谭城余云坡刊本[明]陆啸云编《世事通考》"荤食类"云:"……肋条、坐臀、前甲、脂肉、肥肠、肉羹、汤汁、下饭、软㸆、添羹、酱醋……"①咸丰六年(1856)《鄞县志》、光绪十年(1884)《畿辅通志》、民国二十四年(1935)《萧山县志稿》、民国七年(1918)《新昌县志》、民国四年(1915)《象山县志》等都记录了此词。②从上举文献资料来看,名词"下(嗄)饭"曾经是一个通行南北的"通语词",《汉语方言大词典》(许宝华,宫田一郎 1999)"下饭"条释作"佐餐的菜肴",列了北京官话、徽语、吴语三项,"嗄饭"条注明为"吴语",却引了《金瓶梅》和《醒世恒言》,"嗄饳"条注明"官话",引《醒世恒言》。《红楼梦》《儿女英雄传》《蒲松龄集》等清代北方作品中均未发现名词"下饭"。但清初的《醒世姻缘传》(用山东方言写成)还偶见用例,这自然让我们联想到《金瓶梅》多见"下(嗄)饭"这一事实,两者应该是有传承关系的。光绪十年(1884)刊本《畿辅通志》云:"北人称肴馔为下饭,饭借此而下也。(乔钵《弈心》)谨按:畿南人有'下饭'之语,保定以北无之。"③可见此词在19世纪末尚存于某些北方话中,它在这些地区的最后消亡当是20世纪的事。④

一个词的通行地域随时代的不同而不同,这是汉语词汇史需要研究的一个重要问题。比如对作品的断代或者推定其作者,就牵涉到这样的问题。以《金瓶梅》为例。对此书中方言成分的考察是近二十多年来的一个研究热点,根据现有研究结果,几乎现今所有的方言区都可以在《金瓶梅》中找到自己方言的影子,特别是词汇。实际情形果真如此吗?恐怕不然。有些词,在明代的通行地域跟今天可能是不同的,比如"下饭",如果我们以今天此词的分布地域为依据,就很容易得出《金瓶梅》中有吴方言成分

---

① 见长泽规矩也(1989:119)编《明清俗语辞书集成》第一册。
② 值得注意的是,各种辞书往往把上述"下饭"解释为"下(佐、过)饭的菜肴",如《大词典》,许宝华、宫田一郎(1999)主编《汉语方言大词典》,龙潜庵(1985)《宋元语言词典》,高文达(1992)主编《近代汉语词典》,许少峰(1997)主编《近代汉语词典》等。这个释义有欠准确。"下饭"就是菜肴,既可下饭,也可下酒,甚至什么都不下,清吃。释义的不确恐怕是泥于字面所致。
③ 见波多野太郎编《中国方志所录方言汇编》第三编。
④ 石汝杰、宫田一郎(2005)主编的《明清吴语词典》收"下饭(嗄饭)",看作吴语词,恐欠妥。

的结论,而根据上述的调查,这个看法显然是不能成立的。所以在作此类研究时,一个不容忽视的问题是,必须把古方言和今方言区别开来,不宜将古书中的词语和今天的方言词语作机械的对应。① 蒋绍愚先生(2005:334)曾指出:"即使考定了某个语言现象只在今天的某方言中存在,那也只是考定了它的'今籍',而'今籍'未必就等于'祖籍'。"这是完全正确的。

了解一个词的时代性和地域性对准确理解词义也具有十分重要的意义,这是一种全局性、根本性的把握。比如《诗·豳风·七月》"蚕月条桑",有多位《诗经》研究专家根据《韩诗》和《玉篇》引《诗》作"挑桑",就认为"条"是"挑"的假借字,解释为"挑选"。② 从词的时代性来看,这一说法根本站不住脚,因为"挑"有"挑选"义应该是唐以后的事,③《诗经》时代表示"挑选"义用"选、择、简、拣"等词而不用"挑"。《郑笺》:"条桑,枝落之,采其叶也。"所释正确。《搜神记》卷九:"(魏)舒后十五载诣主人,问所生儿何在,曰:'因条桑,为斧伤而死。'"条桑为以斧截取桑树枝条甚明。今蚕区取桑饲蚕,犹连枝取之,其法古今一也。

词汇史的研究成果可以有两种表达形式:一是专著,对一种语言的词汇的历史演变作详尽的描述和分析;二是词档,除了对每一个词的词义、词性、组合关系、感情色彩和用法等提供详细而准确的信息之外,还应该对词的通行时代和地域——也就是词的时代性和地域性——作出尽可能确切的说明。这样的词典比现有的《大词典》《大字典》还要详尽细致得多,在目前还只是一种美好的设想,付诸实施绝非易事,但也并非不可能。我们可以先从一部分词做起。

参考文献

北京大学历史系《论衡》注释小组编 1979《论衡注释》,北京:中华书局。

---

① 参看拙文《宁波方言词语札记三则·壹 "下饭"古今谈》(汪维辉 2003b)。
② 如陈子展《诗经直解》译作"要挑一枝枝的桑叶",华钟彦《"七月"诗中的历法问题》译作"挑选桑叶",高亨《诗经今注》云:"条,借为挑(《玉篇》引作挑),选取,挑选。"
③ 目前见到的较早用例如五代后蜀何光远《鉴诫录》卷一:"十年对垒,万阵交锋。虑久困于生灵,乃选挑其死士。才过汶水,缚王彦章于马前;旋及夷门,斩朱友贞于楼上。"《大字典》和《大词典》"挑"字"挑选"义下所引的始见书证都嫌晚。

波多野太郎［日］编 1965《中国方志所录方言汇编》第三编,横滨：横滨市立大学。

长泽规矩也［日］编 1989《明清俗语辞书集成》第一册,上海：上海古籍出版社。

傅国通,方松熹,蔡勇飞,等 1985《浙江吴语分区》,浙江省语言学会《语言学年刊》第三期
    （杭州大学学报增刊）。

高文达主编 1992《近代汉语词典》,北京：知识出版社。

顾之川 2000《明代汉语词汇研究》,开封：河南大学出版社。

胡颂平 1993《胡适之先生晚年谈话录》,北京：中国友谊出版公司。

蒋绍愚 2005《近代汉语研究概要》,北京：北京大学出版社。

李荣主编 2002《现代汉语方言大词典》综合本,南京：江苏教育出版社。

龙潜庵 1985《宋元语言词典》,上海：上海辞书出版社。

吕叔湘 1980《语文常谈》,北京：生活·读书·新知三联书店。

罗曼·雅柯布森［美］ 2001《雅柯布森文集》,钱军、王力译注,长沙：湖南教育出版社。

罗振玉 1975《殷虚书契考释》,台北：艺文印书馆。

石汝杰,宫田一郎［日］主编 2005《明清吴语词典》,上海：上海辞书出版社。

汪维辉 1994《释"困"》,载浙江省语言学会《'94语言论丛》,杭州：杭州大学出版社。

汪维辉 2000/2017《东汉—隋常用词演变研究》,南京：南京大学出版社/北京：商务印书
    馆（修订本）。

汪维辉 2000《〈周氏冥通记〉词汇研究》,载浙江大学汉语史研究中心编《中古近代汉语研
    究》第一辑,上海：上海教育出版社。

汪维辉 2003a《从汉语史看"多""少"直接修饰名词问题》,载北京大学汉语语言学研究中
    心《语言学论丛》编委会编《语言学论丛》第二十八辑,北京：商务印书馆。

汪维辉 2003b《宁波方言词语札记三则·壹 "下饭"古今谈》,载上海市语文学会、香港
    中国语文学会合编《吴语研究：第二届国际吴方言学术研讨会论文集》,上海：上海教
    育出版社。

汪维辉 2004/2006《纵横结合研究汉语词汇》,商务印书馆语言学出版基金第二次中青年
    语言学者论坛提交论文,杭州：2004年5月/商务印书馆编辑部编《21世纪的中国语
    言学（二）》,北京：商务印书馆,2006。

汪维辉 2008《撰写〈汉语100基本词简史〉的若干问题》,载中国社会科学院语言研究所
    《历史语言学研究》编辑部编《历史语言学研究》第一辑,北京：商务印书馆。

王风阳 1993《古辞辨》,长春：吉林文史出版社。

王国维 1959《书郭注方言后（二）》,载《观堂集林》卷五,北京：中华书局。

王力 1958《汉语史稿》下册,北京：科学出版社。

香坂顺一［日］ 1997《白话语汇研究》,江蓝生、白维国译,北京：中华书局。

许宝华,宫田一郎[日]主编 1999《汉语方言大词典》,北京:中华书局。

许少峰主编 1997《近代汉语词典》,北京:团结出版社。

张双棣等 1993《吕氏春秋词典》,济南:山东教育出版社。

张卫东 2002《语言自迩集·译序》,载威妥玛《语言自迩集——19 世纪中期的北京话》,张卫东译,北京:北京大学出版社。

张永言 1982《词汇学简论》,武汉:华中工学院出版社。

张涌泉 2004《〈敦煌文献语言辞典〉编纂刍议》,商务印书馆语言学出版基金第二次中青年语言学者论坛提交论文,杭州:2004 年 5 月。

周荐 1995《论词语的时代色彩》,载南开大学汉语言文化学院编《汉语言文化研究》第五辑,天津:天津人民出版社。又收入其《词汇学词典学研究》,北京:商务印书馆,2004。

（原载《语言研究》第 26 卷第 2 期,2006 年 6 月）

论词的"误解误用义"

汪维辉　　顾　军

摘　要　词由于误解误用也会产生新义,这是词义演变的一种方式。汉语史上词义误解误用的常见类型有:训诂学家的错误解释、后代文人误解前代口语词、流俗词源、语言接触过程中的错误理解等。导致词产生误解误用义的常见因素有:意义干扰、读音干扰、词形干扰、内部结构的重新分析、语境误推等,根本原因是"陌生化"。因误解误用而产生新义的现象在其它语言中同样存在。对于在语言发展史上已经完成了词义变化、约定俗成的误解误用义,只能尊重社会的选择。词存在"误解误用义"这一语言事实可以丰富我们对"词是怎样变了意义的"问题的认识,有助于说明汉语史上一些词义的来源,也可以加深人们对语言本质的认识。

关键词　词义演变　误解　误用　陌生化　语用

一

"词是怎样变了意义的"[①]是一个古老而又常新的话题,其中还有许多未解之谜需要继续探索。

除了本义和引申义之外,词[②]是否还有其它意义?[③]　在汉语学界,20世纪80年代以来曾经就词义演变的途径问题掀起过一场讨论热潮,先后提出过"词义感染"(伍铁平 1984:57-58)、"词义渗透"(孙雍长 1985:

---

① 这里借用房德里耶斯(1992)《语言》一书第三编"词汇"部分第二章的章名,王力先生(1958)在《汉语史稿》中曾经用作第四章"词汇的发展"中的一个节名。
② 为了行文方便起见,本文用"词"统称词和类词短语(包括成语)。
③ 假借义是文字问题,与词义的演变无关,这里不讨论。

207-213)、"同步引申"（许嘉璐 1987：50-57）、"相因生义"（蒋绍愚 1989：546-560；罗积勇 1989：71-75）①、"词义沾染"（朱庆之 1992：197）、"组合同化"（张博 1999：129-136）、"类同引申"（江蓝生 1999：279-284）等说法。有些学者对上述观点表示支持并加以阐发，如邓明（1997：30-32；2001：60-61）、赵大明（1998：34-37）、王小莘（1998：66-70）、席嘉（2006：93-96）和唐子恒（2006：139-142）等。这些文章主要是着眼于词的组合关系和聚合关系去探寻除引申以外词义演变的其它途径，拓宽了研究思路，给人以启迪。但是也有学者对其中的一些例子和看法提出商榷，如徐之明（2000：79-83；2001：41-45）、朱城（2000：95-98）、杨琳（2009：116-130）和董志翘（2009：112-117）等，将讨论引向深入。上述论著推动了对词义演变方式的研究。

本文准备谈谈汉语中来源比较特殊的一种词义，即"误解误用义"。我们认为词由于误解误用也会产生新义，这是词义演变的一种方式。词义的误解误用现象虽然古人早已注意到，当代学者对具体的例子也多有探讨，但大都是从语言规范的角度对词语尤其是成语的误用提出批评或进一步分析误用的原因。朱庆之先生（2010）的《论"误用"在汉语历史演变中的作用——社会语言学理论与汉语史研究札记之一》是目前所见结合现代语言学理论对汉语史上的"误用"问题进行系统阐述的一篇重要论文，对"误用"和汉语词汇演变的关系作了比较全面的讨论，许多观点是富有启发性的，有些也正是我们多年来形成的想法，不过本文跟朱文的关注点和研究角度有所不同。

先来看几个例子。

1. 契阔②

"契阔"一词见于《诗经·邶风·击鼓》："死生契阔，与子成说。执子

---

① 蒋绍愚先生在私人交流场合和授课中（2011 年 3 月—5 月在浙江大学汉语史研究中心讲授"汉语历史词汇学"课程）多次强调"相因生义"说虽然至今看来仍能成立，但是可靠的例子非常少，用这一理论来解释词义演变现象时一定要慎重，不能随便地把不属于此类现象的例子也看作"相因生义"。

② 参看钱锺书（1979：80-83）《管锥编》的《"契阔"诸义》部分，张海媚（2010）《〈《管锥编》"契阔"说义质疑〉商补》。

之手,与子偕老。"由于先秦文献中仅此一见,后代的训诂学家们难明其义,于是就有了种种不同的解释,据张海媚(2010:288)调查,共有五说:①"勤苦"说,毛传和郑笺均主此说;②"约束、约结"说;③"远隔、隔绝"说;④"离合聚散"说;⑤"苦乐"说。其中尤以毛传的"勤苦"说影响最大。虽然后人的解释众说纷纭,但是诗人的原意只能有一个。从此诗的背景和上下文来看,解释成"离合聚散"是正确的,黄生《义府》卷上说得很对:"'契',合也,'阔',离也,与'死生'对言。'偕老'即偕死,此初时之'成说';今日从军,有'阔'而已,'契'无日也,有'死'而已,'生'无日也。……今人通以'契阔'为隔远之意,皆承《诗》注而误。""契"就是"合","阔"就是"离",是一对反义词,跟"死生"的结构是一样的。"契阔"在《诗经》时代应该还是一个反义词组,尚未成词,下文"于嗟阔兮,不我活兮"的"阔",就是"契阔"的"阔"。但是由于毛传、郑笺的权威性,后世的人们多沿用他们的错误解释,于是"契阔"就有了一个误解义"勤苦";又由于《诗经》的巨大影响和历代文人喜用《诗》《书》等先秦经典中的成词,于是"契阔"的这个误解义就被汉魏以后的文人们广泛地使用开来。这就是"契阔"一词的误解误用义"勤苦"产生的过程。"勤苦"和"契阔"的原义"离合"之间并不存在自然的引申关系,这个词义是后人外加给它的。除此之外,"契阔"一词在汉魏六朝还产生出多种误解误用义,正如钱锺书先生(1979:80-83)所说,"'契阔'承'误',歧中有歧",如"隔远""亲密、投分"等。《汉语大词典》"契阔"条所列的"勤苦,劳苦""久别""怀念""相交;相约"四个义项均属误解误用义。虽然也有理解不误、用如《诗经》原意的,如《宋书·刘穆之传》载高祖表:"臣契阔屯泰,旋观始终。"《梁书·侯景传》载齐文襄书:"先王与司徒契阔夷险,……义贯终始,情存岁寒。"《全北齐文》卷四魏收《为侯景叛移梁朝文》:"外曰臣主,内深骨肉,安危契阔,约以死生。"(参看《管锥编》)但是没有误解误用义势力大。

2. 予取予求

《左传·僖公七年》:"初,申侯申出也,有宠于楚文王。文王将死,与之璧,使行,曰:'唯我知女。女专利而不厌,予取予求,不女疵瑕也。后之人将求多于女,女必不免。我死,女必速行,无适小国,将不女容焉。'"杜预注:"从我取,从我求,我不以女为罪衅。"杜说一千七百多年来一直为人们所信从,"予取予求"成为表示任意索取、贪得无厌一类意思的常用成语。《现代汉语词典》"予取予求"条说:"原指从我这里取,从我这里求(财物)(语出《左传·僖公七年》),后代用来指任意索取。"其实,杜注是一种误解,"予取予求"解释成"从我取,从我求"跟古汉语一般语法不合,也与下文"后之人将求多于女"之语文气不接。"予取予求"的原意是"我只取我所要求的",即"予取予所求"。① 可见"予取予求"的"任意索取、贪得无厌"义也是一种误解误用义,同样属于词义的非正常衍生现象。

3. 宁馨、阿堵

南宋洪迈《容斋随笔》卷四"宁馨阿堵"条云:

"宁馨"、"阿堵",晋宋间人语助耳。后人但见王衍指钱云:"举阿堵物却。"又山涛见衍曰:"何物老媪,生宁馨儿?"今遂以阿堵为钱,宁馨儿为佳儿,殊不然也。前辈诗"语言少味无阿堵,冰雪相看有此君",又"家无阿堵物,门有宁馨儿",其意亦如此。宋废帝之母王太后疾笃,帝不往视,后怒谓侍者:"取刀来,剖我腹,那得生宁馨儿!"观此,岂得为佳! 顾长康画人物,不点目精,曰:"传神写照,正在阿堵中。"犹言此处也。刘真长讥殷渊源曰:"田舍儿,强学人作尔馨语。"又谓桓温曰:"使君,如馨地宁可斗战求胜!"王导与何充语,曰:"正自尔馨。"王恬拨王胡之手曰:"冷如鬼手馨,强来捉人臂。"至今吴中人语言尚多用宁馨字为问,犹言"若何"也。刘梦得诗:"为问中华学道者,几人雄猛得宁馨。"盖得其义。以宁字作平声读。②

这是六朝口语词被后代误解从而误用的例子。"宁馨"犹言"如此","阿堵"犹言"这个",本来词义是很清楚的,可是时过境迁,当时人人皆懂的话到了唐宋时代就变得隔膜了,于是"阿堵"被用来指"钱","宁馨"被用作"佳"义,形成了误解误用义。南宋吴曾《能改斋漫录》卷四《辨误》"宁馨儿"条引"何物老媪,生宁馨儿"和"那得生宁馨儿"二例后说:"按二说,知晋、宋间以宁馨儿为不佳也,故山涛、王太后皆以此为诋叱,岂非以儿为非馨香者邪?"③吴曾对"宁馨"的解释显然也是一种误解。可见前代口语词被后人误解是常有的事。

---

① 见裘锡圭(1993)《一句至少被误解了一千七百多年的常用的话——"予取予求"》。
② 见洪迈撰、孔凡礼点校《容斋随笔》(2005:50-51)。下划线为引者所加。
③ 见《能改斋漫录》上册(上海古籍出版社,1979:86)。

4. 莫须有

吕叔湘先生（1989：512）《莫须有》一文说：

"莫须有"是常常被人误解的一句话。《宋史·岳飞传》：

狱之将上也，韩世忠不平，诣桧诘其实。桧曰，"飞子云与张宪书虽不明，其事体莫须有。"世忠曰，"莫须有三字何以服天下？"

这就是有名的"三字狱"。<u>望文生训的人往往以为这句话等于说"不须有"，和"子虚"、"乌有"差不多，而且就照这个意思来应用</u>，如四月二十四日（1944）成都《新新新闻》云，"市面讹传二十元、五十元的关金券已开始流通了，其实仍然是莫须有的事情。"（下划线为引者所加。）

吕先生所说的现象也属于典型的误解误用。"莫须"本是"宋人常语"，按照吕先生的解释，"'莫须'就是现在的'恐怕'或'别是'之意"，尽管对这一解释尚有不同看法，[1]但是《宋史·岳飞传》中的"莫须有"绝对不是"子虚""乌有"一类的意思则是肯定的。后人不明宋人口语，就按照自己的理解把它当作"子虚""乌有"的同义语来理解和使用，于是"莫须有"就有了这样一个误解误用义。虽然《汉语大词典》和《现代汉语词典》"莫须有"条都没有收列这个义项，只说"后用来表示凭空诬陷/捏造"，但在实际使用中这个义项是存在的，吕先生所举的例子可以证明这一点，如果再调查一些语料，应该也能支持这一看法。

5. 哀二不伤（二不上、二不相）

朝鲜时代汉语教科书《你呢贵姓》："你这个价钱式贵呀！要<u>二不上</u>就也倒罢了，说那吗大谎，谁肯买着你那个贵东西呢！"该书的另一种抄本《学清》作"二不相"。韩国顺天大学图书馆藏本《中华正音（骑着一匹）》："一个卖买是差不多点里外一理啊，要<u>二不上</u>罢了。说那吗大谎，谁肯买些个贵东西呢！"该书的另一种抄本韩国学中央研究院藏本《骑着一匹》原写作谚文，旁写"哀二不伤"。"哀二不伤"应该就是"哀而不伤"[2]，"二不

---

① 余嘉锡（1963：674-675）谓"莫须有者，即恐当有之义也"，与吕说同；郭在贻（1980：240）亦赞同此说；金性尧（1997：300）则认为"莫须"是"谅必""或许"之义；朱云鹏（1998：43-44）认为"莫须"应该解释为"一定""理应"。详参张文冠《"莫须"解诂》（未刊稿）。这个问题这里不讨论。

② 这些抄本会话书中记音不准的情况比比皆是，特别是声调。

上/二不相"则又是其讹变的缩略说法,意思都是"合情合理;差不多"。这几个例子可以证明这是当时东北地区的一个口语词。"哀而不伤"出自《论语·八佾》:"《关雎》乐而不淫,哀而不伤。"本义是"悲伤而不过分"。它怎么会有"合情合理;差不多"的意思呢? 我们推测其过程可能是这样的:"乐而不淫,哀而不伤"这句读书人常常挂在口头的话,在普通百姓听起来觉得大概就是"要合情合理,既不欠缺又不过分"一类的意思,他们不懂得一个字一个字地去"抠字眼",就把它作为一个整体来笼统地理解了,而且就按照他们的理解用之于口语中了。于是"哀而不伤"这句古老经典中的话在活生生的后代口语里就有了这么一个误解误用义。有意思的是,《汉语大词典》"哀而不伤"条在解释了它的原意后说:"亦谓貌似悲哀而实不伤心。"引了《二刻拍案惊奇》卷二一中的一个例子:"王爵与王惠哭做一团,四个妇人也陪出了哀而不伤的眼泪。"这实际上可以看作"哀而不伤"的另一个误解误用义。

6. 七月流火

"七月流火"出自《诗经·豳风·七月》:"七月流火,九月授衣。"指到了农历的七月,大火星往下移位,天气渐渐转凉。"流"指往下移位。"火"指大火星,即心宿。现在常用来形容公历七月天气酷热似火,显然是基于对"七月"、"流"和"火"的错误理解,与原意相去甚远。

二

上述这些例子中的词义并非来自正常的引申,也无法用"词义感染"等说法来解释,而是由于误解误用而产生的。"误解"和"误用"是紧密相联的两个环节:"误解"属于解码层面——语言使用者在看到或听到一个词的时候对它的意思进行了错误的解码;"误用"属于编码层面——他把经过错误解码的词语按照自己的理解用于交际中。只有到达"误用"阶段,误解误用义才有可能成为一个新义进而可能被语言社团所接受;如果只有"误解"而未被"误用",则不可能产生新义(这种例子在故训资料中是大量的)。

正常的词义引申是基于联想,本义与引申义或引申义与所从引申的意义之间是有联系的,词义的引申一般是一个渐变的过程;而误解误用则常常具有偶然性和突发性,误解误用义与本义之间通常没有自然的意义联系。因此一般而言,词的误解误用义与引申义的区别是清楚的。当然,从理论上来说,引申也未始不是一种"误解误用",因为任何一个引申义在产生之初无不都是基于对原义理解的一种偏差,既然是偏差,就可以归入误解和误用之列。不过这和我们所说的误解误用显然是有区别的,所以在一般情况下,正常引申和误解误用并不难区分。

由于误解误用而使词产生新义(有的是先从非词变成词)的例子在汉语里并不鲜见,成语中尤多,应该说这是一种带有普遍性的现象。朱庆之(2010)认为:"误用其实是语言变异的一个相当重要的原因,由误用而导致的语言变异与语言按照自身发展规律而产生的变异交织在一起。"我们认同这个看法。可以说,引申是词义发展的常规途径和主要方式,误解误用则是词义发展的非常规途径和次要方式。

汉语史上词义误解误用的常见类型有以下几种:

1. 训诂学家的错误解释

像上文所举的"契阔""予取予求"即是。又如"终风"①等。误解的始作俑者往往是有名望的训诂学家。这一现象有着深刻的历史文化背景。中国上古时代拥有丰富的文献典籍,被后来的历代读书人奉为经典,他们熟读这些典籍并以此为创作诗文的词语来源和语法规范。由于种种原因,上古典籍随着时间的推移越来越不容易读懂,于是从汉代起就不断地有人对它们进行注释。在众说纷纭而自己又无力作出判断、独立求得确诂的情况下,一批权威训诂学家的解释就被大部分人所信奉。虽然这些训诂学家的解释一般来说比较可靠,但是不符合原意的误训也大量存在。如果一种错误的解释仅仅停留在"解经"阶段,那么还是属于"言语"的层面;假如错误的解释被很多人接受,并且把误解义作为该词的一个正常意义加以使

---

① 《汉语大词典》"终风"条:"《诗·邶风·终风》:'终风且暴,顾我则笑。'毛传:'终日风为终风。'《韩诗》以终风为西风。后多以指大风、暴风。"按:"终风"义久被误解,直到清代才由王念孙根据大量的语言材料考证出"终风"的"终"为"既"义,"终风且暴"即"既风又暴"(见《经义述闻》卷五《毛诗上》"终风且暴"条)。

用,那么就会进入"语言"层面而固化为该词的一个义项,一般会被辞书记录下来。朱庆之(2010)已经正确地指出:"误用分个人误用和集体误用。个人误用是误用的最初阶段,误用还局限在该误用的始作俑者身上,没有扩散开来,一旦个人误用被比较多的人接受,就变为集体误用。集体误用的结果往往会导致一种新的意义或用法的产生。"

2. 后代文人误解前代口语词

汉语历史悠久,记录在文献中的前代口语到后代不再使用因而被文人们误解误用是常见的现象,如上文所举的"宁馨""阿堵""莫须有"皆是。诸如此类的例子也有不少,限于篇幅,兹不赘述。

3. 流俗词源

如上面举到的"七月流火""哀而不伤"即是。又如"慈乌"①等。张永言先生(1982：31-32)在分析了"握发殿"误作"恶发殿"、"涛邻村"误作"桃林村"等流俗词源的例子后说:"象这样解释词的内部形式,所根据的不是科学的词源学,而是错误的联想,把一个词跟另一个不相干的词扯到一块儿,结果是歪曲了这个词原来的内部形式和语音。这种语言现象就叫做'民间词源'或'俗词源学'(folk etymology)。"②汉语的历史非常悠久,一些口耳相传的词语在流传的过程中,由于受到多种因素的影响,其词源意义逐渐模糊化。于是使用者会根据语音的相同或者相近关系,主观地猜测这些词的来源,并且将这些词在意义上进行重新分析,导致以讹传讹。

4. 语言接触过程中的错误理解

语言接触对语音、词汇和语法都会产生一定的影响。翻译者常常会结

① 《汉语大词典》"慈乌"条:"① 乌鸦的一种。相传此鸟能反哺其母,故称。② 指慈母。"张永言先生(1981：13-14)指出:"兹"同族词有"黑"义。并认为:"慈乌"即"鹔鸟"。《大戴礼记·夏小正》:"十月……黑鸟浴。黑鸟者何也? 乌也。"《广雅·释鸟》:"慈乌,乌也。"由于"慈"的这个意义逐渐不为人所知,"慈乌"这个词原来的内部形式也就磨灭了,于是人们就有意无意地把这个"慈"讲成"慈孝"的"慈",把"慈乌"解释为孝鸟。我们认同张先生的说法。

② 另可参看张绍麒(2000：19)。

合本民族语言的实际情况对所译语言进行适当的改造,但由于翻译者的水平等原因,有时在改造过程中会出现一些偏差,从而也会导致词的误解误用义的产生。

例如"宫殿"在中土文献中一般仅指帝王住所或泛指高大华丽的房屋,但在汉译佛经中,"宫殿"有"天车"之义。朱庆之(1995:228-229)分析了"宫殿"的"天车"义出现的原因:在译经中,"宫殿"对译的是 vimāna,而在梵文中 vimāna 有"天车"和"宫殿"两个义项,于是译师给"宫殿"也赋予了"天车"的意义。朱冠明(2008:171-172)将这种现象称作"移植"。

再如汉译佛经中"持"有"记忆,记住"义,但在中土文献中很难见到用例。朱冠明(2008:171-172)指出:梵文的 dhṛ 和汉语的"持"本义均为"握持",所以译师在翻译 dhṛ 时选用了"持",同时又将 dhṛ 的另一个意义"记忆"强加给了"持"。

导致词义误解误用的常见因素有:

1. 意义干扰

汉语中一词多义的现象比较普遍,这种多义现象也存在于语素中。如果将复音词语中某个语素的一个意义理解为另一个意义(比如以后起义理解语源义、常用义理解非常用义),就会产生误解误用义,如上举"契阔""宁馨""莫须有"和"七月流火"均属这种情况。

意义干扰是导致词产生误解误用义的主要因素。

2. 读音干扰

在汉语发展过程中,一些读音相同或相近的字会相互干扰,这种干扰也会导致词的误解误用义的产生①。如"短路"。

《汉语大词典》"短路"条的第一个义项为"拦路抢劫"。单从两个构词语素来看,"短路"是很难产生出"拦路抢劫"义来的。那么这一意义是如何出现的呢?《汉语大词典》还收了"断路"和"剪径"两个词条,均有"拦路抢劫"义,"拦路抢劫"即"截断(前行的)道路",构词理据甚明。则

---

① 在现代汉语中,因读音相同或相近而误用的情况也有很多,例如:"反应/反映""以致/以至""截至/截止""结合/接合"等。

"短路"的"拦路抢劫"义乃"断路"意义之误用,盖"短""断"音近所致。

汉语有"听音为字"①的传统,因此读音干扰也是导致词产生误解误用义的重要因素。

3. 词形干扰

汉语中词语的音、形、义既各自独立,又互有联系,因词形相近也会产生误解误用义,例如朱庆之(2010)举过的"棘手"误作"辣手"。又如"一劲(儿)"。

"一劲(儿)"有"一直"义。例如老舍《全家福》第二幕:"当然,虽然有那群小姑娘陪着我玩,我可是一劲儿想念妈妈。"这个意义很难通过"一"和"劲"的组合而产生。"一径"有"一直"义②,由于"劲"和"径"的读音相近,于是"一径"的"一直"义就被"一劲""借"来使用了,后来甚至还发展出"一个劲""一股劲"等说法。

4. 内部结构的重新分析

在一些词语的使用过程中,由于对词语的构造方式不明,人们会根据自己的理解进行重新分析,如上举"予取予求"例即是。再如"磨难"。

"磨难"最初写作"魔难"。"魔"为梵文 Māra 的音译"魔罗"之略称。③"魔难"本来的意义为"(遭受)恶魔的祸患",后来也可写作"磨难"。有人将"磨难"之"磨"理解为"折磨"之"磨",于是将"折磨"由原来的偏正结构分析为并列结构。大概是受其影响,"魔难"也被进行了同样的结构分析。例如《汉语大词典》"磨难"条:"折磨;苦难。宋周邦彦《归去难·期约》词:'坚心更守,未死终相见。多少闲磨难。'"同书"魔难"条:"遭受的折

---

① 关于"听音为字"现象,王云路(1990:19-24)有论述,可参看。
② "一"和"径"为同义组合。"一"有"一直;始终"义。《淮南子·说林》:"尾生之信,不如随牛之诞,而又况一不信者乎?"高诱注:"一,犹常也。""径"的本义为"步道;小路"。(《说文·彳部》:"径,步道也。"段玉裁注:"此云步道,谓人及牛马可步行而不容车也。")引申则有"一直"义。《稼轩长短句·千年调·左手把青霓》:"周游上下,径入寥天一。"另外,"一直"的构词方式和"一径"相同,可作旁证。
③ "'魔'全称为魔罗。意译为杀者、夺命、能夺、能夺命者、障碍。又称恶魔。指夺取吾人生命,而妨碍善事之恶鬼神。'魔'字,旧译作'磨',至南朝梁武帝时始改为'魔'字。"(《佛光大辞典》)

磨、苦难。元董君瑞《哨遍·硬谒》套曲:'十载驱驰逃窜,虎狼丛里经魔
难,居处不能安。'"再如《现代汉语词典》"磨难(魔难)"条:"在困苦的境
遇中遭受的折磨。"

5. 语境误推

在不明了词语构词理据的情况下,语言使用者有时会根据语境对词语
的意义进行推理和判断,这种推断可能是正确的,也有可能并不正确,而只
是两者存在着某种联系,上文所举"阿堵"被误解误用作"钱"的同义语,即
属于语境误推。

上述类型的划分主要立足于语言内部,词的误解误用义的产生也有语
言外部的因素,例如避讳等。

三

朱庆之(2010)指出:"造成误用的原因是各种各样的,从理论上说,不
同语言会有不同。"这是完全正确的。索绪尔(1980:244)在谈到流俗词源
时曾经指出:"我们有时会歪曲形式和意义不大熟悉的词,而这种歪曲有
时又得到惯用法的承认。"这句话对于我们认识词的误解误用义具有指导
意义。词的误解误用义在表现形式上多种多样,不同表现形式的具体原因
也不尽相同,但我们认为,词的误解误用义产生的根本原因是"陌生化"
(包括词义、词的内部形式等的陌生化)。陌生化的程度与对语言熟悉和
掌握的程度有关,一般而言,对语言熟悉和掌握的程度越高,陌生化程度就
越低,对词义误解误用的可能性也就越小。词语的使用频率和来源等都是
造成陌生化的主要因素。常用词的常用义项往往陌生化程度较低,不容易
被误解误用;而常用词的非常用义项以及非常用词的词义陌生化程度较
高,就较易被误解误用。比如佛教谓色、声、香、味、触、法为"六尘",修道
者达到真性清净不被六尘所染污即为"一尘不染"。"一尘不染"后多用以
形容清净廉洁,品格高尚。例如宋张耒《腊初小雪后圃梅开》诗之二:"一
尘不染香到骨,姑射仙人风露身。"有人以"尘"的常用义项"灰尘"义来理
解"一尘不染",故而"一尘不染"又发展出"指非常清洁"义。

因误解误用而产生新义的现象应该不是汉语所独有,在其它语言的发展过程中同样存在。正如朱庆之(2010)所说:"误用(error),是指语言使用者不按社会习惯或已有的规则使用语言的现象。……误用在任何语言活动里都会出现,具有跨越时空的普遍性。"例如 hollow victory 原义为"全胜",后来被当成"没意思的胜利"义使用;renegade(变节者,叛徒)来自于 renege(放弃),许多人听到 renegade,可是在他们的语汇中又没有 to renege 这个动词,于是就把听到的 renegade 同 run(跑)和 gate(路,道)建立起关系(因为变节者一般都是逃亡者),于是 renegade 变成了 runagate,runagate 也是误解误用义。①

不管是来自正常引申还是误解误用,一个词的某个意义一旦被语言社团所接受,它就取得了合法的地位,在语言交际中的作用是一样的。我们没有必要对词的误解误用义"另眼相看",甚至视为洪水猛兽。② 对于在语言发展史上已经完成了词义变化、约定俗成的误解误用,只能尊重社会的选择,"将错就错"。我们指出词的误解误用义这一语言事实,只是试图证明语言中除了正常的词义引申之外,还有这样一种词义演变的途径,这可以丰富我们对"词是怎样变了意义的"这个问题的认识,也有助于说明汉语史上一些词义的来源。从词的误解误用义我们还可以清楚地认识到语用在语言演变中所起的重要作用。语言的本质属性是交际工具,语言中的各种要素——语音、词汇、语法——都是在使用中发生变化的,词的意义也是使用它的人们在使用过程中由于各有各的理解而导致变化的,其中的机制是"重新理解",即:词义 A→重新理解(语用)→词义 B。因此研究词的误解误用义也有助于加深我们对语言本质的认识。

参考文献

布龙菲尔德[美] 1980《语言论》,袁家骅等译,北京:商务印书馆。

---

① 见 Bolinger(1993:610-611)。
② 很多人对语言的变化持极为保守的态度。"很多有知识的人还是谴责、憎恨语言的改变,认为语言的变更是由于粗心、懒惰或者无知。有人写信给报社,有人发表愤怒的文章,他们都哀叹,词语竟有新的意思和新的发音……一位评论员在评论 1978 年版的《牛津袖珍辞典》时宣称:他'唯一伤心的是见到当前的编者似乎准备向词义的每一个轻率、马虎的变动低头弯腰'。"(简·爱切生 1997:4-5)。

辞源修订组,商务印书馆编辑部 2009《辞源》修订本,北京：商务印书馆。

慈怡主编 1988《佛光大辞典》,高雄：佛光出版社。

邓明 1997《古汉语词义感染例析》,《语文研究》第 1 期。

邓明 2001《古汉语词义感染补正》,《古汉语研究》第 2 期。

董志翘 2009《是词义沾染,还是同义复用?——以汉译佛典中词汇为例》,《陕西师范大学学报》第 3 期。

费尔迪南·德·索绪尔[瑞士] 1980《普通语言学教程》,高名凯译,北京：商务印书馆。

郭在贻 1980《也谈"莫须有"》,《社会科学战线》第 1 期。又收入其《郭在贻文集》第三册,北京：中华书局,2002。

汉语大词典编辑委员会,汉语大词典编纂处编 1986—1993《汉语大词典》,上海：汉语大词典出版社；上海：上海辞书出版社。

洪迈撰,孔凡礼点校 2005《容斋随笔》,北京：中华书局。

简·爱切生 1997《语言的变化：进步还是退化?》,徐家祯译,北京：语文出版社。

江蓝生 1999《相关语词的类同引申》,载王勉主编《李新魁教授纪念文集》,北京：中华书局。

蒋绍愚 1989《论词的"相因生义"》,载吕叔湘等《语言文字学学术论文集——庆祝王力先生学术活动五十周年》,北京：知识出版社。

蒋绍愚 2005《古汉语词汇纲要》,北京：商务印书馆。

金性尧 1997《札记八则》,载金性尧《不殇录》,上海：汉语大词典出版社。

荆其诚,林仲贤 1986《心理学概论》,北京：科学出版社。

刘洁修编 2009《汉语成语源流大辞典》,北京：开明出版社。

陆宗达 1981《说文解字通论》,北京：北京出版社。

吕叔湘 1989《莫须有》,载吕叔湘《吕叔湘自选集》,上海：上海教育出版社。

罗积勇 1989《论汉语词义演变中的"相因生义"》,《武汉大学学报》第 5 期。

罗竹风主编 1997《汉语大词典》缩印本,上海：汉语大词典出版社。

钱锺书 1979《"契阔"诸义》,载钱锺书《管锥编》第一册,北京：中华书局。

裘锡圭 1993《一句至少被误解了一千七百多年的常用的话——"予取予求"》,《古汉语研究》第 2 期。又收入其《裘锡圭自选集》,郑州：河南教育出版社,1994。

孙雍长 1985《古汉语的词义渗透》,《中国语文》第 3 期。

唐子恒 2006《词素间意义的横向合并》,《山东大学学报》第 5 期。

王力 1958《汉语史稿》下册,北京：科学出版社。

王小莘 1998《试论中古汉语词汇的同步引申现象》,《南开学报》第 4 期。

王寅 2007《认知语言学》,上海：上海外语教育出版社。

王云路 1990《望文生训举例与探源》,《古汉语研究》第 2 期。

伍铁平 1984 《词义的感染》,《语文研究》第 3 期。

席嘉 2006 《与"组合同化"相关的几个连词演化的考察》,《语言研究》第 3 期。

徐之明 2000 《试论词义"组合同化"应遵循的原则——兼与张博同志商榷》,《贵州大学学报》第 5 期。

徐之明 2001 《"组合同化"说献疑——与张博同志商榷》,《古汉语研究》第 3 期。

许嘉璐 1987 《论同步引申》,《中国语文》第 1 期。

杨琳 2009 《词例求义法新论——兼谈相因生义说的问题》,《南开语言学刊》第 2 期。

余嘉锡 1963 《读已见书斋随笔·莫须有》,载余嘉锡《余嘉锡论学杂著》,北京:中华书局。

约瑟夫·房德里耶斯[法] 1992 《语言》,岑麒祥等译,北京:商务印书馆。

张博 1999 《组合同化:词义衍生的一种途径》,《中国语文》第 2 期。

张海媚 2010 《〈《管锥编》"契阔"说义质疑〉商补》,载浙江大学汉语史研究中心编《汉语史学报》第 9 辑,上海:上海教育出版社。

张绍麒 2000 《汉语流俗词源研究》,北京:语文出版社。

张永言 1981 《关于词的"内部形式"》,《语言研究》创刊号。

张永言 1982 《词汇学简论》,武汉:华中工学院出版社。

张永言 1999 《语文学论集》增补本,北京:语文出版社。

赵大明 1998 《也谈词义的同步引申》,《语文研究》第 1 期。

中国社科院语言研究所词典编辑室编 2005 《现代汉语词典》第 5 版,北京:商务印书馆。

朱城 2000 《关于"组合同化"的几点思考——与张博先生商榷》,《海南师范学院学报》第 2 期。

朱冠明 2008 《移植:佛经翻译影响汉语词汇的一种方式》,载北京大学汉语语言学研究中心《语言学论丛》编委会编《语言学论丛》第三十七辑,北京:商务印书馆。

朱庆之 1992 《佛典与中古汉语词汇研究》,台北:文津出版社。

朱庆之 1995 《汉译佛典在原典解读方面的价值举隅》,载王元化主编《学术集林》卷六,上海:上海远东出版社。

朱庆之 2010 《论"误用"在汉语历史演变中的作用——社会语言学理论与汉语史研究札记之一》,国际中国语言学学会第 18 届年会(IACL-18,Boston,哈佛大学,2010.5.)提交论文。

朱云鹏 1998 《也释"莫须有"》,《川东学刊》第 1 期。

Bolinger D. 1993 《语言要略》,方立等译,北京:外语教学与研究出版社。

【附记】安徽师大崔达送教授对本文的修改提出了有益的建议,谨致谢忱。

(原载《语言研究》2012 年第 3 期,中国人民大学书报
资料中心《语言文字学》2012 年第 10 期全文复印)

说"日""月"*

汪维辉

摘 要 文章从纵、横结合的角度讨论汉语中的"日""月"这对基本词,并把两者进行比较。主要观点有:(1)｛太阳｝的名称,在现代方言中主要有"日头"和"太阳"两大系;在汉语史上则有两大变化:一是"日"的复音化,二是从"日"到"太阳"的历时更替,更替过程至今仍未完成,但"日头"正处在急剧消亡中;"太阳"取代"日/日头"可能跟避讳有关;"太阳"呈现出"长江型"分布的特点。(2)｛月亮｝的名称,在方言中只有"月"一系,最重要的是"月亮""月光""月明"和"月儿"四种形式;历时演变主要是复音化,其中"月光"和"月明"都产生很早,中古已见,"月儿"始见于宋代,"月亮"则出现于明代;"月亮"是从主谓短语凝缩成词的,结构与"月光""月明"相同;"月亮"很可能是一个"长江型词";文章勾勒了"月明""月光""月亮"三个词在历史上可能存在的演变关系。(3)"日""月"这对"姊妹词"的演变历史有同也有异:"同"主要表现在复音化、"长江型"分布和历史层次三个方面;"异"则主要表现在词汇更替、复音化方式、词尾、单音形式和尊称形式五个方面。

---

* 本文为国家社科基金项目"汉语核心词的历史与现状研究"(11BYY062)的阶段性成果。感谢好友姚永铭先生、朱冠明先生和博士生胡波、任玉函对本文写作提供的帮助。岩田礼教授、秋谷裕幸先生、朱冠明先生和友生高列过教授、真大成博士、贾燕子博士、钟小勇副教授以及博士生胡波、李雪敏等对本文初稿或修改稿提出过很好的意见,笔者多有采纳。文章初稿曾在中国语言学会第 16 届年会(2012.8.21—23·云南大学)上作大会报告,承朱庆之、魏钢强、汪化云、夏先培等先生提出意见或提供方言资料;修改稿曾在《太田斋·古屋昭弘两教授还历纪念中国语学论集》刊行纪念研究会"(2013.3.16·早稻田大学)上作过报告,承平田昌司、远藤光晓、岩田礼、太田斋、古屋昭弘等先生提出很好的意见和建议。对于上述各位的指教和帮助,笔者在此深表谢意。文中错误概由作者本人负责。

关键词 基本词 历时演变 共时分布 汉语词汇史 日、月、太阳、月亮

太阳(sun)和月亮(moon)是与人类关系最密切的两大天体,代表它们的词属于人类语言的基本词,任何一家的核心词表都少不了它们俩。本文从纵(历时演变)、横(共时分布)结合的角度讨论汉语中的这对词,并把两者进行比较。文中所用的现代汉语方言资料主要依据曹志耘(2008)主编《汉语方言地图集》(以下简称《地图集》)和岩田礼(2009)编《汉语方言解释地图》(以下简称《解释地图》)①,这是目前搜集方言点最全的两部地图集(后者还有解释)。两者的数据存在一些差异,有些可以互补,遇有分歧处,则根据笔者的判断及核实择善而从。

一、日

在现代方言中,{太阳}②的名称各地存在差异,这里依据《汉语方言地图集·词汇卷》(以下简称《地图集·词汇卷》)001"太阳"地图,把主要的分布情况归纳为表一:

表一 方言中{太阳}的异称

方言区 \ 用词	太阳	日	日头	热头	日头爷/热头爷	老爷儿	天地儿
官话、晋语	136	1③	149	25	9	39	5
吴语	34		63	14	4		2
赣语	1		70	14	4		
徽语			13		2		

---

① 其中"太阳"和"月亮"共有 5 幅地图(包括解释),作者为松江崇先生。

② { }内表示概念。下同。

③ 《地图集》标的是陕西镇巴。这个点很特殊,《解释地图》无。笔者请教了《地图集》该点的调查人陕西师大邢向东教授,邢先生答复说:"又请人问了老年人,少数老年人仍单说'日'。以下大多说'太阳'了。弟意仍以'日'较好。"(2012 年 7 月 23 日手机短信)感谢邢先生在百忙之中赐复。

（续表）

方言区 ＼ 用词	太阳	日	日头	热头	日头爷/热头爷	老爷儿	天地儿
湘语	12		31				
客家话			35	35			
粤语			27	33			
闽语	3		92	2	3		1
平话			18	19			
土话			9	12	1		
畲话			1	1			
儋州话			1				
乡话			4				

说明：① "太阳"类包括：太阳、太阳包、太阳地儿、太影、太阳佛、太阳菩萨、阳婆、阳窝˝。

② "日"类包括：日、日头～日。

③ "日头"类包括：日头、日头～太阳、日头～热头、X①头、X头窠、日头～日头孔、日头～日头眼、日头眼、日头龙、日头地儿、日哩～太阳、日雷˝儿、日□[tʂʰou³³]、月头。

④ "热头"类包括：热头、热头～太阳、热头～热头孔、热头呱、热头孔、热头火、热□[lɑɯ⁵³]。

⑤ "日头爷/热头爷"类包括：日头爷/热头爷、日头老爷儿～日头、老爷儿～日头、日头佛/热头佛、日头王、日头公～热头公、日轱、日头轱/热头轱。

⑥ "老爷儿"类包括：老爷儿、天老爷爷、红老爷、爷爷儿/爷儿、老爷爷儿、老爷子～知˝爷儿、老太爷儿。

⑦ "天地儿"类包括：天地儿、戏˝头、□[zo³¹]头、□[biŋ²¹]日。

⑧ 表中数字是方言点数。下同。

方言中对{太阳}的称呼可谓纷繁复杂，但实际上主要是两大系：

（一）"日头"系

包括变体"热头""月头"②以及所有的扩充形式。其中"日头"分布最广，遍布各个方言区，而且方言点最多，可见在{太阳}的各种称呼中"日头"是最强势的一个。保留单音词"日"的方言是极少数，与上古汉语一致，代表了最古老的词汇层次。这些点基本上都在闽语区，其中大部分地

---

① 《地图集》原注："X"包括因方言"日"、"热"同音而难以确定是"日"字还是"热"字。

② "热头"和"月头"都是"日头"的变体，参看《解释地图》"地图1-3 太阳：'热头'和'月头'的来源"。

点兼说"日头"，或者"日""日头""日头公"三者并存，真正单说"日"的只有个别点①。

（二）"太阳"系

包括其扩充形式。"太阳"主要分布在官话区和北部吴语，此外湘语中有部分分布，赣语只有湖南华容一个点。徽语和客家话以下的南部方言都不说"太阳"。

不少方言中对｛太阳｝都有拟人化的尊称，所用的构词成分有爷、公、爸爸、婆、奶儿和王、菩（萨）、佛等，其中男性称谓较多。这是出于对太阳的崇敬，也反映出佛教对汉语的影响。这些形式实际上都是"太阳"或"日头"的变体，是后起的。②

两大系之外，还有少数地点说天地儿、戏━头、□[zo³¹]头、□[biŋ²¹]日等，其中"□[zo³¹]头"和"□[biŋ²¹]日"可能也可以归入"日头"系③。

｛太阳｝古称"日"。《说文解字·日部》："日，实也。太阳之精不亏。从口一。象形。"段玉裁注："口象其轮廓，一象其中不亏。""日"字甲骨文已见，作◫、◉等形，是个象形字，许慎所说不误，不过以"实"释"日"，则是用的声训。古籍中例子常见，不必举。

｛太阳｝的名称，在汉语史上主要有两大变化：一是"日"的复音化（主要是"日头"及其变体"热头""月头"和它们的扩充形式），二是从"日"到"太阳"的历时更替。

---

① 《地图集》"日"类除上述陕西镇巴外，标了3个点：福建晋江、云霄（"日"和"日头"兼说）和广东揭东。《解释地图》则标有11个点，除福建东山、厦门、永春、漳州和广东澄海、南澳、潮州、汕头、普宁这些闽粤沿海地区外，还有海南海口（以上都是"日"和"日头""日头公"前两者兼说或三者兼说）和江西黎川（赣语。"日"和"热头"兼说）。此外，据岩田礼先生告知：珠江三角洲的斗门也说"日"，由于此点不在我们设计的"地点过滤网"之内，地图没表示出来。依据资料是《珠江三角洲方言词汇对照》。（2012年7月22日电邮）

② 参看《解释地图》"地图1-2 太阳：含尊称的词形"。

③ 秋谷裕幸先生函示："表示'太阳'的'biŋ日'，我觉得前字有可能是'皮'（韵尾ŋ可以理解为受到后字声母同化的产物）。我在《吴语处衢方言研究》中用了方框，表示该字为有音无字。不过现在看来，可以写作'皮'。"（2012年8月20日电邮）

"日头"的说法大概始见于唐代①,例如:

(1) 又为《喜雨》诗曰:暗去也没雨,明来也没云。<u>日头</u>赫赤出,地上绿氲氲②。(《太平广记》卷258"权龙襄"条引《朝野佥载》)

(2) 午时庵内坐,始觉<u>日头</u>暾。(寒山《以我栖迟处》诗)

(3) 醉后吟哦动鬼神,任意<u>日头</u>向西落。(五代吕岩《长短句》,《全唐诗》卷859)

(4) 师云:"老僧要坐却<u>日头</u>,天下黯黑,忙然皆匝地普天。"(《祖堂集》卷7"夹山和尚")

此后一直沿用下来,今天仍遍布各方言区。"日"双音化为"日头",符合汉语词汇双音化的大趋势。

关于"太阳",王力先生(1958/1980:495)说:"'日'的转变为'太阳',在汉语词汇演变史中是一个很有趣的、很典型的例子,所以值得追溯它的历史。""先秦的'阳'字早已有了'日光'的意义(《诗经·小雅·湛露》:'匪阳不晞'③;《孟子·滕文公》:'秋阳以暴之')。但是,'太阳'二字连在一起是汉代的事,那时'太阳'的'阳'是'阴阳二气'的'阳'。'太阳'在最初并不专指'日',而是指极盛的阳气,或这种极盛的阳气的代表物。例如:日,实也,太阳之精不亏。(《说文解字》)……但是,《淮南子·天文训》说:'日者阳之主也……月者阴之宗也',这就是'日'称'太阳'、'月'称'太阴'的来源。'月'称'太阴'到后代只用于特殊的场合,没有能在全民语言中生根,算是失败了;'日'称'太阳'却成功了。"按:称"日"为"太阳"确是源于阴阳五行学说,所以正是在阴阳五行说最盛行的汉代,"日"有了"太阳"这样一个新名称,例如:④

----

① 潘允中(1989:82)云:"据钱大昕《恒言录》六《俗语有出》条记'日头'出于宋神童诗:'真个有天无日头'。"溯源嫌晚。叶雪萍(2010)已经溯源至唐代,引了(1)(2)两例及五代何光远《鉴诫录》卷十:"若觅修,八万浮图何处求。只知黄叶上啼哭,不觉黑云遮日头。"

② 《全唐诗》卷869作"氲氲",当是。又中华书局点校本《朝野佥载》后两句作"日头赫赤赤,地上丝氲氲"。

③ 原注:毛传:"阳,日也。"所谓"日"也是指"日光"。

④ 王力先生(1958/1980)所引的始见例证为《世说新语》,嫌晚。潘允中(1989:45)引《释名·释彩帛》:"赤,赫也,太阳之色也。"说:"可见日的同义词'太阳',在汉魏以前已经通行了。"友生真大成博士指出:此例"太阳"恐怕不是指"日",而是"太阳、太阴、少阳、少阴"四象之一。《说文·赤部》:"赤,南方色也。"四象中"太阳"正对应南方。《诗·大雅·瞻卬》"妇无公事,休其蚕织"下孔疏:"其纮,天子以朱、诸侯以青者,以朱,南方,太阳之色,故天子用之;青,东方,少阳之色,故诸侯用之,所以下天子。""太阳""少阳"对应"南方""东方"、"朱(朱雀)""青(青龙)"。维辉按:真说甚是。古书中的许多"太阳"跟今天指称{太阳}的其实不同。

（5）是以氛邪岁增，侵犯**太阳**，正气湛掩，日久夺光。（《汉书·元帝纪》）颜师古注："太阳，日也。"

（6）自岁末以来，**太阳**不照，霖雨积时，月犯执法，彗孛仍见，昼阴夜阳，雾气交侵。（《后汉书·王允传》载士孙瑞语）

（7）远而望之，皎若**太阳**升朝霞。（三国魏曹植《洛神赋》）李善注引《正历》曰："太阳，日也。"

在引了李白、杜甫和李贺诗的例子后王力先生（1958/1980：496）说："在唐代，'太阳'只是'日'的别名，它在口语里是否完全代替了'日'，还不敢断定。但是，我们相信，它这样常常见用，至少从宋代起，它已经进入了基本词汇了。"这一看法需要重新验证。比如在《朱子语类》中，"太阳"虽然出现了10次，但只有1例是指称{太阳}，而"日头"则有3例。可见宋代口语基本上还是说"日头"的。即使到了《红楼梦》中，"太阳"（7例）和"日头"（8例）的出现频率仍不相上下，替换过程远未完成。实际上从"日"到"太阳"的历时更替直到今天也没有完成，现在各地方言中老派人都还说"日头"；①不过随着我国现代化的快速推进和"语言统一进程（普通话化）"的不断加快，"日头"正处在急剧消亡中，受过教育的当代青年人大概基本上已经只说"太阳"不说"日头"了，哪怕是讲方言。

{太阳}之于人类的重要性自不待言，可是这样的一个基本词在汉语史上却发生了词汇替换，原因何在？我们认为可能跟避讳有一定关系。大概从元代开始，"日"在北方地区与亵词"合"（又写作"入"等）同音，所以逐渐被"太阳"所取代。② 这也正是"太阳"一词今天主要分布在官话区和

---

① 王力先生（1958/1980：495）说："在现代汉语里，'日'已经让位给'太阳'。"普通话也许可以这么说，但是方言并非如此。
② 《解释地图》"地图1-3 太阳：'热头'和'月头'的来源"说："'日'在官话地区以及吴语地区和禁忌词'入'（日母缉韵开口三等，人执切，MC：ȵi̯ĕp）同音（李荣1982）。因此也有可能在这些方言中存在要回避'日'音的倾向。实际上，在有些方言点'日头'的'日'和字音'日'语音并不相同。例如在山西新绛，'日头'为[ər tʰəu]，而字音'日'为[zʅ]，后者和禁忌词性交义的'入'同音。"此说甚是。太田斋（1996）对此类现象有详细讨论，可看。另可参看太田斋给《汉语方言地图集·词汇卷》写的书评，载［日］《中国语学》第256号，2009年10月。笔者在此谢谢太田斋先生发来这两篇文章的电子本。

说
日
月

吴语的原因①。在大部分非官话区,"日"字不需避讳,所以就没有改称为"太阳"的必要。

从共时平面看,"太阳"呈现出"长江型"分布的特点②。《解释地图》"1-1太阳:综合地图"说:"普通话词'太阳'虽然分布区域很广,但是出现频率比'日头'要低一些,特别是在吴语以外的南方非官话地区出现得较少。而在江苏及其周边的江淮官话区可以看到集中性的分布。""'太阴'和'太影'集中分布在江苏北部至山东南部一带。苏晓青、吕永卫(1994:186)认为'阴'和'影'均为'阳'的轻读。值得注意的是,这些词形出现在'太阳'与'日头'的交界地带。"(60页)这些情况都表明,"江苏及其周边的江淮官话区"是"太阳"一词的扩散源。如今说"太阳"的地区,原先也是"日头",明代以后逐渐被"太阳"所覆盖。

二、月

在各地方言中,{月亮}也存在丰富的异称,据《地图集·词汇卷》002"月亮"和003"'月亮'的拟人称呼"地图,主要的分布情况如表二:

表二　方言中{月亮}的异称

用词 方言区	月亮	月明	月光	月	月儿	月头	亮月	凉月	月牙儿	日光	只有拟人称呼③			
											月娘	月奶	月姑	月爹
官话、晋语	274	30	6	④	11		10	2	2	8	10	18		5
吴语	84		18	4			10			5				1
赣语	20		59	2				1	1	1				4

① 李荣(1982)说:"据现在所知,专用的'入'字流行于长江以北和西南各省区市。……专用的'入'字也见于吴语方言,如松江、奉贤、杭州、湖州、孝丰、安吉、金华、武义、永康、嵊县、温州。"
② 关于"长江型"分布,可参看岩田礼(2009:15-16,19)和汪维辉、秋谷裕幸(2010)。
③ 《地图集》原注:不包括儿语。
④ 秋谷裕幸先生函示:"刘勋宁先生所调查的山西永和方言'月亮'单说'月'(现在手头没有他的调查报告),宁夏固原方言也单说'月'(林涛《宁夏方言概要》92页)。这两个点单说的"月"有可能是古词语的保存。"(2012年8月20日电邮)

用词 方言区	月亮	月明	月光	月	月儿	月头	亮月	凉月	月牙儿	日光	只有拟人称呼			
											月娘	月奶	月姑	月爹
徽语	7		8											
湘语	22	20								1				
客家话	2		67							1				
粤语	22		28	1		2			1		2	3		3
闽语	4		9	44						1	32	6	3	6
平话	24		10	1								3		
土话	12		10											
畲话				2										
儋州话	1													
乡话	4													

说明：①"月亮"类包括：月亮、月亮包儿、月亮地儿、月亮奶奶、月亮爷、月亮爷儿、月亮佛、月亮菩萨。

②"月明"类包括：月明、月明～月亮、月明地儿、月明奶奶、月明爷。

③"月光"类包括：月光、月光～月亮、月光嚼、月儿光、月子光、月亮光、月娘～月光娘、月光婆、月光佛。

④"月"类包括：月、月～月亮。

⑤"月头"类包括：月头、月头牯。

⑥"亮月"类包括：亮月、亮月子。

⑦"月牙儿"类包括：月牙儿、月牙子、月□［ʃeu¹³］、月□［kei⁵⁵］。

⑧"日光"类包括：日光、太阳光、凉日子、亮阴、太阴、光天儿、面＝光、腊＝一＝子、□□［lɛʔ⁴⁵ lɛʔ⁴⁵］子、□［kʰui¹¹］知＝。

⑨"月娘"类包括：月娘、月娘～月娘妈、月妈妈、月妈妈儿、月母、月毑、月毑光、老母、老母儿、老母地儿。

⑩"月奶"类包括：月奶、月奶奶、月日奶、月姥姥、月姥娘、月婆儿、婆梳、天姥①。

⑪"月姑"类包括：月姑、月姑娘、月南＝姊。

⑫"月爹"类包括：月爹、月汁＝爹、月爷、月爷儿、后天爷、后天爷儿、后头爷、月公。

　　方言中｛月亮｝称谓之纷繁不亚于｛太阳｝，所不同的是，｛月亮｝实际上只有一系，即"月"系——各种异称基本上都离不开"月"这个词根。

　　最重要的是"月亮"（包括其扩充形式），遍布各方言区，方言点也最

___

① 《地图集》原注：姥：《集韵》戈韵当何切，《方言》南楚谓妇妣曰母姥，妇考曰父姥。

多。"亮月"应该是"月亮"的变体(逆序形式)①,也可以包括在"月亮"系中。

其次是"月光",分布也很广泛:客家话除个别点外都说"月光",在赣语中它也是主导词;在南部吴语、徽语、湘语、粤语和土话中也占有重要的地位;此外在官话区、闽语和平话中亦有少量分布②。

再次是"月明",分布范围很窄,只见于官话区的河南、山东、山西和陕西的部分地点。

"月儿"是仅见于官话区的一个复音形式,这跟官话区名词多带"儿"尾是一致的。"月儿"的产生不会晚于宋代③,宋词中已非一见,如辛弃疾《南歌子》:"凿个池儿,唤个月儿来。……有个人人,把做镜儿猜。"张镃《乌夜啼》:"月儿犹未全明。乞怜生。几片彩云来去、更风轻。"李曾伯《瑞鹤仙》:"风儿渐凉也。近中秋月儿,又初生也。"刘埙《满庭芳》:"东城路,一回一感,愁见月儿弯。"《西厢记诸宫调》中也屡见,如卷一[越调][上平西缠令]:"月儿沉,鸡儿叫,现东方,日光渐拥出扶桑。"④到了元曲中就极为常见了,还有"月儿高"的曲牌名。《元典章·乱言平民作歹》:"'您杀了俺,几时还俺?'那将军道:'日头月儿厮见呵还您。'"可见当时口语已是"日头"和"月儿"并称了。此后在北方系文献中一直不乏用例。

此外还有少数地点用不带词根"月"的词形,包括太阳光、凉日子、亮阴、太阴、光天儿、面˵光、腊˵一˵子、□□[lɛʔ⁴⁵ lɛʔ⁴⁵]子、□[kʰui¹¹]知˵、老母、老母儿、老母地儿、婆梳、天姥、后天爷、后天爷儿、后头爷等。《解释地图》"地图 2-2 月亮:含尊称的词形"指出:"〈亲属称谓〉(A)⑤多数分布在以河北为中心的北方地区,其分布区域往往与'X⑥+〈亲属称谓〉'系(B)的分布区域毗连。……由此推定,北方的〈亲属称谓〉系是'X+〈亲属称

---

① 参看《解释地图》"地图 2-1 月亮:综合地图"(66 页)。
② 官话区的陕西富县是孤零零的一个点,显得很突兀。笔者请教了邢向东先生,根据他的调查,富县(城关)只有"月亮",没有"月光"。
③ 此点承友生贾燕子博士指出,甚感。
④ 以上例子承友生胡波、贾燕子检示,谨致谢忱。
⑤ 维辉按:指明奶奶、婆婆、老婆婆、婆梳、老母、老母地儿、老妈妈儿、老母奶奶、后天爷、爷爷宝。
⑥ 维辉按:X 代表月、月儿、月亮、亮月、月光、月明、太阴。

谓〉'的 X 脱落所致,也就是说,前者的产生应晚于后者。"(68 页)因此一部分表面看来不带"月"的词形实际上也是从带词根的形式变来的。

{月亮}古称"月"。《说文解字·月部》:"月,阙也。大阴之精。象形。"段玉裁注:"月、阙叠韵。《释名》曰:'月,缺也。满则缺也。'象不满之形。"《说文》和《释名》都是用的声训。徐灏《说文解字注笺》:"古文、钟鼎文象上下弦之形,日象圜形,故月象其阙也。小篆相承取字形茂美耳。""月"字甲骨文已见,作 ☽、☾、☽、☾ 等形,也是个象形字。①

{月亮}名称的历时演变,最重要的也是复音化。古称"月",今通称"月亮",方言还有一系列以"月"为词根的复音词(见上)。保留单音词"月"的方言远少于"月亮"和"月光",但不管是方言区还是方言点,单音词"月"的保留都明显多于单音词"日",主要也集中在闽语区,与上古汉语一致,代表了最古老的词汇层次。今天通用的"月亮"一词则代表了最新的词汇层次,文献上始见于明代,清代才通行开来。

下面重点讨论"月光""月明"和"月亮"的由来及其相互关系。

1. 月光

潘允中(1989:45)说:"单音词的'月',中古时也称'月光'。南朝陈徐陵编辑《玉台新咏·和王舍人送客未还,闺中有望诗》:'良人在何处,唯见月光还。'②现在华南许多地方还保留着这个名称。"按,这个"月光"的确可以理解成{月亮},但此句有异文,一作"光唯见月还"③,不过我认为"光唯见月还"不可通,当以作"唯见月光还"为是,如明小宛堂覆宋本《玉台新咏》(人民文学出版社 2010 年影印本)即如此作。检索文献,宋代以前这样的"月光"殊不多见,例如:

---

① 一般认为甲骨文"月""夕"同字(早期和中期卜辞两字不分),董作宾、于省吾则认为并非同字,而是前后期互易其形,参看《古文字诂林》第六册(2003:496)。谢谢远藤光晓教授提醒笔者注意这一点。另可参看林沄(1998:24-25)《王、士同源及相关问题》、裘锡圭(2012:416-421)《从文字学角度看殷墟甲骨文的复杂性》、朱国理(1998)等。

② 维辉按,此诗的作者即为《玉台新咏》编者徐陵(字孝穆)。

③ 逯钦立编《先秦汉魏晋南北朝诗·陈诗卷五》就直接录作"光唯见月还"(所标出处为《玉台新咏》八、《诗纪》一百),未出异文,恐欠妥。

（1）谁堪三五夜，空树月光圆①。（荀仲举《铜雀台》，《先秦汉魏晋南北朝诗·北齐诗》卷一）

（2）夜江清未晓，徒惜月光沉。（钱起（一作钱珝诗）《江行无题一百首》，《全唐诗》卷239）

（3）羌竹繁弦银烛红，月光初出柳城东。（刘言史《处州月夜穆中丞席和主人》，《全唐诗》卷468）

（4）团团月光照西壁，嵩阳故人千里隔。（施肩吾《对月忆嵩阳故人》，《全唐诗》卷494）

（5）紫府空歌碧落寒，晓星寥亮月光残。（李群玉《紫极宫斋后》，《全唐诗》卷570）

上述例子中的"月光"，从出现的语境看，都应该理解成｛月亮｝。

元明清白话作品中时见用例，如：

（6）展玉腕把春纤合掌，恰便似白莲蕊初生在这藕上，高卷珠帘拜月光。（元刘庭信《〔正宫〕端正好》）

（7）今年元宵节，却与上年别。月光作灯笼，四方俱照彻。（明徐元《八义记》第三出）

（8）时约初更，月光未上。（《三国演义》第十二回）

（9）却才卸甲而坐，月光方出，忽四下火光冲天，鼓声大震，矢石如雨，魏兵杀到。（又第九十二回）《三国演义》中称｛月亮｝一般单说"月"，复音词只有"月光"的这两例，"月亮"未见，"月明"则都是主谓短语。

（10）纣王吩咐布列停妥，恨不得将太阳速送西山，皎月忙升东上。……且说纣王见日已西沉，月光东上，纣王大喜，如得了万斛珠玉一般。……只听得台上飘飘的落下人来，那月光渐渐的现出；妲己悄悄启曰："仙子来了。"（《封神演义》第二十五回）此例上文"太阳"对"皎月"，下文"日"对"月光"，"月光"显然是指｛月亮｝。又，《封神演义》中｛月亮｝的复音形式也只有"月光"。

（11）此时十月下旬，月光初起，公子悄步上前观看，一个汉子被马踢倒在地。（《警世通言》卷二十一）

（12）却说孽龙精只等待日轮下去月光上来的酉牌时分，就呼风唤雨，驱云使雷，把这豫章一郡滚沉。（又卷四十）此例"日轮"与"月光"分指日、月甚明。

（13）闷恹恹，独坐在荼蘼架。猛抬头，见一个月光菩萨。菩萨，你有灵有圣，与我说句知心话。月光华菩萨，你与我去照察他。我待他是真心，菩萨，他到待我是假。（明冯梦龙编《挂枝儿·月》）"月光菩萨"又见于清代小说《双凤奇缘》《隔帘花影》《金屋梦》《续金瓶梅》《后水浒传》等，犹今方言称"月亮菩萨"。②

① 《乐府诗集》卷三十一"圆"作"圜"。

② 中古汉译佛经已见"月光菩萨"，是菩萨名，而非指｛月亮｝，如姚秦鸠摩罗什译《妙法莲华经》卷一《叙品第一》："其名曰文殊师利菩萨、观世音菩萨、宝月菩萨、月光菩萨、满月菩萨……如是等菩萨摩诃萨。"

（14）是日八月既望后，<u>月光</u>正圆。（清樵云山人《飞花艳想》第十二回）

（15）再看那堤上柳影，一棵一棵的影子，都已照在地下，一丝一丝的摇动，原来<u>月光</u>已放出光亮来了。（《老残游记》第十二回）

可见称{月亮}为"月光"历史悠久，南北朝后期以来文献中时见用例。由于"月光"的词义存在灵活性，既可指{月亮}，也可指{月亮之光}，在具体的语境中常常不易明确判定究竟指何者，如果我们放宽标准，例子应该还会更多一些。

2. 月明

称{月亮}为"月明"，目前见到的最早例子出自东汉佛经：

（16）时裴夷见五梦，即便惊觉，太子问之："何故惊寤？"对曰："向者梦中，见须弥山崩、<u>月明</u>落地、珠光忽灭、头髻堕地、人夺我盖，是故惊觉。"菩萨心念："五梦者应吾身耳。"念"当出家"。告裴夷言："须弥不崩、<u>月明</u>续照、珠光不灭、头髻不落、伞盖今在，且自安寐，莫忧失盖。"（东汉竺大力共康孟详译《修行本起经》卷下，3/467c）

这个"月明"显然是指{月亮}。不过在《经律异相》卷四（出《普曜经》第三卷，又出第四卷）中同样的一段话两个"月明"都作"明月"（53/16b），而今传西晋竺法护译的《普曜经》中未见相应的文句。① 故此例的可靠性暂时存疑。

两晋南北朝偶见，例如：

（17）驾鸾行日时，<u>月明</u>济长河。（《先秦汉魏晋南北朝诗·晋诗》卷十九《清商曲辞·七日夜女郎歌九首》）"月明济长河"当指七夕月亮渡过银河。

（18）<u>月明</u>光光星欲堕，欲来不来早语我。（《先秦汉魏晋南北朝诗·梁诗》卷二十九《横吹曲辞·地驱乐歌》）"月明"与"星"相对，显然是指{月亮}。

以上两例都出自民歌，应该是当时口语的真实反映。到了唐诗中，用例就比较多见了，例如：

（19）相看不忍发，惨淡暮潮平。语罢更携手，<u>月明</u>洲渚生。（王维《阙题二首》，《全唐诗》卷128）

（20）良友呼我宿，<u>月明</u>悬天宫。（王昌龄《洛阳尉刘晏与府掾诸公茶集天宫寺岸道上人房》，《全唐诗》卷141）

（21）天山雪后海风寒，横笛偏吹行路难。碛里征人三十万，一时回向<u>月明</u>看。（李益

---

① 以上材料承高列过教授检示，谨致谢忱。

《从军北征》,《全唐诗》卷283)

（22）芳菲无限路，几夜<u>月明</u>新。（杨凭《巴江雨夜》,《全唐诗》卷289）

（23）<u>月明</u>无罪过，不纠蚀月虫！（卢仝《月蚀诗》,《全唐诗》卷387）

（24）漠漠暗苔新雨地，微微凉露欲秋天。莫对<u>月明</u>思往事，损君颜色减君年。（白居易《赠内》,《全唐诗》卷437）

（25）笼鸟无常主，风花不恋枝。今宵在何处，唯有<u>月明</u>知。（白居易《失婢》,《全唐诗》卷449）

（26）东方暮空海面平，骊龙弄珠烧<u>月明</u>。（鲍溶《采珠行》,《全唐诗》卷487）

（27）约我中秋夜，同来看<u>月明</u>。（顾非熊《题觉真上人院》,《全唐诗》卷509）

（28）江馆迢遥处，知音信渐赊。夜深乡梦觉，窗下<u>月明</u>斜。（朱庆余《宿江馆》,《全唐诗》卷515）

（29）一夕瘴烟风卷尽，<u>月明</u>初上浪西楼。（贾岛《寄韩潮州愈》,《全唐诗》卷574）

（30）疏柳高槐古巷通，<u>月明</u>西照上阳宫。（刘沧《洛阳月夜书怀》,《全唐诗》卷586）

（31）严陵何事轻轩冕，独向桐江钓<u>月明</u>。（汪遵《桐江》,《全唐诗》卷602）

（32）送君若浪水，叠叠愁思起。梦魂如<u>月明</u>，相送秋江里。（邵谒《送友人江行》,《全唐诗》卷605）

（33）攲枕正牵题柱思，隔楼谁转绕梁声。锦帆天子狂魂魄，应过扬州看<u>月明</u>。（罗隐《中元夜泊淮口》,《全唐诗》卷662）

（34）三五<u>月明</u>临阙泽，百千人众看王恭。（徐夤《尚书荣拜恩命夤疾中辄课恶诗二首以申攀赞》,《全唐诗》卷709）

（35）明月峰头石，曾闻学<u>月明</u>。别舒长夜彩，高照一村耕。（齐己《明月峰》,《全唐诗》卷840）

（36）花露<u>月明</u>残，锦衾知晓寒。（温庭筠《菩萨蛮》,《全唐诗》卷891）

（37）残酒欲醒中夜起，<u>月明</u>如练天如水。（冯延巳《蝶恋花》,《全唐诗》卷898）从"如练"看，此例"月明"应指"月光"，但那是"月亮"义的灵活用法（详下），并非"明"本身具有名词"光"义。

在元代文献中，"月明"也时见用例，元曲中尤多，如：

（38）当日个<u>月明</u>才上柳梢头，却早人约黄昏后。（王实甫《西厢记》第四本第二折）此系化用南宋朱淑真《生查子·元夕》词的名句"月上柳梢头，人约黄昏后"，可证"月明"就是"月"。

（39）斩眼不觉得绿窗儿外<u>月明</u>却又早转，畅好是疾明也么天！（关汉卿《〔双调〕新水令》）

（40）孤村晓，稚子道犹自<u>月明</u>高。（马致远《邯郸道省悟黄粱梦》第三折）

（41）浓云渐消，<u>月明</u>斜照，送清香梅绽灞陵桥。（马致远《〔仙吕〕赏花时》）

（42）绿莎轻衬，<u>月明</u>空照黄昏。（孟昉《〔越调〕天净沙·十二月乐词并序》）

（43）投至得闹炒炒阵面上逃了生性，便是番滚滚波心捞<u>月明</u>，感叹伤情。（杨梓《忠义士豫让吞炭》第二折）

（44）酒醉归，<u>月明</u>上，棹歌齐唱，惊起锦鸳鸯。（张可久《〔双调〕风入松·九日》）

（45）<u>月明</u>涓涓兮夜色澄，风露凄凄兮隔幽庭。（郑光祖《伧梅香骗翰林风月》第一折）

（46）投到你做官，直等的那日头不红，<u>月明</u>带黑，星宿睁眼，北斗打呵欠！（无名氏《朱太守风雪渔樵记》第二折）"月明"与"日头""星宿"对举，指⸢月亮⸥甚明。

（47）中秋夜，饮玉卮，满酌不须辞。沉醉后，仰望时，<u>月明儿</u>，便似个青铜镜儿。（无名氏《十二月·八月》）此例"月明"还带了"儿"尾。

《原本老乞大》："今日是二十二，<u>五更头正有月明也</u>。鸡儿叫，起来便行。"《老乞大谚解》同，《老乞大新释》改作"五更时正有月"，《重刊老乞大》则把"月明"改作了"月亮"。可见"月明"是"月"和"月亮"的同义词，从《原老》《老谚》的"月明"到《重老》的"月亮"，正好反映了北方话中⸢月亮⸥称谓的更替过程。

明代小说、戏曲中也有用例，如：

（48）看看<u>月明</u>光彩照入东窗。武松吃得半醉，却都忘了礼数，只顾痛饮。（《水浒传》第二十九回）

（49）茶罢进斋，斋后不觉天晚，正是那：影动星河近，<u>月明</u>无点尘。雁声鸣远汉，砧韵响西邻。（《西游记》第十三回）

（50）金蛇缭绕逐波斜，飘忽流星飞洒。疑是气冲狱底，更如灯泛渔槎。辉煌芒映野人家，堪与<u>月明</u>争射。（《型世言》第三十九回）

（51）书后有诗十首，录其一云：端阳一别杳无音，两地相看对<u>月明</u>。……（《警世通言》卷三十四）

（52）风流止许<u>月明</u>知，幽情却怕人前漏。（明周履靖《锦笺记》第二十一出《泛月》）

清代白话作品中"月明"多见，如《冷眼观》《双凤奇缘》《续金瓶梅》《风月梦》《飞花艳想》等都有用例，连文言小说《聊斋志异》也出现了七八例，①如：

（53）师乃剪纸如镜粘壁间，俄顷<u>月明</u>辉室，光鉴毫芒。……俄一客曰："蒙赐<u>月明</u>之照，乃尔寂饮，何不呼嫦娥来？"（《劳山道士》）

（54）时值上弦，幸月色昏黄，门户可辨。摩娑数进，始抵后楼。登月台，光洁可爱，遂

---

① 《聊斋志异》虽用文言写成，但常常会巧妙地插用一些方言词和口语词，这是蒲松龄语言艺术的高超之处。

止焉。西望月明,惟衔山一线耳。(《狐嫁女》)

(55) 是夜月明高洁,清光似水,二人促膝殿廊,各展姓字。(《聂小倩》)

"月明"的词义也存在灵活性,既可以指{月亮},也可以指{月儿明亮}。上述例子是经从严筛选后挑出来的一部分,没有全举;如果放宽标准,例子自然还会更多。值得注意的是元代以后的例子多出现在北方和长江流域作家的作品中。

3. "月亮"的产生时代及其结构

《汉语大词典》"月亮"条说:

> 月球的通称。通常指其明亮的部分,故称。语出唐李益《奉酬崔员外副使携琴宿使院见示》诗:"庭木已衰空月亮,城砧自急对霜繁。"清李光庭《乡言解颐·月》:"月者,太阴之精。然举世乡言无谓太阴者,通谓之月亮。唐李益诗……以'繁'对'亮',言其光也。相习不察,遂若成月之名矣。或曰月儿。"《官场现形记》第十二回:"不如等到下半夜月亮上来,潮水来的时候。"

"月亮"最初确实是一个主谓短语,指"月光明亮",如李益诗例;但是李光庭认为后世称月为"月亮"是误解李益诗所致,则显系无稽之谈。古人对语言现象缺乏科学认识,无足深怪;《大词典》引其说而不置可否,则有未当。李益诗影响再大,也不可能改变全民语言中一个基本词的说法。

"月亮"这一名称的确立应该是较晚的事,但不至于晚到《汉语大词典》所引的始见书证《官场现形记》的时代,这是确定无疑的;但是究竟始见于何时,时贤意见不一。[①] 谭代龙(2004)引明末温璜《温氏母训》:"人言日月相望,所以为望,还是月亮望日,所以圆满不久也。……待到月亮尽情乌有,那时日影再来光顾些须,此天上榜样也。"(引自文渊阁《四库全书》)认为:"从目前掌握的材料来看,这还是最早的用例。"蒋绍愚(2012)则认为:"'月亮'表示'日月星辰'的'月',是从清代开始的,明代还没有这个词。"本文认同谭代龙的看法,认为至迟到明代晚期,口语作品中的一些"月亮"已经是指{月亮}了。除了谭文所引的一例外,还有以下一些例子:

[①] 潘允中(1989:45)说:"单音词的'月',中古时也称'月光'。……后来又易'光'为'亮',称'月亮'。这大概是唐时的事。唐李益诗:'庭木已衰空月亮',以后就固定为词。"潘说非是。

（56）娟娟<u>月</u>亮照黄昏，你做子张生，我做崔家里莺。花前月下，吟诗寄情。（冯梦龙编《夹竹桃·惹得诗人》）

（57）<u>月亮</u>底下，抱子花弹能个姐儿只一看，疑是蟾宫谪降仙。（又《疑是蟾宫》）

（58）眉来眼去未着身，外头咦要捉奸情。典当内无钱啰弗说我搭你有，<u>月亮</u>里提灯空挂明。（冯梦龙编《山歌·捉奸》）

（59）姐道："郎呀，好像冷水里洗疮杀弗得我个痒，<u>月亮</u>里灯笼空挂明！"（又《老阿姐》）

（60）<u>月亮</u>里边看去，果然是一个人，踞在禅椅之上，肆然坐下。（《二刻拍案惊奇》卷十三）

（61）大<u>月亮</u>地里，蹑足潜踪，走到前房窗下。（《金瓶梅词话》第八十三回）①

（62）〔末〕古人读书，有囊萤的，趁<u>月亮</u>的。〔贴〕待映<u>月</u>，耀蟾蜍眼花；待囊萤，把虫蚁儿活支煞。（汤显祖《牡丹亭》第七出）

（63）〔生〕冷清光，气色霏微漾，晕影儿朦胧晃。敢是霜也？〔众〕是<u>月亮</u>。〔生〕步寒宫认得分明，不道昏黄相，衣痕上辨晓霜。〔又〕〔众〕是嫦娥在女墙，照愁人白发三千丈。（汤显祖《紫钗记》第二十四出）

这些"月亮"可以有三解：1）月儿明亮；2）月光；3）{月亮}。时贤多取前两解，而本文则认为应该是指{月亮}。因为关系到"月亮"成词的始见年代问题，这里不惜多花一点笔墨，逐例作个辨析：

例（56），"娟娟"一词只能修饰 NP，不能修饰 VP，因此"月儿明亮"的解释可以排除。检索文献可知，"娟娟"用来形容{月亮}，在唐宋元明时期的文学作品中有大量用例，这里撮举一部分：娟娟西江月，犹照草玄处。（《全唐诗》卷 198 岑参《杨雄草玄台》）娟娟东岑月，照耀独归虑。（又卷 202 沈颂《春旦歌》）娟娟唯有西林月，不惜清光照竹扉。（又卷 586 刘沧《晚归山居》）江月娟娟上高柳。（《全宋词》毛滂《感皇恩》）娟娟明月上，人在广寒宫。（又米友仁《临江仙》）云鬟风裳，照心事、娟娟山月。（又王庭珪《解佩令》）娟娟新月又黄昏。（又吴儆《浣溪沙》）争忍见，旧时娟娟素月，照人千里。（又张孝祥《转调二郎神》）冉冉烟生兰渚，娟娟月挂愁村。（又刘过《西江月》）算只有娟娟，马头皓月，今夜照归路。（又柴望《摸鱼儿》）娟娟明月鉴空帷，花下寻人步款移。（明孙梅锡《琴心记》第八出）好风吹去芦花舫，娟娟月照在渔竿上。（明屠隆《昙花记》第八出）娟娟月

---

① 《金瓶梅词话》中"月亮地"共 3 见，谭文和蒋文均已引，这里不备举。

照,行行可归。(明孙仁孺《东郭记》第二十三出)公廉寡欲,娟娟明月照鹬冠;直节端方,凛凛清霜飞象简。(明无名氏《四贤记》第一出)明月娟娟筛柳,春色溶溶如酒。(《喻世明言》卷二十三)月娟娟,清光千古照无边。(明吴敬所《国色天香》卷一)亦写作"涓涓",见上文例(45)。这里我们有意选取了一些与例(56)语境相近的例子,用资比较。偶尔也有形容月光的,但例子罕见,如:林摵摵兮悲风,光娟娟兮夜月。(《全唐文》卷759寇可长《辛氏墓志铭》)①从上面的比较中可以看出,例(56)应该是指{月亮}。

　　例(57)—例(61),属于蒋绍愚(2012)所说的"月亮+处所词",蒋先生认为这种组合中的"月亮"还是主谓短语"月+亮",而不是指{月亮}。其实仔细玩味,例(57)"月亮底下"和例(61)"大月亮地里"看作{月亮}是很贴切的,分析为"月儿明亮"反倒绕了。笔者母语(吴语宁波话)今天仍有"月亮地里"一类说法,在我的语感中,其中的"月亮"很自然是指{月亮},而不会理解成"月儿明亮"。其余3例的"月亮里/里边","月亮"分析成主谓短语同样觉得绕弯。其实这5例理解成"月光"倒是很通顺的,但是检索唐代至清代的文献,未见"月光底下""月光地里",只有"月光之下";"月光里"也仅见2例:金陵市合月光里,甘露门开峰朵头。(《全唐诗》卷723李洞《智新上人话旧》)便揽衣下了亭子,在月光里舞了一回。(清俞万春《荡寇志》第一百三十九回)可见在"月亮+处所词"这一组合里,"月亮"并不等于"月光",否则应该有更多的"月光"出现在"月亮"的位置上才合理。因此这5例"月亮"分析成"月儿明亮"和"月光"其实都不合适,看作指{月亮}才是最合理的。还有一点附带一提,就是"月亮+处所词"和"太阳+处所词"的关系问题。蒋先生认为"月亮+处所词"(明代已见)比"太阳+处所词"(清代方见)出现得早,其中的"月亮"是一个词组,"太阳"则是一个词,两者不一样。"但'月亮地里'指月光照着的地面,'太阳地里'指阳光照着的地面,两者很相似,语言使用者会觉得,既然'太阳地里'的'太阳'指'日',那么'月亮地里'的'月亮'也可以指'月'。也许,就是基于这样的类推,'月亮地里'的'月亮'这个本来已经凝固得比较紧的语

---

① 《汉语大词典》引鲁迅《集外集拾遗·怀旧》:"月光娟娟,照见众齿,历落如排朽琼。"已是现代用例。

言单位,就会产生指'月'的意义。"蒋先生所说的这种类推是合乎情理的,问题是发生在何时。检索文献,明代虽然没有"太阳+处所词"的例子,却有"日头+处所词",见到 2 例"日头里":每日个日头里晒,比及晌午剉正热时分收拾。(《朴通事谚解》上)武松那日早饭罢,行出寨里来闲走,只见一般的囚徒都在那里,担水的,劈柴的,做杂工的,却在晴日头里晒着。正是六月炎天,那里去躲这热? 武松却背叉着手,问道:"你们却如何在这日头里做工?"(《水浒传》第二十七回)这两例都是明代前期的例子。"日头"当然是{太阳},虽然实际上是指太阳光(词义的灵活性)。所以要说类推,明代的"日头里"就可以类推给"月亮里",不必等到清代的"太阳地里"。这样来看例(58)、例(59)、例(60)的"月亮里/里边",把其中的"月亮"分析为指{月亮},就更顺理成章了。

例(62),蒋绍愚(2012)认为:"'趁月亮'是指趁着月光明亮,'月亮'还是'月+亮'。"本文认为这个"趁"是"利用(时间、机会等);借助"之义,在这里与"映"义近,后面跟的是 NP 而非 VP,如"二典"所引的例子——白居易《早发楚城驿》诗:"月乘残夜出,人趁早凉①行。"辛弃疾《水调歌头·和赵景明知县韵》:"君要花满县,桃李趁时栽。"所以"趁月亮"就是"映月","趁月亮"是口语,"映月"则是文言,月亮=月。"囊萤"和"趁月亮"都是动宾短语,后面承前省略了"读书"。

例(63)前称"月亮",后称"嫦娥","嫦娥"是{月亮}的代称,可证"月亮"也是指"月"。

分析至此,上引 8 例的"月亮"是指称{月亮},应该是可以成立的。问题是,这些"月亮"几乎也都可以理解成"月光",或者说理解成"月光"似乎于文意更顺,尤其是例(63),上面说:"冷清光,气色霏微漾,晕影儿朦胧晃。敢是霜也?"分明是说月光,意境跟李白诗"床前明月光,疑是地上霜"如出一辙,那么回答说"是月亮",最顺理成章的理解自然是"月光"。这个问题如何解释呢? 本文的解释是,这是由"月亮"一词词义的灵活性所导致的,并非"月亮"的"亮"本身具有"光"义。事实上凡是能作"月光"讲的"月亮",都是缘于"月亮"词义的灵活性,在"月亮"这一组合中,"亮"不等

---

① "早凉"在这里应是定中结构的名词,与"残夜"对仗。

于名词"光"。谭代龙(2004)举例证明了"亮"有"光"义,这是可以成立的;但是"亮"当名词"光"讲实际上用法很有局限,而且例子很少,不能随意类推。谭文所举的"月亮"当"月光"讲的例子存在循环论证和分析可商的问题。"月亮"本是主谓短语,蒋绍愚(2012)已经作了很清楚的分析,下面再补充一例:

(64)(齐公子云)合眼虎,唤你来别无甚事,某昨夜作一梦,见一轮皓月,出离海角,恰丽中天,忽被云遮。未知主何凶吉,请你来圆梦。(净合眼虎云)我道为什么,原来是梦境之事。打什么不紧! 公子,你寻思波,月者是亮也,亮者是明也,云者雾也。月里头云,云里头雾,月云雾,好事吉祥之兆。今日若不得财,公子,必然有人请你嚼酒。(元郑光祖《智勇定齐》第一折)

这个例子很形象地告诉我们,人们由"月"自然联想到的是它的"亮"——形容词,明亮——而非名词"光线"。谭文把可以理解为"月光"的"月亮"分析为定中结构,实际上是证据不足的,他根据白维国《金瓶梅词典》"月亮地"条释作"月光下的地面",就认为白先生是把"月亮"解释为"月光",恐怕是太坐实了。其实在语言交际中,说的是"月亮",实际指的却是"月光",这样的情形是很常见的,从认知角度讲也是很正常的,因为由"月亮"自然会联想到"月光"。所以"月亮""月光""月明"的词义都存在灵活性。"月"也是如此,在具体的上下文中,有时是指月光,如:娟娟霜月又侵门。(《全宋词》程垓《摊破江城子》)"侵门"的只能是"如霜的月光(霜月)"而不可能是"月亮"。"月亮"的姊妹词"太阳/日头"也一样,今天的口语还常说"今儿个太阳真大"之类的话,实际上并不是指太阳本身形状的大小,而是指太阳光强烈。古书中这样的例子很多(如上引《水浒传》例),不必详举。

综上所述,指{月亮}的"月亮"一词明代已经产生应该是可以肯定的。不过在明代文献里这样的"月亮"还不多见,有些例子可以两解,如《西游记》第八十四回:"那楼上有方便的桌椅,推开窗格,映月光齐齐坐下。只见有人点上灯来,行者拦门,一口吹息道:'这般月亮不用灯。'""这般月亮"可以理解为"这样的月亮",也可以理解为"月这般亮"。① 同时明代白

---

① 蒋绍愚(2012)认为,这个"月亮""解释为'月明'和'月'都说得通,但从时代来看,应该还是'月+亮'。"这是因为蒋先生认为表示{月亮}的"月亮"明代还没有。谭代龙(2004)则认为"月亮"就是上文的"月光"。本文认为不宜这么简单地类比,上面已经说过,把"月亮"分析成定中短语"月光"是缺乏依据的。

话文献中的"月亮"仍然多用作主谓短语,如《夹竹桃·明月明年》:"星稀月亮半更天,接着子情郎心喜欢。""星稀"和"月亮"都是主谓短语。又如《训世评话》36 白:"昨夜月亮,在后园葡萄架子底下翫月赏景,遇着旋窝风吹倒了那架子,被那葡萄藤刺磕抓了有伤。"文言部分作"月白",也都是主谓短语。这与元代的用法是一脉相承的,如元李文蔚《燕青博鱼》第三折:"衙内,咱两个往那黑地里走,休往月亮处,着人瞧见,要说短说长的。"蒋绍愚(2012)认为名词"月亮"就是由主谓短语"月+亮"凝固而成的,动因是"太阳"的类推和复音化趋势的影响。我们认同这一分析,只是认为名词"月亮"的形成时代至少可以从清代上推至明代后期。到了《醒世姻缘传》《儒林外史》《红楼梦》《儿女英雄传》《荡寇志》等清代白话小说中,"月亮"就用得十分普遍了,如《红楼梦》第三十一回:"怪道人都管着日头叫'太阳'呢,算命的管着月亮叫什么'太阴星',就是这个理了。"《红楼梦》中指称{月亮}除单音词"月"外,双音形式只有"月亮",共 5 见。

对于"月亮"一词的来源和内部结构,学界存在不同看法。董秀芳(2002)认为"月亮"从表"月光明亮"的主谓短语词汇化为表"月球"的名词[①];蒋绍愚(2012)也认为:"从本文列举的例句看,'月亮'从主谓关系的'月+亮'变为一个不能分开的词,成了'月之名',其演变并非一步到位,而是有一个过程的。"谭代龙(2004)则认为:"今天的'月亮'与唐宋时期出现的主谓结构的'月/亮'无直接关系,而是从明代出现的本义为'月光'的定中结构的'月亮'而来。即'月亮'最先是指月光,而后由部分进而指全体,指称发出月光的'月球',完成了这个词的形成过程。"谢永芳(2011)认同主谓说,不过认为"月亮"的"月""只是个标记",并从经济原则解释了"月亮"的词素序。

我们认为董秀芳(2002)和蒋绍愚(2012)对"月亮"一词的来源和结构的分析是正确的,除了上文提到的文献证据外,通过比较方言对应词"月明"和"月光"也可以证明这一点。

据上文表二可知,在现代汉语共时平面上,"月亮""月光""月明"是地域同义词。查看《汉语方言词汇》第 2 版与《汉语方言地图集·词汇

---

① 不过董秀芳(2011 修订本)删去了此例。

卷》，我们发现"月亮"系列词与"天亮"系列词在方言分布上大致相对应，表三是部分点的情况：

表三

方　言　点	{月亮}	{天亮}
山东：诸城 山西：长子、霍州、临县、娄烦 河南：清丰、滑县	月明	天明
浙江：温州 江西：南昌、赣县 湖南：双峰 广东：广州	月光	天光
北京、南京、西安、重庆、武汉①	月亮	天亮

形容词"明""光"与"亮"之间恰好存在着历时替换关系。② 因为"月亮"系列词与"天亮"系列词不仅在现代方言中的分布大致对应，而且历时替换也一致，所以，表{月亮}的"月明""月光""月亮"三词中的"明""光""亮"与"天明""天光""天亮"中的"明""光""亮"一样，都是形容词。"月明""月光""月亮"与"天明""天光""天亮"一样都是主谓结构，分别由之前的"月/明""月/光""月/亮"三个主谓短语词汇化而成。③ 因此我们认为"月亮"是从主谓短语凝缩成词的。④

汉语是一个系统，它的各个方言又是它的子系统，子系统下面还有次级系统，直至一个个"共时共域"的最小系统。各个系统内部是自成体系的，系统与系统之间则是异质的，不能进行简单类比。如果从普通话的立场去看"月光"，很可能会把它分析成定中结构，因为在普通话里"光"主要

---

① 汪化云先生告诉笔者：他的母语武汉话，老派其实是说"月亮/天光"的，年轻人则说"月亮/天亮"。维辉按：据此可以推测，早期的武汉话{月亮}也应该是说"月光"的，今天的情形是受通语影响的结果。

② 关于"亮"对"明"的替换，可参看汪维辉（2005）"（天）明—（天）亮"条。从"光"到"亮"的历时更替则尚需研究。

③ 参看杨玲《"月亮"再考》（未刊稿）。

④ 魏钢强先生告诉笔者：江西宜春、萍乡一带方言管"月亮"叫"月晶"，"天亮"说"天晶"［详见魏钢强（1998）编《萍乡方言词典》］，老百姓不知道"晶"字应该怎么写，多以为是"笑"字，其实本字应该是"明亮"义的"晶"。这也可以给"月亮""月明""月光"为主谓结构提供旁证。

是用作名词"光线;亮光"义;可是在说"月光"的言语社团的语言意识里，可能觉得"月光"应该是主谓结构，因为在那些方言区，"光"就等于普通话的"亮"，是个形容词。所以必须把方言词放到相应的方言系统中去讨论才有意义，用普通话的眼光看方言或用此方言的眼光看彼方言都容易发生偏差。把"月亮"跟地域同义词"月光""月明"放在一起来作系统的考察，并且把它们和"天亮"系列词作比较，"月亮"的内部结构就比较清楚了。

4."月亮"的源生地及其扩散

"月亮"很可能是一个"长江型词"。因为从共时分布来看，长江中下游的安徽、江苏、浙江的江淮官话区和北部吴语区是"月亮"分布最密集的地区，其中江苏涟水、盱眙、灌云、南通、泰兴、射阳、宝应、江都、句容(以上江淮官话)和常州、金坛、溧阳、通州、常熟、靖江(吴)、江阴、宜兴、丹阳、张家港(以上吴语)还分布着"亮月"，《解释地图》"地图 2-1 月亮:综合地图"说:"'亮月'(C系)主要分布在江苏，其分布区域被'月亮'所包围，且和'月亮'并用的地点较多。由此可以推测，'亮月'是'月亮'基于某种原因发生语素倒位而生成的。如果这种推测成立的话，那么江淮地区起初应该是'月亮'集中分布的区域。"(66 页)可见"亮月"是"月亮"的后起形式，也就是说，在"月亮"的源生地，它又发生了新的变异。这样的密集分布以及新兴变异形式的存在，表明江淮官话区应该是"月亮"这一形式最初产生的地区。随着明初江淮官话地位的提高，它向北向西扩散到广大的官话区(其中河南、山东、山西和陕西的部分地点尚未被"月亮"覆盖，仍说"月明")，向南则扩散到北部吴语，但是再往南的大片南方地区包括南部吴语、赣语、徽语、湘语、客家话、粤语、闽语、平话、土话等仍然密集地分布着南方固有词"月光"，尚未受到"月亮"的覆盖。从历史文献看，元曲中表示∣月亮∣的"月明"常见，《原本老乞大》管∣月亮∣叫"月明"，表明在当时"月明"是北方地区称呼∣月亮∣的通用词;而"月亮"的早期用例则主要出现在冯梦龙、温璜、凌濛初、汤显祖的作品和《金瓶梅词话》中，《西游记》也有疑似的例子(见上文)，由于例子太少，还不易对其源生地遽下判断。不过冯梦龙是苏州人，温璜和凌濛初都是乌程(今属浙江湖州市)人，《西游记》所反映的是江淮官话，这些都是今天"月亮"密集分布的地区。汤显祖是临川（今江西抚州）人，今属赣语区，{月亮}称"月光"，不过汤显祖曾较长时间在南京和浙江遂昌做官，他对这一带的方言应该是熟悉的。因此，虽然汤显祖作品和《金瓶梅词话》中用到"月亮"的原因尚待进一步探究，但是这些有限的早期用例与今天方言的分布无疑存在着明显的对应关系，这应该不是出于偶然。

综上所述，很可能历史上表{月亮}的"月明""月光""月亮"三词之间存在如下的演变关系：

南北朝以前	南北朝—明代	明代以后
	月明（北方）	月明（北方少数）
月 →	→	月亮（通语及官话等）
	月光（南方）	月光（南方多数）

三、比　　较

基本词演变史是汉语词汇史学科的核心课题之一，对于现代汉语词汇和方言史的研究也具有重要意义。{太阳}和{月亮}无疑属于最核心的基本词，它们在汉语发展史上的经历有同也有异。比较一下这两个"姊妹词"的演变历史，可以发现许多有意思的现象和规律。

（一）同

1. 复音化

两者都发生了复音化，主要是双音化，而且"太阳"和"月亮"的后一音节在许多官话方言中都念成了轻声①。汉语词汇双音化的总趋势在最基本的词上也体现了出来，可见其影响之深广，同时这可能也跟"日""月"的义项比较丰富有关——为了避免歧义而选择了双音形式。"月"的双音化略早于"日"，但普遍使用双音形式都是在入唐以后。太田辰夫先生（1987：376）《中国语历史文法·跋》说："唐五代是那种可以称为'白话的

---

① 夏先培先生告诉笔者：他的母语长沙话"月亮"的"亮"念阴去，"天亮"的"亮"则念阳去，两者声调不同。维辉按：长沙话"月亮"的"亮"念阴去可能跟普通话"亮"念轻声属于同一类性质的音变。

祖型'的语言形成的时期,因此特别重要。"汉语从唐五代以后确实发生了一些本质性的变化,进入了近代汉语阶段,这在一批基本词身上也有反映。[①]

2. "长江型"分布

从共时平面看,"太阳"和"月亮"都呈现出"长江型"分布的特点,也就是说,江淮官话区是它们分布最密集的地区。关于"长江型"分布,岩田礼(2009: 15-16,19)有过系统的论述,这里节引如下:"长江流域处于华北和华南的中间,在语言方面表现出两个特点:一是过渡性,二是创新性。……长江流域方言的特点在于其创新性质。……这些词形的历史根源,至少多数是较浅近的,也就是说,这一分布类型的形成是属于晚期的,与自明朝初期以来汉人在云南的大规模移民有关。……不可否认,表现出'长江'型的词形多数都是江淮起源的,尤其是以南京和扬州为中心的一带应是语言创新的发源地。这一地区可以称作'南方的核心地区'。""月亮"大概就是"江淮起源"的,而"太阳"则不一定,因为它早在汉代就已经产生了。[②] "太阳"和"月亮"虽然发源地不一定相同,但它们都在明代以后向周围扩散,形成了今天的分布格局,这跟明代官话的基础方言存在着密切的关系。[③] 属于这种类型的基本词还有一批,值得作系统的研究。

3. 历史层次

方言的共时分布反映着不同的历史层次,可以大别为三层:

(1)单音形式"日"和"月"代表最古老的上古层;

(2)双音形式"日头"代表唐五代的近代早期层,"月明"和"月光"代表东汉魏晋南北朝的中古层;

---

① 参看汪维辉(2003)。

② 岩田礼先生来信提醒:"月亮"很可能是江淮起源,但"太阳"一词未必是,因为这词已经出现在六朝以前。……形成"江淮型"分布的词形不一定都是江淮起源。如《解释地图(续集)·前言》(第一页)言及的"壁虎"。(2012年8月6日电邮)《解释地图(续集)·前言》在分析了"壁虎"的分布特点后说:"因此,我们即使看到某些词形集中在长江流域,也不能直接下断言,说该词形就是起源于江淮一带。"对岩田礼先生的指正笔者深表感谢。

③ 参看岩田礼(2009)和汪维辉、秋谷裕幸(2010)。

（3）"太阳"和"月亮"代表明代以后的最新层（近代晚期层）。①

当然，如果细分，每层内部还可以再分出若干下位层次，比如"热头"是晚于"日头"的层次，"亮月""月姥娘/月姥姥"是晚于"月亮"的层次，带尊称的扩展形式要晚于不带尊称的形式，而其中脱落了词根的纯尊称形式则是更新的层次，等等。②

（二）异

1. 词汇更替

正如王力先生（1958/1980）所说，"太阳"替换"日"成功了，而"太阴"替换"月"却失败了③。这是两者最大的不同。这大概跟避讳有关。

2. 复音化方式

两者采取的复音化方式不同。"日"主要采用附加式变成"日头"；"月"的复音化方式则比较独特，除北方少数地点的"月儿"外，没有采用常见的附加式，而是来自主谓短语的词汇化——月明、月光、月亮。原因是"月"附加词尾"头"存在语义上的困难。（详下）

3. 词尾

在附加式中，两者所用的词尾也不同：日头—月儿④。原因何在？我们的初步解释是："头"是唐代最常用的名词词尾之一，一旦"日"需要双音化，很自然地就会和"头"结合构成双音词"日头"（那时"太阳"一词还远未进入全民通语。详下），此后约定俗成，一直沿用下来，没有必要再变换词尾。而"月头"则是一个有特定含义的词，指"月初"，《汉语大词典》所引的始见书证是五代前蜀花蕊夫人《宫词》："月头支给买花钱，满殿宫人

---

① 指称⎨太阳⎬的"太阳"虽然产生很早，但是在通语中与"日头"形成竞争并扩散开来则是明代以后的事。

② 可参看岩田礼（2009）对各个形式的具体分析。

③ 方言中⎨月亮⎬说"太阴"的并非绝对没有，不过甚为罕见，《地图集》"太阴"只有云南楚雄和会泽两个点（属西南官话）。

④ 未见"日儿"；"月头"《地图集》标了广东台山和江西乐安两个点（均属粤语），《解释地图》则未标。

近数千。"如果把指称{月亮}的"月"双音化为"月头",就会产生歧义,①所以"月"可能从一开始就没有采用附加式的方式实现双音化,而是采用了把主谓短语凝缩为双音词的办法。只是到了"儿"尾很发达的宋元时代,在北方地区才出现了新的双音形式"月儿",但是它始终未能取代"月明""月光"以及后来的"月亮",成为主流形式。

4. 单音形式

两者都存在单音形式,集中在闽语区,这说明闽语在这对基本词上属于最古老的方言。但是"月"的分布比"日"要广,也就是说,"日"的复音化进度要快于"月",这大概是因为{太阳}的使用概率要高于{月亮}。{太阳}比{月亮}跟人们的日常生活关系更密切,两者的地位其实并不相等,反映在语言中,就会导致种种差异。

5. 尊称形式

秋谷裕幸先生来信指出:"跟'太阳'相比,'月亮'更容易与表示女性的附着成分结合(奶、姑、娘)。"(2012年8月20日电邮)这大概跟汉族人的观念有关,"太阳"是极阳,"月亮"是极阴,跟人类的男性和女性相似,所以人们常常把"太阳"称为"公公"等,而把"月亮"称作"婆婆"等。

参考文献

北京大学中文系语言学教研室编 1995《汉语方言词汇》第二版,北京:语文出版社。

曹志耘主编 2008《汉语方言地图集·词汇卷》,北京:商务印书馆。

陈章太,李行健主编 1996《普通话基础方言基本词汇集·词汇卷上》,北京:语文出版社。

董秀芳 2002/2011《词汇化:汉语双音词的衍生和发展》,成都:四川民族出版社/北京:

商务印书馆(修订本)。

---

① 真大成博士认为:指"月初"的"月头"似乎始见于花蕊夫人《宫词》,可见唐人并不使用"月头"来表示月初。这样的话,用附加式将"月"双音化为"月头"不会造成歧义,但是唐人没有这样做,应该另有原因(不是"语义上的困难"),有待探索。没有"月头",但也没有"日儿",这是不是和汉族人对"日""月"的传统观念有关? "日"代表阳,"月"代表阴,"儿"含有阴弱、幼小的含义,所以一直没有"日儿"的说法,只有"月儿""月牙儿"。维辉按:大成博士的看法颇有道理,这个问题可以继续探索。

古文字诂林编纂委员会编 2003《古文字诂林》第六册,上海:上海教育出版社。

蒋绍愚 2012《汉语常用词考源》,《国学研究》第 29 卷。中国人民大学报刊复印资料《语言文字学》2012 年第 10 期全文复印。

李荣 1982《论"人"字的音》,《方言》第 4 期。

李荣主编 2002《现代汉语方言大词典》,南京:江苏教育出版社。

林涛 2012《宁夏方言概要》,银川:宁夏人民出版社。

林沄 1998《林沄学术文集》,北京:中国大百科全书出版社。

潘允中 1989《汉语词汇史概要》,上海:上海古籍出版社。

裘锡圭 2012《裘锡圭学术文集·甲骨文卷》,上海:复旦大学出版社。

松江崇[日] 2007《太阳与月亮》,载《中国语方言の言语地理学的研究》,平成 16—18 年度科研报告书(第三分册)。

太田辰夫[日] 1987《中国语历史文法·跋》,蒋绍愚、徐昌华译,北京:北京大学出版社。

太田斋[日] 1996《晋方言常用词汇中的特殊字音——"今日"和"今年"》,载陈庆延、文琴、沈慧云等主编《首届晋方言国际学术研讨会论文集》,太原:山西高校联合出版社。

谭代龙 2004《"月亮"考》,《语言科学》第 4 期。

汪维辉 2003《汉语"说类词"的历时演变与共时分布》,《中国语文》第 4 期。

汪维辉 2005《〈老乞大〉诸版本所反映的基本词历时更替》,《中国语文》第 6 期。

汪维辉 2006《〈词汇化:汉语双音词的衍生和发展〉评介》,《语言科学》第 2 期。

汪维辉,秋谷裕幸 2010《汉语"站立"义词的现状与历史》,《中国语文》第 4 期。

王力 1958/1980《汉语史稿》,北京:科学出版社/北京:中华书局。

魏钢强编纂 1998《萍乡方言词典》,南京:江苏教育出版社。

谢永芳 2011《"月亮"的词素序——兼论 A-AB 式双音化对词素序的制约》,载北京师范大学民俗典籍文字研究中心编《民俗典籍文字研究》第八辑,北京:商务印书馆。

谢永芳 2012《双音词词汇化研究模式的特点及思考——以"月亮"的成词为例》,《楚雄师范学院学报》第 8 期。

岩田礼[日]编 2009《汉语方言解释地图》,东京:白帝社。

岩田礼[日]编 2012《汉语方言解释地图(续集)》,东京:好文出版。

杨玲 2009《"月亮"再考》(未刊稿)。

叶雪萍 2010《客家方言词语源流考》,西北大学硕士学位论文。

叶雪萍 2011《日头》,《语言文字周报》1 月 26 日。

朱国理 1998《"月""夕"同源考》,《古汉语研究》第 2 期。

(原载《中国语言学报》第十六期,商务印书馆 2014 年)

语文学的功底 语言学的眼光

——研治汉语词汇史的一点心得

汪维辉

摘　要　研究汉语词汇史需要有语文学的功底,否则难以驾驭复杂的文献材料,不能准确地描写词汇演变的史实,想要进行高水平的词汇史研究当然无从谈起。文章以"卵—蛋"的历时替换研究为例说明这一点。研究汉语词汇史更需要有语言学的眼光,文章从研究对象、研究旨趣和研究方法三个方面论述了词汇史与训诂学的区别,并举了"住"和"闻"两个实例。

关键词　语文学　语言学　训诂学　汉语词汇史　卵、蛋、住、闻

研治汉语词汇史二十年,对于"语文学的功底,语言学的眼光"这两句话有一点体会,不揣浅陋,写出来与同道们分享,期盼得到指教。

一、 语文学的功底

研究汉语词汇史需要有语文学的功底,因为研究所依据的是古代的文献语言材料,科学的汉语词汇史研究首先应该在材料的运用上做到正确、充分、有效。如果缺乏传统语文学(包括文字学、音韵学、训诂学、文献学等)的基本训练,就难以驾驭复杂的文献材料(有时甚至连文意都无法读懂),不能准确地描写词汇演变的史实,想要进行高水平的词汇史研究当然无从谈起。这是一个基本功问题。在目前的相关研究中,研究者尤其是青年学者语文学功底不足的问题相当突出,而且轻语言事实、重理论解释的倾向日趋严重,应该引起正视。[①] 试以"卵—蛋"的历时替换研究为例作

---

① 　参看汪维辉(2007)《汉语常用词演变研究的若干问题》。

一说明。①

"蛋"(egg)是人类语言的一个核心词,斯瓦迪士(Morris Swadesh)列入100核心词表。范常喜(2006:193-203)《"卵"和"蛋"的历时替换》一文对汉语史上从"卵"到"蛋"的历时替换作了考察,选题很有意义,认为"蛋"替换"卵"可能是源于避讳,解释也正确,但是文章在材料的运用上却存在不少问题,②主要有以下三点。

一是虽然作者指出"蛋"在明代大都写作"弹",但是却忽略了其实"弹"就是"蛋"的最初写法,早在宋代就已经出现,元明时期的白话文献中多见。《汉语大词典》引了如下三例:宋周密《齐东野语·文庄公滑稽》:"其法乃以凫弹数十,黄、白各聚一器。"元杨瑀《山居新话》:"余家藏石子一块,色青而质麄,大如鹅弹。"《明会曲(典)·精膳清吏司·殿试酒饭》:"粳米三斗,火熏三腿,鸡弹一百个,豆腐五十连。"范文认为"到了宋代'蛋'开始出现",引了三个写作"蛋"的宋代例子——《太平圣惠方》卷十四、《仁斋直指》卷十六和《梦粱录》卷二十。其实这三个例子写作"蛋"都值得怀疑,其中《仁斋直指》卷十六的"鸭蛋",《四库全书》本作"鸭蛋",但是较早的明嘉靖新安黄镀刻本却作"鸭弹",可见作"鸭蛋"是四库馆臣所改。其余两例可以类推。要之,"蛋"在宋代应该都是写作"弹"的,③作"蛋"是明代以后的事。作者说:"明代可能出于'蛋'是简俗字的考虑,而又选用了'弹'。"(200页附注11)这是将本末倒置了。

二是作者不知道字又可写作"鴠",如元张鸣善《金蕉叶·怨别》套曲:"拼死在连理树儿边,愿生在鸳鸯鴠儿里。"(《汉语大字典》和《汉语大词典》均仅引此例。)朝鲜时代汉语教科书多写作此形,如《朴通事》《训世评话》《华音启蒙》等。"蛋(弹、鴠)"替换"卵"的时间,应该不会晚于明代前

---

① 参看刘君敬(2011)。

② 范文附注①:"本文所用语料大多采自台湾中研院史语所'汉籍电子文献库',个别未收文献采自《四库全书》电子检索版。"笔者声明一点:在同类文章中,这篇文章还是写得不错的,问题并不算太多,之所以选择此文来讨论,是因为笔者正好也对这个问题感兴趣,有一些不同的看法。

③ 其实学者们对这一事实早已做出过正确的论述。许政扬(1979:47-56)《宋元小说戏曲语释(续)》"弹"条指出:明代以后,"蛋"字渐渐流行,代替了"弹"字。王学奇(1984:392-393)《释弹》指出宋元时期以"弹"指禽卵。李荣(1987:34)《文字问题》也指出:"鸡蛋的蛋本作弹。"

期,因为作于 1473 年的《训世评话》第 56 则故事,文言部分作:"有娠七年,乃生大卵。王曰:'人而生卵不祥,宜弃之。'"白话翻译为:"怀身直到七年,才生下一个大鴠。王妖怪,说道:'人而生鴠,不祥莫甚,合当膮了。'"两个"卵"都译成了"鴠"。此外语言年代差不多同时的《朴通事谚解》两处说到"鸡鴠",一处说到"鸽子弹",全书没有"卵"字。崔世珍所作《单字解》"弹"字注:"俗呼鸡子曰鸡弹,通作鴠。"这些都可以证明在当时的通语里"蛋"已经取代了"卵"。范文主要依据《三遂平妖传》《型世言》《金瓶梅》等明代后期的小说,认为"'蛋'全面取代'卵'的'禽卵'义不会晚于明代"(196 页),实际上早在明代前期替换就已经完成了。

三是范文认为称"卵"为"蛋"跟宋代"蛋(蜑)人"的主要职责是向朝廷贡珠有关,所以元代"蛋户"又被称作"珠户","'蛋'和圆球状且高贵的'珍珠'联系起来,那么人们自然可以将其用来表示'卵'的'禽卵'义"(198 页)。按,范文对"蛋"得义之由的解释是牵强附会的,其实正如清陈作霖《养龢轩随笔》所说:"鸡鸭卵谓之弹,取其如弹丸也。"(《汉语大字典》引)①因此写作"弹"正是它的本字,"蛋"只是一个记音字。由于"弹"是个多义字,而且很常用,容易产生歧义,民间就采用形声的方式造了个俗字"鴠"②,看来在明清时期曾经通行过。也许是"鴠"字笔划太繁,后来又被另一个民间俗字"蛋"所取代了,并且一直用到今天。"蛋"完全是一个记音字,跟它的词义扯不上关系。

以上三点导致范文结论不够准确。文章还有一些其他问题,就不一一细说了。

这只是一个例子,类似的问题普遍存在,可见在当前强调"语文学的功底"是很有必要的,否则我们的汉语词汇史(也包括整个汉语史)研究只能停留在较低的水平上。③

---

① 范文所引明王世贞《宛委余编》的解释其实是正确的:"通海内名鸟卵曰弹,何也? 案此当作弹丸之弹,因其形似而名之。"不过案语实际上是清胡鸣玉《订讹杂录》所加的,并非王世贞的话。参看刘君敬(2011)。

② 虽然"鴠"字《说文》已收,释作"渴鴠也",即寒号鸟,但是元明时期表示"蛋"的俗字"鴠"未必跟它有关系,很可能是民间新造的一个形声字。

③ 关于语言事实的重要性,可参看邢福义(2014:1-5)《汉语事实在论证中的有效描述》一文。

二、语言学的眼光

研究汉语词汇史更需要有语言学的眼光,因为词汇史研究古代词汇,从研究对象、研究旨趣到研究方法和所用材料等都与传统语文学(主要是训诂学)有很大的不同。① 下面分三点略作说明。

1. 研究对象

从理论上说,词汇史的研究对象是汉语的整个词汇,包括基本词汇和一般词汇、疑难词语和普通词语,所以范围要大于训诂学。有些问题在训诂学看来没有研究价值,但是在词汇史里却是很重要的问题,反之亦然。比如,核心词的历史演变在词汇史领域是头等重要的课题,但是在训诂学看来其中许多词并没有研究价值,像斯瓦迪士一百核心词表中的绝大部分词,词义明白,无需考释,训诂学一般不会把它们作为研究对象,而词汇史却最关心这样一批核心词。近二十年来,词汇史研究在这方面已经发表了大量成果,读者自可参看。本人 2010 年前的论著见《著名中年语言学家自选集·汪维辉卷》(2011)附录二《主要论著目录》,近几年发表的论文则有《说"住"的"站立"义》(2012)、《说"鸟"》(2013:43-59)、《汉语"闻/嗅"义词的现状与历史》(合撰)(2014:392-393)、《说"日""月"》(2014:73-96)等。可以预见,在词汇史领域里此类研究成果今后仍将源源不断地涌现。

2. 研究旨趣

有些问题训诂学和词汇史都研究,但是研究旨趣不同。训诂学关心的是一个词的"确诂"和"理据",即这个词的确切含义是什么,这个词义是怎么来的;词汇史关心的则是这个词在历史上是如何发展演变的,在当代方言中是否还活着,纵向的历时演变和横向的共时分布有着什么样的内在联系,这个词在词汇系统中如何定位,等等。当然两者也有交集,比如词汇史研究首先也要科学地确定词义,这时就离不开训诂的工作。

---

① 参看张永言、汪维辉(1995:401-413)《关于汉语词汇史研究的一点思考》,汪维辉(2000:4-5)《东汉—隋常用词演变研究》。

下面试以"住"有"站立"义的训诂学视角和词汇史视角为例来看看两者的区别。①

在中古时期的口语中,"住"字可以表示"站立"义,尤以翻译佛经为多见,例如:

(1)譬如住人观坐人,坐人观卧人。(安世高译《长阿含十报法经》卷上,1/234c)

(2)中有住听经者,身不知罢极;中有坐听经者,身亦不知罢极。(支娄迦谶译《阿閦佛国经》卷上,11/757c)

(3)我有是意,宁当复与人共净耶? 住立当如聋羊,诸恶悉当忍。(又《道行般若经》卷8,8/464b)

(4)养一白雁,衣被饮食、行住坐卧,而常共俱。(东汉失译《大方便佛报恩经》卷4,3/146b)

日本著名佛教史学家中村元教授(1976)编的《佛教语大辞典》"住"字条第二个义项就是"站立",这是完全正确的,而《汉语大字典》和《汉语大词典》"住"字条却都失收此义。国内最早提到此义的大概是李维琦(1993)《佛经释词》,该书176页"住"字条说:"'住'又有站立、竖立的意思。"举了佛经中的一些例子。此后汪维辉(2000:290-291)和颜洽茂(2003)也都举例证明了这一义项的存在,汪维辉(2012)对此有更详尽的论证,并且解释了"住"当"站立"讲的得义之由:"住"本为"停止;停留"义,"站立"就是"停止不动",引申轨迹是很清楚的。至此,"住"有"站立"义及其理据都已清楚,这一考释结论可以丰富人们的词汇知识,对于阅读古籍和编纂语文辞书都有直接的作用。从训诂学的角度看,这个问题就算解决了。

可是从词汇史的眼光来看,却还有问题要问:这个"住"是从哪里来的? 它又到哪里去了? 今天的方言中还有它的遗踪吗? 在"站立"语义场中,它处于一个什么样的位置? 汪维辉(2012)对此作了初步探讨,指出以下几点:(1)表"站立"义的"住"显然是中古时期常用的一个口语词,它曾经是"站立"语义场中一个比较重要的成员;(2)这种词的书写形式往往纷繁多变,下面这些字形可能都跟这个词有关系:住、驻、侸、逗、伫、竚、遻、跓,不过这些字形相互之间的关系颇为复杂,前人的看法也不尽一致,全面梳理它们的音、形、义及相互关系尚需时日;(3)现代方言中表示"站

_____

① 详细的论述请参看汪维辉(2012),这里只是撮述该文的要点。

立”义的词约有十几个：站、立、徛、竖、直、撑、拉、隑、敦、戳、杵等，没有发现跟中古的“住”有对应关系的说法，看来这个“住”在唐以后就消失了，没有传承到今天。虽然对这个“住”的来龙去脉目前还不能完全说清楚，但是我们相信这样的研究视角是词汇史研究所必需的。

3. 研究方法

词汇史和训诂学的研究方法有一些是共同的，比如最基本的方法都是文献考据法；但是也有不同之处，词汇史更强调宏观的视野、历史的观念和系统的方法。下面试以“闻”的词义为例略作申说。[1]

“闻”的词义问题曾经引起很多学者的讨论，但是意见很不一致。一般认为，“闻”的最初意义是指“听到声音”，后来转指“闻到气味”。张永言先生(1962：229)则认为：“‘闻’的意义本来是‘感知(声音、气味)，(声音、气味)为……所感知’，引申为‘(声音、气味)传播或扩散(到)’；往后词义专化为‘感知(气味)’，相当于今语‘闻到，嗅到’，最后演变为现代口语的‘(用鼻子)嗅’一义。”但是有些学者始终不承认“闻”的最初意义是兼指“听到声音”和“闻到气味”，认为张先生所举的《尚书·酒诰》“弗惟德馨香祀登闻于天，诞惟民怨，庶群自酒，腥闻在上”一例中的“闻”不是指“闻到气味”，而是由听觉义转用为知道的意义，用现代汉语来说，就是“让上帝知道”的意思。那么究竟哪一种解释符合语言事实呢？我们认同张永言先生的看法——“‘闻’的意义最初是兼包听觉和嗅觉两方面”，“在近代以前‘闻’的听觉义和嗅觉义的关系乃是共时的交替而非历时的演变”，[2]理由有三点：

首先，这种现象在人类语言中具有一定的共性。张先生引用房德里耶斯在《语言》中的论断“感官活动的名称也是容易移动的。表示触觉、听觉、嗅觉、味觉的词常常彼此替代着用”来证明这一点，认为“这种现象也就是心理学和语言学上所说的‘感觉挪移’或‘通感’(synaesthesia)，带有一定的普遍性”，“看来古汉语动词‘闻’在这方面与《语言》中提到的希腊语、威尔斯语和爱尔兰语(特别是希腊语)的情形正相一致。”我们可以给张先生补充的是，非洲的多数语言也不分“to hear”和“to smell”(Gerrit J. D. 2001：387)。

---

① 详细的论述请参看汪维辉、秋谷裕幸(2014)，这里只是撮述该文的相关部分。

② 实际上张舜徽和洪成玉也持类似的看法。

其次，在汉语内部就可以找到内证。因为这种现象不仅上古汉语存在，现代汉语方言中同样存在，比如北京平谷，山东牟平、乳山、荣成，河北香河、昌黎、丰润、唐海，安徽休宁、太湖，江西瑞金，湖南邵东、邵阳县、邵阳市、新宁、泸溪（乡话、湘语）和粤语勾漏片等，"用鼻子闻"和"用耳朵听"都说"听"，而且这些方言点（片）呈零散分布，可见是各地独立产生的，这说明在汉语中"用耳朵听（到）"和"用鼻子闻（到）"用同一个词表达的现象并不鲜见。

第三，从人类接受信息的途径来看，视觉是最重要的渠道，其次是听觉，嗅觉所占的比重则极小。调查文献可知，在实际语用中，说到"听—闻（听到）"的概率要远高于"嗅—闻（嗅到）"，所以上古和中古典籍中绝大多数的"闻"都是指"听到"，当"嗅到"讲的只是偶见，这是不难理解的。我们不能因为上古早期"闻"当"闻到气味"讲的例子少而否定这一意义的存在。事实上如果我们不带先入之见，那么除了张先生所引的《尚书·酒诰》一例外，《尚书·吕刑》"上帝监民，罔有馨香德刑，发闻惟腥"中的"闻"也可以理解为"嗅到"（洪成玉即如此理解）。至于《韩非子》中已有表嗅觉义的"闻"，且不止一见，则是大家一致公认的，如：共王驾而自往，入其幄中，闻酒臭而还。（《十过》，又《饰邪》）王谓夫人曰："新人见寡人常掩鼻，何也？"对曰："不知也。"王强问之，对曰："顷尝言恶闻王臭。"王怒曰："劓之！"（《内储说下》）

通过上述的论证，我们对"闻"的最初意义的认识，应该比仅仅依靠传统训诂学方法所得到的要深刻准确。

以上论证词汇史和训诂学的区别，绝无贬低训诂学之意，只是想说明两者性质和目标不同，功能各异，谁也代替不了谁。事实上笔者硕士阶段的研究方向就是训诂学，这也是我近三十年来始终致力的一个领域，已经发表论文30余篇，至今兴趣不减，只要有合适的题目，还是会撰写一些词语考释类论文。[①]

可见只有用语言学的眼光去观察历史上的语言现象，才能使研究更具科学性和当代性，也才能逐步建立起科学的汉语词汇史。

参考文献

范常喜 2006《"卵"和"蛋"的历时替换》，载浙江大学汉语史研究中心编《汉语史学报》第

[①] 读者可参看《著名中年语言学家自选集·汪维辉卷》（汪维辉 2011）卷首"作者学术简历"的结尾部分。

六辑,上海：上海教育出版社。

李荣 1987 《文字问题》,北京：商务印书馆。

李维琦 1993 《佛经释词》,长沙：岳麓书社。

刘君敬 2011 《唐以后俗语词用字研究》,南京大学博士学位论文。

汪维辉 2000 《东汉—隋常用词演变研究》,南京：南京大学出版社。

汪维辉 2007 《汉语常用词演变研究的若干问题》,载南开大学文学院、汉语言文化学院编
    《南开语言学刊》第 1 期,北京：商务印书馆。

汪维辉 2007 《汉语词汇史新探》,上海：上海人民出版社。

汪维辉 2011 《著名中年语言学家自选集·汪维辉卷》,上海：上海教育出版社。

汪维辉 2012 《说“住”的“站立”义》,载程邦雄、尉迟治平主编《圆融内外　综贯梵唐——
    第五届汉文佛典语言国际学术研讨会论文集》,台北：花木兰文化出版社。

汪维辉 2013 《说“鸟”》,载《太田斋·古屋昭弘两教授还历记念中国语学论集》,《中国语
    学研究开篇》单刊 No.15,东京：好文出版。

汪维辉 2014 《说“日”“月”》,载中国语言学会编委会《中国语言学报》第十六期,北京：
    商务印书馆。

汪维辉,秋谷裕幸 2014 《汉语“闻/嗅”义词的现状与历史》,《语言暨语言学》(*Language
    and Linguistics*)第 15 卷第 5 期。

王学奇 1984 《释“弹”》,《中国语文》第 5 期。

邢福义 2014 《汉语事实在论证中的有效描述》,《语文研究》第 4 期。

许政扬 1979 《宋元小说戏曲语释(续)》,《南开大学学报》第 1 期。

颜洽茂 2003 《说“逸义”》,《古汉语研究》第 4 期。

张永言 1962 《再谈“闻”的词义》,《中国语文》第 5 期。又收入其《语文学论集》增订本,
    上海：复旦大学出版社,2015。

张永言,汪维辉 1995 《关于汉语词汇史研究的一点思考》,《中国语文》第 6 期。

中村元[日]编 1976 《佛教语大辞典》,东京：东京书籍。

Gerrit J. D. 2001 Areal Diffusion Versus Genetic Inheritance：An African Perspective. *Areal
    Diffusion and Genetic Inheritance*, ed. by Alexandra Aikhenvald and R. M. W. Dixon. New
    York：Oxford University Press.

【附记】本文初稿曾在“《语言科学》十周年庆典”(2012 年 11 月·徐州师范大学)分组会
上报告,得到与会专家的指教,谨致谢忱。此次发表作了较大幅度的修改和增补。

（原载华学诚主编《文献语言学》第一辑,中华书局 2015 年）

| 后 记 |

我 2009 年到浙江大学工作,次年开始给研究生开设"汉语词汇史"课程,每年一次,屈指已经讲过十一轮了。浙江大学是每学年四学期制(春、夏、秋、冬),这门课每周四学时,讲八周,一共三十二课时,讲不了太多内容。虽然每次讲课都会对讲稿做些修改补充,但是一直没能腾出时间来进行较为全面彻底的修改,自己对这个讲义并不满意。承蒙张荣总编不弃,希望把它列入"大学讲义"系列中出版,以便更多无缘听课的青年学子们有机会学习了解,我虽然答应了,但是却由于忙而一直拖延着,直到现在才勉强交稿。虽然经过了全面修改,但仍然是不满意的,有愧于张荣先生的信任。全书各部分存在不平衡的问题,有些章节因为有笔者的研究作基础,写得稍微深入一些,篇幅也大些;有些章节则以介绍为主,自己的东西不多。

友生胡波博士搜集了 2015 年之前与汉语常用词演变研究相关的论著,博士生戴佳文、赵川莹把这个目录增补到了 2020 年。这为本书第三章的撰写提供了很大的帮助。初稿承蒙友生胡波、张航、叶雁鹏、戴佳文、杨望龙提出意见或建议,修改时多有吸收。谨此统致谢忱。书中的问题概由笔者负责。十分感谢责任编辑郎晶晶女史为本书付出的辛劳。

为使行文简洁,人名后一般不缀"先生"等字样,敬请谅解。

作　者
2020 年 12 月 29 日定稿于浙江大学汉语史研究中心

后

记